chili verlag

Ralf Seeger

DEUS IUDEX MEUS

Nur Gott ist mein Richter

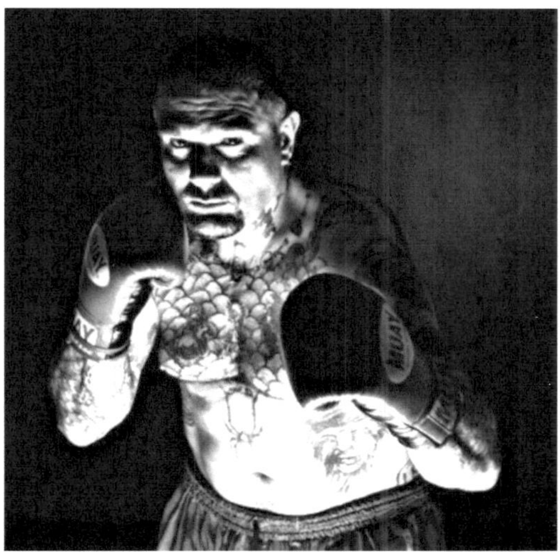

Meine Geschichte

chiliverlag

Zuletzt im chiliverlag erschienen:
Hinter dem Licht – KIMM-Stories (2014)
Zwischen Kuns tRäumen – Roman (2014)
Duftender Sake – Lyrische Schnapsideen (2014)
Morden – Kurzkrimis (2014)
Tag des Zitronenfalters – Kurzgeschichten (2014)
Jetzt anders! – Ein Lesebuch voller Vielfalt und für Toleranz (2014)
Brombeerrausch – raja chili: HOT! Erotikanthologie (2014)

1. Auflage Oktober 2014

franchili / 16

Detaillierte bibliographische Daten sind unter http://dnb.ddb.de bei der Deutschen Nationalbibliographie abrufbar.

Erstlektorat, Nachtrag: Andrea Gerecke
Lektorat, Korrektorat, Satz, Layout: Franziska Röchter
Korrektorat: Philipp Röchter
Coverfoto, Fotos S.3, S.5, S.298: Johannes Lunenburg, Kleve
Fotos S.101, S.125, S.177, Farbabbildung Backcover: Valentina Vlasic
Foto S. 281: Mit freundlicher Genehmigung von Hülya Akin, players agentur management gmbh, Berlin

ISBN 978-3-943292-17-6 **www.chiliverlag.de**

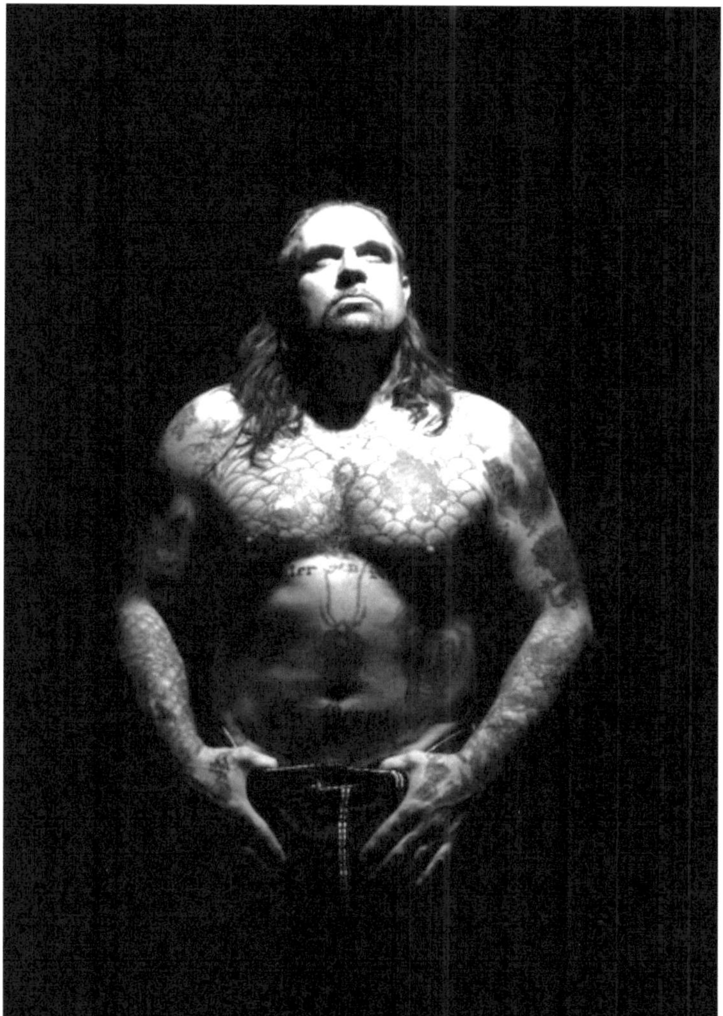

Inhalt

Never surrender!

Vorwort

Ich habe lange überlegt, wie ich mein Buch beginne, denn bei so einer bunten Vergangenheit ist es nicht einfach, den richtigen Start zu finden. Es war für mich auch keine leichte Sache, alles in Worte zu fassen, schließlich hatte ich mit dem Schreiben nie viel am Hut. Aber die Geschichte beschäftigte mich so lange, dass sie nun schließlich raus musste. Und ich habe ein gutes Gefühl dabei.

In meiner Vergangenheit sind wenig schöne, jedoch sehr viele hässliche Dinge geschehen. Ich möchte mich darüber nicht beschweren, denn ich kann sie nicht rückgängig machen.

Aber ich kann aus ihnen lernen, ein besserer Mensch zu werden und mich immer für das Gute und die Gerechtigkeit einzusetzen.

Ralf Seeger, im Juni 2014

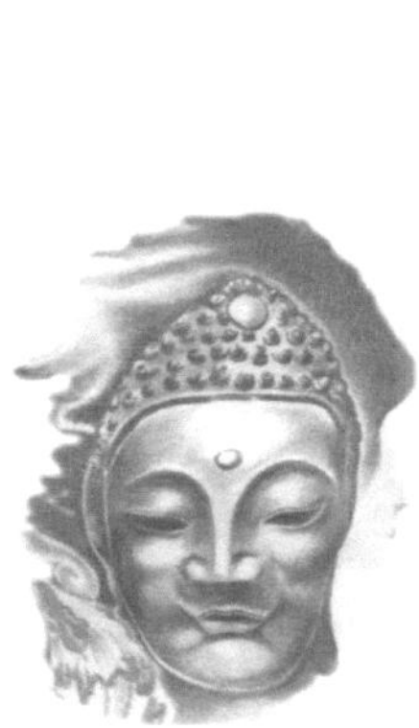

1. Offen und ehrlich

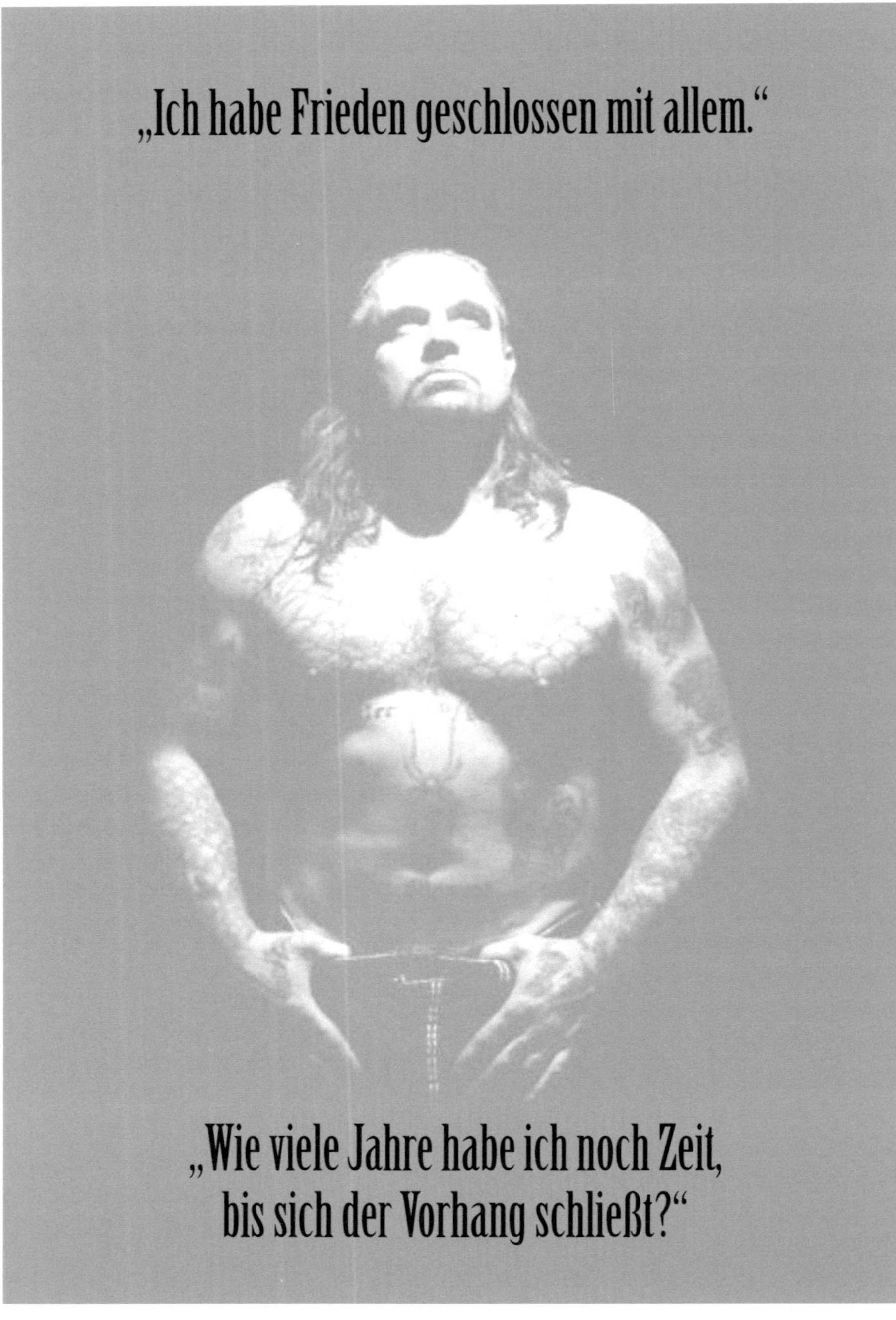

Ich will dieses Buch ehrlich und sehr offen schreiben und dies wird mir sicherlich viel Ablehnung entgegenbringen, doch das ist mir letztlich egal, da ich zu dem stehe, was ich schreibe, denke und fühle. Es gibt so viel, was mich von stinknormalen Erdenbürgern unterscheidet, und das merke ich jeden Tag aufs Neue. Wie vielen möchte ich ins Gesicht spucken und in den Arsch treten, denn sie sind lediglich dumme Wichser. Allein die Angst vor Bestrafung hält mich zurück, aber meine Einstellung bleibt: Es gibt zu wenig gute Menschen, die meisten denken nur an sich und praktizieren ihr Leben auch danach. In manchen Momenten ist meine Wut sehr groß, denn man wird nur benutzt und gebraucht. Dieses Leben gewinnt mir wenig ab, ich erhalte meine kleine Welt und kämpfe für sie mit all meiner Kraft und Macht, die ich habe. Diese Isolation nimmt immer mehr zu, denn ich liebe den Menschen nicht, dieses Subjekt, das mich fast tötete und dem ich mein ganzes Elend zu verdanken habe. Ich schäme mich nicht für meine Worte, denn sie sind ehrlich und voller Wut auf diese Kreatur; ich weiß, ich kann nur wenig verändern, aber dafür sorgen, dass sehr viele sehr intensiv über das nachdenken werden, was ich ihnen zu sagen habe. Solange ich lebe, wird man mir kein Denkmal bauen, deswegen beginne ich jetzt schon selbst, die Dinge in die Hand zu nehmen.

Heute denke ich an viele Dinge mit Wehmut zurück und ich frage mich, was aus all den Menschen geworden ist, die meine Lebensbahn kreuzten. Meine Gedanken schweifen dabei in die Ferne, und so manche Nacht schlafe ich nicht, da ich über solche Dinge grüble. Man könnte sagen, dass mich dann ein großes Gefühlskino packt, mit dem es wie auf einer Achterbahn rauf und runter geht. Letztendlich freue ich mich, ein solches Gefühl endlich erleben zu können, denn es macht mich zufrieden und ich benötige es, um mich weiterzuentwickeln. Und in dieser Hinsicht liegt wohl noch ein langer Weg vor mir. Ich danke dem lieben Gott, dass er mir diese Kraft und Liebe gibt und mir zeigt, was Leben eigentlich bedeutet. Ich fühle, auf mich wartet Großes, und ich freue mich auf die Dinge, die da noch kommen. Dass da noch viel passiert, dessen bin ich mir sicher, und ich glaube auch, es wird gut. Ich merke indes immer häufiger, dass ich von einer Bissigkeit gesteuert werde, die den Umgang mit Menschen für mich wohl erschwert. Ich denke, diese Entwicklung ist für mich gar nicht so schlecht, denn ich zeige den Menschen direkt und unverblümt, was ich von ihnen halte.

Es waren mal Zeiten, wo ich glaubte, es sei wichtiger, dem zu entsprechen, was andere Leute in mir sehen wollten. Auch heute bin ich über dieses Problem noch nicht erhaben, aber ich kenne mittlerweile das Übel und ich kann es bekämpfen. Was die Zukunft betrifft, so habe ich sehr viele Ideen und Gedanken und ich fühle mich stark wie noch nie, auch ist mein eigenes Lebensgefühl ganz anders und viel schöner als jemals zuvor. Ich möchte das wirklich als Lebensqualität vom Feinsten umschreiben; erst in diesem Alter und mit dieser Reife verstehe und fühle ich mit meinem Herzen und kann abschätzen, was mir in früheren Jahren fehlte und ich auch niemals kannte. Selbst meine Angst bekomme ich viel besser in den Griff, dazu habe ich extra meinen Magnetiseur befragt und er bestätigte mir ebenfalls, dass sich viel in mir verändert habe und sogar mein Kontakt zu Menschen ein völlig neuer geworden sei. Ich fühle, dass ich nur noch Menschen kennenlerne, die wirklich gut für mich sind. Diese Kontakte beflügeln mich und geben mir Kraft auf meinem Weg, weiterzumachen. Wahrscheinlich musste ich erst diesen steinigen und harten Weg gehen, um jetzt da zu sein, wo ich heute stehe.

Ich erinnere mich oft an die Zeit im Gefängnis, die mir so unendlich wehgetan hat, aber wen hat das jemals interessiert? Der ganze Schmerz hat mich bald verrückt gemacht und manchmal fragte ich, was es ist, was mich so kaputt gemacht hat: War es das Eingesperrtsein oder was genau? Ich glaube, auch heute kenne ich die Antwort noch nicht exakt; ich denke, es war einmal die Macht, die jemand über mich hatte, und das Nehmen meiner Freiheit, das Bestimmen über mein Leben, über alles, was ich in dieser Zeit machte. Diese Dinge waren fast unerträglich für mich, denn ich konnte kaum mehr atmen, man zwang mich zu Dingen, die ich hasste, und ich fühlte, wie ich seelisch immer mehr starb. Diese Menschen, die dafür sorgten, dass ich so leiden musste und heute so kaputt bin, werden alle von Gott ihre Strafe erhalten. Ich kann da nicht wie ein Jesus Christus sagen: „Ich verzeihe euch.“ Dazu habe ich weder die Kraft noch den Willen.

Je älter ich werde, umso mehr denke ich über vergangene Zeiten nach, auch über Menschen, die schon gegangen sind – und davon gab es viele! Diese ganzen Schicksale bewegen mich und belasten mich sehr stark. Es waren gute Leute darunter und es gibt sie einfach nicht mehr; in dieser Feststellung liegt etwas Endgültiges, sie macht mich nachdenklich und traurig. Doch wie sagt man so schön: Die Zeit heilt alle Wunden ... Das ist in gewisser Hinsicht eine korrekte Aussage, die ich schon öfter nachvollziehen konnte.

Vieles in diesen Tagen beschäftigt mich. Das Überlegen und Auseinandersetzen mit diesen Dingen kostet mich viel Kraft. Es ist schwer, manche Sachverhalte zu verstehen und in allem einen Sinn zu erkennen. Meine Gedanken bewegen sich immer in Richtung Zukunft und ich merke, dass ich nach ehrlichen und korrekten Möglichkeiten suche, mir eine sichere Existenz aufzubauen. In früheren Zeiten habe ich nur am Rande über solche Themen nachgedacht, die nötige Reife oder Notwendigkeit schien nicht da zu sein. Eine gute Zeit habe ich da eigentlich nie kennengelernt. Das mag sicherlich für jeden etwas anderes bedeuten, ich für meinen Teil erlebe heute vielleicht einen Hauch von der Lebensqualität, die ich schon eher gebraucht hätte.

Wie viele Jahre habe ich noch Zeit, bis sich der Vorhang schließt, in denen ich eine Veränderung will, aber wahrscheinlich zu alt bin, um sie umzusetzen? Ich ertappe mich manchmal bei den Gedanken, die ich früher immer als lächerlich abgetan habe und die mich heute einholen: An eine vernünftige Absicherung für den Rest meiner Tage und an ein gutes Gefühl, abgesichert zu sein. Für einen Start habe ich mir sicherlich eine ganz schlechte Zeit ausgedacht – die Wirtschaft ist kaputt und das Geld und die Arbeit sind sehr knapp; aber ich werde kämpfen und versuchen, das Beste daraus zu machen.

Dieses Gefühl lässt sich auch nicht einfach beschreiben, ich bin mir manchmal nicht sicher, wie ich es selber einordnen kann. Der Ursprung liegt wohl in meiner Vergangenheit, die ich sehe und gut kenne, und bei vielen anderen Dingen. Sicherlich ist es nicht leicht, mit den Trümmern seiner Vergangenheit zu leben, aber notwendig, und ich denke, ich habe viel daraus gelernt. Diese ganzen Erlebnisse sind eingebrannt in mein Gedächtnis und geben mir die Möglichkeit, immer darauf zurückzugreifen, wenn ich sie benötige.

Nun kommt noch ein großes Problem auf mich zu, und zwar ein gesundheitliches. In den vielen Jahren meines vergangenen Lebens war es für mich immer unerlässlich, der Größte und Stärkste zu sein – was dazu führte, dass ich bis über die Schmerzgrenze hinausging und mir stets Übermenschliches abverlangte. Der Kopf war dabei mein größter Feind, der mich immer zu Leistungen puschte, die man schon als pathologisch bezeichnen könnte. Es ist schwer, diesem eigenen Zwang zu entgehen, den man sich über Jahre hinweg aufgebaut hat. Diesem Ideal zu entsprechen, von dem man meint, dass die Menschen es von einem sehen wollen. Diese absolut falsche Einstellung zu sich und den Menschen zu haben – das hat mich dahin gebracht, wo ich heute bin. Mit Angst denke ich an die Zukunft und an die Dinge, die sich jetzt vielleicht völlig anders darstellen und für mich schon schwer sind. Ich bin jedoch ein Kämpfer, und erst in extremen Situationen reagiere ich klar und gut. Dieses Phänomen ist mir schon sehr oft untergekommen: Dass ich in absolut gefährlichen Momenten stets so besonnen reagiere, liegt wohl in meiner Vergangenheit.

Wenn man, wie ich, unter sehr schwierigen Umständen aufwächst, dann entwickelt man sich von seiner Mentalität her auch dementsprechend. Manche ganz normalen Umstände machen mich etwas unsicher, und ich fühle mich nicht sonderlich gut beim Lösen solcher Probleme. Ich glaube jedoch, je länger ich mich damit beschäftige, umso alltäglicher und einfacher wird es für mich.

Diese Welt, die mir heute immer vertrauter wird, war mir sehr lange verschlossen. In meinem Leben geschahen viele traurige Dinge, die mich teilweise noch heute verfolgen. Aber ich habe gelernt, damit fertig zu werden. Es hat lange gedauert, bis ich dieses Ziel erreicht habe. Ich denke, es ist wichtig, den zeitlichen Abstand zur Vergangenheit zu haben, um sinnvoll Durchlebtes verstehen und verarbeiten zu können. Viele Sachen werde ich vielleicht erst in Jahren begreifen oder gar nicht; es ist zudem sehr interessant, auf diesem Weg seine persönliche Entwicklung zu betrachten. Wenn ich daran denke, wie ich mich verändert habe, so ist das schon gewaltig – das erscheint mir heute als ein besonderes Mysterium. Ich bin einmal gespannt, wie ich als alter Mann denken und fühlen werde, denn ich glaube, dass ich den richtigen Weg gehe, auf dem sich noch vieles zum Positiven für mich verändern wird. Dieses Gefühl wächst in mir und ich bekomme im Gegensatz zu früher eine regelrechte Sicherheit, die mich begleitet auf all meinen Wegen.

Ich hatte für meinen Teil eines Tages begriffen, dass es notwendig ist, gesetzeskonform zu leben, denn sonst hätte es nur noch Knast gegeben und das Leben wäre verwirkt gewesen. Ich hatte in jungen Jahren auch das Bedürfnis, mit dem Kopf durch die Wand zu gehen und hatte gemeint, ich wäre der King und keiner könnte mir was. Bestärkt durch falsche Freunde lebte ich diesen Traum, denn mehr war es nicht. Ich habe damals viele Chancen von Richtern und anderen Behörden bekommen, aber sie nie genutzt – vielleicht war ich einfach nur zu naiv und zu dumm, immer nach dem Motto: Mich erwischt man nicht. Was war ich für ein dummer Junge, so etwas zu glauben, wie verblendet muss ich gewesen sein, so zu denken und zu handeln! Ich glaube, die Kunst besteht darin, die Hosen herunterzulassen und nicht etwas schönzureden, nur knallharte Selbstkritik kann da helfen. Es ist schwer, dies der Öffentlichkeit über ein Buch zu sagen, denn jeder kann es lesen, und ich will mir auch ganz bewusst keine Mauer suchen, hinter der ich mich verstecken kann. Der Mut ist das Wichtigste dabei. In meinem Leben hat mir mein Mut oft geholfen, ganz extreme Situationen zu überstehen, die ich selber schon als Grenzbereich bezeichnen würde.

Selbstkritisch mit sich ins Gericht zu gehen, ist eine große Tugend, die ich auch erst lernen musste; wie oft habe ich mich von Leuten benutzen lassen, aus gut gemeinter Freundschaft. Nein sagen konnte ich in vielen Situationen nicht, denn es stand ja immer mein Name auf dem Spiel. Angst haben vor einem Bruch oder einem Raub – das gab es für mich nicht. Diese Dinge haben mir in meiner Jugend viele Jahre meines Lebens gekostet, ich habe gelitten und dachte oft: Das schaffst du nicht mehr. Wo waren die guten Kollegen? Alles wurde auf mich abgeschoben, denn ich war stark und unbeugsam. Auf meinen Schultern hatten viele Jahre Knast Platz – eine tolle Nummer, die mich fast umgebracht hätte. Ich höre noch heute viele gute Ratschläge von Menschen, die es wirklich gut mit mir meinten, aber ich glaubte immer, die wollten mir etwas und machte mein Ding ohne Wenn und Aber. Mit dem zeitlichen Abstand von heute glaube ich, es war hart, aber notwendig, in meiner Jugend verhaftet zu werden, denn ich weiß nicht, was noch alles passiert wäre, wenn ich nicht eingefahren wäre. Oft denke ich an die Zeit zurück und möchte diesem wilden Jungen die Erfahrungen und das Denken geben, das ich heute besitze, damit er aufwacht und weiß, dass Krummes nichts Gutes mit sich bringt.

In unserer Gesellschaft ist ja kein Platz für Ehrlichkeit und Menschlichkeit, eine Nettigkeit wird ja gleich als Schwäche gesehen und andere Menschen gehen dann auf einen los, bis man in der Gosse liegt und krepiert. Das Leben ist ein sehr kostbares Geschenk und man sollte es nicht mit Oberflächlichkeit und Unehrlichkeit vertun. Was bleibt am Ende unseres Weges denn noch wirklich übrig? Da ist kein Platz mehr für all diese schlechten Dinge. Man wird alt und gebrechlich, und was einem dann noch bleibt, sind die Erinnerungen an Menschen, Situationen und Momente. Diese Dinge nähren dann unserer Seele, und die Flamme des Lebens wird durch sie erhalten. Man sollte die ganze Unehrlichkeit wegwerfen und eigentlich so leben, wie wir es spüren, unsere Intuition zeigt uns den richtigen Weg. Aber wo sind denn die Möglichkeiten, die Freiräume, um wirklich so zu leben und zu sein, wie man ist? Ich habe für meinen Teil die Schnauze voll von all dem Theaterspiel und muss so etwas nie mehr haben. Man sollte den Mut haben, so zu leben, wie es die eigene Bestimmung ist, auch wenn es bedeutet, dass man gegen viele Widerstände kämpfen muss; dann ist es eben so, wichtig ist die Ehrlichkeit und nicht das Aufgesetzte.

Ich bereue meine Vergangenheit nicht, denn sie hat mich zu dem gemacht, der ich heute bin, aber ich bin traurig, dass es so viele Jahre gedauert hat, bis ich das erkannte, und noch heute kämpfe ich gegen die Schatten der Vergangenheit. In manchen Dingen bin ich hart und stumpf geworden, aber das ist nur Fassade, denn in Wirklichkeit habe ich mich nur geschützt, um nicht zu verbrennen. Es ist für mich auch noch ein langer Weg, zu mir zurückzufinden, meine Wurzeln zu ergründen und zu spüren, was Leben in seiner reinen Form bedeuten kann. Ich glaube, jeder Mensch spürt in sich, wie er sich eigentlich verhalten soll, aber er tut es nicht, denn die Angst, dann kaputtgemacht zu werden, ist zu groß, und man erlebt und sieht es ja jeden Tag, wie das funktioniert. Die Fähigkeit, dies zu erkennen und es dann umzusetzen, ist das Wichtigste. Man sollte Menschen mit einer sehr massiven negativen Ausstrahlung gar nicht an sich heranlassen. Es gibt genügend von diesen Schmarotzern und Parasiten, ich selber habe lange gebraucht, um das zu begreifen. Es ist an der Zeit, wirklich Prioritäten zu setzen und sich selber zu fragen: Warum bin ich auf dieser Erde, warum lebe ich, was ist meine Berufung? Ein langer und steiniger Weg, aber er ist gerade und ehrlich und ich glaube, dass am Ende die Erkenntnis steht, dass es eine gute Entscheidung war, diesen Weg zu gehen. Es kann sein, dass ich meine Bestimmung vielleicht nie so richtig finden werde, aber das ist auch nicht wirklich das Problem; ich denke, wichtig ist der Weg, den ich als Ziel verstehe.

Als ich das hier schreibe, bin ich fast fünfzig Jahre und denke, es ist nie zu spät, sich zu verändern. Die Schatten der Vergangenheit machen es mir natürlich nicht einfach, doch ich werde mein Bestes geben, damit ich meinem Leben einen Sinn gebe.

Mit meinem Vater ging ich früher viel spazieren, und das meistens im Wald; am Anfang meinte ich zu Vater: „Ich habe überhaupt keinen Bock dazu und will nicht mit.“

Mein Vater setzte sich aber durch und sagte: „Du kommst jetzt mit.“

Komischerweise verlor sich während des Spaziergangs meine schlechte Laune, und als wir wieder heimfuhren, ging es mir viel besser. Heute mache ich das so ähnlich – der Unterschied ist nur, dass ich mir heute den Jogger anziehe und laufe – die Wirkung ist aber fast die Gleiche. Ich glaube, für mich ist es wichtig, mich oft so richtig auszupowern, damit ich echt platt bin, dann fühle ich mich kaputt, aber gut, und habe Frieden geschlossen mit allem. Es ist schade, dass man so einen Moment nicht festhalten kann, denn damit könnte ich gut leben und alt werden. Sich seinen Dämonen zu stellen ist sehr wichtig; man muss ständig bereit sein, alles zu geben, denn das Leben fordert einen hohen Preis. Da ich ein sehr spiritueller Mensch bin, suche ich mir meine heiligen Orte, an denen ich mich dann gerne aufhalte, um meine Akkus wieder zu füllen – es sind Plätze mit einer sehr starken Ausstrahlung, die ich wahrnehmen kann. An diesen Plätzen kann ich mich stundenlang aufhalten, und es geht mir nachher, wenn ich sie wieder verlasse, viel besser. An diesen Orten befindet sich etwas Besonderes. Da ich das Sternzeichen Skorpion bin, besitze ich vielleicht einen besonderen Zugang zu diesen Dingen. Ich spüre auch diese Verbundenheit zur Spiritualität, und sie erfüllt mich mit einem positiven Gefühl. Mich interessiert auch nicht, was dieses Thema betrifft, die Meinung von anderen dazu, jeder muss selber wissen, wie er damit umgeht.

2. Beschwerte Kindheit

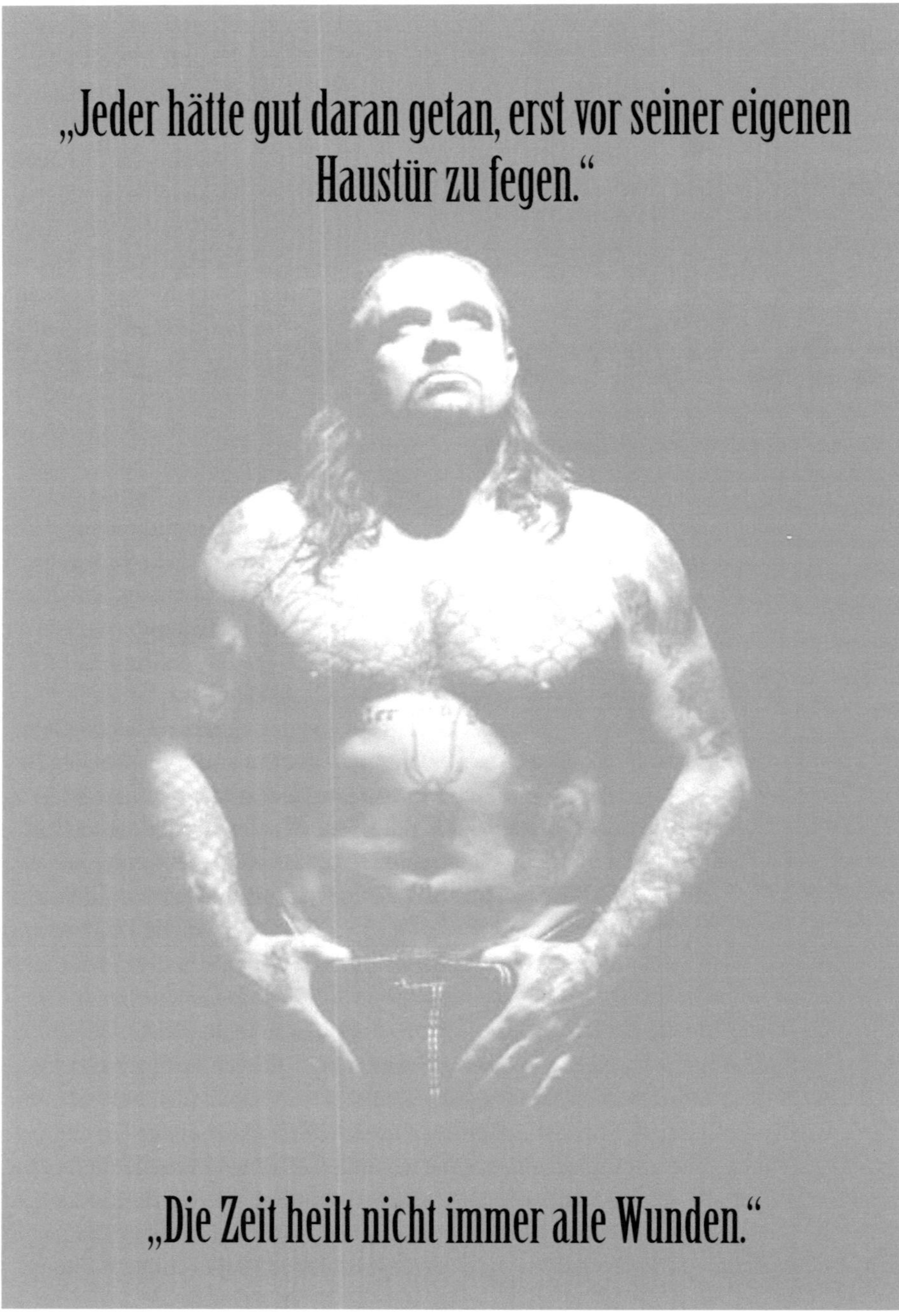

2.1. Opas Tugenden

Eine Sache sehe ich noch ganz genau vor mir, die ich in einem Alter von ungefähr drei oder vier Jahren erlebte. Es war an einem Sonntag im Herbst und ich saß auf Opas Moped. Wir fuhren gemeinsam zum Zirkus nach Goch. An diesem Herbsttag war es kalt, jedoch war ich durch Opas Körper gut geschützt und fror nicht so stark. Es war ein tolles Gefühl auf dem Moped und ich war stets sehr glücklich, wenn ich mit Opa unterwegs war. Zu ihm hatte ich immer eine super Beziehung wie zu keinem anderen. Sicherlich war mir das damals noch nicht so klar wie heute. Er war ein Mensch mit Herz, Stolz und Ehre und ein sehr kräftiger Mann. Diese Tugenden habe ich auch mitbekommen und bin sehr stolz darauf. Mir ist es völlig egal, ob diese Werte noch akzeptiert werden.

An meinem Opa habe ich sehr gehangen und tue das selbst heute, denn er wird immer mein Leben prägen und mich aus dem Jenseits unterstützen. Ich erinnere mich zu gut an seine einfache und liebe Art, an seine große, breite Gestalt und an all seine kleinen Eigenheiten, die ihn ausmachten. Er fehlt mir sehr und es tut weh, ihn nicht mehr in seinem Haus in Asperden besuchen zu können, doch weiß ich, dass er mich auf immer beschützt, bis ich ihn irgendwann einmal wieder sehe.

Zu meinem Vater hatte ich nie einen besonderen, intensiven Kontakt, was bestimmt daran lag, dass er damals noch als Fernfahrer tätig war. Als ich ins Teenageralter kam, wechselte er den Beruf und arbeitete bei der Deutschen Bundesbahn. Er war dann zwar öfter für mich da als in der Zeit, als er noch LKW fuhr. Doch dann brauchte ich ihn nicht mehr so und ging schon eher meine eigenen Wege.

In seiner Zeit als Fernfahrer sah ich ihn meistens nur kurz, wenn er am Wochenende zu Hause war. Er hatte dann immer reichlich zu tun. Wir gingen aber oft im Wald spazieren und unterhielten uns viel. Es war jedoch eine Beziehung ohne große Zuneigung und Liebe. Von meinem heutigen Standpunkt aus gesehen denke ich, dass Vater selbst wenig Liebe bekommen hatte und sie deshalb nicht kannte und weitergeben konnte. Das Gleiche traf auf meine Oma zu. Sicherlich wollte sie bei meiner Erziehung alles richtig machen, was aber vorne und hinten nicht funktionierte. Es war alles sehr oberflächlich und gefühlsmäßig irgendwie isoliert.

Noch heute habe ich oft unter den frühen Einflüssen zu leiden, und diese Altlasten werde ich wahrscheinlich immer mit mir herumtragen. Ich werde manchmal von meinen Gefühlen hin- und hergerissen und kann mich gar nicht mehr beruhigen, weil diese Empfindungen mich so aufwühlen. Ich glaube inzwischen, dass diese Emotionen etwas ganz Besonderes darstellen, auch wenn es sehr schwer ist, sie zu handhaben. Mein Gefühl – etwas zu verpassen oder irgendwo nicht dabei zu sein – wird unerträglich. Ich glaubte immer, dass ich so anders sei, vielleicht bin ich das auch in gewissen Hinsichten, doch spüre ich immer mehr, dass ich mich vom normalen Leben und Denken sehr weit entfernt habe. Es sind oft Kleinigkeiten, an denen ich das festmache, ich bin jedoch froh – und da danke ich dem lieben Gott –, dass ich nicht verrückt geworden oder gestorben bin auf dem harten Weg, den ich gegangen bin. Ich versuche heute aus dieser Isolierung auszubrechen. Es kommt mir vor wie ein Kampf, den ich ständig gegen mich selber führe, und trotzdem lerne ich ständig dazu.

Es war und ist für mich sehr schwierig, mich zu öffnen und mich jemandem mitzuteilen. Das Problem liegt wahrscheinlich darin, dass ich meine, mich könnte sowieso niemand so richtig verstehen.

Ich erinnere mich daran, dass ich auch früher immer ein Einzelgänger war, der nur am Rande Freunde hatte. Wenn wir als Kinder mal Blödsinn trieben und es flog auf, so war es fast immer so, dass ich der Bösewicht war. Dies prägte mich irgendwie auch für den Rest meines Lebens. Es ist schwer zu erklären, warum sich das immer so entwickelte. Wahrscheinlich lag es an meiner Haltung, die sich schon sehr unterschied von der der anderen. In dem Dorf, in dem meine Großeltern und ich lebten, herrschte seit jeher ein sehr konservativer Wind. Jeder hätte gut daran getan, erst vor seiner eigenen Haustür zu fegen, anstatt über mich und meine Familie zu lästern. Wenn etwas in der kleinen Grundschule passierte, dann fragte man erst mich, ob ich etwas damit zu tun hätte. Diese Stigmatisierung brachte mich häufig in große Schwierigkeiten und mein Vater verprügelte mich oft und hart wegen der dauernden Klagen und Sorgen, die ich ihm bereitete. Man sagt, wenn man einmal schlechte Erfahrungen gemacht hat, sollte man diese nicht genauso weitergeben; doch ich glaube, ich würde es ebenso machen, wenn nicht sogar härter.

Meine Jugend war von wenig Liebe und Verständnis geprägt; mein Opa war der Einzige, der mir Liebe und Hilfe entgegenbrachte. Ich glaube, dass viele Dinge mit dem nötigen Abstand nicht mehr so traurig und schlimm sind für mich, wie in der damaligen Situation. Ein ähnliches Phänomen erlebe ich auch heute noch oft, aber in einem etwas anderen Zusammenhang: Ich freue mich über Dinge im Vorfeld oft viel mehr, als wenn ich sie dann erlebe. Dieses träumerische, schwärmerische Element wurde mir in jungen Jahren mitgegeben und half und hilft mir oft über schwierige Situationen hinweg. Diese Fähigkeit ist schön und nimmt mir meist das Elend ab, das ich ständig mit mir herumtrage. Man könnte dies mit einem Balsam für die Seele beschreiben. So manches Mal fühle ich mich durch diese Eigenschaft schon etwas seltsam, denn dann frage ich mich, ob ich diese Träume auch einmal umsetzen kann oder ich es mir manchmal zu kompliziert mache.

2.2. Ärmliche Verhältnisse und Kinderheim

Es ist schon mitunter eigenartig, zu beobachten, wie rasant schnell alles geht. Als Junge war ein Tag manchmal sehr lang und ich langweilte mich oft, heute denke ich zu jedem Weihnachtsfest: Was? Schon wieder ein Jahr vorbei?

Ich kann mich noch gut an viele der kleinen Dinge erinnern, die sich in Asperden zugetragen haben. Dort lebte ich, wie bereits gesagt, als kleiner Junge und wuchs bei den Großeltern auf. Schon in der damaligen Zeit war ich anders als andere Kinder; die Ursache kenne ich eigentlich bis heute nicht.

In die Schule kam ich in Wesel; meine Mutter und mein Vater hatten mir eine große Tüte zur Einschulung gekauft. Wenn ich mich recht entsinne, hatte ich schon vor den Feierlichkeiten alle Süßigkeiten aufgegessen; mein Heißhunger war gewaltig, denn ich wurde von meiner Mutter mehr als „kurz gehalten". Das war auch die Zeit, als ich ein paar Monate bei meiner Mutter in Wesel lebte. Wie ich anfangs erwähnte, hatte mein Vater das Sorgerecht, doch meiner Mutter gelang es mit weiblicher Raffinesse, ihn davon zu überzeugen, dass ich es gut bei ihr hätte. Ich kann mich noch vage daran erinnern, wie mein Vater mir mitteilte, dass ich für ein halbes Jahr zu meiner Mutter sollte. Es war ein harter Abschied von den Großeltern, die bis dahin Vater- und Mutterersatz für mich gewesen waren – meine Gefühle interessierten jedoch niemanden.

Die Schule mit ihren Regeln und den vielen Kindern war völlig fremd für mich, denn ich kannte ja auch keinen Kindergarten. Das Dorf, aus dem ich kam, war eher verschlafen und jeder kannte jeden. Jetzt in der Großstadt war das schon alles viel größer und gewaltiger und bedrohlicher.

Da ich aus ärmlichen Verhältnissen stammte, war meine Schultüte natürlich nicht so groß und schön wie die der anderen, irgendwie schämte ich mich auch dafür. Ich hieß damals zudem noch Ochs mit dem Nachnamen. Viele Kinder hänselten mich häufig deswegen – das tat sehr weh und machte mich böse, sodass es öfters zu körperlichen Auseinandersetzungen kam. Diese Geschichte verfolgte mich sehr lange, und immer, wenn ich meinen Namen sagen musste, schämte ich mich und bekam einen roten Kopf.

Ich hatte in der Grundschule in Wesel, in der ich eingeschult wurde, einen sehr schlechten Start. Mein Vater hatte sich auf Drängen meiner Mutter bereit erklärt, mich einige Zeit zu ihr zu geben, damit ich dort eingeschult werden konnte. Das Sorgerecht lag aber bei meinem Vater, denn meine Eltern hatten sich ein halbes Jahr nach meiner Geburt scheiden lassen. Ich hatte meinen Vater mal danach gefragt, aber er sagte nur oberflächlich, dass sie sich nicht mehr verstanden hatten. Die plötzliche Trennung von meinen Großeltern fiel mir sehr schwer und ich wusste überhaupt nicht, warum ich jetzt ganz schnell zu meiner Mutter sollte, die ich fast gar nicht kannte. Ich war bei meinen Großeltern aufgewachsen und der Kontakt zu meiner Mutter war total abgerissen, warum das so geschah, weiß ich bis heute nicht, denn keiner konnte oder wollte mir das erklären. Alles, was in den Jahren passierte, liegt ziemlich im Dunkeln. Ich konnte mich in der fremden Umgebung kaum zurechtfinden und hatte das Gefühl, dass mein Vater mich nicht mehr wollte. Ich kann mich nicht daran erinnern, ihn in der Zeit, als ich mich bei meiner Mutter aufhielt, auch nur einmal gesehen zu haben. Ich hatte auch die größte Mühe, eine Beziehung zu meiner Mutter aufzubauen, denn ich kannte sie ja fast gar nicht. Zudem gab es auch viel Geschimpfe und Geschreie zwischen ihr und ihrem damaligen neuen Mann, denn meine Mutter hatte nach der Scheidung von meinem Vater wieder geheiratet. Ich kann mich noch erinnern, dass Alkohol auch eine große Rolle spielte und es hier und da in der Beziehung meiner Mutter zu Eskalationen kam, die – nicht nur für ein Kind wie mich – richtig heftig waren. Eines Nachts führte solch ein Streit einmal dazu, dass meine Mutter mit mir und meinem kleinen Bruder Dirk mit einem Taxi durch das halbe Ruhrgebiet fuhr und eine Bekannte suchte, bei der sie mit uns übernachten konnte. Ich glaube, die Zeit damals war für meine Mutter ebenso schwer, und so fehlte uns beiden einfach die Zeit, eine Beziehung zueinander aufzubauen. Doch das war für mich damals als kleiner Bub nicht zu verstehen. Und da eben keiner so richtig Zeit für mich hatte, war ich mir selbst überlassen und hatte nur Blödsinn im Kopf. Überall war ich nicht gern gesehen, zu aufsässig, zu aggressiv und zu nervös. Heutzutage wäre die Diagnose schnell und klar, ich hatte einfach ADHS, eine Aufmerksamkeitsdefizit- oder auch Hyperaktivitätsstörung.

Meine Mutter ging damals mit mir oft zu einem Psychiater, bei dem ich aufgrund meines Verhaltens Spritzen bekam. Bis heute weiß ich nicht genau, weshalb, denn nie hatte ich auf Fragen Antworten bekommen, ich weiß nur noch, dass ich immer große Angst vor ihnen hatte. Auch beim Jugendamt hatte ich Termine, bei denen ich verschiedene Tests machen musste. Warum und weshalb, weiß ich auch hierzu bis heute nicht, aber mein Verhalten soll eben so auffällig gewesen sein. All das lief einige Monate so, und dann kam eines Morgens eine Frau B. mit zwei Männern zu uns und sagte, ich sollte mitkommen, denn ich müsste nun ins Heim. Mir war als kleiner Tropf gar nicht bewusst, was diese Aussage bedeutete, aber ich fühlte intuitiv, dass es etwas Schlechtes sein musste. Einer der beiden Männer nahm mich an die Hand und zog mich aus der Wohnung meiner Mutter. Das war sehr schlimm für mich und ich weinte. Ich kann bis heute nicht sagen, wo meine Mutter gewesen war – ob sie sich verabschiedet hat oder nicht, weiß ich nicht mehr, denn dieses Ereignis ging mir sehr nahe. Wir alle stiegen dann in ein Auto und die Reise begann, wie lange wir fuhren und wohin, das wusste ich alles damals nicht. Ich spürte nur große Angst in mir, denn keiner redete mit mir oder versuchte mir etwas zu erklären.

So fuhren wir eine ganze Zeit und erreichten dann das Kinderheim. Die Männer und die Frau liefen mit mir in das Heim, dort ging es in ein Büro und danach nahm mich ein Mitarbeiter mit und brachte mich in ein großes Zimmer. Er sagte mir, dass dieses ab jetzt mein neues Zuhause sei und wies mir ein Bett und einen Schrank zu. Er sagte auch, dass die anderen Kinder alle in der Schule seien, ich sie aber später sehen würde. Ich stand da wie ein Häufchen Elend und wusste gar nicht, was um mich herum geschah. Ich ging zum Fenster und wollte es öffnen, um etwas frische Luft zu tanken, doch es war abgeschlossen, wie auch alle anderen Türen, die nach draußen führten. Als ich vor dem Fenster stand, liefen mir die Tränen über die Wangen und ich dachte nur, dass ich hier raus wollte – ich sprach es nicht einmal aus, denn niemand hätte mich hören können.

In diesen drei Jahren, die ich dort verbrachte, gab es sehr viel Gewalt unter den Kindern und Jugendlichen. Heranwachsende im Alter zwischen fünf und achtzehn Jahren waren dort gemeinsam untergebracht. Da ich einer der Jüngsten war, gab es fast jeden Tag Prügel von den Älteren. Auch die Erzieher mischten immer gut mit, doch zu dieser Zeit Ende der 1970er Jahre war das einfach ein ganz normales Programm. Ich erinnere mich noch genau, dass ich zur Anfangszeit immer von einem Erzieher zur Schule gebracht wurde, da man befürchtete, dass ich abhauen wollte. In meiner gesamten Heimzeit versuchte ich das auch ein paar Mal, aber stets ohne Erfolg. Man fing mich rasch wieder ein und dann gab es erstmal Prügel. In diesen Jahren dort bin ich, so glaube ich heute, das erste Mal gestorben, denn die ganze Gewalt und zusätzlich sexuelle Übergriffe waren für meine junge Seele unbeschreiblich schwer zu ertragen.

Meine schulischen Leistungen waren sehr schlecht, durch das ADHS konnte ich mich nicht konzentrieren. Aber wie hätte ich denn unter solchen Umständen auch ein besserer Schüler sein sollen? Das war einfach nicht möglich. Mein Vater und mein Opa kamen mich oft besuchen, das waren meine Lichtblicke, auf die ich mich sehr freute, aber wie unsagbar schwer war es jedes Mal für mich, wenn sie wieder gingen. Ich fragte sie jedes Mal, warum ich denn nicht wieder mit ihnen nach Hause kommen könnte. Mein Opa sagte dann zu mir:

„Mein Junge, habe noch etwas Geduld und sei stark. Ich und dein Vater werden alles tun, um dich hier wieder raus zu holen." Später erfuhr ich, dass es ein Kinderheim für Schwererziehbare war und es deshalb so schwierig war, mich dort wieder herauszubekommen. Meine Mutter kam mich dort nie besuchen, was ich als sehr traurig empfand. Ich denke, dass es ihr selbst auch nicht gut ging, sie zu viel mit sich selbst zu tun hatte und einfach keine Kraft aufbringen konnte, um zu erscheinen. Diese Zeit dort hat mir extrem zugesetzt und ich glaube, dass dort die Weichen gestellt wurden für mein späteres Leben.

Zu meinen beiden Halb-Geschwistern Nicole und Dirk, zwei jüngeren Kindern meiner Mutter mit einem anderen Mann, habe ich erst gegen Ende der 70er Jahre einen richtigen Kontakt entwickeln können, es sind zwei sehr liebe Menschen. Zu meiner Mutter habe ich leider auch später nie mehr eine richtige Mutter-Sohn-Beziehung aufbauen können. Bis heute weiß ich nicht, wie sich wahre Mutterliebe überhaupt anfühlt. Ich hätte es aber immer sehr schön empfunden, wenn wir einmal zueinander gefunden hätten. Mit meinem Halbbruder Peter, einem jüngeren Sohn meines Vaters mit einer anderen Frau, bekam ich ebenfalls erst sehr spät etwas intensiveren Kontakt, auch er ist ein sehr guter Mensch.

Diese Zeit damals im Heim war schon richtungsweisend für mich. Fast dreißig

Jahre nach diesem schlimmen Abschnitt habe ich einmal mit einem Fernsehteam im Rahmen einer Reportage diese Anstalt besucht. Sie war völlig umgebaut worden und nichts erinnerte mehr an früher. Sie war zu dem Zeitpunkt wohl noch ein Heim, wurde aber nach modernen Maßstäben geführt. Niemand wusste mehr, was diese alten Mauern schon alles gesehen und gehört hatten.

Da ich, soweit ich mich erinnere, schon damals keinen richtigen Freund hatte, musste ich immer alles an Frustration in mich hineinfressen; diese unbändige Wut fand damals ihren Anfang. Das hat sich im Laufe der Jahre auch nicht großartig verändert, es hat sich nur etwas anders verlagert. Man kann eigentlich schon sagen, dass es kaum Tage gibt, die ich nicht voll Wut und Hass beginne. Für mich kostet es sehr viel Kraft, diese destruktive Anspannung zu kontrollieren. Mein Vater sagte mir früher: „Mit dem Alter wirst du ruhiger!“ Doch bei mir scheint das nicht zu funktionieren.

Als junger Kerl lebte ich diese Wut aus und sie brachte mir sehr viele Probleme mit der Exekutive; diese Erfahrungen haben mich auf einer ausgesprochen negativen Schiene geprägt. Die Vergangenheit hat sehr tiefe Narben in meiner Seele hinterlassen, die mich dauernd verfolgen. Ich hätte niemals solange so einem Dreck ausgesetzt werden dürfen. Meine gesamte Zukunft ist mit dem Erlebten kontaminiert.

Die Zeit heilt nicht immer alle Wunden, wie man so schön sprichwörtlich sagt. Ich glaube, dass man viele Dinge nur teilweise verarbeitet und sehr viele einfach nur verdrängt. Mich quälen oft Gedanken, die mit meinem Existenzialismus zu tun haben, ganz alltägliche Gedanken also, die jeder Mensch hat.

An dieser Stelle fällt mir wieder ein guter Spruch ein: „Geld allein macht nicht glücklich“ ... Diese Aussage habe ich oft überprüft und ich muss sagen, sie trifft nicht wirklich zu.

Ich kann mich noch zu gut an meine Kindheit erinnern und an das Elend, nichts zu haben. Unsere wirtschaftlichen Verhältnisse waren ziemlich desolat und haben dazu geführt, dass ich sehr arm aufgewachsen bin. Gerade als Kind ist es sehr schlimm, nichts zu besitzen und voller Traurigkeit und Neid auf andere Kinder zu blicken. Ich glaube, das war schon sehr früh ein Punkt, der mich dazu führte, zu klauen.

Mein Vater hatte in unserem Wohnzimmer einen großen Schrank stehen, in dem er außer Papieren und anderen Utensilien auch eine Briefmarken- und Münzsammlung untergebracht hatte. Weil ich beinahe kein Taschengeld bekam, überlegte ich mir irgendwann, einige Münzen zu stehlen, um damit Süßigkeiten und Tabak zu kaufen. Da dieser große Wohnzimmerschrank keine komplizierten Schlösser hatte, konnte ich ihn ohne Probleme öffnen. Dabei versuchte ich natürlich, keine Spuren zu hinterlassen, damit mein Vater den Diebstahl nicht so schnell bemerken sollte. Während ich den Schrank aufbrach, musste ich sehr leise sein, denn der Gang meiner Oma war kaum zu hören und ich musste aufpassen, dass sie mich nicht erwischte. Die Schranktür hatte ich also schnell auf und holte dann die Alben mit den Münzen heraus. Mein Herz schlug bis zum Hals und ich hatte fürchterliche Angst, erwischt zu werden. Ich öffnete ein Album und schaute mir die Münzen genau an, denn ich suchte nach ganz bestimmten von ihnen. Durch meinen Vater wusste ich nämlich, dass er Zehn-DM-

Münzen besaß, die als reguläres Zahlungsmittel akzeptiert wurden. Ich holte mir also davon eine heraus und legte wieder alles so zurück, wie es war. Danach verschloss ich den Schrank.

Voller Freude über die gelungene Tat lief ich gleich zum Bäcker und kaufte mir Kuchen und Süßigkeiten, die Kassiererin schaute zwar etwas komisch, aber akzeptierte dieses Zahlungsmittel.

Heute erscheint mir diese Tat sehr banal, und ich denke mir, was ich für ein armer Kerl war, um so etwas tun zu können ...

Das Leben in dieser kleinen Dorfgemeinschaft war nicht ehrlich, im Gegenteil, es war sogar besonders hinterhältig. Dieses Leben hat mich bis heute sehr geprägt, und mir gehen viele Dinge und Ereignisse nicht aus dem Kopf, die in dieser Pseudoidylle stattgefunden haben. Neben meinen Großeltern lebte eine Familie namens J., die damals eine Hühnerfarm betrieb. Ihre Ställe waren rund um unser Grundstück angesiedelt. Nach meiner heutigen Einschätzung muss es ein großer Betrieb gewesen sein. Die Produkte, die aus der Schlachtung hervorgingen und die Eier wurden meistens auf einem Wochenmarkt in Duisburg verkauft.

Mein Opa mochte die Leute nicht so gerne, da es immer kleinere Streitereien wegen des Zauns oder der Grundstückshecke gab. Ich verkehrte jedoch häufiger bei ihnen, denn ich bekam dort von einer Frau namens Susi immer Orangenlimonade, die ich jedes Mal so gierig austrank, dass mir von der Kohlensäure Tränen in die Augen schossen. Wenn ich mich noch richtig erinnere, spielte ich bei dieser Familie sogar öfter mit der Tochter des Hauses.

Es wurden viele Hühner geschlachtet und manchmal half ich dabei sogar mit. Damals fand ich das nicht schlimm, heute jedoch schäme ich mich für das, was ich dort getan habe. Ich sehe noch heute die Trichter, in die die Hühner kopfüber gesteckt wurden. Ihr Kopf schaute dann unten heraus und wurde abgerissen. Diese Vorrichtungen waren am Trichterende, durch die die Köpfe kamen, verzahnt – damit man die Köpfe zur Hälfte abriss und zur Hälfte abschnitt. Das war eine absolut brutale und miese Sache. Ich stelle mir heute vor, was das für die armen Tiere für eine unsägliche Qual gewesen sein muss.

Diese und viele andere Ereignisse, die in meiner Vergangenheit passiert sind, waren schlimm und traurig. Ich musste erst reifen und wachsen, um das alles zu verstehen. Es passierten jeden Tag Dinge, die mich prägten und deren Resultate ich noch heute spüre. Wie lange habe ich gebraucht, um ein Verständnis für all das zu bekommen. In diesen Kinder- und Jugendtagen brachte ich mich oft selbst in gefährliche Situationen, deren Ausmaß mir erst viel später klar wurde.

Ich erinnere mich, dass wir immer mit ein paar Jungen zusammen spielten und viel Blödsinn machten. In der dörflichen Idylle gab es aufgrund der vielen Natur eben reichlich Platz zum Toben. Dort befanden sich auch alte Bunkeranlagen, die nur teilweise gesprengt worden waren. Einer von diesen Bunkern war nicht allzu weit weg, sodass wir dort oft spielten und herumkletterten. Das war jedoch sehr gefährlich, denn durch die Sprengung waren tiefe Spalten vorhanden, die tief hinab in den Bunker hineinführten. Aus diesen Rissen schauten Eisenstangen heraus, die von der Bewehrung des Betons stammten. Dass dort nichts Schlimmes passierte, grenzt eigentlich schon an ein Wunder.

Das Gelände um diesen Bunker war erhöht und wir begannen ein Loch zu graben, um uns eine Höhle zu bauen. Die Graberei war mühsam und es dauerte Tage, bis wir die Grube einigermaßen fertig hatten. Der Boden war am Anfang fest und lehmig, wurde jedoch mit der Tiefe sandiger. Es war zudem, wie ich mich entsinne, sehr schwierig, aus der Tiefe den Sand herauszuwerfen. Es fiel viel wieder zurück, was uns natürlich wahnsinnig ärgerte.

Nach einigen Tagen wurden wir aber mit unserer Arbeit fertig. Danach fällten wir Bäume und deckten damit unser Versteck ab. Wir fuhren zudem mit unseren Fahrrädern zu einigen Rübenmieten, die die Bauern angelegt hatten, und klauten dort Plastikplanen. Es war sehr umständlich, diese Folien zu transportieren, und wir waren froh, als wir mit ihnen an unserer Höhle ankamen. Als weiteren Schritt holten wir uns aus alten Autos auf dem Schrottplatz noch einige Sitze, die wir mit in das Erdloch nahmen. Da es dort auch sehr dunkel war, beschafften wir uns Kerzen vom Friedhof.

Ich glaube, dass wir zur damaligen Zeit einige dieser Höhlen gruben – immer nach dem gleichen Prinzip und der gleichen Größe.

In der Schule traten sehr viele Probleme auf und der Rektor drohte meinem Vater und mir dauernd mit Schulverweis. Ich hatte davor stets Angst. Ich erinnere mich, dass mein Verhalten wohl sehr wild und aggressiv war. Es kam sogar mal vor, dass ich eine Klassenzimmertafel einschlug. Mein Vater wurde darüber sicherlich gleich informiert. Die Tafel wurde im Endeffekt offenbar von der Haftpflichtversicherung meines Vaters bezahlt, für mich jedoch gab es Hausarrest und schriftliche Sanktionen in Form einer Strafarbeit. Mein Vater hatte dabei ein einfaches, aber penetrantes System zur Bestrafung: Ich musste hundert oder zweihundert Mal ein und denselben Satz wiederholen – eine frühe Form der Autosuggestion. Ich weiß noch genau, was für einen Horror ich vor dieser Form der Bestrafung hatte. Es war so langweilig, stundenlang immer das Gleiche zu schreiben. Mein Vater verlangte zudem, dass ich schön leserlich schrieb.

Zu dieser Art von Bestrafung kam es übrigens sehr häufig, da ich viel Unfug fabrizierte und mein Vater mich dann meistens so abmahnte. Es erfolgte aber nicht nur ausschließlich diese Art der Sanktion. Oftmals zerrte mich mein Vater auch in den Stall, wo er mich mit Riemen oder Besenstielen verprügelte – und das so hart, dass selbst der Stil dabei zu Bruch ging.

Mein Vater fuhr zu dieser Zeit im Fernverkehr LKWs und kam nur am Wochenende nach Hause. Ich hatte vor diesem Moment eigentlich immer Angst, denn Blödsinn hatte ich ja fast immer getrieben.

Mit meiner Oma kam ich eigentlich fast nie gut aus; ihre konservative und autoritäre Art machte mich oft sehr wütend. Sie drohte mir permanent, meinen Vater über die Dinge, die ich getan hatte, jeweils freitags gleich zu unterrichten, wenn er von seiner Tour zurückkäme. Ich denke schlussendlich, dass meine Oma mit mir einfach nicht fertig wurde. Wenn ich mittags von der Schule heimkam, musste ich mich gleich an den Küchentisch setzen und Oma brachte mir das Mittagessen. Nicht immer hatte ich gleich Hunger, nichtsdestotrotz musste ich essen – ob ich wollte oder nicht. Es blieb mir daher oft nichts anderes übrig, als alles in mich hineinzustopfen. Ich durfte auf klassische Art und Weise den Tisch nicht verlassen, bis alles aufgegessen war. Meine Großmutter pflegte immer zu sagen: „Wenn du den Teller nicht leer isst, gibt es morgen kein schönes Wetter." Und weil ich als junger Bursche sehr naiv und labil war, glaubte ich eine Zeit lang sogar daran ...

Da mein Vater das Sorgerecht für mich hatte, lebte ich natürlich bei meinen Großeltern, sie waren für mich wie Vater und Mutter, weil ich mit ihnen meine ganzen Tage verbrachte. Ich will sie auf keinen Fall angreifen, aber ich denke mir heute, dass meine Oma in jeglicher Hinsicht mit mir schlichtweg überfordert war. Sie versuchte sicherlich, ihr Bestes zu geben, aber irgendwie entwickelte sich alles in die falsche Richtung. Wenn ich heute zurückdenke, sind die Gedanken an meinen Opa immer gegenwärtig, meine Oma taucht jedoch nur selten auf.

Zu meiner Oma konnte ich nie eine Art von Wärme aufbauen, da sie für mich immer eine Bedrohung darstellte und mich auch oft beim Vater denunzierte.

Folglich musste ich bei jedem kleinen Streit oder bei allem Blödsinn, den ich trieb, sehr aufpassen, dass meine Oma davon nichts erfuhr. Denn dann gab es mit ihr und in weiterer Folge mit meinem Vater die größten Probleme.

Wir waren immer in etwa fünf bis sechs Jungen, die zusammenkamen. Ich fühlte mich bei ihnen, wie ich bekennen muss, aber nie richtig integriert. Ich wurde mit den Burschen auch nie richtig „warm", sie lebten alle in einer Pseudo-Familienidylle. Darin wahrte man nach außen hin stets die gutbürgerliche Fassade. Ihre Eltern mochten mich auch nicht besonders und verboten ihren Söhnen oft den Umgang mit mir. Ich empfand das schon zur damaligen Zeit als eine traurige Sache, da man mich immer fühlen ließ, dass ich nicht dazugehörte. Als Kind tun solche Dinge natürlich ganz besonders weh.

Wir Jungs spielten oft in einem kleinen Wald, der am Rande unseres Dorfes lag. Direkt an diesem Wäldchen lagen mehrere große Wiesen und Äcker, die landwirtschaftlich genutzt wurden. In einer dieser Wiesen befand sich ein Pferdestall, in dem wir uns oft aufhielten, rauchten oder uns unsere Schwänze zeigten – nach dem Motto: Welcher ist länger und wer hat schon gespritzt?

An einem Wochenende, ich glaube es war ein Samstagmorgen, waren wir mit einem kleinen Grüppchen erneut dort und rauchten Zigaretten. Da wir wieder mal Langeweile hatten, spielte ich mit dem Feuerzeug herum und zündete aus Spaß das Stroh, das sich unter dem Holzdach befand, immer wieder an und löschte die Flammen gleich darauf.

Dieses Spiel betrieb ich eine ganze Zeit, doch plötzlich schaffte ich es nicht mehr, das Feuer zu löschen, und es kam zu einem unkontrollierbaren Brand. Noch nie zuvor hatte ich gesehen, wie schnell ein Feuer um sich greift. Es dauerte nicht lange und das ganze Dach brannte lichterloh. Uns ergriff die blanke Panik und wir versuchten, dem Feuer Herr zu werden – wir hatten aber nicht den Hauch einer Chance, und der Brand wurde immer größer. Das ganze Dach brannte wie verrückt und wir wollten nicht, dass der gesamte Stall in Flammen aufging. Daher hatten wir die Idee, das Dach herunterzuwerfen, um damit eine weitere Ausweitung des Feuers zu verhindern. Mit vereinten Kräften schmissen wir das kompakte Dach herunter; es war sehr groß und schwer. Ich stand natürlich vorne direkt unter dem Dach und hing mich mit aller Kraft daran, damit wir es bewegt bekamen. Meine Freunde und ich boten alle Kräfte auf und konnten es schließlich schieben und kippen.

Das ganze Dach kippte nach vorne herunter und ich dachte, ich sollte darunter noch schnell hinwegrennen und mich in Sicherheit bringen, bevor es aufschlagen würde. Das ging jedoch nicht mehr, denn das komplette Holzdach schlug natürlich viel zu schnell um und krachte dann mit rasender Geschwindigkeit zu Boden.

Zu meinem blanken Entsetzen kam ich trotz größter Anstrengung nicht mehr weit. Ich spürte plötzlich nur noch einen harten dumpfen Schlag in meinem Rücken. Ich wurde zu Boden gerissen und unter dem großen Dach begraben. Ich erschrak fürchterlich, aber es half nichts: Ich lag unter dem Monstrum von brennendem Holzdach. Ich versuchte natürlich, darunter fortzukriechen, aber ich kam kein Stück vorwärts. In meiner Verzweiflung rief ich nach meinen Freunden, die auch sofort kamen und das schwere Dach anhoben. Ich versuchte nun, unter ihm hervorzugelangen, aber dann merkte ich, dass ich irgendwo festhing. Ich griff unter mir, um die Ursache zu finden, und spürte dabei, dass sich ein harter Gegenstand durch meine Jacke bohrte. Es handelte sich dabei um einen langen, dicken Nagel, der durch meine Jacke gefahren war. Mit aller Gewalt riss ich mich los, meine Jacke zerfetzte, aber ich konnte endlich unter dem Dach hervorkriechen.

Als ich wieder aufrecht auf meinen Beinen stand, wurde mir erst bewusst, wie knapp ich dem Tode entronnen war. Viel Zeit zur Besinnung blieb mir allerdings nicht, denn das Dach und der gesamte Schuppen brannten noch immer lichterloh.

Wir versuchten, das Feuer auszutreten und auszuschlagen, aber leider alles ohne besonderen Erfolg. Unsere Angst wurde immer größer, denn wir sahen ein, dass es keine Chance mehr für uns gab, den Brand zu stoppen. Die Rauchentwicklung wurde immer heftiger und ein großer schwarzer Rauchpilz stieg in den Himmel empor.

Ich dachte mir, dass wohl gleich die Feuerwehr anrücken würde und dass es dann erst richtig Stress geben würde. Nach dieser Feststellung kamen wir alle zu dem Entschluss, dass es wohl klüger sei, sprichwörtlich „den Sittich zu machen“, damit man uns nicht auf frischer Tat ertappte. Wir hatten gegenseitig diese Worte noch nicht ganz in den Mund genommen, da gaben wir schon Fersengeld.

Unsere Fahrräder standen oberhalb einer Wiese, die durch Büsche, Bäume und einen Zaun eingegrenzt war. Mit richtigem Karacho sprangen wir auf unsere Fitsen und strampelten wie vom Teufel besessen davon – die Angst saß uns im Nacken. Als wir uns dann ein Stück entfernt hatten und zurückblickten, sahen wir die riesige Rauchwolke. Uns war völlig klar, dass der Eigentümer des Stalles auch gleich kommen müsste, denn er hatte den Rauch und das Feuer bestimmt längst gesehen. Schließlich befand sich der Stall lediglich ein paar hundert Meter weit weg von seinem Haus.

Jeder von uns fuhr dann mit Beklemmung nach Hause. An diesem Abend war ich sehr in Sorge, dass der Pferdebauer zu uns kommen könnte, um Stress zu machen wegen seines verbrannten Stalles.

Es war spät in der Nacht, als ich endlich einschlafen konnte. Als ich am nächsten Morgen wach wurde, ging es mir nicht viel besser. In der Schule hatte ich schon ein schlechtes Gefühl – und es sollte sich bewahrheiten, dass ich es nicht umsonst hatte. Als ich nach der Schule heimging und die Haustüre öffnete, schrie mir meine Oma schon wutentbrannt entgegen:

„Was hast du denn da schon wieder für einen Blödsinn angestellt?! Du bist so ein schlechter Kerl! Das sag ich alles deinem Vater!“

Der Bauer war natürlich da gewesen und hatte Action gemacht und meine Oma war dementsprechend sauer auf mich. Ich konnte das ja verstehen, aber sie überzog immer gnadenlos, als ob sie der liebste Mensch als Kind gewesen wäre und niemals Unsinn gemacht hätte. Ich versuchte, ihr nicht viel dazu zu erklären, denn das hätte ohnehin nichts genutzt. Sie drohte wieder die ganze Zeit mit meinem Vater, mir verging der Hunger und ich lief nach draußen. Mir war schon klar, dass mein Vater wieder einen riesigen Stress machen würde und ich wahrscheinlich erneut reichlich Schläge bekommen würde. Meine Oma würde ihn schon richtig aufhetzen gegen mich. Ich hoffte nur, dass am Freitagabend vielleicht mein Opa zuhause war und nicht arbeiten musste – denn er würde es nicht dulden oder zulassen, dass mein Vater mich im Stall verprügelte. Meine Angst war sehr groß, denn mein Vater schlug mich grün und blau.

Diese Gewaltexzesse konnte ich damals nicht verstehen, denn ich hatte einfach nur Angst vor den Schlägen und Schmerzen. Heute jedoch sehe ich die Sache anders und kann meinen Vater nur zu gut verstehen. Ich weiß genau, wie es sich anfühlt, wenn man mit seinen Nerven am Ende ist und vor lauter Hilflosigkeit zur Gewalt greift. Mir selbst ging es sehr oft so und ich habe mich bestimmt noch viel schlimmer verhalten als mein Vater. Was mein damaliges Empfinden anging, so fürchtete ich einfach nur diese Gewalttätigkeiten von meinem Erzeuger, denn er schlug mit seinem Gürtel oder sogar mit Besen- oder Schippenstielen auf mich ein, und das manchmal eben so lange, bis diese zerbrachen.

Mein Opa ließ dieses nie zu und ging sehr vehement dazwischen. Mein Vater hatte große Achtung und Respekt vor seinem Vater; sie stritten sich auch häufig, doch mein Vater wurde nie ausfallend oder aggressiv zu ihm.

Als das Wochenende kam, war mein Vater am Freitag gegen zwanzig Uhr zuhause – und meine Oma geiferte sofort los. Mein Vater war bestimmt auch oft genervt durch den dauernden Ärger mit mir. In dem Alter war mir das natürlich nicht klar und mein Vater wurde für mich zum Feindbild. Ich glaube sogar, dass ich eine richtige Wut auf ihn entwickelte.

Bei uns im Dorf waren die meisten Straßen noch aus rotem Schotter mit vielen Schlaglöchern darin, auf diesen Wegen fuhr ich viel mit meinem Fahrrad. So geschah es, dass ich eines Tages nach der Schule mit dem Rad ins Dorf fahren wollte. Hinten auf dem Gepäckträger befanden sich einige Schnüre vom Bauern, es waren feste Schnüre, die man zum Pressen von Strohballen benutzte. Ich radelte vor mich dahin auf diesen Schotterwegen und plötzlich gerieten diese Schnüre in voller Fahrt in das Hinterrad: Sie blockierten es auf der Stelle und ich flog bei dieser unfreiwilligen Bremsung kopfüber über das Lenkrad und landete mit dem Gesicht auf dem Schotterweg.

Der Aufschlag war sehr hart und tat fürchterlich weh; ich hatte mir bei dem Sturz beide Beine beziehungsweise Knie fürchterlich aufgerissen. Sie bluteten sehr stark und ich schrie wie am Spieß. Ich ließ mein Fahrrad liegen und lief so gut es ging heim, mein Vater und meine Oma wuschen alles sauber, und nach langem Weinen beruhigte ich mich. Noch heute weisen Narben darauf hin.

Irgendwie war ich damals schon anders als die anderen. So richtige Freunde hatte ich eigentlich nie. Ich spürte das an so vielen kleinen Dingen, die mir jeden Tag begegneten. Es gab ein Jugendheim in Asperden, und an jedem Samstag war die Disco dort für mich eine tolle Geschichte. Ich freute mich schon die ganze Woche auf diesen Tag. An einem dieser Samstage, so gegen siebzehn Uhr, startete sie dann wieder. Ich machte mich zurecht und ab ging die Post. Mein Vater hatte eine sehr strenge Hand und ich musste abends um Punkt einundzwanzig Uhr wieder da sein.

In den Asperdener Keller kam die gesamte Jugend mit allen Halbstarken, so wie ich. Für mein damaliges Empfinden war schon sehr viel los und ich war dort sehr gerne. Es lief gute Musik und es wurde getanzt, gesoffen, geprügelt und herumgehurt. Das letztere galt für mich anfangs noch nicht, da ich erst sehr spät Kontakt zu Mädchen oder Frauen hatte.

Wir fuhren zu jener Zeit alle Mofas – die meisten davon waren maßlos frisiert. Mein großer Traum war damals eine Puch, das war das Nonplusultra. Ich wollte unbedingt so ein Mofa besitzen; das durfte man aber erst ab dem 15. Lebensjahr, dafür aber ohne Führerschein fahren. Ich war zu jener Zeit etwa zwölf Jahre alt, nervte meinen Vater und Opa aber bereits damit, dass ich einen solchen fahrbaren Untersatz bekommen wollte.

Mein Wunsch erfüllte sich jedoch nicht, und so klaute ich mir Geld bei meinem Opa. Ich kaufte mir bei einem Bekannten eine alte Zündapp mit Fußschaltung, die ich dann querfeldein nach Hause fuhr.

Mein Opa war der Erste, der Stress machte, denn er dachte, dass ich damit auf der Straße fahren würde. Dass ihm Geld fehlte, hatte er offensichtlich nicht bemerkt, oder er wollte mir einfach den Gefallen tun. So Unrecht hatte er mit seinen Bedenken gar nicht, denn das Fahren machte ja gerade auf der Straße den rechten Spaß, also tat ich es öfter. Von Motoren und Technik hatte ich damals keinerlei Ahnung; das Moped lief zwar, musste aber immer angeschoben werden, da der Kickstarter abgebrochen war. Ich fuhr also mit dem Moped zunächst hinten auf dem Kartoffelfeld meines Opas, und da ich keinerlei Ahnung von der Fußschaltung hatte, fuhr ich immer in einem Gang.

Das Feld hinter dem Haus war sehr groß und voller Furchen. Mein Opa hatte es eingezäunt und die nächsten Nachbarhäuser waren einige Meter weg. Es war jedes Mal eine Riesenaktion, das Moped anzubekommen. Der Fußweg zum Feld war mit Betonplatten ausgelegt, die wir selber gegossen hatten. Auf diesem Weg schob ich die

Karre an, manchmal war es echte Arbeit, wenn der Brummer abgesoffen war und nicht gleich ansprang. Oft brauchte ich viele Anläufe, bevor der Motor zum Leben erwachte. Wenn ich merkte, dass er es endlich tat, sprang ich sofort auf und zog die Kupplung an. Da der originale Krümmer kaputt war, hatte mein Opa mir einen gebastelt. Dieser war ziemlich gut gebaut, aber leider nicht ganz dicht. Das Moped war deshalb sehr laut und qualmte ganz fürchterlich. Ich vermute, dass sich die anderen Anwohner sehr belästigt fühlten. Da jedoch keiner von ihnen etwas sagte, crosste ich hinten auf dem Acker wie ein Verrückter herum.

Wenn mein Opa da war, hatte ich nicht viel Bock zu fahren, da er dann meist sehr schnell von seinem Sofa hochsprang und wütend nach draußen gerannt kam. Ihn regte der fürchterliche Krach auf und er wollte keinen Ärger mit den Nachbarn. Ich schaute deshalb immer, dass mein Opa nicht daheim war und holte erst dann die Karre hervor, um damit zu fahren. Meine Oma schimpfte auch, aber das überging ich einfach geflissentlich.

Im Laufe der Zeit lernte ich immer besser zu fahren, und ein guter Freund zeigte mir dann auch, wie ich schalten musste. Das war bis dahin ein sehr großes Problem für mich gewesen, und erst nun machte das Fahren richtig Spaß für mich.

Meinen Vater nervte ich solange, bis er mir endlich auf der Arbeit einen Kickstarter baute, der zwar sehr massiv war, aber immerhin funktionierte. So konnte ich das Krad dann auch ankicken.

Mit der Zeit wurde es mir zu langweilig, nur auf dem Feld zu fahren. So kam es natürlich dazu, dass ich heimlich das Moped auf die Straße schob, es dort startete und schließlich losfuhr. Ich merkte erst zu diesem Zeitpunkt, wie stark und schnell die Maschine war. Es handelte sich bei dem Modell um ein Moped mit 50 ccm, aber sicherlich mit sechs bis acht PS. Auf der Straße lief das Gefährt bestimmt satte 90 bis 100 Stundenkilometer. Für meine damaligen Verhältnisse war das äußerst flott und ich hatte Angst, richtig Gas zu geben. Ich beschränkte mich daher vorerst auf 50 Kilometer pro Stunde; das reichte in diesem Moment noch vollkommen für mich aus. Ich begann, beim Arbeiten an der Maschine Freude zu empfinden und bastelte reichlich an ihr. Sie war mir außerordentlich wichtig. Damals lernte ich sehr viel über Motoren und Technik.

An dieser Stelle muss ich auch erwähnen, dass mein älterer Freund mir sehr viel dabei half und mir mit viel Geduld alles erklärte. Ich denke, dass das damals eine sehr wichtige Zeit für mich war, in der ich meine Fertigkeiten entwickelte. In den vielen Jahren wurde meine Neugierde immer größer und mein Verständnis immer besser. Inzwischen bin ich in der Lage, fast alles (vom Staubsauger bis zum Automobil) selbst zu reparieren, und das ist schon eine tolle Sache.

Ich erlebe heute immer öfter, wie schlecht ausgebildet die meisten sogenannten Fachleute sind und wie viel Geld diese Dilettanten trotzdem verlangen und wie ewig es dauert, bis man einen Termin bei ihnen bekommt.

2.3. Krasser Außenseiter

In der Schule, die ich besuchte, gab es sehr viel Stress. Oft war ich in Schlägereien verwickelt, bei denen es richtig zur Sache ging. Es kam schon vor, dass eine Prügelei ihren Anfang in der Schule nahm und dann nachmittags auf dem Spielplatz fortgesetzt wurde. Bei solchen „Dates" waren für beide Seiten immer sehr viele Jugendliche dabei. Merkwürdigerweise erinnere ich mich noch sehr genau an die meisten dieser Boxereien – als wären sie gestern geschehen. Diese extremen Erlebnisse prägten sich wahrscheinlich unauslöschlich in meinem Gehirn ein ...

Da ich früher ein rauer Kerl war, der nichts anbrennen ließ, kam es fast regelmäßig zu diesen wilden Schlägereien – aus denen ich fast immer als Sieger hervorging. So geschah es eines Tages, dass ich mich mit einem Jungen namens Bienemann anlegte. Er hatte einen guten Ruf und war als sogenannter Klopper bekannt. Wir besuchten dieselbe Schule, und so war es beinahe vorprogrammiert, dass wir eines Tages aneinandergeraten mussten.

Der Stress begann bereits in der Schule, wo natürlich sofort ein Lehrer dazwischenging. Da wir beide nichtsdestotrotz noch immer sehr zornig waren, verabredeten wir uns daher für den Nachmittag um fünfzehn Uhr auf einem Spielplatz in Asperden. Ich fühlte eine sehr große Anspannung in mir, denn ich wusste, dass ein großer Fight vor mir stand.

In Asperden hatte ich zu diesem Zeitpunkt einige Bekannte, wobei ich heute glaube, dass kein richtiger Freund darunter war. Die Zeit an diesem Tag zog sich in die Länge wie ein zäher Kaugummi, und die Spannung stieg ins Unermessliche. Ich wusste, dass viele meiner Mitschüler kommen würden, nur um zu sehen, wie wir eine aufs Maul bekamen ...

Da meine innere Unruhe sehr groß war, fuhr ich lange vor der ausgemachten Zeit mit meinem Rad zum Spielplatz. Es war kaum zu erwarten, dass sich zu dieser frühen Tageszeit schon Zuschauer dort befanden. Ich war innerlich unglaublich nervös, aber ich ließ mir nichts davon anmerken und tat sehr cool. Im Laufe der nächsten halben Stunde kamen immer mehr Jugendliche, und ein großes Spektakel kündigte sich an. Kurz vor drei war ich innerlich auf Hochspannung, bis dahin war noch nichts von Bienemann zu sehen.

Es war ungefähr Viertel nach drei, als ich laute Motorengeräusche hörte, die sich rasch näherten. Mein Kontrahent kam mit über fünfzig Leuten auf frisierten Mofas angefahren, er wollte mich damit wohl einschüchtern. Ich glaube, so viele Menschen auf einmal hatte dieser Spielplatz noch nicht gesehen. Bienemann stammte aus Pfalzdorf, einem Nachbarort, ungefähr sechs Kilometer entfernt. Die Mofas wurden abgestellt, und dann standen wir uns gegenüber. Es gab nicht viele Worte, wir stürmten sofort aufeinander los. Ich erinnere mich heute nicht mehr daran, wer von uns beiden größer und schwerer war. Ich weiß nur, dass er älter war als ich.

Zu dem Zeitpunkt spielte ich zwar unter anderem Fußball, aber ich rauchte auch stark. Ich trieb also keinen Leistungssport, war aber konditionell und physisch gut drauf. Mein Vorteil gegenüber Bienemann an diesem Tag war also meine Schnelligkeit und meine Brutalität. Wir attackierten uns mit aller Gewalt und droschen hart aufeinander ein. Der Kampf wurde schließlich in die Horizontale verlegt, und wir wälzten uns wild im Sand. Ich schlug ihm mehrmals mit der Faust hart ins Gesicht und merkte, dass er allmählich müde wurde. Mir ging es, ehrlich gesagt, jedoch nicht anders. Trotzdem hoffte ich, dass er aufgeben würde. Die Schläge verfehlten nicht ihre Wirkung, und er rief auf einmal: „Stopp! Hör auf. Du hast gewonnen." Nachdem ich diese Worte von ihm gehört hatte, leistete ich ihnen Folge und stand mit vor Erschöpfung zitternden Knien auf.

Seine Bekannten und Freunde waren sichtlich geschockt über den Ausgang des Kampfes. Ich ließ es mir nicht nehmen, in die entsetzte Runde voller Triumph hinein zu fragen: „Na, wer ist der Nächste? Wer will jetzt noch eine Tracht Prügel?!" Man kann sich vorstellen, wie froh ich war, dass niemand dieses Angebot wahrgenommen hatte. Ich war müde und kaputt, denn diese Vorstellung hatte bestimmt fünf bis acht Minuten gedauert. Jeder Knochen in meinem Leib schmerzte und ich sehnte mich nach Ruhe. Zum Glück dauerte es nicht lange und die Leute aus Pfalzdorf fuhren alle in Richtung ihrer Heimat.

Ich für meinen Teil freute mich innerlich sehr über diesen Sieg – immerhin war ich sicherlich nicht der Favorit dieses Zweikampfes gewesen. Es war schon eine sehr komische Situation damals, denn die erhoffte Anerkennung von meinen Bekannten blieb mir nämlich versagt – worüber ich damals schon sehr frustriert war. In diesen Momenten merkte ich erneut, wie allein ich war und dass ich niemanden hatte, der wirklich hinter mir stand.

Für mich war das damals außerdem ein Sieg über ein fremdes Dorf. Denn ich wollte auch unsere Ehre verteidigen. Insgeheim hatte ich dann aber wieder den Eindruck, dass es viele gerne gesehen hätten, wenn ich Schläge bekommen hätte. Das war ein sehr trauriges Gefühl, und ich war verärgert über die Jungen und Mädchen, mit denen ich jeden Tag zusammen war. Ich hatte das sozusagen für uns alle getan, aber es gab weder Anerkennung noch aufbauende Worte für mich.

Man sagt ja immer, dass in jungen Jahren die Weichen für ein späteres Leben gestellt werden. Ich glaube, dass an dieser Feststellung sehr viel dran ist.

Wir trafen uns damals jeden Tag auf dem Spielplatz und rauchten, tranken oder heckten anderen Blödsinn aus. An vielen Abenden aber kam es auch vor, dass ich bei Regen, Frost und Kälte in der Dunkelheit allein wartete, weil ich hoffte, es würde jemand von ihnen kommen. In der einen Ecke des Spielplatzes gab es viele Bäume und eine große Bank, das war sozusagen „unser Platz".

Wenn ich heute zurückdenke, war das alles schon sehr heftig. Bei diesen Treffen waren wir zwischen dreizehn und siebzehn Jahre alt; immer waren auch ein paar Mädchen dabei, und das war für uns Burschen natürlich eine angenehme, herausfordernde Situation. Mir kommt diese Zeit jetzt vor, als läge sie ewig zurück. Es ist aber eigentlich nicht so, denn was sind schon dreißig Jahre? Für mich gibt es einige Dinge, die beinahe zeitlos sind. Wiederum bei anderen sehe ich dann aber, dass der Zahn der Zeit mächtig an ihnen nagt.

In meiner Schulzeit gab es viele Probleme, und ich hatte oft erhebliche Schwierigkeiten, zum Beispiel mich dort ausreichend zu integrieren. Zu meinen Mitschülern hatte ich keine gute Beziehung, da ich immer nur der krasse Außenseiter war. In meiner Ablehnung gegen das Schulpersonal ging ich manchmal sogar körperlich gegen dieses vor, was dazu führte, dass sich die Lehrer natürlich oft beim Rektor über mich beschwerten und ich in Folge häufig zu ihm zitiert wurde. Der Rektor hieß Herr Thamm, und ich hatte enormen Respekt vor ihm. Dieser strenge Mann stammte noch aus einer Zeit, zu der die Prügelstrafe Normalität war. Seine Art und Ausstrahlung waren sehr bedrohlich und ich fühlte mich nie wohl in seiner Gegenwart.

Eines Tages passierte es, dass ich vor Wut mit der Faust eine Tafel kaputtschlug und der Lehrer fürchterlich mit mir schimpfte. Als Resultat musste ich wieder einmal bei Rektor Thamm antraben. Wie so oft war er mir nicht gut gesonnen. Ein anderes Mal hatte ich eine Gaspatrone aus einem Schreckschussrevolver mit in die Schule mitgenommen. Da mich der Unterrichtsstoff nicht großartig interessierte, fummelte ich viel lieber mit der Metallspitze meines Zirkels in der Patrone herum. Da der obere Rand zugepresst war, dauerte es einige Zeit, bis ich das zusammengedrückte Kupfer auseinander hatte. Als ich nun in der Patrone herumstocherte, kam es plötzlich von einer Sekunde zur nächsten zu einer Explosion. Als direkte Folge davon schoss mir das Reizgas direkt ins Gesicht. Die ganze Klasse erschrak durch den Knall – ich konnte nichts mehr sehen und meine Augen brannten wahnsinnig. Ich wand mich vor Schmerzen; der Lehrer brachte mich augenblicklich auf die Toilette, wo ich mir die Augen auswaschen konnte. Durch den Knall und die Schmerzen war ich enorm niedergeschlagen, und es dauerte eine ganze Weile, bis ich wieder einigermaßen sehen konnte. Als das der Fall war, brachte der Lehrer mich gleich zum Rektor. Dort gab es ein hartes Programm für mich; durch die vielen Dinge, die bereits passiert waren, folgte ein fetter Schulverweis für mich, und schlussendlich musste ich die Schule verlassen. Mein Vater wurde über diese Geschichte schriftlich unterrichtet. Weil er stets im Fernverkehr fuhr, war es ja nicht möglich, ihn sofort zu erreichen. An diesem Tag wurde ich also schon früher nach Hause geschickt. Da ich aber beschlossen hatte, meiner Oma nichts davon zu erzählen, wartete ich so lange ab, bis die Schule für die anderen aus war, und ging danach auch heimwärts.

Am nächsten Tag verließ ich konsequenterweise in der Frühe auch wieder ganz normal das Haus und kam erneut zum regulären Schulschluss heim. Ich dachte auch schon daran, den Postboten abzupassen, um den Brief an meinen Vater einzukassieren. Meine Angst vor meinem Vater und vor den Schlägen, die es wieder hageln würde, war natürlich riesengroß. Mein Vater hat mich schon öfters gut „durchgeschwartet“, das war in der damaligen Situation für mich natürlich nicht einfach wegzustecken. Mit dem heutigen Abstand betrachtet weiß ich jedoch, dass ich ein sehr schwieriges Kind war, das ohne Liebe aufwuchs und dementsprechend wild reagierte. Mein Vater sah anscheinend keine andere Möglichkeit, um mich zur Räson zu bringen. Ich kann ihn diesbezüglich auch gut verstehen, doch die Prügel taten schon weh. Vielleicht hätte es ja einen anderen Weg gegeben ...

Ich fragte mich verzweifelt, wie ich aus dem Schlamassel jemals wieder herauskommen sollte. Das Schicksal kam schlussendlich mit all seiner Härte über mich und meine Oma flippte komplett aus, nachdem sie den Brief geöffnet hatte. So nahm der Ärger seinen Lauf, und als Vater zum Wochenende heimkam, gab es Schläge wie nie zuvor. Er ging am Samstag zur Schule und hatte eine lange, harte Unterredung mit dem Rektor. Nach dem Gespräch der beiden kamen aus seiner Richtung noch viele verbale Drohungen, aber ich durfte am nächsten Montag wieder am Unterricht teilnehmen.

Durch den dauernden Stress und weil ich gar nicht lernen wollte, waren zweimal meine Versetzungen gefährdet. Letztlich wurde ich dann auch nicht versetzt, meine Angst vor meinem Alten war erneut gewaltig und mir ging es sehr schlecht. Für mich stellte sich zu dem Zeitpunkt die Frage, was ich denn nun tun sollte. Wenn ich heimging und mein Zeugnis meinem Vater zeigte, dann würde er mich wieder grün und blau schlagen, die letzte körperliche Züchtigung war mir noch viel zu gut in Erinnerung geblieben.

Es gab für mich also nur eine Möglichkeit, dem zu entkommen, und das hieß abzuhauen und nicht mehr heimzukommen. Also marschierte ich los und kam zu Fuß natürlich kaum voran. Nach guten zwanzig Kilometern dachte ich mir, dass es so nicht mehr weitergehen konnte. Als ich an einem kleinen Dorf vorbeikam, klaute ich an einer Bäckerei ein Fahrrad. Dieser Drahtesel fuhr sehr schwer und die Kette quietschte, aber ich kam um einiges schneller voran als zuvor per pedes. Ich hatte mir natürlich viele Gedanken gemacht, wohin ich gehen sollte, damit mein Vater mich nicht mehr in seine Hände bekäme. Aber es gab kaum Möglichkeiten, denn in diesem Alter hatte ich natürlich noch keinerlei großartige Connections.

Als das alles geschah, hatte mein Alter etwa ein Jahr zuvor eine neue Frau, eine Amerikanerin, kennengelernt. Ich war mit ihm öfter bei ihr gewesen, und er hatte sogar von Heirat gesprochen. Und so dachte ich deshalb, sie wäre für mich die große Rettung – ich für meinen Teil kam damals noch gut mit ihr aus.

Es gab dabei nur ein riesengroßes Problem: Sie wohnte in Rheinland-Pfalz, und ich musste also annähernd vierhundert Kilometer bewältigen, die ich übrigens in meiner kindlichen Naivität mit dem geklauten und klapprigen Fahrrad auf mich nehmen wollte. Und zu alledem kannte ich damals nicht einmal den Weg. Eine lediglich ungefähre Richtung, die ich einschlagen musste, hatte ich aber im Kopf, und so nahm ich mir vor, einfach jeden Tag ein gutes Stück zu fahren.

Ich war also um die Mittagszeit mit meiner Flucht gestartet, ohne Geld und ohne Essen. So strampelte ich immer die Hauptstraße in Richtung Duisburg entlang. Als es langsam dunkel wurde, hatte ich es bis Dinslaken geschafft. Ich hatte Hunger und war schon etwas müde. Meine Gedanken kreisten um einen Platz zum Schlafen. Ich schaute mich überall um, aber ich konnte nichts Dementsprechendes finden. Zu allem

Unglück begann es auch noch zu regnen, und das konnte ich in meiner damaligen Verfassung so gar nicht gebrauchen. Was tun?

An der Straße standen mehrere Mehrfamilienhäuser mit Balkonen nach vorne zur Front hin. Als ich sie sah, kam mir die Idee, vom Parterre aus auf einen davon zu klettern und mich dort schließlich zur Nachtruhe abzulegen. Gedacht, getan, und so stellte ich das Fahrrad weg und kletterte über die Umrandung auf den erstbesten Balkon. Dort angekommen hatte ich die Hoffnung, ich würde unter Umständen eine Sonnenliege oder Ähnliches vorfinden, was aber natürlich nicht der Fall war. Der Balkon war zudem nicht sehr groß, ich legte mir einen alten Karton auf den Boden, den ich vorher auseinandergerissen hatte, und packte mich darauf.

Mir fehlte jegliche Möglichkeit, mich zuzudecken, deshalb nahm ich meine Jacke als Alternative, was auch nicht besonders wärmend, aber besser als gar nichts war. Der Straßenlärm war gewaltig und es war sehr feucht, ich verhielt mich möglichst ruhig, da ich nicht wollte, dass die Bewohner etwas mitbekamen. So schlief ich irgendwann halbwegs ein.

Nach einiger Zeit hörte ich aber plötzlich Stimmen und sah, dass mehrere Leute auf den Balkon drängten. Ich wurde sofort hellwach; zu meinem Entsetzen sah ich auch Uniformen darunter und wusste, dass das die Polizei war. Mein erster Gedanke war der nach Flucht, doch das ging nicht, denn ein Polizist stand direkt vor mir. Der Beamte fragte mich: „Wer bist du denn? Und was machst du hier überhaupt?“ Was sollte ich ihm da nun sagen, eine Lüge hätte wahrscheinlich ohnehin nicht gepasst, und so erzählte ich ihm meine Geschichte. Die Polizei nahm mich mit aufs Revier, das Fahrrad wurde ebenfalls mit transportiert, denn das hatte man ja vor dem Balkon entdeckt. Auf der Wache wurde ich nach meiner Adresse und meinem Namen gefragt, man sagte mir, man würde meinen Vater informieren und er sollte mich dann abholen kommen. Ich bekam schon wieder Panik und malte mir aus, wie mein Vater durchdrehen würde.

Mir waren jedoch die Hände gebunden, ich konnte nichts tun, als geduldig zu sein, bis er kommen würde. Mir wurde gesagt, mein Vater sei informiert worden und würde bald erscheinen; so wartete ich auf der Wache und wurde immer unruhiger, außerdem war ich sehr kaputt, müde und hungrig.

Die Warterei kam mir unendlich lang vor, denn die Atmosphäre war mir ja fremd und recht unangenehm. Nach langem Herumsitzen kam schließlich mein Vater, und er sagte wörtlich zu mir: „Mein Junge, was hast du nur gemacht?!“ Es gab ein paar Formalitäten zu klären, und dann konnten wir gehen.

Ich machte mich schon auf richtige Action gefasst und auf harte Prügel. Doch zu meiner Verwunderung passierte nichts davon. Mein Vater fragte mich lediglich nach den Gründen meiner Flucht, zu Hause hätte man sich große Sorgen gemacht. Ich erklärte ihm alles und schlief noch während der Heimfahrt vor lauter Müdigkeit ein. Nach einer guten Stunde kamen wir bei den Großeltern an, es war bestimmt schon zwei Uhr nachts und ich war völlig im Arsch, ich durfte auch gleich zu Bett, ohne weitere Fragen beantworten zu müssen. Ich ging schnell nach oben, zog meinen Schlafanzug an und kroch in mein Bett. Ich schlief sofort ein und alle Sorgen waren damit weit weg. Als ich am nächsten Morgen wach wurde, hatte ich ein schlechtes Gewissen und traute mich fast nicht nach unten in die Küche. Ich schlich die Treppe hinunter, mein Vater saß mit meiner Oma in der Küche. Nach einer Weile ging ich herein, obwohl ich gar keine Lust hatte, zu frühstücken.

Ich setzte mich an den Tisch und mein Vater fragte mich dann erneut: „Wieso hast du das gemacht?“ Ich erwiderte, dass ich es aus Angst getan hätte, denn ich war ja sitzen geblieben. Mich wunderte zu dem Zeitpunkt natürlich, dass mein Vater so ruhig und sachlich blieb, für mich eine Seite an ihm, die ich nicht kannte, und ich rechnete daher jederzeit mit einem fürchterlichen Wutausbruch. Zu meiner Überraschung passierte das nicht und ich war sehr glücklich darüber.

Es wurde an diesem Morgen noch viel geredet und ich musste zum Abschluss meinem Vater versprechen, so etwas nie wieder zu tun. Durch das Nicht-Versetzen musste ich ein Jahr wiederholen und das fuckte mich schon mächtig ab. Meinem Vater gefiel das noch viel weniger und er sagte mir: „Junge, jetzt musst du dich aber richtig anstrengen. Sonst verbaust du dir dein ganzes Leben!“ Ohne Schulqualifikation gäbe es für mich keine Ausbildung usw. Mir waren seine Worte damals in keiner Form verständlich, denn was begriff ich schon von Gesellschaft oder Politik. Leider ist unser System auf derartigen Fundamenten errichtet, und ohne vernünftige Anpassung und Integration ist ein Vorwärtskommen nicht möglich.

Für mich waren jetzt Sommer und Ferien angesagt, und so verbrachte ich die Zeit mit Angeln und Fußballspielen. Meine schulischen Probleme waren da erst einmal untergeordnet und ich dachte, das würde alles schon werden.

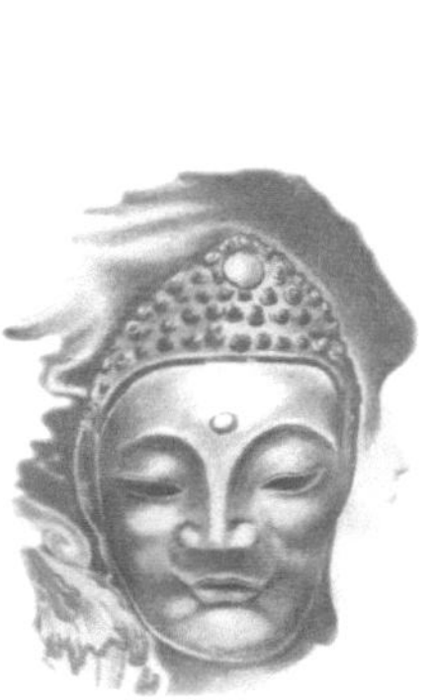

2.4. Die neue Klassenlehrerin

Als dann die lazy Zeit vorbei war, kam ich in eine neue Klasse; ich kannte darin kaum jemanden persönlich, nur vom Sehen auf dem Schulhof. Ich fühlte mich völlig deplatziert und total isoliert; auch was den Lehrstoff betraf, hatte ich sehr große Defizite. Wir hatten eine Klassenlehrerin, sie hieß Frau van Lewen und war ganz in Ordnung. So um die 30 und von kleiner Statur. Nach den ersten Tagen rief sie mich nach dem Unterricht zu sich und begann ein Gespräch mit mir. Ich fühlte mich sehr unwohl in meiner Haut und war ganz schön unsicher. Dieses fremde Gefühl kann man schnell erklären, vor allem, wenn man weiß, dass kaum jemand mal ein paar nette Worte für mich übrig hatte. Sie fragte mich bei diesem Gespräch alle möglichen Dinge, ich war sehr vorsichtig mit meinen Antworten. Ich vermutete, dass diese Frau mich aushören wollte, um mich dann im Anschluss fertigzumachen und die Informationen gegen mich zu verwenden. Zu einem kleinen Teil machte es mich aber auch neugierig, warum so eine Pädagogin sich gerade für mich interessierte. Die ganze Situation war mir auf alle Fälle nicht geheuer.

Wie sollte ich mit der menschlichen Wärme umgehen? Ich denke, dass sie schon merkte, was in mir abging. Nach einer Weile fragte sie mich, ob ich mal Lust hätte, mit zu ihr nach Kleve zu fahren. Ich überlegte und war sehr schüchtern und fragte sie: „Was soll ich denn dort?“ Darauf meinte sie: „Junge, ich will mich mal in Ruhe mit dir an einem neutralen Ort unterhalten. So kann das ja nicht weiterlaufen!“ Ich sagte zu und wir verabredeten uns für den nächsten Montag nach der Schule; ich hatte ohnehin die letzte Stunde bei meiner Klassenlehrerin.

Irgendwie war ich schon gespannt auf die Frau und was sie so vorhatte mit mir. Ich glaube, sexuelle Erwartungen spielten damals wohl eher eine untergeordnete Rolle. Wir liefen also nach der Schule zu ihrem Auto und sie schloss den Wagen auf. Es war eine Ente, ein Citroën mit einer Revolverschaltung, ein sehr interessanter Wagen, nicht nur aus meiner damaligen Sicht. Also stiegen wir beide ein und fuhren geschwind los. Es war Sommer und wir machten die Seitenfenster auf, damit wir etwas Fahrtwind spüren konnten.

Die ganze Sache war mir noch immer etwas unheimlich, denn ich hatte schließlich noch nie jemanden um mich herum gehabt, der wirklich Interesse an mir gezeigt hatte, mal abgesehen von meinem Opa. Wir fuhren also mit circa 90 Stundenkilometern die B 9 entlang, denn viel schneller schaffte es ihr Wagen nicht. Ich genoss die Fahrt; nach einer guten halben Stunde waren wir da. Sie wohnte in der Triftstraße direkt an einer Kreuzung. Wir gingen, nachdem wir den Wagen geparkt hatten, zu dem Haus; ihre Wohnung lag im zweiten Stock. In der Wohnung schaute ich mich dann um und fand, dass sie sehr nett eingerichtet war. Sie wohnte dort mit ihrem Mann, der auch als Lehrer auf derselben Schule tätig war. Ich setzte mich ins Wohnzimmer und sie legte eine Platte von Bachmann Turner Overdrive auf. Ich kannte diese Musik nicht, doch sie gefiel mir gut, besonders das Stück „You Ain`t Seen Nothing Yet“. Sie fragte mich: „Magst du was essen?“ Ich bejahte, denn ich hatte wirklich großen Hunger. Sie erkundigte sich: „Was soll es denn sein? Sind Spaghetti in Ordnung?“ Die wären auch sehr schnell fertig, so ihr Kommentar. Dieses Angebot gefiel mir gut und ich antwortete: „Ja, das wäre prima.“ Aus der Küche hörte ich Klappern und wusste, dass es gleich etwas „zu picken“ geben würde. Mittlerweile lief Janis Joplin, die mir auch sehr gut gefiel; währenddessen zog mir schon der wohlige Geruch von Essen durch die Nase.

Meine Oma machte mir jeden Tag Stullen für die Schule, aber wenn ich mittags heim kam, war mein Hunger meist riesig und sie hatte auch immer etwas fertig. Das war schon eine tolle Sache, denn daher brauchte ich nach der Schule nie auf mein Essen zu warten und schlang gleich alles begierig herunter.

Meine Lehrerin kam mit einem Tablett ins Wohnzimmer und stellte alles auf einem kleinen Tisch ab; sie nahm meinen Teller und fragte mich, ob ich großen Hunger hätte. Mein Magen hing schon regelrecht auf dem Boden und ich sagte: „Ja!“ Sie schöpfte mir daraufhin eine große Portion auf und servierte mir dazu noch einen leckeren Salat. Mit dem Essen legte ich unmittelbar los und haute richtig rein; meinen Teller hatte ich schnell leer und nahm mir noch einen guten Nachschlag. Das Essen war lecker und ich ließ es mir richtig schmecken. Nach den Nudeln gab es noch einen Pudding, und danach war ich richtig voll und abgefüllt.

Ich lehnte mich in dem Sofa locker zurück und machte es mir gemütlich; das viele Essen hatte mich etwas müde gemacht. Es war eine entspannte Atmosphäre und ich fühlte mich gut. Meine Lehrerin erzählte mir von ihrem Leben und was sie so machte. Ich kann nicht gerade sagen, dass mich ihr Gerede großartig interessierte, aber ich täuschte es ihr wenigstens vor. Beiläufig fragte sie dann: „Wo wohnst du denn genau und wie geht es dir da so?“ Ich erzählte ihr dann einiges, war aber größtenteils eher vorsichtig, denn ich hatte noch kein sonderliches Vertrauen zu ihr. Ich denke, das war zu Beginn ein sehr vorsichtiges Abtasten und ich war sehr oberflächlich. Wir führten dieses Gespräch insgesamt mehrere Stunden. Nach unserem Talk liefen wir zu ihrem Auto und sie brachte mich nach Asperden zu meinen Großeltern; mir hatte die Zeit bei ihr sehr gut gefallen und ich freute mich schon auf den nächsten Montag.

In unserem Haus ging ich gleich noch etwas nach oben in unser Wohnzimmer, das ich mir mit meinem Vater teilte; eine Ecke davon gehörte mir. Dort hatte ich ein Schlafsofa zum Ausziehen stehen und in einer Ecke in einer großen Halterung meine Angeln. Des Weiteren hatte ich die Angewohnheit, Tabak zu sammeln, aber nur Zigarettentabak, aus dem man selber Zigaretten drehen konnte. Meine Sammlung war nicht gerade klein, ich hatte einen großen Pappkarton schon beinahe voll.

Zu der Zeit bekam ich fünf DM Taschengeld im Monat, das war natürlich nicht besonders viel. Von diesem Geld kaufte ich immer ein Päckchen Tabak zu 2,70 DM. So schwoll im Laufe der Zeit meine Sammlung an, ich nahm jedes Mal den Tabak aus seiner Plastikverpackung und stopfte ihn in den Karton, ich roch das Kraut so gerne und ich glaube heute, dass dies einer der Gründe war, warum ich überhaupt so ein Sammelfieber entwickelte.

Meine größte Leidenschaft damals war aber das Angeln, sehr oft ging ich Fischen und verbrachte dann häufig sehr viele Stunden am Wasser. Diese Passion hatte ich wohl von meinem Vater übernommen. Ich denke, dass das Angeln für mich ein Mittel zum Zweck war, denn die Natur und die Ruhe taten mir immer sehr gut. Meine Leistungen in der Schule wurden mit der Zeit besser – durch die Besuche bei meiner Lehrerin. Endlich war da jemand, der sich um mich kümmerte und der wirklich Interesse an mir hatte.

So kam es eines Tages, dass Frau van Lewen mich fragte: „Ralf, hättest du nicht Lust, an einer Gesprächs- und Spielgruppe teilzunehmen?“ Ich kannte so etwas natürlich überhaupt nicht und wollte daher aus reiner jugendlicher Neugierde schon etwas mehr darüber wissen.

Sie erzählte mir, was dort so passierte und dass dort mehrere verhaltensauffällige Kinder und Jugendliche seien; diese Gruppe würde von einer Psychologin geleitet. Wir kamen zu der Übereinkunft, dass ich es mir mal ansehen würde und dann weiter entscheiden sollte, was ich möchte. Am nächsten Montag fuhren wir erst zu meiner Lehrerin und danach zu dieser Gruppe, die im Jugendamt untergebracht war. Es waren sechs bis acht Kinder und Jugendliche dort und wir machten verschiedene Spiele und autogenes Training. Mir gefiel es dort nicht schlecht, doch ich hatte Mühe, mich auf die Übungen einzulassen. Ich sprach viel mit Frau van Lewen und sie sagte mir eines Tages: „Junge, ich möchte dir jemanden vorstellen!“ Ich fragte sie, wer das denn sei, und sie meinte, ein gewisser Herr Wolff vom Jugendamt. Das passierte dann auch relativ schnell, und ich sah den besagten Mann, er war groß und hatte mächtige Hände, einen Vollbart und schien ganz lustig und gut drauf zu sein.

Wir trafen uns ein paar Mal montags bei meiner Lehrerin in der Wohnung und ich unterhielt mich viel mit ihm, er fragte mich dann auch, ob er mal mit zu mir nach Hause kommen dürfte. Das machte mich nervös, denn ich wusste nicht, wie ich es meiner Oma beibringen sollte, dass plötzlich ein fremder Mann mit zu uns nach Hause kommen würde. Ich sagte dem Andreas, so hieß er mit Vornamen, was ich für Schwierigkeiten sah, darauf meinte er, dass sei kein Problem, denn er wollte vorher mit meiner Oma, meinem Opa und meinem Vater sprechen. Wir verabredeten einen Termin und ich sprach mit meiner Familie über diesen Besuch, es gab zu meiner Überraschung doch keine großartigen Probleme. Andreas tauchte bei uns auf und kam gut an, ich verbrachte im Laufe der Besuche eine Menge Zeit mit ihm und wir redeten viel. Ich muss sagen, er fand einen guten Zugang zu mir. Er wurde mein Freund und war vielleicht mein erster Kumpel überhaupt. Ich merkte auch, dass ich mich wirklich veränderte und in der Schule alles gut passte, meine gesamte Umwelt bekam meine positive Entwicklung allmählich mit und ich konnte mich viel besser integrieren.

Ich glaubte, dass ich auf einem guten Weg war und es hätte vielleicht alles anders kommen können – doch das Schicksal hatte einen anderen Plan mit mir.

Durch die Heirat meines Vaters mit dieser Amerikanerin wurde ich von einem Tag auf den anderen aus meiner gewohnten Umgebung gerissen und fand mich in einer völlig fremden Welt wieder. Zu Andreas hatte ich keinen Kontakt mehr und das tat mir sehr weh, denn er hatte es geschafft, eine verschlossene Tür bei mir zu öffnen. Mit meiner neuen Stiefmutter kam ich von Anfang an nicht klar, es war schon komisch, denn bei den vorangegangenen Besuchen hatte eigentlich immer alles zwischen uns gepasst.

Sie hatte eine Tochter, die Michelle hieß, und sie wurde in jeder Hinsicht nur bevorzugt, mir gab sie das Gefühl, dass ich lästig und unerwünscht sei. Mein Vater war den ganzen Tag arbeiten und bekam natürlich von diesen Sachen nichts mit; ich konnte auch kaum mit ihm darüber reden, denn ich hatte das Gefühl, er glaubte mir doch nicht. Nach der Schule gab es meistens nichts für mich zu essen und ich ging hungrig zu meinen Freunden ins nahe gelegene Kinderheim. Dort waren viele polnische Jugendliche und Kinder. Ich hatte ein paar Jungen kennengelernt, mit denen ich mich immer traf. Ich aß auch regelmäßig dort, denn sie brachten mir meistens etwas aus dem Essenssaal mit.

Diese Beziehung meines Vaters lief wieder nicht gerade sehr lange, denn schlussendlich hatte mein Vater auch nur Stress mit dieser Frau. Einmal kam es in der Küche zu einem sehr schlimmen Streit und mein Vater ging auf sie los. Ich sprang dazwischen und bat meinen Vater, er möge es sein lassen. Mein Vater war damals aber sehr stark und ich musste mit meinen fünfzehn Jahren sämtliche Kraft aufwenden, um ihn zu halten.

Ich merkte jedoch, dass das eigentlich sehr gut ging und ich spürte, wie stark ich geworden war. Es machte sich bemerkbar, dass ich seit meinem achten Lebensjahr zum Ringen ging. In diesem Moment, in dem ich meinen Vater festhielt, nahm ich eine sehr tiefe Verbundenheit zu ihm wahr, was ein sehr schönes Gefühl war. Solche Momente gab es nicht oft, und ich war froh, dass ich meinen Vater stoppen konnte, denn was hätte nicht alles passieren können ...

Mein Vater hatte einen guten Freund in Grefrath, er hatte ihn auf der Arbeit kennengelernt. Am Wochenende fuhren wir oft samstags zu ihm, um dort zu arbeiten, er hatte ein älteres Haus gekauft und wir halfen beim Umbau; ich war gerade mal elf oder zwölf. Vater hatte Maurer gelernt und mauerte und verputzte, ich machte Speiß oder fuhr Steine heran. Der Kollege von Vater war ein sehr ruhiger Vertreter, es war ein netter Kerl mit Frau und drei Kindern. Mit den Kindern kam ich auch gut klar, aber ich arbeitete lieber und verdiente mir so etwas dazu, als mit ihnen zu spielen. Es gab reichlich zu tun an dem Haus, und so verbrachten wir sehr viel Zeit dort. Langsam nahm alles Gestalt an und Vaters Kollege freute sich.

Eines Tages sagte Vater zu mir, es sei etwas Schreckliches passiert. Der Mann war Amok gelaufen, hatte seine Frau und die Kinder erschossen und danach das Haus angesteckt, kurz bevor die Flammen ihn verbrannten, erschoss auch er sich selber.

In meinen jungen Jahren konnte ich das gar nicht verstehen und die Tragweite einer solchen Tat nicht begreifen; ich war einfach sehr erschrocken über diese Mitteilung. Wie ich durch Vater erfuhr, hatte der Mann sich anscheinend bei dem Kauf des Hauses finanziell total übernommen und sah in der Auslöschung seiner selbst und seiner Familie die einzige Chance. Was für eine Tragödie, ich hätte niemals geglaubt, dass dieser Mann zu so einer Tat fähig gewesen wäre! Wenn ich ehrlich bin, gab er auch nie einen Anlass, um über so etwas nachzudenken.

Noch lange verfolgte mich diese Tat und ich merkte: Der Tod ist etwas Endgültiges. Leider hatte ich niemanden, mit dem ich darüber sprechen konnte, und so musste ich es selbst verarbeiten – für so einen jungen Burschen, wie ich es damals war, sicherlich nicht einfach. Mir tat es schon sehr weh, niemanden mehr von dieser Familie wiederzusehen, alles war so schnell passiert.

Es war daheim auch immer sehr viel an Arbeit zu verrichten: Ich mauerte, verputzte und hackte und sägte Holz. Ich malochte gerne und ich merkte, dass ich ein gutes Händchen hatte. Mein Vater und ich bauten einen Zaun rings um das Grundstück, denn wir hatten zwei Jagdhunde. Ich hob die Fundamente aus; das war eine sehr harte Arbeit, denn es gab keinen Mutterboden, sondern das meiste war roter Sandstein. Ich hatte eine große Picke und löste damit die Steine und musste oft größere Brocken auch mit dem Hammer erst vorher kleinschlagen.

Am Wochenende, wenn mein Vater nicht arbeiten musste, rührten wir Beton an und gossen die Fundamente, das ging alles echt im Akkord. Ich stand an der Mischmaschine und schippte Kies und Zement in den Mischer, dazu kam noch Wasser. Ich hatte ein gutes Gefühl und konnte an der Konsistenz erkennen, ob der Beton gut war. Als der Beton fertig war, kippte ich ihn in die Schubkarre und fuhr sie zu meinem Vater. Wir hatten eine gute Schalung vorbereitet und dort hinein schüttete ich den Beton. Es war eine harte Arbeit, aber sie ging uns gut von der Hand. Des Weiteren bauten wir zwei sehr große Garagen. Zu diesem Zeitpunkt lernte ich auch das Mauern von meinem Vater. Es dauerte mehrere Monate, bis die Garagen fertig waren, aber die Arbeit machte echt Spaß.

Ich hatte noch einen Schwager, der Hilma hieß. Er war nicht sonderlich gut drauf, sehr faul und handwerklich völlig unbegabt. Wenn ich mich noch richtig erinnere, war er Busfahrer von Beruf.

Wir lebten in einem alten Haus und es war dort manchmal sehr langweilig. Ich hatte oben mein Zimmer, das nicht besonders groß und sehr unpersönlich eingerichtet war. Ich hielt mich in dem Raum nicht oft auf, denn was sollte ich da, außer dass ich dort schlief und meine Klamotten im Schrank hängen hatte.

In der Nachbarschaft lebte ein älteres Ehepaar, dem ich oft im Garten und beim Holzhacken half. Nach der Arbeit saß ich immer gemütlich bei ihnen im Wohnzimmer und aß und trank, es war für mich dort stets eine schöne Atmosphäre und ich fühlte mich sehr wohl. Als ich mal wieder dort war, fragte ich sie, ob sie nicht einen leckeren Wein für mich hätten. Das bejahten sie und brachten mir einen sogenannten Ausbruch. Ich schenkte mir ein und fing an gemütlich zu trinken. Von der Arbeit her hatte ich noch großen Durst und trank mein Glas daher schnell und gierig aus. Ich spürte anfänglich noch nicht viel und ich trank weiter; ich hatte die Flasche schon fast leer, die Leute waren bereits zu Bett gegangen und dann auf einmal knallte es in meinem Kopf.

Die volle Wirkung entfaltete sich auf einen Schlag, ich war fürchterlich besoffen und torkelte nach Hause. Es war nicht sehr weit, doch ich kam kaum vorwärts. Nach einem langen harten Weg traf ich daheim ein und kroch in mein Zimmer. Es war schon spät in der Nacht, ich warf mich gleich in mein Bett und schlief in meinen Klamotten ein.

Durch irgendwelche Geräusche wurde ich am nächsten Morgen geweckt. Mein erster Gedanke war: Mensch, was ist das alles so nass hier? Ich stand langsam auf, mir war total übel und ich fühlte mich elend, da sah ich die Bescherung: In der Nacht hatte ich das ganze Bett vollgekotzt, es stank übel und sah auch ekelig aus. Im Haus hörte ich noch nichts, das war gut, denn ich wollte das Erbrochene so entsorgen, dass es keiner sah, und das Bett reinigen. Sollte mir das nicht gelingen, würde wieder riesiger Stress mit meiner Stiefmutter anstehen.

Doch es kam alles ganz anders, als ich dachte – und meine Stiefmutter erwischte mich natürlich dabei, es gab wieder Vorhaltungen und Schimpferei. Diese dauernden Vorhaltungen gingen mir schon mächtig am Arsch vorbei. Wenn sie schimpfte, interessierte mich das nicht großartig, doch so wurde dann mein Vater gegen mich aufgehetzt und es gab als Bestrafungsmaßnahme mittags nichts zu essen.

Bei unseren Nachbarn stand ein alter Gogo, der meine Aufmerksamkeit genoss. Ich setzte mich öfters in den Wagen und stellte mir vor, wie es wäre, damit zu fahren. Das Auto stand offensichtlich schon lange dort, denn der Zustand war desolat und der Motor war wohl ewig nicht mehr gelaufen. Ich fragte meinen Freund Tilo, ob es nicht möglich wäre, den Gogo zu reparieren. Er sprach das bei nächster Gelegenheit mit seinem Vater durch und dieser hatte nichts dagegen.

Ich freute mich riesig und begann gleich am nächsten Tag nach der Schule, mir den Bomber näher anzuschauen. Meine Kenntnisse von Autos waren nicht besonders groß, aber ich verstand einiges von deren Technik, denn bei meinen Großeltern hatte ich viel an Mofas und Mopeds geschraubt. Der Wagen sah hübsch aus, natürlich vergammelt, aber ich setzte mir zum Ziel, das Auto wieder zum Fahren zu bringen.

Das erste Problem, das sich uns stellte, war, dass der Wagen sich nicht mehr schieben ließ. Die Bremsen und Räder waren fest. Nach einigen Tagen hatten wir das alles gereinigt und gelöst und schoben den Gogo zu einem anderen Platz, an dem wir besser arbeiten konnten.

Nun wandten wir uns dem Motor zu, ich dachte, dass etwas Sand im Tank war. Die Benzinleitung war aber zum Glück frei; wenn Sand im Motor gewesen wäre, hätte sich daraus ein großes Problem ergeben. Der Tank wurde gereinigt, auch der Vergaser und die Zündkerzen. Da die Batterie kaputt war, besorgten wir eine andere auf dem Schrottplatz. Wir kauften auch Benzin und bauten die Batterie ein, der Zündschlüssel war vorhanden und wir starteten den ersten Versuch.

Als wir den Schlüssel umdrehten, sprang die Zündung an und die Lampen leuchteten. Wir waren so nervös und ich traute mich im ersten Moment gar nicht, den Zündschlüssel herumzudrehen. Ich fasste Mut und drehte ihn trotzdem weiter ... Und leider machte es – gemäß meiner Befürchtungen – nur „Klack". Der Anlasser beziehungsweise Magnetschalter funktionierte nicht richtig! Wir machten die Verbindungen sauber und ich klopfte mit einem kleinen Hammer auf den Schalter. Das alles dauerte eine ganze Zeit. Rasch saß ich wieder im Auto und drehte mit feuchten Händen den Schlüssel – und siehe da: Der Anlasser funktionierte, der Wagen machte aber trotzdem keinerlei Anstalten, anzuspringen.

Das ärgerte mich maßlos und ich lief herüber zu uns und holte aus der Garage meines Vaters eine Sprühdose mit Startpilot. Wieder am Wagen schraubte ich den Luftfilter ab und sagte zu Tilo, er solle sich in das Auto setzen und erneut versuchen, zu starten. Als Tilo im Auto saß und auf mein Kommando die Zündung betätigte, sprühte ich mit der Dose direkt in den Ansaugkanal vom Vergaser. Es dauerte eine kleine Weile, dann begann der Motor, sich zu rühren und lief langsam an. Wir mussten diesen Vorgang noch ein paar Mal wiederholen, doch dann lief er ohne Startpilot und qualmte fürchterlich.

Ich sagte zu Tilo, er solle den Motor laufen lassen. Wenn ich mich noch richtig erinnere, war der Motor ein Zweitakter und machte einen Riesenkrach. Nach einiger Zeit schalteten wir den Wagen ab und waren sehr zufrieden. Wir schoben ihn wieder auf das Grundstück meines Freundes und ich ging glücklich nach Hause. Ich konnte an diesem Abend noch lange nicht schlafen und dachte an unsere super Leistung, diesen Wagen wieder zum Laufen gebracht zu haben. Man kann schon sagen, dass ich sicherlich etwas stolz darauf war.

Am nächsten Tag nach der Schule trafen wir uns wieder bei Tilo und schoben den Wagen nach hinten zum Wald, wo sich ein großes, freies Grundstück befand. Ich setzte mich in den Gogo, denn ich wollte unbedingt fahren – das war mein größter Wunsch. Ich startete den Motor und überlegte, was jetzt zu tun sei. Dann erinnerte ich mich an mein Moped, trat die Kupplung und legte einen Gang ein. Mir fehlte natürlich noch das Gefühl und ich ließ die Kupplung viel zu schnell kommen, der Wagen machte einen Satz und ich würgte ihn ab. Es bedurfte einiger Anläufe, bevor ich ihn zum Rollen brachte. Das mit dem Schalten ging überhaupt nicht, doch ich fand ohnehin, dass ich schnell genug fuhr im ersten Gang. Das Gelände ließ eine höhere Geschwindigkeit auch nicht zu.

Es gab einen alten Mann, der bei Tilos Eltern unten im Keller eine kleine Wohnung bewohnte. Er konnte nicht richtig sprechen und ich glaube, dass er dadurch wohl behindert war. Er half bei allem mit und war trotz seiner sechzig Jahre noch ein sehr starker Mann.

Wir fuhren mal wieder in der Mittagszeit sehr rasant auf dem Acker oder besser gesagt auf der Wiese. Der alte Mann hieß Conrad und pflegte um diese Tageszeit herum immer ein Nickerchen zu halten. Durch den Motorenlärm geweckt, kam er nach hinten und schimpfte wild und gestikulierte. Das passte mir überhaupt nicht in den Kram und ich wollte ihn erschrecken, damit er Ruhe gab.

Ich hatte daher eine Idee: Ich wollte mit dem Wagen auf ihn zufahren und kurz vorher abdrehen. Das setzte ich in die Tat um und gab Gas. Ich preschte auf ihn zu und riss – wie beabsichtigt – kurz vorher das Lenkrad herum. Doch zu spät! Ich erwischte ihn trotzdem mit dem Außenspiegel voll an der Brust!

Ein fürchterlicher Schreck durchfuhr mich und ich dachte, was jetzt nur passiert sei. Ich stoppte nach einigen Metern und stieg aus. Tilo, der nicht mit mir im Auto gesessen hatte, war schon zu ihm gelaufen und kniete sich neben ihm nieder. Ich rannte auch zu ihm und sah, dass er lebte und sich vor Schmerzen die Brust hielt. Es war also nichts Schlimmeres passiert und ich atmete durch. Da er jedoch sagte, er könnte nicht aufstehen, lief Tilo zu seiner Mutter und holte sie.

Es dauerte einige Minuten, dann hatte die Frau Conrad dazu bewogen, aufzustehen. Ich merkte gleich, dass er nicht viel hatte, aber jetzt hatte er einmal die Möglichkeit, ausgiebig bedauert zu werden. Man fuhr mit ihm am Abend schließlich zu einem Arzt und dieser stellte eine Rippenprellung fest. Danach gab es für mich und Tilo richtig Stress. Mein Vater gab mir einige Ohrfeigen und schimpfte fürchterlich; wir beide bekamen Hausarrest und durften nie mehr an den Wagen, was für mich nach der ganzen Arbeit sehr frustrierend war.

Auf dem Weg zur Schule stellte mir Tilo eines Tages seinen anderen Freund vor, der Michael M. hieß und ein stinkreicher Bursche war. Er und seine Eltern lebten in Carlsberg auf einem Hügel in einer riesigen Villa. Ich weiß noch, als ich ihn das erste Mal besuchte: Ich wusste nicht, wie mir geschah. Solch ein Haus hatte ich noch nie vorher gesehen. Mir gefiel es gewaltig, denn seine Zimmer – es waren gleich mehrere – hatten die Größe von unserer gesamten Wohnung, in der wir mit vier Leuten lebten.

Sein Vater hatte eine sehr große Firma, die Kaugummi und gebrannte Erdnüsse und Mandeln herstellte. Dieser Reichtum war mir bis dato so nicht bekannt gewesen und ich dachte, wie das wohl geil sein musste, so viel Geld zu haben. Heute weiß ich: Es ist wohl sehr förderlich, Geld zu haben – es kann aber auch zu einem echten Problem werden, wenn man nicht lernt, damit umzugehen.

Ich ging mit Tilo und Michael in die gleiche Schule in Eisenberg. Wir trafen uns jeden Morgen an der Bushaltestelle und fuhren dann gemeinsam zur Schule. Die Zeit auf dieser Schule war nicht schlecht und ich hatte einen strengen, harten Klassenlehrer, der aber ein feiner Kerl war. Es kam öfters vor, dass er während des Unterrichts plötzlich seine Gitarre auspackte und ein paar Lieder zum Besten gab. Am meisten gefiel mir das Stück „It's All Over Now, Baby Blue", diesen Song spielte er richtig toll und auch noch heute mag ich dieses Lied.

Er hieß Herr Beck, war so Mitte 30 und hatte einen roten Vollbart. Er war nach außen hin sehr autoritär, aber ich fühlte, dass das nur Fassade war und er einen weichen, sensiblen Kern hatte. Wir unterhielten uns oft, und da er auch in Carlsberg wohnte, durfte ich ihn ab und an mal besuchen. Ich glaube, in seiner Seele war er ein Hippie, der noch immer in dieser Zeit und Welt lebte.

In den Schulpausen traf ich mich immer mit Michael und Tilo und wir frühstückten reichlich und machten Blödsinn. Es kam auch oft vor, dass wir uns mit anderen prügelten; meistens war ich es, der sich kloppte und dadurch Schwierigkeiten bekam. Nach der Schule trafen wir uns oft bei Michael und tranken sehr viel Cola und hörten Musik bei ihm im Partykeller. Die Zeit war schön und seine Mutter kochte oft für uns, sie war eine hübsche Frau und ich glaubte, sie war nur wegen des Geldes mit Michaels Vater zusammen.

Als es draußen warm wurde, bauten wir uns ein Baumhaus bei ihm im Garten, denn zu seinem Grundstück gehörte noch ein großes Stück Wald. Ich arbeitete in der Regel oben im Baum und die anderen reichten mir das Material an. Ich hatte schnell den Boden fertig und setzte mich dann darauf, um mit den Wänden zu beginnen. Da passierte es, dass ich nach hinten herunterfiel! Blitzschnell drehte ich mich in der Luft und kam auf den Füßen wieder auf und verletzte mich dadurch kein bisschen. Durch mein vieles Training war ich schließlich sehr fit und das rettete mir vielleicht mein Leben – zumindest hätte ich mir bei diesem Fall etwas brechen oder querschnittsgelähmt sein können. Michael trainierte auch schon mehrere Jahre Shotokan-Karate. Ich fragte ihn mal danach, denn ich sah seinen weißen Gi im Zimmer hängen, er sagte:

„Wenn du magst, dann komm doch mal mit und schaue es dir an."

Das Training fand zweimal die Woche in einem Kindergarten statt, es war sehr gut besucht und ich machte einfach mit.

Ich muss sagen, es gefiel mir sehr gut und die Wurzeln meiner späteren Karriere als Mixfighter waren gelegt. Das Training war schon prima und verlangte mir viel Kraft ab, danach war ich immer schön müde und schlief sehr gut. In diesem Karateverein waren schon viele Mitglieder, vom Alter ging es quer durch alle Stufen. Meine ersten Prüfungen schaffte ich ganz ordentlich, aber ich war davor jedes Mal sehr nervös. Zu den Prüfungen mussten wir immer nach Eisenberg und ich fand es schrecklich, wenn mir viele Leute zuschauten, während ich meine Techniken machte.

Die Beziehung zwischen meinem Vater und seiner Frau wurde immer schlechter und ich sagte zu meinem Vater, dass wir uns eine Wohnung suchen und weggehen sollten – denn die Atmosphäre war nicht mehr zu ertragen. Mein Vater merkte sehr wohl auch, dass die Ehe gescheitert war und suchte nun eine Wohnung für uns beide. Er war Angestellter der deutschen Bundesbahn und genoss zu diesem Zeitpunkt dadurch viele Vorteile. Es dauerte jedoch viele Monate, bis mein Vater eine Reihenhauswohnung in Grünstadt bekam. Die Lage war am Rande der Stadt und relativ ruhig. Mit Carlsberg ließ es sich nicht vergleichen, denn das war eine richtiggehende Perle der Natur und lag mitten im Pfälzer Wald.

Nach der Besichtigung des neuen Domizils begannen wir am darauffolgenden Wochenende mit dem Umzug. Mein Vater hatte seiner Frau Adele natürlich erst im letzten Moment erzählt, dass er sie verlassen würde und wir sofort ausziehen würden. Dementsprechend groß war ihre Überraschung.

In mir herrschte eine große Freude, denn ich war überglücklich, von dieser Frau weg zu sein. Meine Stiefschwester war auch ein falsches Stück und ich dachte mir, die beiden sollen mal schauen, wie sie fertig werden. Den Umzug vollzogen mein Vater und ich gemeinsam und schnell und am Abend hatten wir schließlich alles eingeladen. Endlich nahten für mich mein eigenes Zimmer und mein Vater für mich alleine.

Die neue Wohnung hatte so um die 60 bis 70 Quadratmeter; wir trugen die Möbel hinein und bauten dann alles bis Sonntagabend auf. Das Haus war sehr ruhig und gefiel mir. Nun fuhr ich im Zuge dessen immer von Grünstadt nach Eisenberg in die Schule und lernte auch neue Freunde oder besser Bekannte kennen. Die Stadt hatte um die 50.000 Einwohner. Nachmittags hielt ich mich oft in der belebten Fußgängerzone auf und aß etwa gerne Hähnchen von „Kochlöffel", wenn ich das Geld dazu hatte.

Eines Mittags lernte ich dort ein Mädchen kennen, sie hieß Martina, und ich verliebte mich in sie. Ich hatte noch nie eine Freundin gehabt und war in dieser Beziehung absolut und sprichwörtlich „grün hinter den Ohren". Von Geschlechtsverkehr mit Mädchen hatte ich keine Ahnung, aber auch sonst wusste ich nicht wirklich, was ich ihnen sagen oder mit ihnen tun sollte ... Martina hatte schon Erfahrung, sie war ein oder zwei Jahre älter als ich. Als ich sie sah und ihr begegnete, kamen in mir Gefühle hoch, die ich nicht kannte – alles war so anders.

Ich wichste heimlich schon seit einem Jahr, aber das mit ihr war etwas ganz anderes, ich war ihr gegenüber total verklemmt und bekam rote Ohren. Sie sah gut aus und hatte dicke Titten. Ich versuchte mich so oft wie möglich mit ihr zu verabreden, um dann daran herumfummeln zu können. Sie wohnte mit ihrer Mutter, Großmutter und ihrem Bruder zusammen in einem kleinen Haus in Battenberg, das auf einem Berg lag und sechs Kilometer von Grünstadt, also von mir, entfernt war. Mit meinem Mofa fuhr ich immer dort hin. Dieses Mofa hatte ich übrigens von meinem Opa bekommen, es war eine französische Mobylette.

Da ich sie gut frisiert hatte, lief sie sehr schnell und ich schaffte damit auch die enorme Steigung auf den Berg hinauf. Am Anfang wollte sich Martina nur immer außerhalb des Dorfes mit mir treffen, denn sie hatte Angst vor ihrem Halbbruder, der scharf auf sie und daher immer sehr eifersüchtig war. Ich dachte, wie das denn mit der eigenen Halbschwester gehen sollte? Ich erfuhr, dass er Italiener war und aus Sizilien stammte.

Als ich einmal mit meinem Mofa abends heimfuhr, folgte er mir und versuchte mich mit dem Auto abzudrängen. Ich konnte aber ausweichen und so konnte er mich nicht umfahren. Ich stieg von meinem Mofa und wollte ihn zur Rede stellen, in ungefähr hundert Metern Entfernung hatte er mit dem Auto gestoppt. Langsam ging ich auf das Auto zu, war aber dabei zu jeder Zeit bereit, zur Seite zu springen, wenn er versuchen sollte, mich erneut umzufahren. Als ich fünfzig Meter entfernt war, gab er Gas und brauste davon. Ich dachte wutschnaubend: Was ist das für ein Arsch! Voller Wut nahm ich mein Mofa und fuhr heim.

Ich erzählte meinem Vater die Geschichte und auch er war sehr wütend. Ich war aber nicht der Mensch, der zur Polizei ging, denn das hatte ich noch nie getan. Einige Zeit später erschien der Typ mal vor unserem Haus, mein Vater und ich waren gerade im Garten, und ich sagte meinem Vater: „Das ist der Drecksack." Der Kerl stieg nicht aus dem Auto, mein Vater ging lauernd an den Zaun und fragte ihn: „Was willst du hier? Mach so einen Scheiß nie mehr wieder!" Der Bursche blickte nur stumm zurück, gab schließlich Gas und brauste davon.

Am Wochenende besuchte ich zu der Zeit eine Disco, die „Don Quichotte" hieß. Dort gab es gute Musik und viele Amerikaner, die in Grünstadt stationiert waren. An einem dieser Samstage kam Mario, Martinas Bruder, in den Laden, weil er mich suchte und Stress machen wollte. Ich saß in einer Sitzgruppe, als er vor mir erschien. Zur Verstärkung hatte er noch zwei Männer dabei und kloppte selbstbewusst große Sprüche. Ich saß sehr eingekeilt und er schlug sofort von der Seite mit der flachen Hand in mein Gesicht. Da ich mit so einer Hinterhältigkeit aber gerechnet hatte, konnte ich den Hieb auspendeln. Ich sprang auf und wollte mich auf ihn stürzen.

Der Stress war natürlich von meinen Bekannten beobachtet worden, sie hielten mich zurück und andere warfen den Penner raus.

In einer anderen Kneipe gab es dann noch einmal etwas Stress, dann verschwand er aber wieder. Danach war Ruhe, aber die Beziehung zu Martina ging letztendlich kaputt, sie hatte schlichtweg keinen Bock auf den ganzen Stress.

Martina hatte noch einen anderen Bruder – nicht bloß einen Halbbruder wie Mario. Er hieß Toni, ich lernte auch ihn kennen, und er war eigentlich ganz in Ordnung. Wir verstanden uns auf Anhieb recht gut und unternahmen viel gemeinsam. Mein Vater hatte mir für meine anstehende Ausbildung zum Forstwirt ein Moped gekauft, eine sogenannte Zündapp. Toni hatte eine „Yamaha Mokick“ in einer Geländeausführung. Mit diesen unseren Mopeds fuhren wir viel durch die Gegend. Er war wie Martina ein halber Italiener, der – und das konnte ich gut nachvollziehen – seinen Halbbruder auch nicht besonders mochte. Ich fragte ihn gleich, wie man so bescheuert sein konnte, eine Beziehung zu seiner eigenen Schwester zu pflegen.

Ich nahm Toni mit zu mir und wir waren viel auf Achse. So fuhren wir sonntags etwa zum Schießen nach Hertlingshausen, wo ich schon seit meiner Ankunft in Carlsberg Mitglied im Verein war. Als wir das erste Mal dort waren, erfuhr ich von seiner außerordentlichen Affinität zu Waffen, sein fragwürdiges Interesse konnte fast schon als fanatisch bezeichnet werden. Ich wiederum war damals im Jugendkader, meine Leistungen waren gut.

Toni jedoch war wie wild auf Waffen, daher ließ ich ihn einmal auch mit meiner Vereinspistole schießen, ich dachte mir einfach nichts bei seiner Leidenschaft. Ich hatte nicht das Gefühl, dass ihn der Schießsport an sich wirklich interessierte, ich vermutete, dass er nur einmal eine Waffe in der Hand halten wollte.

Mir war daher auch nicht klar, dass ich einen Fehler begangen hatte, ihn dorthin mitzunehmen. Nach einiger Zeit kam er plötzlich sonntags nicht mehr mit und das wunderte mich, denn sein aus heiterem Himmel mangelndes Interesse konnte ich mir nicht erklären.

Als ich danach einmal wieder sonntags auf dem Schießplatz war, kam plötzlich der Vorsitzende, Herr Lautensack, nervös angelaufen und sagte zu mir und den vielen anderen Schützen: „Man hat gerade mein Auto aufgebrochen und einen Vereinsrevolver plus Munition gestohlen.“ Diese Nachricht wühlte alle Gemüter auf und es entstanden rege, nervöse Diskussionen. Wir gingen alle zusammen zu seinem Auto und begutachteten die kaputte Scheibe, unser Vorsitzender informierte die Polizei, die auch bald danach eintraf.

Schon vom ersten Moment an, als ich von dem Diebstahl gehört hatte, hatte ich den vagen Verdacht, dass Toni hinter der Tat stehen könnte. Das konnte ich natürlich nicht beweisen, aber mein Gefühl sagte es mir. Wenn ich es noch richtig nachvollziehen kann, dann wurde Toni auch mal vernommen, doch man konnte ihm nie etwas nachweisen. Er hat später einmal auf mein Fragen hin auch betont, dass er nichts davon wüsste und es nicht gewesen sei – ich für meinen Teil habe ihm nie geglaubt, denn er war bei seinem Verneinen sehr unsicher.

Kurze Zeit nach diesem Vorfall bekam Toni eine Stelle als Nachwächter in einer Firma, die Konkurs angemeldet hatte. Dort besuchte ich ihn oft und ich spürte, dass unsere Freundschaft einen tiefen Riss durch den Diebstahl bekommen hatte.

In dieser großen Firma wurden viele Produkte aus Metall verarbeitet, überall standen Fräsen und Drehbänke, mir kam im Zuge dessen die Idee, dort alte Granaten, die ich gefunden hatte, abzudrehen, um sie wieder blank zu bekommen. Ich für meinen Teil war vor Jahren durch ältere Freunde auf den Geschmack gekommen, mit einer Metallsonde Munition und Granaten im Wald zu suchen. Ich fuhr also mit meinem Moped, als es dunkel war, in die Fabrik zu Toni. In meinen Packtaschen hatte ich zwei deutsche 75 Millimeter Granaten aus dem Zweiten Weltkrieg. Dort angekommen trug ich sie zur Drehbank, spannte eine ein und ließ die Drehbank anlaufen. Vorher hatte ich kontrolliert, ob ein guter Stahl zum Abdrehen vorhanden war, Angst oder Bedenken hatte ich kein bisschen. Das mit dem Abdrehen ging nicht so einfach, wie ich mir das vorstellte, die Granate war konisch und deshalb konnte ich den unteren Bereich etwas abdrehen, aber weiter oben ging nichts. Nach einigen Versuchen hörte ich auf und schliff sie mit einer Flex.

Mein Freund Toni hielt sich immer in gebührender Entfernung auf, ich denke, ihm war das alles zu heikel und er hatte Bedenken, dass so ein Ding explodieren könnte. Nach einigen Wochen bekam der Toni die Kündigung in dieser Firma. Auf meine Frage, warum das denn passiert sei, antwortete er: „Es sind mehrere Dinge gestohlen worden und man hat mich verdächtigt.“ Ich hatte bei diesen Worten natürlich ein Déjà-vu-Erlebnis und dachte gleich, dass er es war – aber ich ging nicht weiter darauf ein.

Nach diesen Vorfällen wurde unser Kontakt immer weniger. Bei einem der letzten Treffen hatte ich in ein Rohr Schwarzpulver gefüllt und es verschraubt; zuvor hatte ich ein Loch in den Schraubdeckel gebohrt und von einer alten englischen Handgranate den Zünder hineingeschraubt. Wir fuhren mit unseren Mopeds auf eine einsame Wiese, ich knotete sicherheitshalber eine Drachenschnur an den Sicherungsstift, denn ich war mir nicht sicher, ob der Verzögerungszünder noch funktionierte. Ich klemmte also das Rohr unter einen dicken Stein und rollte die Schnur langsam ab. In circa zwanzig Metern Entfernung versteckten wir uns hinter einem kleinen Hügel und legten uns auf den Boden. Ich hatte natürlich darauf geachtet, dass die Leine stramm war und nun zog ich kräftig an ihr, einige Sekunden lang passierte nichts, aber dann gab es einen fürchterlichen Knall.

Nach der Explosion gingen wir schauen, wo die Zündung stattgefunden hatte, es gab ein großes Loch im Boden. Wir sprangen danach auf unsere fahrbaren Untersätze und rasten davon, denn wir wollten deswegen keinen Ärger bekommen. Nach dieser

Sache fuhr ich nicht mehr zum Toni, denn ich hatte keinen Bock mehr auf ihn und seine verlogene Art.

Zu dieser Zeit war ich viel in den Wäldern und suchte nach Munition und Ausrüstungsgegenständen aus dem Ersten und Zweiten Weltkrieg. Ich lernte auch einige andere Sammler kennen und wir tauschten uns gelegentlich darüber aus, wo es sich rentierte, zu suchen und wo nicht. Mir machte es wahnsinnig viel Spaß, mit meinem Metalldetektor nach Munition zu suchen, ich kannte das akustische Signal schon so gut, dass ich ziemlich genau wusste, was mich bei welcher Tonnuance erwartete. Es war schon unbeschreiblich, was ich alles so fand. Das meiste davon aber waren Granaten oder Infanterie-Munition, die Granaten waren sehr schwer, von 20 Millimeter bis zu 17,5 Zentimeter war alles dabei. Manchmal fand ich dutzende Granaten auf einmal, nahm immer eine oder zwei mit und transportierte sie in meinen Mopedpacktaschen. In unserem Keller deponierte ich die Munition und entschärfte sie; entweder schraubte ich den Zünder heraus oder sägte sie unterhalb des Zünders durch, dort wo die Zusatzladung endete. Ich las auch sehr viel einschlägige Literatur, damit ich wusste, wie Granaten oder andere Munition konzipiert waren. Heute denke ich, dass es sehr leichtsinnig war und mir dabei viel hätte passieren können.

Diese Sammlerei ging einige Zeit und so häufte sich mein Arsenal, mein Vater fand wohl hier und da etwas und sagte, ich solle den Rummel dort lassen, wo er war. Als ich aber einmal abends beim Training war, schaute er sich den Keller genau an und fand natürlich alles. Er rief daraufhin meinen Opa an; dieser kam sofort und entsorgte noch in der Nacht mit meinem Vater die ganze Munition. Sie mussten wohl ein paar Mal fahren, denn soviel war das mittlerweile. Es war so gegen zweiundzwanzig Uhr, als ich heim kam, da sah ich meinen Opa mit meinem Vater schwitzen und alles wegschleppen; es dauerte viele Stunden, bis sie fertig waren.

Danach unterhielt sich Opa ganz ruhig und vernünftig mit mir, er sagte: „Junge, das Zeug ist saugefährlich und ich habe im Krieg genügend Personen gesehen, die durch die Explosion damit getötet oder verstümmelt worden sind.“

Er sagte mir eindringlich, ich solle die Finger von diesen Dingen lassen und davon nichts mehr in den Keller schleppen.

„Die gewaltige Menge, die du da angehäuft hast“, meinte Opa, „hätte ausgereicht, um die ganze Schillerstraße wegzublasen.“

Über ein etwaiges Unglück – aus meiner Sammelleidenschaft und dem dadurch bedingten engen Kontakt mit diesen Gegenständen resultierend – hatte ich mir schlichtweg keinerlei Gedanken gemacht, sondern es eher verdrängt und mir selber suggeriert, da würde schon nichts geschehen.

Ich war im ersten Moment natürlich sehr verärgert, dass die ganze Munition weg war. Im Nachhinein denke ich aber, dass es gut war, denn es hätte echt viel passieren können. Nach diesem Vorfall unterließ ich es auch vollständig, noch einmal solches Material in den Keller zu bringen.

2.5. Internatszeit

Da sich meine Zeit auf der Hauptschule in Eisenberg dem Ende zuneigte und es so aussah, dass ich wohl ohne Abschluss die Schule verlassen musste, kam mir eine Idee. Man muss ehrlicherweise sagen, die Idee kam von meinem Klassenlehrer. Er sagte, es sei besser für mein späteres Leben, wenn ich den Abschluss nachmachen würde, denn sonst sei es sehr schlecht mit einer Lehrstelle. Ich sprach mit meinem Vater und wir nahmen über das Jugendamt Kontakt zu einem Internat in Neustadt an der Weinstraße auf. Wir fuhren auch dort hin und schauten es uns an.

Zum einen Teil gefiel es mir nicht schlecht, zum anderen war ich aber schon etwas unruhig, denn es war für mich wegen der Entfernung nicht möglich, jeden Abend heimzufahren. Das bedeutete für mich, dass ich dort wohnen und schlafen musste und vielleicht nur alle 14 Tage nach Hause konnte. An dieser Stelle möchte ich anmerken, dass ich nicht allzu gerne bei meinem Vater war, aber mich dennoch bei ihm heimisch fühlte. Mir war jedoch schnell klar, dass ich mich an die neue Situation gewöhnen musste. Die bürokratischen Hürden waren schnell genommen und ich bekam die Zusage. Zum 1. September sollte ich mich dort einfinden.

Als der besagte Tag anbrach, brachte mein Vater mich mit unserem Passat nach Neustadt. Er hatte sich extra Urlaub genommen und wir fuhren gemütlich los. Es war ein schöner Tag und es war sehr warm. Ungeachtet dessen war ich etwas niedergeschlagen, da für mich einmal mehr ein anderes Leben begann. Wieder einmal wurde ich aus meiner gewohnten Welt herausgerissen und ein erneuter Neuanfang stand vor der Tür. Wir fuhren nicht sehr lange, denn Neustadt war nur gute 30 Kilometer entfernt. Den Weg fanden wir ohne Probleme, denn wir waren ja schon einmal dagewesen.

Mein Vater parkte sein Auto in der Nähe des Internates und wir liefen die restlichen Meter zu Fuß, beide sprachen wir nicht sehr viel und Vater spürte wohl auch, dass mich die Sache bedrückte. Wir meldeten uns im Büro und Vater verabschiedete sich dann von mir und fuhr weg. Nach einigem Warten holte mich ein Erziehungs-Betreuer und brachte mich nach Haus 1. Wir gingen die Treppe hoch in den ersten Stock und ich sah, dass es ein großes Haus war. Es gab viele Gänge, Türen und Zimmer, und ich fragte mich in Gedanken, wo ich nun bloß hinein müsse, als der Betreuer plötzlich sagte: „Wir sind da!“, und dabei auf ein Zimmer zeigte. In dem Raum standen vier Betten und er sagte mir, ich solle das freie beziehen. Es hielt sich im Moment niemand in dem Zimmer auf und ich stellte erstmal meine Tasche auf das Bett. Mein Begleiter sagte, am Nachmittag gäbe es für alle Neuen einen Infoabend und es sei verpflichtend, daran teilzunehmen.

Nach diesen Worten verschwand er kommentarlos. Ich dachte mir: „Was für eine Scheiße, jetzt musst du mit vier Leuten auf einer Stube leben und schlafen ...“ Der Gedanke daran behagte mir überhaupt nicht, aber was sollte ich machen? Ich ging zurück auf den Flur und lief durch die Gegend, um zu sehen, wo die anderen waren. Aus einiger Entfernung hörte ich laute Musik und Stimmen, ich rannte in diese Richtung und kam zu einem großen Raum, in dem viele Jungen saßen. Ein Zimmer stand offen und daraus kam die Musik. Ich setzte mich dazu und kam auch schnell ins Plaudern, mein Gesprächspartner hieß Mathias und kam auch aus Böhl-Igelheim. Er war ein großer, schlanker Kerl. Er bekam schlecht Luft und musste so ein Spray inhalieren, er hatte Asthma. Es war ein lustiges Trüppchen, was da saß, und ich kam mir nicht mehr so verlassen vor.

Wir saßen eine ganze Weile so da, dann wurde plötzlich laut gebimmelt – so wurde nämlich die Essenszeit bekannt gegeben. Ich folgte den anderen und wir kamen in einen riesigen Raum, der als Speisesaal diente. Es standen sehr viele große Tische in dem Saal und es konnten fast fünfzehn Mann an einem sitzen. Ein Betreuer erklärte die Spielregeln, es konnten jeweils von einem Tisch zwei bis vier Leute nach vorne zur Ausgabe gehen und das Essen abholen. Ich kannte diese Spielchen aus meiner Zeit im Kinderheim – dort war es so gewesen, dass eigentlich nur der Stärkere genug zu picken bekam. Nun, hier gab es reichlich und die Gier hielt sich in Grenzen. Diejenigen aber, die immer wieder neues Essen heranschleppen mussten, hatten natürlich die Arschkarte gezogen, aber es wurde ja täglich gewechselt.

Nach dem Essen konnten wir wieder auf die Zimmer und ich legte mich ab und wartete so auf den Anfang des Info-Abends. Dort wurden uns dann alle Regeln erklärt und die Hausordnung vorgestellt, des Weiteren wurde erklärt, dass es Sinn und Zweck des Unterrichts sei, uns für den Hauptschulabschluss vorzubereiten. Der ganze Vortrag dauerte viele Stunden und ich war froh, als das beendet war – ich war müde und wollte schlafen.

Am nächsten Morgen ging es dann los und ich kämpfte mich durch die Zeit; wir hatten das Jahr über morgens Schule und nachmittags Praktikum in verschiedenen Werkstätten. Ich fand dort auch einen Boxverein und trainierte. Eines Tages entdeckte ich eine Kickboxschule, die der damalige Europameister Manfred Vogt leitete, und stoppte dann natürlich mit dem Boxen, denn das Kickboxen fand ich auf Anhieb viel interessanter. Manfred war am Anfang etwas reserviert, aber erkannte sehr schnell mein Potenzial. Er sparrte mit mir und haute und trat auf mich ein, wie ein Wahnsinniger, doch ich blieb stehen und haute und trat zurück. Ich wog damals 76 Kilogramm und Manfred sicherlich 95 Kilogramm, er war Vollprofi und ich nur Anfänger, doch er lobte mich sehr viel und ich war meine gesamte freie Zeit nur bei ihm im Dojo und trainierte.

Diese Zeit hat mich sehr stark beeinflusst und ich bin froh, dass ich dort trainieren konnte. Im Internat lernte ich nur das Nötigste, denn ehrlich gesagt interessierte es mich wenig. Es gab dort eine harte Hierarchie; ich musste auch umziehen nach Haus 2, denn durch einige Schlägereien hatte ich einen neuen Betreuer bekommen und der war zuständig für das Haus 2. Ich musste wieder in ein Vier-Bett-Zimmer ziehen. Haus 2 war dafür bekannt, dass dort alle schwierigen Fälle untergebracht wurden – unsere Stube war aber der Knaller. Man hatte die wildesten Jungen zusammen auf einem Zimmer untergebracht und darunter war auch ich; wir kamen aber doch ganz vernünftig miteinander aus.

Mein Kontakt zu meinen Zimmergenossen war nicht sonderlich eng, denn eigentlich mochte ich die drei nicht besonders. Der Kräftigste war Ingo B., er war damals schon Mitglied im Deutschen Ringerkader in Schifferstadt. So geschah es auch, dass wir einmal hart aneinandergerieten, es passierte letztlich beim Mittagessen – aber schon Wochen vorher hatte es immer wieder Stress zwischen uns gegeben; ich denke es ging in erster Linie um die Hierarchie. Nach dem Verlassen des Speisesaales war es dann soweit: Weil wir uns nicht im Internatshof schlagen wollten, gingen wir ins Treppenhaus und der Fight begann. Da ich damit rechnete, dass alle seine Kollegen sich vielleicht an dem Kampf beteiligen wollten, öffnete ich ein Fenster für den Fall, dass ich es mit allen auf einmal zu tun bekam. Meine Chancen sahen im Freien weit besser aus. Mein Aufeinandertreffen vorbereitend hängte ich einen schweren Feuerlöscher ab, um ihn gegen mehrere Angreifer als Schlagwerkzeug einzusetzen. Das ganze Treppenhaus war voller Zuschauer, es waren bestimmt hundert oder mehr, die sich anschauen wollten, wer denn jetzt „der Boss“ war.

Wir standen uns gegenüber und er griff an; mir war klar, dass er körperlich beim Ringen vielleicht etwas besser sein könnte und ich wollte daher kein Risiko eingehen, also hatte ich Distanz zwischen uns geschaffen und verpasste ihm einen Frontkick und ein paar harte Fäuste. Er flog schwer getroffen zurück und stürzte auf einen Tisch, der sofort unter seinem Gewicht zusammenbrach. Ich sprang gleich auf ihn drauf und würgte ihn. Er schaffte es gerade noch, mit mir auf dem Rücken hochzukommen, aber dann wurde seine Luft knapp.

Fast zeitgleich kamen auf einmal mehrere Betreuer angerannt und sprangen dazwischen, wir beide mussten sofort beim Internatsleiter antraben und er warnte uns: Wenn wir noch einmal so etwas machen sollten, würden wir fliegen. Ingo und ich vertrugen uns dann, und seit dem Moment war echt Ruhe. Wir wurden beide von den anderen hoch geachtet, ich hoffte nur, dass ich mich unter Kontrolle halten konnte, sonst war es vorbei.

In unserem Internat waren auch Mädchen mit den gleichen Problemen, sie waren aber in einem anderen Haus untergebracht. Trotzdem wurde viel gefickt und die Leitung konnte das nicht unterbinden. Ich war eigentlich noch sehr schüchtern und traute mich nicht richtig.

Ich stand morgens meistens in der Toilette und tat so, als wenn ich pinkelte. Die Putzfrau kam immer um die gleiche Zeit. Ich wichste vor und wenn sie in die Toilette kam, spritzte ich ab, natürlich sehr diskret, aber sie hat nie etwas gesagt, deswegen glaube ich, dass sie es auch nicht mitbekommen hat. Des Weiteren ging ich in Sexkinos und schaute mir Filme an und wichste dabei, eine feste Freundin hatte ich nicht. Es gab zwar mal Gefummel und Geknutsche, aber das war es auch schon.

Einige Zimmer weiter waren ein paar Jungens, mit denen ich mich angefreundet hatte. Ich war ein totaler Waffenfanatiker, die anderen allerdings auch. So kam es, dass der eine mir erzählte: „Ich habe zu Hause ein Kleinkalibergewehr.“ Ich wusste nicht, ob er mich anlog. Ich fragte ihn, ob er es verkaufen wollte. Wir handelten einen Preis aus und ich war gespannt, ob er es am Sonntagabend mitbringen würde.

Am Freitag fuhr ich zu Vater und verbrachte das Wochenende bei ihm. Als ich Sonntagabend wieder im Internat zurück war, ging ich gleich zu dem besagten Jungen. Im Zimmer kam er zu mir, machte sofort den Spind auf und holte das Gewehr heraus, es war von Anschütz und mit Magazin. Ich war erfreut und gab ihm gleich das Geld.

Er sollte die Flinte aber bis zum nächsten Freitag in seinem Spind lassen, ich wollte kein Risiko eingehen. Denn sollte man das Gewehr bei mir finden, so würde ich fliegen und eine Anzeige bekommen. Wieder einmal kam alles anders. Ich habe niemals erfahren, was dazu führte, dass man eine Spindkontrolle bei meinem Kollegen im Zimmer durchführte und den Ballermann fand. Ich denke, es war Verrat. Mein Kollege musste sofort das Internat verlassen, aber er sagte kein Wort über unseren Deal. Das hätte man sicherlich gerne gehört, um mir eine zu verpassen, denn der Informant hatte sicherlich gesagt, dass das Gewehr für mich bestimmt war. Nach dieser Geschichte stellte ich nichts mehr an, denn ich hatte ja gesehen, wie schnell man herausgeschmissen wurde.

So ging die restliche Zeit dahin und rasch war das Jahr vorbei. Mein Vater hatte mir schon gesagt, dass es am besten sein würde, wenn ich eine Lehre als Forstwirt beginnen würde. Er war Jäger und meinte, dieser Job als Holzfäller sei eine gute Sache – ich glaubte das überhaupt nicht und hatte ehrlich gesagt null Bock auf diese Geschichte. Zwischen meinem Vater und mir kam es zum heftigen Streit und er gab so etwas Klischeehaftes von sich wie: „Solange du deine Füße unter meinen Tisch streckst, machst du, was ich sage.“ Ich hatte kein Geld und kein Dach über dem Kopf, also akzeptierte ich und dachte, dass ich es einfach mal versuchen sollte. Wir fuhren zusammen zum Forstamt nach Ramsen, um den Ausbildungsvertrag zu unterschreiben.

Ich hatte also einige Monate im Sommer frei und dachte, das sei noch lange hin. Ich fuhr mit meinem Moped, das mir mein Vater extra für die Arbeit gekauft hatte, dreimal die Woche nach Neustadt zu Manfred zum Kickboxen. Die Sommerzeit ging schnell vorbei und am 1. September begann meine Ausbildung. Meine Idee war natürlich auch, Kickboxprofi zu werden, so wie Manfred, und damit mein Geld zu verdienen, aber von diesem Traum war ich noch sehr weit entfernt.

Mein erster Arbeitstag stand vor der Tür. Ich stieg sehr früh aus dem Bett und fuhr dann mit meinem Moped nach Ramsen zum Forstamt. Das hatten wir als Treffpunkt vereinbart. Es dauerte eine gute halbe Stunde, bis ich endlich dort war. Ich musste dann mit dem Moped hinter unserem Ausbildungsmeister herfahren. Es ging tief in den Wald hinein und ich merkte mir so gut wie möglich den Weg, denn ich musste am Abend ja wieder zurück, um nach Hause zu gelangen. Nach zwanzig Minuten kamen wir zu einer Hütte, die an einem Weg lag. Dort hielten wir an, es gab noch einen zweiten Auszubildenden, der aber im Auto vom Meister mitgefahren war. Der Chef schloss die Hütte auf und wir konnten eintreten. Das Häuschen war gar nicht so klein, aber spartanisch eingerichtet. Wofür, dachte ich mir, sollte hier auch mehr sein, denn es wohnte ja keiner darin. Das Feuer wurde vom Chef selbst angezündet, er sagte aber: „Das müsst ihr in Zukunft machen.“ Nun setzten wir uns an den Tisch und der Meister erklärte uns einige Dinge, die für die nächste Zeit sehr wichtig sein würden.

Nach dieser kurzen Ansprache ging es in die Schonung, sie musste etwas gelichtet werden. Der Meister sägte und wir beide mussten die Äste und kleinere Bäume aus dem Dickicht ziehen; das war sehr schwer und wir schwitzten mächtig. Ich war am Abend froh, als ich heimfahren konnte – zu Hause angekommen packte ich gleich meine Sachen und fuhr zum Training; als ich nachts um 24 Uhr heimkam, machte ich noch einen Lauf um die Blocks von 30 Minuten. Danach fiel ich todmüde ins Bett und schlief sofort ein, gegen halb fünf ging der Wecker und ich musste raus zur Arbeit. Ich kam kaum hoch und dachte: „Was für eine Scheiße!"

Den ganzen Tag mussten wir Stämme schälen und Holz schleppen und spalten. Am Abend hingen mir die Arme zum Boden und ich war platt wie Sau. So ging das monatelang und ich konnte bald im Stehen schlafen. Mir war klar, dass ich so eine Geschichte auf Dauer nicht aushalten würde. Keine Nacht mehr als drei bis vier Stunden Schlaf, dann die harte Arbeit und das harte Training. Ich sagte meinem Vater, dass ich die Lehre schmeißen wollte, denn sie gefiel mir nicht und meine Leistungen in der Berufsschule waren gleich null.

Mein Alter flippte aus und drohte mir, mich auf die Straße zu setzen. Von den Drohgebärden ließ ich mich aber nicht beeindrucken und dachte auch nicht über die Konsequenzen nach.

Als ich mal wieder in der City war, traf ich Toni. Er fragte mich, ob ich Lust hätte, in der alten Fabrik einzusteigen, bei der er mal als Nachtwächter gearbeitet hatte. Mir ging es finanziell ohnedies nicht gut und ich sagte zu. Gleich in der nächsten Nacht stiegen wir ein und knackten Zigaretten- und Cola-Automaten. Wir hatten die Beute gerade zum Abtransport fertig gemacht, als wir von draußen Scheinwerfer sahen. Wir liefen zu einem Fenster und zwängten uns nach draußen. Dieser Krach blieb wohl nicht unbemerkt und man lief hinter uns her und rief, dass wir stehenbleiben sollten. Wir hatten aber einen ordentlichen Vorsprung und waren konditionell bestens beieinander. Tonis Moped hatten wir weit weg abgestellt und liefen nun dort hin, unsere Verfolger blieben immer weiter zurück. Toni schob seine Karre schnell an und wir brausten ohne Licht davon. Unterwegs versteckten wir die Zigaretten und die Münzen und er setzte mich in der Nähe unseres Hauses ab. Ich ging in mein Zimmer und hoffte, dass nach der Geschichte nichts hinterherkäme. Ich legte mich dann ab und schaute noch etwas fern. Plötzlich klingelte es an der Tür und ich hatte schon ein schlechtes Gefühl. Mein Vater öffnete und die Polizei stand vor der Tür.

Sie sagten, Toni hätte alles gestanden und sie wollten mich sprechen und mein Zimmer durchsuchen. Ich kam gerade aus meinem Zimmer und der Polizist erklärte: „Du bekommst gleich morgen eine Vorladung." Danach durchsuchten sie meinen Raum und fanden unter meinem Bett einen alten Karabiner, ein Kleinkalibergewehr und ein Nunchako, die sie alle mitnahmen. Der Polizist meinte, das würde echt Stress geben und ich würde mir eine Strafe einfangen. Mein Vater blieb die ganze Zeit über ganz ruhig, aber ich spürte schon, wie geladen er war.

Nachdem wieder Ruhe eingekehrt war, unterhielt ich mich lange mit Vater. Für mich war klar: Es musste sich gewaltig etwas verändern. Ich hatte auch Angst, dass ich für die Sachen vielleicht in die Kiste musste. Am nächsten Tag erfuhr ich beim Verhör, Toni sei erkannt und noch auf der Fahrt nach Hause geschnappt worden. Er hatte gestanden und mich gleich verpfiffen. Ich gab alles zu und erklärte auch, wie ich an die Waffen gekommen war – denn was sollte ich sonst auch machen? Ich verriet aber keine Namen, und nach zwei Stunden konnte ich wieder gehen. Im späteren Verfahren bekam ich eine Verwarnung sowie Sozialstunden aufgebrummt und der Richter sagte: „Wenn du hier noch einmal landest, stecke ich dich in die Jugendkiste."

Am Abend erzählte ich meinem Vater von der Vernehmung und sagte zu ihm, dass ich mit meinem Moped zu meinen Großeltern fahren wollte, denn auf die Lehre hatte ich keinen Bock mehr. Das gefiel meinem Vater überhaupt nicht und er sagte, dafür hätte er mir das Moped nicht gekauft. Er wollte es abschließen und wieder veräußern. Ich wurde darüber sehr sauer und verzog mich in mein Zimmer. Was sollte ich denn jetzt nur machen? Mein Entschluss stand fest: Ich wollte mir am nächsten Morgen – so wie mein Vater aus dem Haus war – das Krad schnappen und losfahren. In der Nacht schraubte ich noch an einem anderen Moped ein großes Kennzeichen ab, denn mit meinem kleinen durfte ich nicht auf die Autobahn. Gegen fünf Uhr in der Früh ging Vater zur Arbeit und ich stand auf und packte meinen Schlafsack sowie ein paar Sachen. Es war mitten im Winter, es lag viel Schnee und war hart am Frieren, also keine guten Voraussetzungen für mein Unternehmen.

Ich holte das Moped, schraubte das große Kennzeichen an und verstaute alles. Nun gab es kein Zurück mehr und ich startete los auf eine Reise von 400 Kilometern und mit einer durchschnittlichen Geschwindigkeit von 80 Stundenkilometern.

Für diese Fahrt hatte ich mich zwar warm angezogen, aber es waren zwölf Grad unter null und die Kälte kroch mächtig durch meine Klamotten. Immer wieder hielt ich an und machte Pausen, um mich zu lockern und mich warm zu springen. Später auf der Autobahn wurde es noch viel schlimmer: Die großen, schweren Lkws fuhren manchmal in nur 50 Zentimeter Abstand an mir beim Überholen vorbei. Der Sog, der dabei entstand, drückte mich richtiggehend in den Graben. Mein Visier war total beschlagen und ich machte es ständig mit meinem Handschuh frei, damit ich überhaupt etwas sehen konnte. Nach 50 bis 60 Kilometern fuhr ich auf einen Rasthof und stieg halb erfroren von meinem Moped. Im Innenraum der Tankstelle wärmte ich mich auf und schlotterte vor mich hin. Da ich gerade mal genug Geld für das Benzin hatte, konnte ich nichts trinken oder essen. Halb erfroren kam ich am Abend irgendwann gegen einundzwanzig Uhr bei meinen Großeltern an. Mein Opa freute sich riesig, auch meine Oma war erfreut, und ich aß und trank und wollte danach nur noch in ein warmes Bett.

Am nächsten Tag schlief ich bestimmt bis zehn Uhr morgens, so kaputt war ich. Meine Oma fragte natürlich, warum ich gekommen sei und ob mit Vater alles gut sei. Ich sagte ihr, mit Vater sei alles gut und dass ich mir hier eine Arbeit und Wohnung suchen wollte. Ihr kam das anscheinend suspekt vor und deswegen beichtete ich ihr, dass ich meine Ausbildung geschmissen hatte. Sie war davon natürlich überhaupt nicht begeistert, da sie noch sehr konservativ erzogen worden war und meine Entscheidung nicht verstehen konnte. Ich verließ dann auch zügig das Haus, um mir nicht noch mehr Vorhaltungen anhören zu müssen.

Nun war ich wieder am Niederrhein und überlegte, was ich jetzt machen und womit ich Geld verdienen konnte. Viele Ideen kamen mir nicht in den Sinn, denn Kontakte hatte ich keine. In den nächsten Wochen unternahm ich ein paar kleinere Diebstähle und Einbrüche, um an etwas Geld zu kommen. Mein Opa gab mir auch immer wieder etwas, aber ich hatte natürlich nie gelernt, mit Geld umzugehen oder es mir einzuteilen.

Bei diesen Gelegenheiten traf ich Hermann und wir freundeten uns an; er war auch ein kräftiger Kerl, etwas kleiner als ich, aber untersetzt. Ich hatte mich wieder beim Kickboxen angemeldet und trainierte Kraftdreikampf. Durch meine sportliche Erfahrung sah ich gleich, dass Hermann für den Kraftsport sehr gute Veranlagungen hatte, also fragte ich ihn, ob er Interesse hätte, und er bejahte. Wir trainierten sehr viel und hatten einen super Trainer; er hieß Klaus Kaak, war früher einmal holländischer Champion im Judo gewesen und trainierte Kraftsport und Dreikampf.

Da Hermann etwas kleiner war als ich, sah er auch nach kurzer Zeit optisch toll aus und seine Leistungen waren prima. Ich selbst wog knapp 90 Kilogramm, aber war trocken und sah optisch auch gut aus.

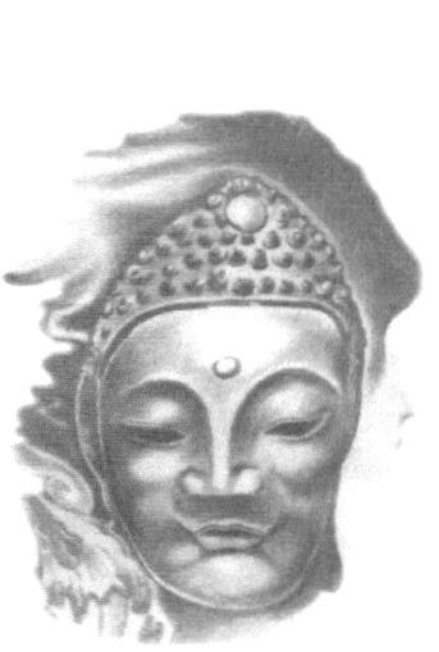

3. Vom Erwachsenwerden

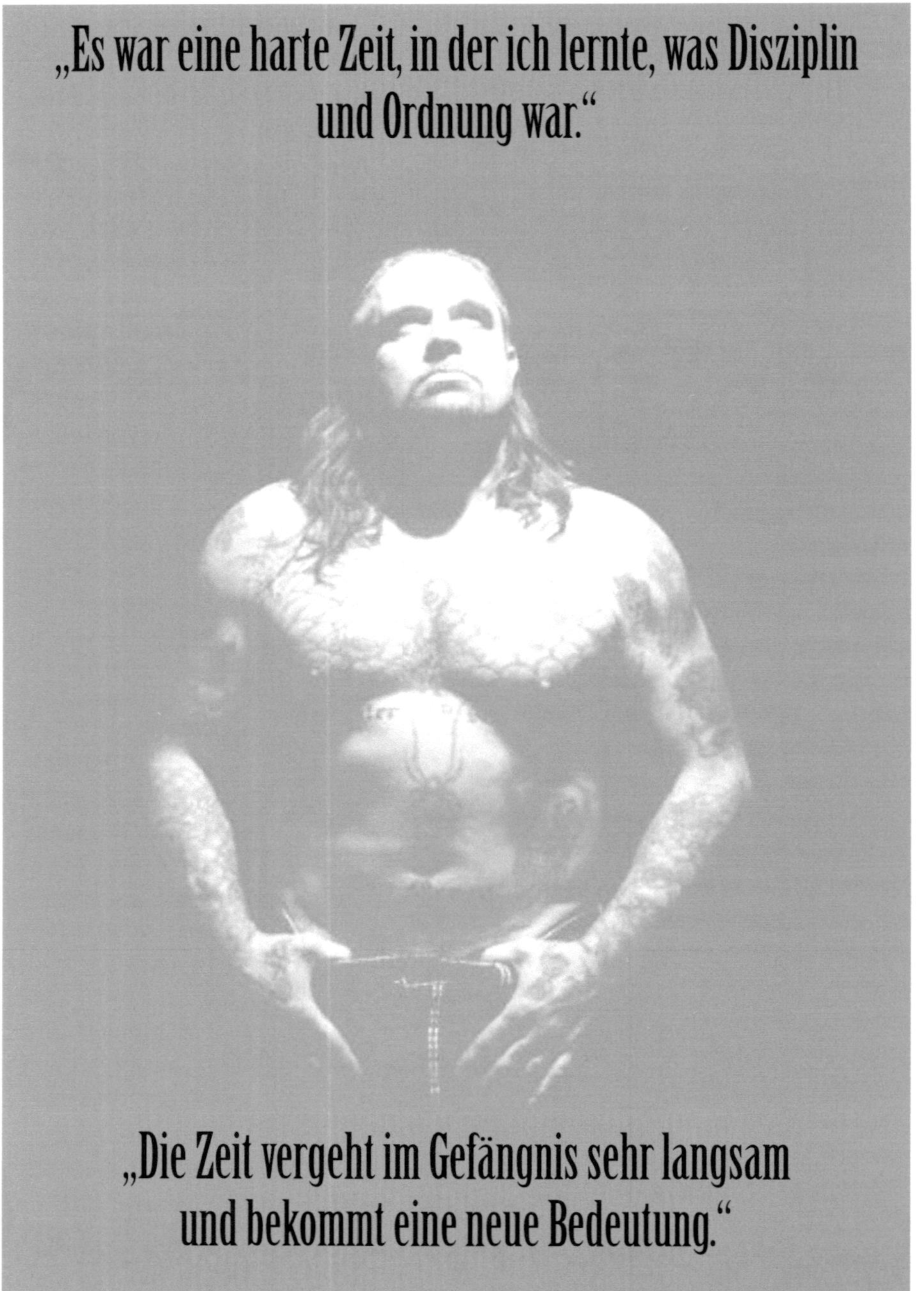

3.1. Légion étrangère

Roger wiederum war ein anderer Freund von mir. Gemeinsam mit ihm hatte ich nur einen Wunsch – und zwar den, zur Fremdenlegion zu gehen. Wir hatten uns schon länger damit auseinandergesetzt und fassten dann den Entschluss, uns nach Aubange aufzumachen. In jeder größeren Stadt hatte die Legion ein Büro, für uns war das nächste Straßburg. Da wir über keinerlei Geld verfügten, trampten wir die Strecke und kamen nach zwei Tagen dort an. Die City war sehr groß und so fragten wir uns durch zur nächsten Station der Étrangère. Keiner wusste so richtig Bescheid, daher gingen wir letzten Endes zur Polizei und fragten dort nach. Die Flics halfen uns wohl, aber zuerst wollten sie unsere Ausweise. Sie überprüften unser Alter und ob gegen uns etwas vorlag, denn viele, die zur Légion wollten, waren auf der Flucht vor dem Gesetz. Wir suchten nach der Adresse und liefen quer durch die ganze Stadt, was sehr anstrengend und zeitaufwendig war. Am Abend fanden wir das Büro, aber es war zu und wir konnten erst am nächsten Morgen etwas erreichen.

Da es Sommer war und warm, suchten wir uns in einem großen Park eine Bank als Übernachtungsmöglichkeit. Weil aber in fast ganz Frankreich in der Nacht die Parks geschlossen wurden, mussten wir über einen mehrere Meter hohen Zaun klettern. Ich dachte mir: Hoffentlich spießen wir uns an der Spitze nicht auf und hoffentlich sieht uns niemand, aber es klappte alles gut und wir fanden ein vernünftiges Plätzchen auf einer Bank, wo wir die Nacht verbrachten.

Gegen acht Uhr in der Früh wurde der Park wieder aufgesperrt und wir spazierten gemütlich heraus. Jetzt machte sich der Hunger breit und wir gingen in einen Supermarkt und klauten uns etwas zu essen. Nach unserem kargen Mahl marschierten wir zum Büro, es öffnete um zehn Uhr und wir brauchten nicht lange zu warten. Der Soldat, der uns empfing, konnte gut Deutsch sprechen. Wir trugen unser Anliegen vor und er machte sich Notizen, danach sammelte er unsere Pässe ein und wir mussten einen Bogen ausfüllen. Es dauerte noch eine ganze Weile, bis ein anderer Militär mit unseren Pässen wieder zurückkam. Wir erhielten ein Bahnticket nach Marseille und sollten von dort die letzten 30 Kilometer bis Aubange mit dem Bus fahren, auch dafür bekamen wir ein Ticket. Wir waren furchtbar stolz und marschierten Richtung Gare. Gegen Nachmittag kamen wir dort an und schauten nach unserer Verbindung. Nach knapp 30 Minuten fuhr der nächste Zug, den wir dann auch nahmen; es dauerte bis in die Nacht hinein, bis wir in Marseille ankamen. Mir war die Stadt schon vom Hörensagen bekannt und ich wusste, dass sie gefährlich war. Da kein Bus mehr fuhr, wollten wir zu Fuß in Richtung Aubange gehen und dann irgendwo außerhalb der Stadt schlafen. Am nächsten Morgen wollten wir dann einen Bus für die restlichen Kilometer nehmen.

So machten wir uns auf den Weg. Es war selbst in der Nacht noch stickig heiß und uns lief der Schweiß in Strömen den Arsch herunter. Wir hatten fürchterlichen Durst und kletterten auf einige Balkone in den Hinterhöfen, in der Hoffnung, etwas

Trinkbares zu erhaschen. Das Glück war uns hold und wir konnten eine ganze Palette Kronenbourg-Bier erbeuten. Ich trank eigentlich niemals Alkohol, aber jetzt war es mir egal, denn meine Kehle war fürchterlich trocken.

Wir setzten uns also in eine Straßenecke und ich kippte das Zeug in mich hinein. Es war widerlich, doch ich hatte unheimlichen Durst und trank wie verrückt. Nach drei oder vier Dosen setzte auch die Wirkung ein und ich war etwas besoffen, da ich das Bier quasi auf ex getrunken hatte. Roger hatte den Arsch auch mächtig voll, wir gingen vielleicht noch einen Kilometer und hauten uns auf einem Spielplatz auf die Bank. Es dauerte nicht lange und wir schliefen ein.

Am nächsten Morgen wurde ich schon sehr früh vom Verkehrslärm geweckt. Ich hatte einen dicken Schädel, fühlte mich elendig und hatte wahnsinnigen Durst. Roger kam auch langsam zu sich und wir liefen weiter, die Hitze war selbst am Morgen schon heftig. Wir brauchten etwas zu trinken. Ich wollte es hier aber nicht riskieren, etwas zu stehlen, und so gingen wir in ein Hochhaus und dort auf die Toilette. Da tranken wir Wasser und wuschen uns. Dann hielten wir Ausschau nach einer Bushaltestelle, denn wir waren in der Nacht nicht sehr weit gekommen. Lange brauchten wir nicht zu suchen und konnten schnell in den Bus springen.

Nach etwa 30 Minuten kamen wir in Aubange an und stiegen aus dem Bus. Wenn man in die Stadt hinein kommt, sieht man schon nach einiger Zeit an der linken Seite den Exerzierplatz, dahinter befand sich die Kaserne, die wir suchten.

Nun gab es kein Zurück mehr: Wir steuerten auf den Wachposten an einem Wachhäuschen zu und ich erklärte ihm mein Anliegen. Nachdem er telefoniert hatte, warteten wir in aller Ruhe ab und wurden nach etwa zehn Minuten von einem Sergeant abgeholt. Es ging nun in die Kommandantur, wo wir erzählen mussten, was wir hier wollten. Ich hatte die ganze Zeit das Gefühl, wir seien unerwünscht. Doch zu meiner Erleichterung schien alles zu klappen. Wir mussten all unsere Papiere abgeben, dann ging es in die Kleiderkammer. Danach einmal Duschen im Schnelltempo und das Khaki-Grünzeug an; ich fühlte mich in den sauberen Sachen schon viel besser.

Mittlerweile war es Mittag geworden und wir konnten in die Kantine. Auf unserem Weg dorthin wurde mir zum ersten Mal bewusst, wie groß die ganze Kaserne war und wie viele Soldaten dort stationiert waren. In der Kantine angekommen, kannten wir uns überhaupt nicht aus und machten einfach das, was jeder andere tat – in der Hoffnung, schon das Richtige zu tun. Wir bekamen eine riesige Portion, aber das schien normal zu sein.

Nach dem Essen gingen wir den gleichen Weg wieder zurück und mussten eine ärztliche Untersuchung über uns ergehen lassen. Alles an uns wurde inspiziert und aufgeschrieben. Nach der Untersuchung sagte uns ein Arzt dann in schlechtem Englisch, dass alles in Ordnung sei. Unser Sergeant brachte uns danach wieder in eine andere Räumlichkeit. Wie sich herausstellte, war das unsere Stube: Der Raum war sehr groß und es standen Etagenbetten in ihm, immer zwei übereinander. Ich kannte solche Betten schon aus den Heimen von früher, hatte aber kein Problem damit.

Die restliche Zeit des Nachmittags blieben wir auf der Stube und sprachen mit den anderen Jungs, die auch dorthin gekommen waren, um Legionär zu werden – zwei Engländer und ein Belgier. Gegen 18 Uhr gingen wir wieder in die Kantine und aßen gut zu Abend; als wir fertig waren, sah ich mir mit Roger erstmalig die gesamte Kaserne an: Sie war schon gewaltig, und es war aufregend, das alles an diesem wunderschönen Abend zu sehen.

Am nächsten Morgen wurden wir gegen fünf Uhr früh geweckt und mussten auf den Appellplatz, es waren ungefähr hundert Mann in unserem Zug. Es wurde eine Ansprache gehalten, aber davon verstand ich nicht sehr viel, denn meine Französischkenntnisse waren miserabel. Danach konnten wir gleich zum Frühstück und anschließend stand Sport auf dem Programm: Es war eine Hindernisbahn zu bezwingen, die es allerdings in sich hatte. Ich war sehr fit und schaffte es in einer guten Zeit, auch für Roger war es kein Problem. Andere hatten mit ihr mehr zu kämpfen.

Danach gingen wir mit dem ganzen Trupp und unserem Sergeant in eine Büroräumlichkeit, in die jeder einzeln eintreten musste, um seine Matricule abzuholen. Was das ist? Es ist vergleichbar mit einer Hundemarke, die über eine Erkennungsziffer verfügt. Diese Nummer sollte man sich merken und immer nennen können, wurde man danach befragt. Und so begann also meine Zeit in Aubange ..

Roger und ich wollten es bis zum Képi Blanc schaffen. Alles in allem erlebten wir in den sechs Monaten sehr viel und es war eine harte Zeit, in der ich lernte, was Disziplin und Ordnung war. Ich kam oft an den Rand des Erträglichen und wollte zusammen mit Roger mehrmals in den Sack hauen. Doch nach dem Regen kommt auch immer mal wieder die Sonne hervor – und meine dunklen Gedanken verzogen sich wieder. Mein größtes Problem lag im Akzeptieren von Autorität; solange ich mich zurückerinnern kann, war das immer so gewesen.

Roger und ich konnten damals einen Fünf-Jahres-Kontrakt unterzeichnen, der nach zwei Jahren – was damals noch möglich war – von uns gelöst wurde. Im Nachhinein bin ich sehr dankbar für diesen Fakt. Unsere Prüfung für das Képi Blanc musste innerhalb einer Wochenübung in den Pyrenäen absolviert werden. Wir mussten in fünf Tagen fast 150 Kilometer durch die Berge marschieren, für Schießübungen führten wir Feuerwaffen mit, sodass wir mit fast 40 Kilogramm Gewicht auf dem Rücken unterwegs waren. Das war eine reine Tortur und einige schafften es nicht. Auch meine Füße waren voller Blasen und taten weh ohne Ende. Die Schmerzen in meinem Rücken konnte ich bald nicht mehr ertragen, aber ich biss die Zähne zusammen und gab alles.

Roger machte sich auch prima, ich wusste, er war ebenso ein zäher Hund. Wir waren nicht in der gleichen Gruppe, aber abends trafen wir uns am Lagerplatz wieder und tauschten unsere Erlebnisse aus.

Nach sechs Monaten voller körperlicher Anstrengungen war die harte Zeit schließlich vorbei und zurück in der Kaserne gab es das heiß begehrte Képi. Danach hatten wir einige Tage Zeit, bevor wir uns wieder in Calvi melden mussten. Wir fuhren zur Küste und genossen die Wärme und das warme Mittelmeer. Ich freute mich sehr über die Leistung, die ich erbracht hatte und war mächtig stolz auf mich. Nun hatte ich es geschafft und gehörte auch dazu, vergessen waren der Frust und Ärger der letzten Monate.

Zu meiner Familie hatte ich keinen Kontakt mehr. Mir fehlte nur mein Opa und ich dachte an seine harte Zeit bei der SS und der Wehrmacht, in der er gedient hatte und an die vielen Jahre seiner Gefangenschaft in Sibirien. Mein Opa war für mich ein Mann mit großer Ehre und Stolz; dieser große Mann besaß Tugenden, von denen ich nur träumen konnte. Die vielen Jahre, die ich später im Gefängnis saß, führten mir ein wenig vor Augen, wie mein Opa sich gefühlt haben musste.

Die Zeit auf Korsika war sehr angenehm, wir waren erst in Calvi und später in Bastia stationiert. Diese Insel habe ich noch heute vor Augen, mit ihrer wild zerklüfteten Landschaft. Der Frühling war für mich stets die schönste Jahreszeit, und als ich Ende Februar zum ersten Mal dort war, blühte bereits alles und roch wunderbar.
Während meiner 18 Monate dort mussten wir einmal für drei Wochen nach Algerien, nach Sidi Bel Abbès, wo die Legion bis in die 1950er Jahre hinein ein großes Fort unterhielt. Als ich dort war, waren nicht mehr viele Legionäre da, denn Algerien hatte inzwischen seine Unabhängigkeit zurückerlangt.

Nichtsdestotrotz war die Zeit da voller extremer Erfahrungen. So gab es dort etwa die „Fis“, sehr militante Moslems, die schon des Öfteren auf Legionäre schossen. Wir fuhren jeden Tag Patrouille durch die Wüste, einer von uns stand hinten im Jeep und schwenkte die Lafette mit dem MG mal nach links, mal nach rechts. Eigentlich stand er dort wie eine Schießbudenfigur und insgeheim hoffte ich immer, dass da bloß nichts passiert. Ich hatte mein Famas immer entsichert und durchgeladen auf meinen Knien liegen, es war mir nie geheuer, wenn wir unsere Runde drehten. Denn wenn, dann schossen die Angreifer aus dem Hinterhalt und man wusste nie, woher die Schüsse kamen.

Ich war froh, als wir wieder mit dem Schiff nach Korsika übersetzten! Das waren im Endeffekt nur ein paar Kilometer, aber man kann sich kaum vorstellen, was diese schon ausmachen können. Eine krasse Geschichte!

Kurz bevor unser Kontrakt auslief, fragte man uns, ob wir für weitere fünf Jahre verlängern wollten, aber das hatte ich nicht vor und Roger hatte ebenso genug. Wir waren als Machos gekommen und gingen als realistische Männer. Die Zeit dort hat mir Werte vermittelt und ich habe auch eine Zähigkeit mitbekommen, die mir später in meiner Free-Fight-Karriere oft geholfen hat. Nach unserer Entlassung fuhren wir ein paar Tage nach Paris und schauten uns die Stadt an, ich kannte sie schon von früher, aber sie war so groß und es gab immer etwas Neues zu entdecken. Als wir alles gesehen hatten, fuhren wir über Belgien zurück nach Deutschland. Ich rief meinen Vater an und er fiel aus allen Wolken, denn er dachte, ich würde nicht mehr leben.

Ich besuchte ihn am nächsten Morgen, denn er war auch wieder an den Niederrhein gezogen. Er war erleichtert mich zu sehen und fragte mich: „Warum hast du dich nicht gemeldet?“ Darauf erzählte ich ihm alles und wo ich gewesen war. Über unseren damaligen Stress redeten wir gar nicht mehr, denn er war vergessen und ich hatte ebenfalls keinen Bock darauf. Zu Mittag ging ich zu meinen Großeltern und ich freute mich sie zu sehen. Mein Opa freute sich ganz gewaltig mich zu erblicken, meine Oma sicherlich auch, aber es war schon ein Unterschied da. Ich sprach lange mit Opa und er hörte aufmerksam zu, denn er kannte wie kein anderer das Soldatenleben. Oma machte Abendbrot und ich freute mich auf das leckere Essen und konnte es auch gar nicht abwarten. Ich blieb gleich über Nacht da, denn ich hatte ja keine Wohnung oder sonstige Bleibe. In dieser Nacht schlief ich unglaublich gut und alle Probleme oder Schwierigkeiten waren weit fort. Dadurch, dass ich sehr müde war, schlief ich bis lange in den Vormittag herein. Das Häuschen von meinen Großeltern lag sehr ruhig in dem kleinen Ort und ich wurde auch durch nichts gestört in meinem tiefen Schlaf. Nach dem Frühstück überlegte ich, was ich in nächster Zukunft machen sollte, ich brauchte eine Wohnung und Arbeit, um meinen Lebensunterhalt zu bestreiten.

Opa hatte mir einige Scheine zugesteckt, aber das Leben war teuer und das Geld würde nicht lange reichen. Zu dieser Zeit lernte ich in der Disco ein Mädchen kennen. Sie hieß Petra und machte eine Ausbildung zur Krankenschwester; es war meine erste richtige Beziehung und ich hängte mich emotional enorm rein. Die erste Zeit lebte und schlief ich bei Oma und Opa, aber meine Großmutter drängte jeden Tag: „Junge, suche dir eine Arbeit!" Darauf hatte ich aber im Moment überhaupt keinen Bock, ich wollte alles nachholen, was ich meinte, versäumt zu haben. Meine Freundin wurde von ihren Eltern sehr unter Druck gesetzt, denn sie hatten erfahren, dass ich ein wilder Junge war. Wenn ich bei ihnen zu Hause war, krochen sie mir bald in den Arsch, aber hinter meinem Rücken gab es billiges Mobbing.

In dieser Zeit fing ich zwei Jobs an, die beide jedoch richtige Scheiße waren. Als erstes ging es in den Freileitungsstrombau, ein harter Job mit viel Maloche und sehr wenig Geld. Die Gefahr entstand nicht durch den Strom, sondern viel eher dadurch, dass bei der Arbeit Unmengen von Alkohol getrunken wurden. So kam es schon mal vor, dass mir beim Ausschachten einer Grube der Kranfahrer die Schaufel von dem Unimog vor den Kopf stieß. Unser Vorarbeiter wiederum war ein Vollarsch mit großem Maul und nichts dahinter. Ich hatte häufig mit ihm Stress, denn der Ton machte die Musik. Ich warnte ihn schon mehrmals („Rede vernünftig mit mir!"), doch es wurde immer schlimmer, bis es in einer körperlichen Auseinandersetzung endete. Er sprach dem Alkohol extrem zu und dachte, er könnte mir was aufs Maul schlagen. Er ging auf mich los, aber dann war ich am Zug. Ich wich seinem Schwinger aus, verpasste ihm zwei Körperhaken und einen schönen harten Aufwärtshaken. Er sackte zusammen und war klassisch k. o. Ich war drauf gefasst, dass vielleicht ein paar seiner Freunde auf mich einstürmen würden und war dementsprechend vorbereitet. Doch keiner hatte Eier und kam.

Ich fragte noch in die Runde: „Hat einer von euch ein Problem?"

Aber nichts rührte sich.

Mir war klar, dass ich natürlich die Schuld bekommen würde und die Konsequenz tragen musste, aus dem Betrieb entlassen zu werden. Ich sagte dem Fahrer, er sollte mich zum Platz fahren, denn ich wollte gleich und persönlich mit dem Chef sprechen. Der Fahrer gehörte natürlich auch zu der Kolonne und meinte, er hätte keine Zeit.

Somit lief ich zur nächsten Bushaltestelle und schnappte mir den ersten Bus. Am Platz wollte ich gleich zum Chef, aber der war angeblich nicht zu sprechen. Mein Gefühl verriet mir schon, dass ich schlechte Karten hatte und so war es dann auch. Als ich am nächsten Morgen zur Arbeit erschien, sagte der Portier kurz angebunden: „Du sollst in die Personalabteilung kommen!"

Mir war schon klar, was das hieß. Also dachte ich, das war es, und marschierte dort hin. Eine Sekretärin verkündete mir: „Sie sind fristlos gekündigt!" und sie übergab mir meine Papiere. Ich antwortete ihr: „Was soll der Bullshit?" Aber das arme Mädchen musste auch nur seinen Job tun und hatte eben keine Ahnung; der Personalchef aber hatte keine Eier.

Man kann sagen, dass ich echt sauer war. Ich lief zu meinem Moped und fuhr flott weg, denn ich hatte einen Mega-Hals und dachte mir, was das für eine Ungerechtigkeit war. Solche Begebenheiten haben sich in meinem späteren Leben sehr oft ereignet. Nun wurde es eng für mich: Ich hatte mir zu Beginn meines Jobs ein kleines Apartment genommen, wie sollte ich das jetzt bezahlen? Bei meinem Job hatte ich nicht schlecht verdient, aber wie ging es jetzt weiter? Meine Freundin konnte mich gut verstehen, doch die Eltern fühlten sich in ihrer Meinung bestätigt, dass ich nichts taugte. Langsam fing der Herbst an und ich half bei der Ernte auf einem Hof. Die Arbeit war hart, aber sie machte mir viel Spaß. Ich hatte die Möglichkeit, dort zu schlafen und meine Freundin gut zu ficken. In dieser Zeit war ich aber auch viel unterwegs und lernte Jungs kennen, die ihren Lebensunterhalt auf krumm finanzierten – ihre Taschen waren immer voller Geld und es schien prima zu laufen mit ihren Sachen. Da ich früher auch schon geklaut und eingebrochen hatte, machte ich bei den nächtlichen Touren mit, wir hatten auch einen guten Hehler, der alle Sachen aufkaufte.

Durch das Arbeitsamt bekam ich wieder eine Stelle zugewiesen, da ich Stütze beantragt hatte. Es war ein Job als Maschinenführer in einer großen Milchfabrik, wo ich während der ganzen Schicht Bleche für Milchbüchsen stanzen musste. Die Arbeit in der Halle war so laut, dass man Ohrenschützer tragen musste; sie lief in drei Schichten ab: Früh, Mittag, Nacht. Die Arbeit an sich war körperlich nicht sehr schwer, dafür aber stupide und langweilig. Mir war schon klar, dass ich diesen Scheiß nicht lange machen wollte, nach drei Wochen schmiss ich alles hin. Die Arbeit war wirklich der größte Mist und ich hatte null Bock mehr. Es war nicht so, dass ich nicht arbeiten wollte, aber es sollte schon etwas sein, das mir Spaß machte.

Meine Oma war sehr sauer darüber, aber ich unterließ es auch, mit ihr allzu viel zu reden, da ich ihre Einstellung nur zu gut kannte. Mein Opa hingegen konnte es schon verstehen, auch wenn er sagte: „Junge, du musst mal einen Job behalten." Ich nahm mir das auch zu Herzen, aber ich war eben eine andere Generation und dachte etwas anders darüber. Ich hatte jetzt natürlich viel mehr Zeit und war oft des Nachts mit den sogenannten Freunden unterwegs und beging Einbrüche oder Diebstähle. Über die Folgen dachte ich nicht sonderlich nach und hatte das Gefühl, dass die uns nie schnappen würden. Ich muss auch gestehen, dass ich durch die Étrangère noch abgezockter geworden war und ich kein Unrechtsbewusstsein besaß.

Damals waren die Waffengesetze in Europa noch sehr lasch und wir machten uns mit drei Mann auf die Tour nach Frankreich. Erst ging es nach Verdun, wo wir die Schauplätze des ersten Weltkrieges bestaunten. Auf dem Rückweg fuhren wir über das Land und kauften in der Nähe von Straßburg zwei Revolver im Kaliber 22 und 22 Magnum, einen mit Schalldämpfer. Wir wollten dann bei Saarlouis zu Fuß die grüne Grenze passieren. Unser dritter Mann, der auch der Fahrer war, setzte uns ein ganzes Stück vor der Grenze ab und, nachdem wir einige Kilometer durch einen Wald gelaufen waren, waren wir schon wieder in Deutschland. Wir hatten einen Treffpunkt abgemacht, aber unser Kollege war nicht da. Erst dachten wir, sie hätten ihn geschnappt. Aber warum denn, er hatte nichts dabei – wir beide hatten die Waffen in einer Tasche. Das war eine ganz dumme Situation und ich hatte einen Mega-Hals auf diesen Kerl. Was sollten wir jetzt tun?

Da wir kein Geld mehr hatten, um mit dem Zug zu fahren, blieb uns nichts anderes übrig, als zu trampen. Wir stellten uns am Ende einer Raststation dort hin, wo die Einmündung zur Autobahn war, und versuchten unser Glück mit dem Autostopp. Es war Sommer und somit warm und lange hell. Nach einigen Minuten hielt auch schon ein Auto an und nahm uns mit; es fuhr wohl bloß nach Trier, aber immerhin waren wir dann schon weiter von der Grenze entfernt. Die Fahrt dauerte ungefähr eine Stunde und dann waren wir da, der Fahrer ließ uns an einer Ausfahrt raus und wir liefen in Richtung Zentrum. Es war mittlerweile dunkel und wir wollten uns irgendwo hinpacken und pennen. Wir suchten uns in einem Park eine Bank und legten uns ab – es war dort ziemlich laut, da der Park direkt an der Straße lag. Mit Schlafen war da also nicht viel, und so blieben wir nur einige Stunden.

Gegen drei Uhr morgens liefen wir wieder Richtung Autobahnauffahrt, um per Autostopp weiter nach Köln zu kommen. Jürgen, unser Fahrer, hatte sich echt verpisst, ich hatte einen richtig dicken Hals auf den Wichser. Wir standen eine ganze Zeit dort und keiner nahm uns mit, es gab um diese Uhrzeit aber auch noch nicht viel Betrieb. Plötzlich stoppte jedoch ein Wagen, wir beide rannten hin und freuten uns, mitgenommen zu werden. Unsere Freude war aber nicht von langer Dauer, zwei Männer stiegen aus und zogen ihre Dienstmarken. Es war die Kripo und ich dachte nur: Was für eine Scheiße! Sie fragten uns, was wir hier machen würden und was in der Tasche sei. Ich sagte: „Ein paar Sachen nur, sonst nichts."

Der eine entgegnete: „Dann öffnen Sie mal die Tasche!"

Das machte ich dann schließlich auch. Der Cop sah natürlich die Ballermänner, zog umgehend seine Waffe und schrie: „Tasche auf den Boden und Hände hoch!"

Wir mussten uns an den Wagen stellen und den Adler machen, danach gab's die Hände auf den Rücken und die Acht drum. Wir mussten schließlich hinten in den Wagen steigen und fuhren zum Präsidium, dort angelangt ging es gleich in die Zelle und es war Ruhe. Der Cop sagte:

„Am Vormittag kommen die Kollegen und machen die Vernehmung."

Ich legte mich auf die Betonpritsche und dachte über alles nach. Mich regte es fürchterlich auf, dass wir durch unseren blöden Kollegen in diese Scheißsituation geraten waren. Was würde denn nach der Vernehmung geschehen? Ich rechnete sogar damit, dass wir in Untersuchungshaft kommen würden. Gegen neun Uhr wurden wir abgeholt und es ging zum Verhör. Die Beamten waren ganz in Ordnung und nach der Vernehmung konnten wir gehen. Ich dachte noch, was wir da für eine Sahne gehabt hatten.

Nun standen wir vor dem gleichen Problem: Wir hatten kein Geld und mussten trampen. Jetzt am Tag ging es sehr gut und wir bekamen gleich einen Lift nach Köln und waren am frühen Abend zurück. Ich versuchte erstmals den Jürgen zu schnappen, aber der machte nicht auf und ich dachte mir schon, dass er Muffe hatte. Ich ging heim zu mir, dort sofort unter die Dusche und ins Bett, in den letzten Tagen hatte ich kaum geschlafen. Ich trainierte zu diesem Zeitpunkt sehr viel, hatte große Erfolge und holte einige Titel. Ich schaffte auch am Abend in einem Club an der Tür und verdiente mir dadurch mein Geld. Ich bekam einige Anzeigen wegen Körperverletzung, die ich mir an der Tür einfing. Es war immer das Gleiche: Erst wurde Stress gemacht, geboxt und gedroht, aber wenn wir kamen, dann hatten wir angeblich immer zuerst geschlagen. Leider sahen viele Richter nicht die Wahrheit, sondern in uns Türstehern nur Asoziale und Schläger.

Als Portier erlebte ich in den zahlreichen Diskotheken und Clubs sehr viele Konfrontationen, es wurde geschlagen, gestochen und geschossen. Dass ich heute noch lebe, habe ich meinen guten Reaktionen, Schnelligkeit, Stärke und natürlich Gottes Hilfe zu verdanken. Ich muss zugeben, dass ich selber, wenn ich mal ausging, auch bewusst Stress suchte. Eine Hemmschwelle war bei mir gar nicht vorhanden, denn bei der Légion war Gewalt an der Tagesordnung und das steckte noch immer tief in mir. Bei meiner Arbeit an der Tür war ich früher sicherlich auch viel zu aggressiv. Meistens aber ging der Stress von den anderen aus, es hätte manchmal ausgereicht, die Leute weniger hart zu behandeln; in der Situation selber ist es aber schwer, das zu differenzieren. Mit meinem Kollegen hatte ich mich auch ausgesprochen und er hatte sich entschuldigt, dass er zu früh gefahren war. Ich war wohl sauer, aber nicht mehr so, dass ich ihm eine verpasst hätte.

Wir fuhren auch oft nach Holland und holten da bei verschiedenen Dealern oder Coffeeshops Haschisch, das wir dann in Deutschland verkauften. Da wir nicht viel Geld hatten, waren es auch nur kleine Mengen. Wir hatten auch mal die Idee, einen von den Dealern zu rippen, aber so einfach war das nicht, da die meisten bewaffnet waren. Wir hatten einen Dealer ins Auge gefasst, den wir rippen wollten, bei ihm hatten wir schon öfters Dope geholt. Unsere Idee war, dass einer von uns bei ihm mehrere Kilo Pott bestellte und wir dann sichergehen konnten, dass er eine große Menge da hatte. So ging der Thomas zu ihm und orderte einige Kilos. Der Dealer meinte: „Das dauert jetzt aber ein Weilchen. Komm mal in drei Stunden wieder."

Ich hatte einen Vorderladerrevolver dabei, der verchromt war und aussah wie eine 44 Magnum. Wir parkten den Wagen fünfhundert Meter von dem Haus weg und ich lief mit meinem Kollegen in Richtung seiner Wohnung. Wir wollten vorher da sein und alles beobachten. In der Dunkelheit stellten wir uns auf die andere Straßenseite und konnten von dort das ganze Geschehen sehr gut überblicken. Ungefähr fünfzehn Minuten vor Ablauf der drei Stunden tauchte der Dealer mit seinem Wagen auf, es stiegen noch zwei weitere Männer mit aus. Es war ganz klar, dass er Angst hatte, dass man ihn frisch machen würde und deswegen die Begleitung dabei hatte. Wir bliesen die Sache gleich ab, denn das hätte zu viel Action bedeutet, vielleicht eine Schießerei oder Ähnliches. Mir kam der Gedanke, dass man ihn vielleicht schon mal gerippt hatte und er deswegen so vorsichtig war.

Ich hatte damals viele Kollegen, die auf krumm machten, zwei von denen waren dreiste Diebe: Sie hatten sich darauf spezialisiert, ganze Zigarettenautomaten mit dem Kuhfuß und, wenn es nicht anders ging, mit einem Stahlseil und dem Auto von der Wand zu reißen und diese dann mitzunehmen, um sie später in aller Ruhe aufzubrechen. Mir schien das interessant und so fuhr ich nachts mal mit, um zu schauen, wie das funktionierte. Wir trafen uns bei dem einen Kollegen zu Hause und fuhren dann los. Es ging fünzig Kilometer weit weg und wir suchten dann in kleinen Dörfern nach passenden Objekten; schließlich fanden wir einen Apparat. Ich ging mit beiden zu dem Automaten und wir hebelten ihn von der Wand ab. Als wir ihn los hatten, schleppten wir ihn mit zwei Mann zu unserem Auto, wir hatten einen Opel Kombi und wuchteten den Automaten in den Wagen. Das alles machte natürlich einen Heidenkrach, in den Dörfern war es nachts sowieso totenstill. Es ging aber doch alles relativ schnell und wir brausten ohne Licht davon; das Kennzeichen hatten wir durch ein gestohlenes verdeckt und so war es für Außenstehende nicht so einfach, Beschreibungen abzugeben. Mit dem Automaten ging es in ein Waldstück, wo wir ihn aufbrachen. Ich muss schon sagen, es war eine Heidenarbeit, denn die Schlösser waren gut gesichert. Als der Kasten endlich auf war, entnahmen wir schnell Zigaretten und das Geld. Im Automaten befand sich nicht viel Bargeld, denn er war vor kurzem offensichtlich geleert worden. Unser Entschluss stand fest und wir wollten noch einen weiteren klauen und aufbrechen.

In der gleichen Gegend konnten wir nicht mehr aktiv werden, denn die Bullen suchten uns sicherlich bereits, also ging es in eine andere Ecke. Es war schon vier Uhr früh und es würde bestimmt nicht mehr lange dauern, bis es hell wurde. Ich saß am Steuer und gab Gas, doch der Wagen fuhr nicht sonderlich schnell. An einer Kneipe sahen wir einen großen Automaten hängen; ich stoppte den Wagen und wir liefen mit unseren Brechstangen hin. Mit drei Brechstangen wuchteten wir an dem Kasten, es machte echt viel Lärm und ich hatte schon das Gefühl, wir würden die ganze Mauer einreißen. Endlich bekamen wir die Dübel aus der Wand und konnten ihn abhebeln. Die ganze Aktion dauerte diesmal länger und ich hoffte, dass kein Auto gerade jetzt auf der Bundesstraße vorbeikäme. Wir schleppten mit vereinten Kräften den Automaten zum Auto.

Gerade als wir ihn fast drin hatten, gingen an der Kneipe die Rollos hoch. Mein Kollege lief die paar Meter zurück und schlug mit der Brechstange vor das Rollo, bei dem Schlag ging auch die Scheibe mit zu Bruch. Wir sprangen in den Wagen und zischten ab. Das war jetzt echt ein Problem, hoffentlich schafften wir es, unerkannt zu entkommen. Wir schwitzten mächtig vor Anstrengung und Panik. Die ganze Strecke über ging alles gut und wir dachten schon: Das hat ja noch mal gepasst.

Als wir in Sichtweite des Hauses von meinem Kollegen kamen, sah ich zu meinem Entsetzen einen Wagen im Feldweg stehen, der zu seinem Haus führte. Das war bestimmt die Kripo – wir fuhren einfach vorbei; ich schaute in den Spiegel und bemerkte, wie der Wagen losfuhr und die Scheinwerfer eingeschaltet wurden. Für eine wilde Verfolgungsjagd hatte unser Wagen zu wenig Power. Wir versuchten es, aber der andere Wagen holte immer mehr auf. Nun sprachen wir alles schnell durch und wollten bei einer Kontrolle nur den letzten Automaten beim Verhör einräumen. Ich stoppte den Wagen und die Cops stellten sich vor uns und kamen mit ihren Spritzen im Anschlag heraus. In den nächsten paar Minuten trafen noch zwei Wagen mit Polizei ein. Einzeln mussten wir aussteigen und bekamen mit Handschellen unsere Hände auf dem Rücken fixiert.

Bei der Durchsuchung des Wagens fand man die Zigaretten und das Bargeld; es ging dann zur Polizeiwache und in die Zelle. Nach ein paar Stunden folgte das Verhör: Einer meiner Tatgenossen hatte ein Lebensgeständnis abgelegt und so wussten sie alles. Da ich ja nur in der einen Nacht dabei war, ließ man mich schnell wieder laufen, aber ich dachte schon, wenn das jetzt bald zur Verhandlung käme, dann würde ich in den Schrank gehen. Meine beiden Kollegen konnten gegen Abend auch wieder heim. Ich unternahm aber keine krummen Sachen mehr mit ihnen, denn ich wusste ja, was der Reiner für ein Zinker war.

Der Reiner hatte von seinem Vater ein schönes, kleines Haus vererbt bekommen, es war noch eine kleine Hypothek zu bezahlen, es war nicht viel und die Bank hätte sich sicherlich auf eine Ratenzahlung eingelassen. Doch alles Geld wurde nur versoffen, seine Frau schaffte abends im Club an und verdiente nicht schlecht, der Reiner jedoch schlug ihr oft im Suff vor den Kopf und ich musste häufig dazwischen springen. So ging es fast ein Jahr, dann wurde das Haus versteigert und er zog wieder nach Oberhausen. Ich hörte später, dass er eine Diskothek von dem Restgeld aufgemacht hatte, deren Konzession aber schnell wieder eingezogen wurde. Seine Frau musste wohl einmal mit anderen Männern getanzt haben, worauf Reiner ausflippte, auf die Tanzfläche sprang und ihr mit einer Rosenschere den kleinen Finger abschnitt. Nach dieser Geschichte ging es mit ihm steil bergab, das war das Letzte, was ich von ihm gehört hatte. Es gibt halt Menschen, die sich niemals verändern und immer den gleichen Blödsinn machen. Für mich ist es traurig zu wissen, dass gute Jungs, die ich gekannt habe, durch solche Dinge kaputtgingen.

3.2. Jail

In dieser Zeit hatte ich viele Prügeleien, die mir reichlich Ärger einbrachten. Es häuften sich auch die Anzeigen gegen mich und nach einem Diebstahl, bei dem mein Tatgenosse geschnappt wurde und mich verpfiff, wurde ich dem Haftrichter vorgeführt, der mich für mehrere Wochen ins Jail steckte. Diese Erfahrung war für mich völlig neu und ich war geschockt. Es ging also vom Gericht gleich in die Justizvollzugsanstalt. Ich wurde mit einem VW-Transporter, der vergittert war, zum Gefängnis gefahren, die Scheiben waren nur ein kleines Stück blickdurchlässig, der Rest war schwarz verdunkelt. Im Jail durchquerten wir erstmal die Sicherheitsschleuse, das war schon beeindruckend; dann stoppte der Bus und ich musste aussteigen. Ich hatte Handschellen um, die mir dann abgenommen wurden. Es ging durch eine Seitentür in ein großes Gebäude, überall waren dicke Eisentüren, die aufgeschlossen werden mussten.

Nach drei Türen waren wir in der „Kammer“, so nannte sich der Empfang im Gefängnis. Ich musste eintreten, es wurde ein Foto von mir gemacht und ich musste mich ausziehen und unter die Dusche. Meine Privatsachen kamen in einen großen Wäschesack und wurden verplombt, ich musste hinter der Plombe auf einer Karte unterschreiben. Nun hatte ich ein großes Bündel von der Anstalt bekommen und musste mir Knastsachen anziehen, eine blaue Arbeitshose und ein blaues Shirt. Ich packte danach das ganze Bündel und ab ging es. Wieder wurden mehrere Türen auf- und zugeschlossen und ich stand endlich im Hafthaus, es war schon beeindruckend groß. Der Schließer sagte mir, ich sollte immer hinter ihm herlaufen, es ging auf die zweite Etage zur Zentrale, dort musste ich eben warten und wurde dann einer Zelle auf der Jugendabteilung zugeteilt. Es kam wieder ein anderer Beamter, der mich abholte und zu der Abteilung brachte. Zwischen den Abteilungen waren in Bodenhöhe Gitternetze eingezogen und ich grübelte, wofür das denn gut sei. Ich fragte den Schließer und er sagte mir: „Wenn mal einer über das Geländer fliegt, fällt er nicht tief.“

Dann standen wir vor meiner Zelle. Der Beamte schloss auf und ich ging hinein Es war eine Doppelzelle und ich stellte mein Bündel unten auf das freie Bett. Der Schließer sagte ein paar Sätze zu dem anderen Jungen; zu mir sagte er, dass ich jetzt hier bleiben würde. Er erklärte mir noch kurz die Ampel: Das war ein Rufknopf, wenn ich darauf drückte, leuchtete draußen vor der Zelle ein Licht auf und der Schließer wusste, dass da einer was wollte. Ich war jung und hatte keine Ahnung vom Knast und seinen Spielregeln. Ich sprach mit meinem Zellengenossen, der Freddy hieß, ich verstand mich von Anfang an gut mit ihm. Ich machte mein Bett und wir redeten lange. Dann war draußen plötzlich ein lauter Gong zu hören, der ankündigte, dass es Mittagessen gab. Wir stellten unsere Schüsseln und Teller zusammen und warteten. Ich hörte, wie der Schließer immer näher kam und die Zellen aufschloss, dann waren wir dran und traten auf den Flur. Es gab Kartoffeln, Soße und Backfisch, der Hausarbeiter gab uns eine gute Portion. Wir setzten uns an den Tisch und aßen, ich war schnell fertig und hatte noch Appetit. Ich fragte: „Gibt es noch Nachschlag?“ Mein Zellengenosse drückte kommentarlos auf die Ampel. Die Zelle öffnete sich wieder und ich bekam eine weitere Portion, die ich auch noch munter wegputzte. Danach schmiss ich mich aufs Bett und ruhte ein wenig, das Gleiche machte Freddy und wir pennten mit vollem Magen ein wenig ein. Nach rund einer Stunde wurde ich wieder wach und las in einem Buch von Freddy. Als er munter wurde, fragte ich ihn: „Wie sieht denn so der Tagesablauf hier aus?“ Es gab Sport, Kontaktgruppen, Arbeitsgruppen usw. Man musste anscheinend für alles einen Antrag stellen, dieser musste in zweiter Instanz erst genehmigt werden und auch ein Platz in der jeweiligen Gruppe musste frei sein. So setzte ich mich an den Tisch und schrieb einen Antrag nach dem anderen. Es gab sogar ein paar Briefmarken gratis, wenn man neu war und noch kein Geld auf seinem Konto hatte.

Gegen drei Uhr wurde ich geholt und musste als Neuzugang zum Anstaltsarzt. Auf der zweiten Abteilung musste ich vor einer Gittertür warten, dort standen auch schon ein paar andere. Ich kannte noch niemanden und stand da ein bisschen wie bestellt und nicht abgeholt herum. Endlich war ich an der Reihe und schritt durch die aufgeschlossene Tür in den Krankenbereich. Zuerst wurde ich von einem Krankenpfleger gemessen und gewogen, danach ging es zum Arzt hinein. Ich konnte mich setzen und der Doc fragte mich, ob ich mich gesund fühlen würde; er hörte die Lunge und mein Herz ab und maß den Blutdruck. Ich hatte das Gefühl, er war mit dem Resultat zufrieden und ich dachte, wie flott das ging. Er machte sich in einer blauen Karte einige Notizen und die Audienz war vorbei, es ging wieder auf den Flur und das Warten begann von vorn.

Als ich in das große Hafthaus zurückkam, schaute ich mir alles ruhig an und lief langsam zu meiner Zelle. Dort angekommen musste ich mich wieder gedulden, der Schließer war gerade nicht zu sehen. Es dauerte bestimmt fünfzehn Minuten, bis er auf der Bühne erschien, und er machte noch ein paar andere Sachen, bevor er zu mir kam und mich wieder einschloss. In der kleinen Zelle war es nicht gerade nett, denn es war kaum Platz, um sich richtig zu bewegen. Nun musste ich scheißen und dachte: Kann ich jetzt raus und zur Toilette? Doch das war nicht möglich, ein Klo befand sich in der Zelle. Es gab aus Holz eine kleine Schamwand, die aber keinerlei echte Funktion hatte. Es war schon eine große Überwindung nötig, vor Freddy zu scheißen, wer das nicht erlebt hat, kann sich das nicht vorstellen. Mit der Zeit hatte ich mich daran gewöhnt, der Mensch ist eine Spezies, die sich anpassen kann. Nach dem Schiss machte ich das Fenster auf, denn ich wollte nicht an meinen eigenen Fäkalien ersticken.

Freddy fragte mich, ob wir Karten spielen sollten, ich bejahte, obwohl ich nicht viele Kartenspiele konnte – wir spielten 21 und verschlugen uns damit etwas die Zeit. Gegen achtzehn Uhr wurde das Abendbrot eingeläutet und wir wuschen schnell unsere Teller ab und warteten, bis abgeschlossen wurde. Es gab Tee, Margarine und Wurst, aber alles war sehr abgepasst; ich dachte: Heute bekommst du nicht noch was extra. Nach dem Abendbrot ging Freddy in eine Kontaktgruppe, ich blieb allein auf der Zelle zurück und las in einem Buch von ihm. Es war schon komisch, durch das Lesen konnte ich ein wenig die Umgebung vergessen und war in einer anderen Welt. Gegen zwanzig Uhr dreißig kam er zurück und eine halbe Stunde später war für alle Einschluss. Ich rauchte zu dieser Zeit noch und drehte mir eine Zigarette. Freddy kochte heißes Wasser für einen Tee. So saßen wir noch eine ganze Weile am Tisch und redeten. Kurz vor elf gingen wir zu Bett, denn dann wurde das Licht gelöscht, wir quatschten über dies und das und ich wurde müde und schlief ein.

Am nächsten Morgen wurde ich durch den Krach schon früh geweckt. Im Knast ist es eigentlich nie richtig ruhig, immer hat man einen gewissen Lärmpegel; das ist morgens, wenn die Hausarbeiter die Kübel mit dem Essen holen, besonders extrem. Ich machte unsere Teller sauber, setzte mich auf einen Stuhl und wartete darauf, dass das Frühstück kam. Da wir fast als Letzte dran waren, dauerte es auch eine ganze Weile, bis wir an die Reihe kamen. Es gab Brot, Margarine, Marmelade. Ich putzte mir die Zähne und aß einige Stullen. Freddy nickte noch vor sich hin, denn er saß schon einige Monate und kannte den gesamten Ablauf. Den ganzen Vormittag passierte nicht viel und ich schrieb einige Briefe, um meine Leute über meine Haft zu informieren. Das war schon eine traurige Situation, aber sie war abzusehen gewesen, denn ich hatte nur Blödsinn gemacht. Nach dem Mittagessen hatten wir Duschen und Wäschetausch. In der Dusche war eine richtige Hektik, denn für uns Untersuchungsgefangene war zweimal Duschen in der Woche – der Schließer sagte noch, wir müssten uns beeilen und in drei Minuten fertig sein. Ich dachte, das sei ein übler Witz und duschte mich in ganz normaler Geschwindigkeit. Auf einmal jedoch wurde das Wasser eiskalt und ich dachte „Scheiße“, denn meine Haare waren noch voller Shampoo. Mir blieb nichts anderes übrig, als mich kalt fertig zu duschen, denn der Schließer blieb stur. Nach dem Duschen wurde nahe der Kammer die Wäsche getauscht, wir blieben noch etwas dort stehen, um mit anderen zu reden. Das ging aber nicht lange gut, denn eine Wachtel forderte uns auf, auf unsere Abteilungen zu gehen. Wir liefen langsam auf unsere Abteilung zu unserer Zelle, dort stellten wir uns hin und warteten auf den Schlüsselknecht. Es gab feste Beamte für jede Station, aber es geschah schon mal, dass wir einen Springer bekamen, wenn unser Abteilungsbeamter wegen Krankheit oder Urlaub ausschied.

Nach einigen Tagen waren meine Genehmigungen für den Sport und die Kontaktgruppe da und ich hockte nicht mehr so oft in diesem Loch. Ich hatte auch einen Antrag an den Richter gestellt wegen einem Haftprüfungstermin. Ich rechnete mir keine guten Chancen aus, aber ich wollte versuchen, herauszukommen. Mir war aber klar, dass ich durch die ganzen Straftaten schon eine kräftige Kelle bekommen würde. Der Termin stand noch nicht fest und ich hoffte, dass ich bis zur Verhandlung nicht in der Kiste bleiben musste. So lief es tagein, tagaus, immer das gleiche Programm, mir ging das schon übel auf den Sack. Wir hatten uns aus Margarine und einem Pfeifenputzerdocht eine Kerze gebaut, die wir ansteckten, wenn abends gegen dreiundzwanzig Uhr das Licht ausgeschaltet wurde. Nach einigen Wochen kam der Schließer zu mir und teilte mir mit, ich hätte am nächsten Tag meinen Haftprüfungstermin und ich sollte mich ab sieben Uhr bereithalten, dann würde ich abgeholt. Mein Vater hatte mich einmal besucht und mir gesagt, er hätte mit dem Richter gesprochen und der wollte mich wohl rauslassen. Ich wusste nicht, ob ich das glauben sollte und war innerlich sehr aufgeregt.

Am anderen Morgen wurde die Tür aufgesperrt und es ging zur Kammer, dort warteten schon zwei Beamte auf mich und fuhren mich mit einem Transporter zum Gericht. Es tat gut, wieder etwas anderes als nur Gitter zu sehen. Im Gericht ging es in den Keller in eine Zelle, wo ich fast zwei Stunden warten musste. In die Wände waren unzählige Namen und Sprüche eingeritzt, es war schon alles sehr bedrohlich, und als ich dann geholt wurde, war ich echt froh. Nachdem mir eine Knebelkette um das Handgelenk gelegt wurde, ging die Reise los. Wir marschierten direkt in das Zimmer vom Richter, er hieß Neumann, und ich dachte, hoffentlich lässt er mich heute raus. Er fragte mich, wie ich es im Knast finden würde, und ich sagte wie aus der Pistole geschossen: „Es ist eine Katastrophe!"

Er erwähnte, dass er mit meinem Vater gesprochen hatte und dieser ein korrekter Mann sei, an dem ich mir ein Beispiel nehmen sollte. Nach sorgfältiger Prüfung sei er zu dem Entschluss gekommen, dass ich wohl Bewährung bei der noch anstehenden Verhandlung bekommen würde und deshalb der Haftbefehl aufgehoben werden könnte. Mir fiel ein Stein vom Herzen und ich war überglücklich. Er sagte zum Abschluss so was wie: Ich solle ein anständiges Leben führen, sonst würde ich bald wieder im Gefängnis landen und dann nicht mehr so schnell herauskommen. Ich bedankte mich und dann ging es mit dem Transporter zum Gefängnis. Ich musste nicht mehr ins Hafthaus und sollte auf der Kammer warten, meine Sachen wurden geholt und ich bekam meine Privatwäsche zurück.

Nach einer halben Stunde war das alles fertig und ich wurde zur Pforte gebracht. Bis ich dort war, ging es noch durch viele Türen durch und endlich stand ich draußen. Dieses Gefühl ist kaum zu beschreiben: Ich fühlte mich wie neu geboren. Ich schaute mir auf der Straße das Elend an und dachte bei mir selber: Da möchtest du nie mehr rein! Langsam lief ich die Straße herunter und überlegte mir, was ich jetzt machen könnte. Als ich an der Straßenecke ankam, war mein Entschluss gefasst. Mir war es wichtig, meine Großeltern zu sehen, und so machte ich mich auf den Weg, bis Asperden waren es über zehn Kilometer und ich fragte mich: Wie kommst du jetzt am schnellsten dort hin? Als mir diese Gedanken noch durch den Kopf schossen, sah ich an einem Haus ein Fahrrad stehen, das nicht abgeschlossen war – somit war mein Problem gelöst; ich schnappte mir den Drahtesel und fuhr los. Es ging schnell und in einer halben Stunde war ich dort und besuchte sie. Ich futterte mich so richtig voll, das Essen bei meiner Großmutter war gute Hausmannskost und schmeckte mir so richtig. Meine Bude war noch da und ich war froh, wieder in meinem Bett zu schlafen. Zwischenzeitlich hatte ich mir auch eine andere Wohnung angeschaut, aber die gefiel mir nicht sehr gut. Zur Probe hatte ich dort ein paar Nächte verbracht. Die Vermieter wohnten über mir und gingen mir mächtig auf den Piss. In meinem Apartment fühlte ich mich wohl und mein Kollege war neben mir eingezogen, das war sehr praktisch, denn er hatte einen Führerschein und ein Auto. Er war wohl ein sonderbarer Kerl, aber man konnte mit ihm auskommen.

Nach den drei Wochen Haft machte ich mir schon Gedanken über meine Hauptverhandlung und was da auf mich zukommen würde. Ich war mir nicht so sicher, für das alles eine Bewährungsstrafe zu bekommen. In die Kiste wollte ich auf keinen Fall mehr; zu der Zeit hatte ich eine neue Freundin und wir machten viel Sex. Am Anfang war es noch ganz schön, aber sie wollte nur vögeln und das ging mir auf den Sack. So geschah es oft, dass ich des Nachts einbrechen ging und erst morgens gegen sechs Uhr ins Bett kam; sie schwänzte ihre Schule und kam zu mir. Da sie einen Schlüssel hatte, sprang sie gegen acht Uhr morgens in mein Bett und wollte ficken, ich war aber viel zu platt und pennte erstmal. Eines Tages bekam ich Post vom Arbeitsamt und sollte eine ABM-Stelle beginnen, sonst wollte man mir die Stütze sperren, also fuhr ich nach Weeze zur Gemeinde und stellte mich vor. Da ich ein sehr kräftiger Kerl war, meinte der Chef dort, ich könnte gleich morgen früh erscheinen und beginnen. Was sollte ich tun, ich musste dieses Programm wohl akzeptieren.

Es war Herbst und schon kalt morgens, ich packte mich dick ein und fuhr mit meiner frisierten Puch los. Dort angekommen wurde mir eröffnet, ich sollte in der Baukolonne arbeiten. So ging es mit einem Pritschenwagen zum Friedhof, wo wir erstmal unser Aufgabenfeld hatten. Wir arbeiteten mit vier Leuten dort, die Arbeit war hart und ich dachte: „Was für ein Dreck!". Ich trainierte jeden Tag und musste durch die Arbeit mein Training auf abends verschieben. Gegen siebzehn Uhr konnte ich heimfahren, zu Hause aß ich einen Happen und ging dann sofort boxen. Das Training war mein Leben, denn ich war schon damals im Ringen, Boxen und Kickboxen Deutscher Meister geworden. Am nächsten Morgen musste ich früh raus und merkte erst dann so richtig, wie kaputt ich war. Es half nichts, ich musste da durch, ob ich wollte oder nicht. Zur damaligen Zeit war ich noch Amateur und man konnte mit der Kämpferei kein Geld verdienen.

Der erste Frost war schon da und ich musste aufpassen, dass ich mich mit dem Mofa nicht auf den Bart legte, die Karre lief gute Achtzig und ich fuhr auch einen heißen Reifen. Es war nicht mehr nötig, dass ich morgens zum Bauhof fuhr, sondern ich konnte gleich zum Friedhof kommen, das sparte mir etwas Zeit; darüber war ich dankbar und hatte eine halbe Stunde gewonnen. So ging die Zeit dort gut vorbei und ich gewöhnte mich an die Arbeit. Ich war den ganzen Tag im Freien, an der frischen Luft. Der Job war außerdem vielseitig, was mir sehr gefiel. Wir führten auch im großen Rahmen Arbeiten durch wie eine Baumschule: Es wurden Bäume gesägt oder gepflanzt, Gartengestaltungen oder Parkanlagen konzipierten wir darüber hinaus. Ich hatte aber nur einen bedingten Arbeitsvertrag und als der Winter kam, wurden ich und ein paar andere Jungs, die den gleichen Status hatten, sofort gekündigt. Es ging dann wieder zurück zum Arbeitsamt, Stütze abholen.

Noch bevor ich diese ABM-Stelle angetreten hatte, war mir die Idee gekommen, mich bei der Bundeswehr zu bewerben. Meine Überlegung war, dort eine Ausbildung zu machen und vielleicht eine Sportkarriere zu starten. So bekam ich dann eine Einladung nach Oberhausen zu einem Eignungstest. Also fuhr ich dort hin und absolvierte eine theoretische und praktische Prüfung. Ein sportlicher Test war auch dabei, den ich aber mit links erledigte. Dieser Einstellungstest ging über zwei Tage und es gab im Anschluss daran gleich ein Ergebnis. Als ich an der Reihe war, wurde mir eröffnet, dass mein Test super ausgefallen sei, es im Moment allerdings keine freien Ausbildungsstellen gäbe. Man sagte, dass ich die Option hätte, gleich Berufssoldat zu werden, ich sollte mich sofort verpflichten. Diese Variante gefiel mir aber nicht und ich sagte: „Darauf habe ich nun aber überhaupt keinen Bock."

Verärgert fuhr ich heim und dachte: Was für ein Bullshit! In der Zwischenzeit hatte ich auch meine Anklageschrift bekommen und mir wurde schlecht beim Durchlesen. In mir entwickelten sich Fluchtgedanken, denn ich dachte, dass die mich wegsperren würden. Am Wochenende ging ich immer noch aus und es geschah häufig, dass ich in Schlägereien verwickelt wurde. Danach fragte ich mich immer, warum das schon wieder passieren musste, aber es war eben meine Sturm- und Drangzeit, die mich immer wieder aufstachelte, mich aufs Prügeln einzulassen.

Mein Trainingsprogramm zog ich mächtig an, es war mir wichtig, meine Energie zu kanalisieren. Ich kämpfte fast an jedem Wochenende und gewann die meisten der Kämpfe. Wie gerne hätte ich damals schon eine Profi-Karriere begonnen, aber dafür gab es in Deutschland nur einen sehr kleinen Markt. Im Februar bekam ich meinen Einberufungsbescheid von der Bundeswehr, ich dachte mir nur: Was für Wichser! Nun standen achtzehn Monate Grundwehrdienst an. Kurz nach dieser Benachrichtigung trudelte der Termin zur Hauptverhandlung ein. Ich hatte manchmal naiv gedacht: Die vergessen mich!, aber die Justiz vergisst niemanden. Die letzte Nacht vor der Verhandlung konnte ich fast gar nicht schlafen, denn zu viele Dinge gingen mir durch den Kopf. Die Verhandlung begann um neun Uhr morgens und ich fand mich gegen halb neun im Gerichtsgebäude ein. Meine ganzen Vergehen wurden noch vor der Jugendkammer verhandelt und das war wahrscheinlich mein Glück. Der Termin zog sich bis abends hin und ich hatte ein gemischtes Gefühl. Nach dem Plädoyer des Staatsanwaltes dachte ich mir sicher, die tun mich gleich in den Schrank. Dem Gericht hatte ich im Vorfeld aber schon erklärt, dass ich bald zum Bund müsste und mich danach verpflichten wollte. Der liebe Gott hielt seine schützende Hand über mich und mir wurde eine Bewährungsstrafe bestellt, ich bekam vierundzwanzig Monate auf drei Jahre zur Bewährung. Dieses Strafmaß war das höchste, was man noch zur Bewährung aussetzen konnte. Mir fiel ein Stein vom Herzen! Ich musste mich zwar regelmäßig bei einem Bewährungshelfer melden, aber das war das geringste Übel. Nach dem Termin ging ich heim, atmete durch und dachte: Wie gut, dass die mich nicht gleich weggeschlossen haben!

Auch schwor ich mir, keine krummen Sachen mehr zu drehen, doch leider hielt dieser gute Vorsatz nicht lange an. Es war mittlerweile schon März und in ein paar Wochen musste ich dem Staat dienen – der Gedanke machte mich nicht gerade froh, aber andererseits dachte ich, eine Luftveränderung könnte gar nicht so schlecht sein. Die letzten Wochen bis zum Beginn meiner Wehrdienstzeit trainierte ich viel und nahm noch an einigen Wettkämpfen teil. Das Gericht hatte mir das Urteil auch zugestellt und ich nahm Kontakt mit dem Bewährungshelfer Heinz auf. Meine Termine mit ihm legte ich für einen Monat immer fest; es war aber so, dass ich ihm gleich gesagt hatte, dass ich bald zum Bund müsste und deshalb nicht mehr regelmäßig kommen könnte. Wir hatten uns darauf geeinigt, dass ich ihn immer anrief und wir auf diesem Wege Kontakt hielten. Heinz war ganz in Ordnung und ich hatte das Gefühl, mit ihm die Zeit meiner Bewährung gut zu meistern. Mein Einberufungsbescheid kam rasch und ich musste mich am 1. April in Schwanewede in der Wittekindkaserne einfinden – ein Bundesbahnticket war mit dabei und ich dachte: Jetzt geht es bald los! Es war eine neue Aufgabe für mich und in meiner damaligen Situation eine gute Alternative. Die letzten Tage verbrachte ich noch bei meinen Großeltern und ruhte mich aus. Zu Hause packte ich meine Sachen, die ich mitnehmen wollte. Ich hatte mich schon im Vorfeld erkundigt und wusste: Zu viele Klamotten brauchte ich nicht, da ich dort neu eingekleidet wurde.

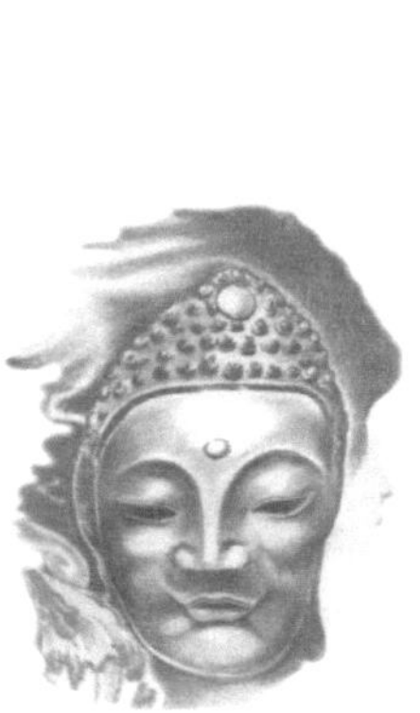

3.3. Zum Bund

An einem Sonntag war es so weit und ich fuhr in der Früh mit dem Zug Richtung Bremen. Ich musste ein paar Mal umsteigen, aber das war nicht besonders nervig, die gesamte Reise dauerte gut fünf Stunden. Das letzte Stück musste ich mit dem Bus fahren und mir fiel auf, dass fast der gesamte Bus mit Soldaten beziehungsweise mit jungen Männern voll war, die mal solche werden wollten. Nach fünfzehn Minuten erreichten wir die Kaserne, sie war riesig und ich lief den Jungs nach, um an die Eingangspforte zu gelangen.

Dort angekommen musste ich in einer langen Reihe erstmal warten. Als ich dran war, durfte ich meinen Bescheid vorzeigen und mir wurde gesagt, ich sollte mich zu einer Gruppe stellen und wir würden dann abgeholt; so warteten wir mit ungefähr zehn Leuten, bis ein Offizier kam. Er stellte sich kurz vor und sagte uns, wir sollten ihm folgen. Wir setzten uns in Marsch und liefen ein ganzes Stück; vor einem großen Gebäude blieben wir stehen und der Offizier sagte, das sei unser neues Zuhause. Das Gebäude war gewaltig und ich überlegte, wie viel Männer dort wohl hineinpassen würden. Wir marschierten über eine große Treppe in eine Halle direkt am Eingang. Der OvD kam aus seinem Büro und fing an, uns auf die Stuben aufzuteilen. Er rief unsere Namen auf und wies uns die Räume zu. Ich suchte meinen, er war im ersten Stock und ich trat ein. In dem Raum standen drei Etagenbetten, dort konnten jeweils zwei Mann schlafen, einer unten, der andere oben. Alle anderen Rekruten waren schon angekommen und ich schnappte mir das letzte Bett, das noch frei war. Ich dachte mir, dass das ja schon prima anfing. Ich stellte mich kurz vor und fing an, mein Bett zu beziehen und meinen Spind einzuräumen. Die anderen unterhielten sich über alle möglichen Dinge, ich redete so am Rande mit und räumte dabei alles ein. Danach warf ich mich in meine Koje und ruhte ein wenig aus. Wir redeten viel und ich fragte, woher sie alle kommen würden – fast alle waren aus der näheren Umgebung. Ich hatte die Hoffnung, dass vielleicht einer von den Jungs aus meiner Gegend kommen würde und vielleicht ein Auto hätte, dann wäre die An- und Abreise für mich einfacher gewesen.

Es ging so auf zweiundzwanzig Uhr zu, um dreiundzwanzig Uhr war Zapfenstreich. Ich sprang aus meinem Bett und schlenderte in den Waschraum, um mir die Zähne zu putzen und noch zur Toilette zu gehen. In der Stube zog ich meine Klamotten aus und hängte sie über einen Stuhl, ich wollte am Morgen rasch meine Sachen finden und mich anziehen. Die anderen lagen ebenfalls schon in ihren Betten und langsam kehrte Ruhe ein. Es war auch für mich ein langer Tag gewesen und mir wurden die Augen schwer. Ich schlief ein und war zufrieden.

Am nächsten Morgen gegen halb sechs hörte ich eine laute Trillerpfeife und den Weckruf. Ich zog die Decke zur Seite und stieg über die Leiter herunter. Ich war der erste in unserer Stube, der seine Klamotten anhatte und in den Waschraum ging. In der Räumlichkeit war schon viel Andrang und ich musste warten, bis ich dran war und einen freien Platz bekam. Ich grübelte, wie viele denn wohl in unserem Zug sein mochten und, wenn das jeden Morgen so gehen würde, dass es schon mal Stress geben könnte. Wir sollten alle gegen halb sieben vor unserem Gebäude Aufstellung nehmen, ich lief mit den anderen im Laufschritt nach draußen. Ein Unteroffizier sagte uns, wie wir uns aufstellen sollten und dass wir diese Reihenfolge jedes Mal so einnehmen müssten. Als er zufrieden war, erklärte er uns, der Hauptmann würde gleich kommen und wir sollten ihn mit „Guten Morgen, Hauptmann!" begrüßen. So wurde es dann auch gemacht und der Hauptmann hielt eine kurze Ansprache.

Nach dem Morgenappell ging es mit dem Ufz zur Kantine. Unser Zug hatte 110 Mann, das fand ich schon mächtig; in der Kantine bekam jeder eine Essensmarke und konnte sich sein Essen an der Theke holen. Die Kost war in Ordnung, ich haute mir richtig die Plauze voll. Auf dem Rückweg sah ich mir in Ruhe die Kaserne an, denn sie war riesengroß und ich fragte den Ufz nach der Mannstärke der Kaserne.

Er sagte: „Hier sind zehntausend Soldaten stationiert!"

Ich war überrascht, denn das war echt gewaltig. Nach einigen Minuten Fußmarsch erreichten wir unser Gebäude; nun ging es gleich zur Wäschekammer, um unser Bundeswehrzeug abzuholen, das dauerte fast den ganzen Tag, denn wir bekamen sehr viel Klamotten mit und ich musste einiges tauschen, weil es mir nicht passte. In unserer Stube mussten wir uns alle gleich komplett umkleiden. Am Abend gab es dann noch eine Filmvorführung über unsere Einheit und unseren Aufgabenbereich, ich hörte gut zu, denn mir war es wichtig, mit allem gut zurechtzukommen.

Die nächsten Tage ging es durch die Kaserne und uns wurde gezeigt, was wir als Panzergrenadiere zu tun hatten. Unsere Haubitze wurde uns präsentiert, das war ein Riesengerät auf der Basis eines Leo 2. Wir waren für den ganzen technischen Ablauf zuständig. Unsere Besatzung bestand aus insgesamt sechs Mann, ich war in unserem Trupp der Stärkste und für die Geschosse zuständig. Die waren anständig schwer, so in der Regel fünfzig Kilogramm, und die musste ich scharfmachen. Dazu musste ich in einer gewissen Entfernung zu der Haubitze die Zünder, die von der Feuerleitzentrale vorgeschrieben wurden, einschrauben und scharfmachen, dann musste ich das scharfe Geschoss und die Treibladung zur Haubitze schleppen. Das war schon eine schweißtreibende Arbeit und ich schaffte es sogar, zwei Granaten gleichzeitig zu tragen, denn bevor die Zünder hineinkamen, wurde in die Granaten ein Eisenring eingeschraubt und ich schaffte es, mit meinem Mittelfinger durch diesen Ring zu greifen und pro Arm ein Geschoss zu tragen.

Wir gingen auch regelmäßig auf die Hindernisbahn und ich trainierte jeden Tag nach Dienstschluss oder noch in der Mittagspause auf dem Parcours – ich wollte von unserem Zug unbedingt der Schnellste sein. Nach ein paar Wochen schaffte ich auch die beste Zeit. Es gab des Öfteren mit einem Oberleutnant Probleme, denn er spielte sich immer wahnsinnig auf und ich machte meistens nicht das, was er uns sagte. Seine arrogante Art war mir total zuwider und ich überlegte, ob ich ihm nicht mal ein paar reinhauen sollte. Diesen Gedanken begrub ich aber sehr schnell wieder, denn ich wusste, dass es dafür richtig Qualm gab.

Also: Wenn er Laufschritt schrie, ging ich ganz normal weiter, als hätte ich das nicht gehört. Das ging eine ganze Zeit so und die Schikanen wurden immer schlimmer. Eines Tages riss mir der Geduldsfaden und ich sagte: „Steck dir deine dummen Sprüche sonstwo hin!"

Er schrie wie ein Verrückter: „Das gibt ein Disziplinarverfahren!"

Er ging in die Wachstube und machte über mich Meldung beim Hauptmann; ich wurde kurze Zeit später zu ihm gerufen und er fragte mich, was denn passiert sei. Ich spürte schon an seinem Tonfall und an seiner Art, dass er mir ein Diszi verpassen wollte. Was sollte ich jetzt machen? Ich gab eine Darstellung von mir ab, aber ich hätte auch besser nichts sagen können. Er sagte zu mir, das gäbe drei Wochen Ausgangssperre – mich juckte es schon, ihm zu sagen, wohin er sich diese stecken könnte. Mit Wut ballte ich eine Faust in der Tasche und hielt in weiser Voraussicht meinen Mund. Nach diesem Auftritt konnte ich das Büro wieder verlassen – ich hatte nicht im Geringsten vor, mich an diese Bestrafung zu halten. Jeden Abend fuhr ich mit dem Zug nach Bremen, um dort in einem Studio Boxen und Krafttraining zu üben, nicht im Mindesten wollte ich das missen, denn Sport war für mich das Wichtigste. Mich ärgerte es sehr, denn ich konnte es nicht akzeptieren, dass so ein Idiot über mich bestimmen konnte und seine beschissene Autorität so maßlos ausspielte.

Mein Grundwehrdienst war jedoch bald in dieser Einheit und Kaserne beendet und ich war froh, dass ich mich mit diesem Arsch nicht länger herumärgern musste. Am nächsten Wochenende konnte ich noch heimfahren, denn die Ausgangssperre war noch nicht in Kraft, ich freute mich auf zwei Tage, die ich nicht in dieser Kaserne verbringen musste. In meiner Kompanie hatte ich einen Kerl aus Moers kennengelernt und wir unterhielten uns viel und fuhren auch am Wochenende zusammen mit einem anderen Kollegen, der in der gleichen Einheit war, mit seinem Auto heim. Er erzählte mir gelegentlich von einem Waffensammler, der sehr viele Gewehre und Pistolen im Haus haben sollte. Wir hatten auch mal über einen Überfall gesprochen, den man vielleicht in Bremen durchführen wollte. Mich interessierte es daher natürlich, was es mit dem Sammler auf sich hatte. Der Kumpel selber wollte bei dem Einbruch nicht mitmachen, da er in der Gegend zu bekannt war. Es wurde viel geredet und geplant und ich sprach zu Hause mit meinen Kollegen über den Bruch; sie fanden das auch eine gute Geschichte und wir kamen zu dem Schluss, dass wir in den nächsten Wochen den Einbruch starten würden.

Am Sonntagabend stiegen wir wieder in den engen VW Käfer und fuhren zurück in die Kaserne; ich legte mich gleich ins Bett, denn am Wochenende hatte ich nicht gerade viel geschlafen.

Am Montag begann wieder der normale Trott, aber unsere letzte Woche hatte angefangen. Ich verrichtete meinen Dienst und informierte mich darüber, wohin es nach der Grundwehrdienstzeit gehen würde. Ein Stuffz, den ich gut kannte, steckte mir, dass viele von uns nach Wildeshausen gehen sollten, ich war gleichfalls darunter, also begleitete mich mein Diszi und ich musste es dort abreißen. Ich hatte eigentlich vor, dort neu zu beginnen, aber das Diszi war da natürlich ein Problem, denn es befand sich in meiner Personalakte und meine Vorgesetzten würden es natürlich sehen und mussten es vollstrecken.

So ging die letzte Woche ruhig dahin und es passierte nicht viel. Wir wurden am Freitag alle feierlich verabschiedet und konnten noch mal das Wochenende heim. In mir herrschte natürlich eine Grundspannung und ich fragte mich, wie es in der neuen Einheit sein würde und wie die Kaserne sein würde. Es war gut, dass viele von uns mit in die neue Einheit kamen, so war nicht alles so fremd. Am Sonntagabend fuhr ich mit dem Zug zurück und kam gegen neun Uhr an. An der Wache sagte man mir, in welches Gebäude ich gehen sollte – die Kaserne und das Gelände waren viel kleiner als in Schwanewede. Ich lief in das besagte Gebäude und meldete mich im Geschäftszimmer, ein älterer Oberfeldwebel zeigte mir meine Stube und ich ging hinein. Wir waren dort nur zu viert in der Stube und zwei kannte ich aus meiner alten Einheit, wir begrüßten uns und ich bezog Spind und Bett. Der erste Eindruck war nicht schlecht und ich dachte: Vielleicht wird das hier ja besser! Ich bezog mein Bett und ging dann duschen, ich wollte danach gleich ins Bett, denn die Anreise war lang und hart gewesen und viel geschlafen hatte ich das vergangene Wochenende gerade auch nicht. Am nächsten Morgen wollte ich beim Antreten schon ausgeruht und fit sein und eine gute Erscheinung abgeben, ich hatte mir vorgenommen, in dieser Einheit und Kaserne bis zu meinem Wehrdienstende gut durchzukommen.

Beim Weg am nächsten Morgen zu Kantine lernte ich schon einiges vom Kasernengelände kennen, das Frühstück war gut und ich fühlte mich ganz prima. Die Dimensionen dieser Kaserne waren auch viel kleiner als die in Schwanewede. Nach dem morgendlichen Appell wurde ich in das Geschäftszimmer gerufen, ich dachte: Was ist denn jetzt schon wieder los? Mit schlechtem Gefühl trabte ich dort an. Der Oberfeldwebel hatte meine Akte vor sich und eröffnete mir, dass die Vollstreckung meines Diszi anstehen würde, das war die Geschichte mit dem Oberleutnant aus meiner alten Kaserne. Für diese Aktion hatte ich drei Wochen Ausgangssperre bekommen, diese sollten nun vollstreckt werden. Mir wurde mitgeteilt, dass ich abends nach Dienstschluss die Kaserne drei Wochen lang nicht verlassen durfte, das machte mich echt wütend, doch ich verbiss mir meine Wut, hatte aber innerlich schon den Entschluss gefasst, mich nicht daran zu halten.

Nach dieser Eröffnung konnte ich wieder gehen und begann meinen normalen Dienst. An diesem Tag war ich echt wütend und fuhr nach Dienstende mit einem Fahrrad, das ich noch in Schwanewede organisiert hatte, ins Schwimmbad. Das Ausgangsverbot interessierte mich recht wenig, es war sehr warm und eine Abkühlung war genau das Richtige, die meisten aus meinem Zug hatten genau die gleiche Idee. Das Schwimmbad war nicht schlecht, es lag etwas abseits und war mit hohen Bäumen umsäumt, es gab dort sehr viel Rasen und da ich mit meinem Radel fuhr, war ich auch am schnellsten dort. Also suchte ich mir einen ruhigen Platz und streckte mich auf der Wiese aus, selbst am Abend war es noch sehr warm und ich ging ins Schwimmbecken – so konnte man es aushalten. Als ich wieder auf meiner Decke lag, sah ich in einiger Entfernung zwei Mädchen in der Sonne. Ich schaute zu ihnen hin und eine erwiderte den Blickkontakt, das fand ich sehr angenehm, zudem sie mir vom Body und Aussehen her gefiel. Nach einiger Zeit schlenderte ich einfach rüber und fing ein Gespräch mit ihr an, das passte ihr auch und so redeten wir lange miteinander, die Zeit verging und das Bad würde in Kürze schließen.

Ich fragte sie, ob ich sie mit dem Radel nach Hause bringen konnte, sie sagte ja und verabschiedete sich von ihrer Freundin. Sie setzte sich hinten auf das Fahrrad und ich fuhr los. Ich hatte nur einen dünnen Pulli und meine Badehose an, sie hatte ihre Hände an meinem Bauch und ich bekam einen Ständer. Als sie das merkte, griff sie gleich an meinen Schwanz und massierte ihn, sie sagte mir zwischendurch, wie ich fahren sollte, und als wir bei ihr ankamen, war ich sehr geil, aber wo sollten wir hin? Wir verabredeten uns für den nächsten Abend, ich küsste sie wild und fuhr dann in die Kaserne. Vorne an der Wache musste ich meinen Dienstausweis zeigen und dachte: Jetzt bist du dran! Doch nichts passierte und ich konnte bis zu unserem Dienstgebäude fahren. Ich stellte mein Radel vor unser Gebäude und schlich leise die Treppe hoch zu meiner Stube. Jeden Moment rechnete ich damit, aufzufallen, doch alles ging gut und niemand sprach mich an. Ich zog mich aus und ging duschen, um danach gleich ins Bett zu fallen – wir redeten noch etwas und dann machten wir das Licht aus und jeder rollte sich ab zum Schlafen.

Am nächsten Morgen begann der Tag wie jeder andere und ich ahnte nicht, mit welcher persönlichen Tragödie er enden sollte. Ich verrichtete meinen Dienst wie gewohnt und plötzlich hörte ich, wie mein Bekannter Baumann zum S2 kommen sollte; mir wurde richtig schwindelig und flau im Bauch, denn ich dachte: Was soll der beim Sicherheitsoffizier? Einige Wochen vorher hatte mir dieser Typ einen Tipp für einen Bruch gegeben, der sich dann später aber leider als Raub darstellte. Bei dieser Sache waren wir mit vier Mann in ein Haus eingebrochen und hatten dort eine Menge illegaler, scharfer Waffen gestohlen, die der Eigentümer ohne Erlaubnis besaß. Unser Informant hatte mir gesagt, es wäre am Samstagabend ab einer gewissen Uhrzeit niemand im Haus, dann wäre der Typ wohl am Saufen. Das war jedoch nicht richtig gewesen, denn seine alte Mutter wohnte noch mit in dem Haus und überraschte einen meiner Kollegen. Dieser hatte sie weggestoßen und ihr mit der Stabtaschenlampe auf den Kopf geschlagen. Wir waren spontan nach dieser Aktion geflohen und hatten sehr viel Material zurückgelassen, da wir ja überrascht worden waren. Bei mir in der Wohnung bunkerte ich eine englische Maschinenpistole und zwei Revolver im Kaliber 357 Magnum, wir hatten die mitgenommenen Waffen unter uns aufgeteilt.

Mir war fast schon klar, dass der Baumann vielleicht wegen dieser Sache zum S2 musste. Was sollte ich jetzt machen? Ich dachte schon an Flucht, denn ich hatte ein sehr schlechtes Gefühl. Die Zeit verging und irgendwann um die Mittagszeit wurde ich ins Geschäftszimmer gerufen. Ich lief gleich dorthin und meldete mich beim alten Oberfeld. In der Nähe der Tür bemerkte ich zwei Männer in Zivil, der Oberfeld sagte mir: „Das sind Kripobeamte, die Sie gerne sprechen würden."

Es schnürte mir die Kehle zu. Einer der beiden stellte sich vor und sagte, ich sollte mit in ein Nebenzimmer kommen, wo die Unterredung stattfinden sollte. Also folgte ich und setzte mich an den Tisch. Es wurde mir offensichtlich die Flucht erschwert, das bemerkte ich daran, wo sie sich hinstellten. Einer fing gleich an und sagte: „Es hat eigentlich keinen Sinn zu leugnen. Wir wissen eh schon alles."

Ich fragte konkret: „Um was geht es denn überhaupt?"

Sie sagten mir, der Informant hätte ausgepackt, ich dachte mir, das ist wohl ein blöder Bullenbluff und erklärte: „Ich weiß nicht, was Sie von mir wollen und worum es geht!"

Es half aber alles nichts, denn die Cops hatten schon einen roten Zettel mit, einen Haftbefehl hatte der Richter also ausgestellt und mir war klar, dass sie wirklich einiges an Material gegen mich haben mussten. Nach einiger Zeit sagte der Ältere, dass ich verhaftet sei und ich keine Probleme machen sollte. Er kam und legte mir Handschellen um. Für mich wäre es ein Leichtes gewesen, mich zu widersetzen, und wahrscheinlich hätten sie mich auch nicht mit fünf Mann geschafft, denn sie hatten körperlich nichts entgegenzusetzen. Mir war aber klar, dass eine Flucht mir überhaupt nichts bringen würde, denn ich hatte weder eine Idee, wohin, noch besaß ich Geld oder ein Auto, mit dem ich mich schnell hätte vom Acker machen können.

Ihren Dienstwagen hatten sie seitlich neben unserem Gebäude geparkt, mit auf dem Rücken gefesselten Händen ging es nun aus diesem Raum und ich lief in der Mitte zwischen ihnen durch den Eingangsraum Richtung Ausgang. Es waren nicht viele Jungs im Gebäude, die diese Aktion sahen, mir war es aber ohnedies egal, denn ich hatte mit kaum einem etwas zu tun. Der alte Hauptfeld schaute mir noch nach und meinte, ich würde nun aus der Bundeswehr entlassen. Ich ersparte mir einen Kommentar, denn was interessierte mich dieser Verein? Der jüngere Cop öffnete das Auto und ich musste auf der Rückbank Platz nehmen, ich fragte sie, wohin wir fahren würden. Sie antworteten: „Nach Geldern zum Dezernat!", denn sie seien für diesen Einbruch mit Raub zuständig. Ich dachte bei mir: Das wird ein langer Ritt!, und fragte, ob sie mir die Handschellen abnehmen könnten, das wurde aber verneint, denn die seien bei mir notwendig. Mit der Aussage gab ich mich aber nicht zufrieden und sagte, sie sollten mir die Eisen etwas lockerer machen, denn nach vier Stunden Autofahrt seien meine Hände in dieser Position auf dem Rücken abgestorben. Es wurde angehalten und die Handschellen wurden gelockert, aber danach ging es gleich weiter mit der Fahrt. Mein Schädel war total am Rotieren, denn mir wurde nun klar, was auf mich zukommen würde. Ich war kein Jurist, doch bei dem Delikt und den anderen Sachen, die jetzt noch kommen würden, hatte ich schlechte Karten; mir wurde klar, dass ich einfahren würde und eine lange Zeit gesiebte Luft atmen müsste. Diese Vorstellung schmeckte mir überhaupt nicht, doch was sollte ich machen? Ich nahm mir vor, nicht kooperativ zu sein und gar nichts zu sagen, ich wollte einfach mal abwarten, was sie alles gegen mich auffahren würden.

Im Auto war es sehr warm und die Sonne brannte draußen. Ich sah die Bauern auf ihren großen Getreidefeldern mit ihren Mähdreschern und es war ein schöner Anblick. Ich war wie betäubt und mir wurde plötzlich übel, denn wie sollte ich die Jahre im Knast überstehen? Unterwegs machten wir mal eine Pause und ich konnte mir die

Füße vertreten. Ich glaube, nach knapp vier Stunden trafen wir in der Polizeistation in Geldern ein und der lange Ritt hatte endlich ein Ende. Da es schon abends war, wurde ich gleich in eine Zelle gebracht und weggeschlossen. Ich drückte nach kurzer Zeit auf die Ampel und fragte nach etwas zu trinken, denn ich hatte Brand wie ein Verrückter. Ein Beamter brachte mir Tee ohne Zucker und ich schlürfte ihn gierig herunter, einige Zeit später bekam ich noch ein paar Stullen, die verdrückte ich ebenfalls. Ich hatte keine normalen Fenster, sondern Glasbausteine, und konnte nur sehen, wie es langsam draußen dunkel wurde. Zum Schlafen gab es eine Matratze auf einem großen Betonsockel und eine kratzige Decke, ich legte mich hin und versuchte, langsam in den Schlaf zu kommen. Das war gar nicht so einfach, denn es umgaben mich sehr viele fremde Geräusche; nach langer Zeit schlief ich ein und wurde am nächsten Morgen durch Schlüsselgeklapper geweckt. Jetzt war mir mein Zustand so richtig klar: Ich wurde zur Toilette gelassen und wusch mich notdürftig, danach ging es gleich wieder in die Zelle und kurze Zeit später kam das Frühstück, das genau so aussah wie das Abendbrot. Im Laufe des Vormittags versuchte man, mich zu verhören und führte eine erkennungsdienstliche Behandlung durch. Mir wurde eröffnet, dass man mein Apartment durchsucht hatte und einige Waffen aus dem Bruch bei mir gefunden hatte. Wo der Rest geblieben sei, wollte man wissen. Ich antwortete: „Keine Ahnung."

Nach circa zwei Stunden ging es wieder in die Zelle und mir wurde mitgeteilt, dass ich in die JVA Köln-Ossendorf kommen würde. Ein Transporter würde am Nachmittag kommen und mich abholen und dorthin bringen. Ich dachte: Da habe ich vielleicht besseres Essen und bin mit anderen Menschen zusammen. Ich legte mich auf die Matratze und wartete auf meinen Abtransport. Die Stunden vergingen sehr zäh und gegen siebzehn Uhr am Abend traf der Knasttransporter ein; man holte mich aus der Zelle und ich bekam wieder die Acht auf den Rücken. Diesmal wurde ich von mehreren Beamten zum Bus eskortiert, im Fahrzeug selber stand schon eine Tür offen und man sagte mir, ich sollte dort reingehen. Als ich in der Kabine war, wurden mir die Handschellen abgenommen. Diese Zellen im Bus waren tierisch eng und ich dachte: Was für ein Bullshit! Das Fenster zum Herausschauen lag ziemlich hoch und war sehr klein. Mir kam es vor, als ob noch andere im Bus sitzen würden, vielleicht sogar meine Tatgenossen. Die Tür wurde verschlossen und kurz darauf setzte sich der Bus in Bewegung.

3.4. Zuhause im Knast

An Knasterfahrung hatte ich nicht viel vorzuweisen, gerade mal drei Wochen, die ich schon drin gewesen war, ich hatte überhaupt keine Ahnung, wie Ossendorf war. Nach einer langen Gurkerei waren wir da und ich konnte etwas von der Sicherheitsschleuse sehen, durch die wir in den Knast fuhren: überall Wachtürme, Natodraht und hohe Betonmauern. Es ging vom Bus zur Kammer des Knastes; dort bekam ich ein Riesenbündel Sachen in ein Bettlaken gepackt und gelangte in den Zugangsbereich und sollte dann am nächsten Morgen auf meine Abteilung verlegt werden. Die Zelle, in die ich kam, war stinkig und dreckig, die Wände waren mit unzähligen Namen und Sprüchen bekritzelt. Ich ritzte meinen Namen dazu und machte mein Bett. Ein Schließer kam mit dem Hausarbeiter vorbei und brachte mir noch was zu essen und zu trinken. Ich legte mich nach dem Essen auf das Bett und grübelte, wie es jetzt wohl weitergehen würde. Von draußen hörte ich Stimmen, es waren ein paar Jungs, die sich am Fenster lautstark unterhielten. Da es draußen schon fast dunkel war, versuchte ich in den Schlaf zu finden, was aber nicht funktionierte, denn es gab überall eine große Geräuschkulisse. Es wäre gut gewesen, ein Buch zu haben, doch nichts hatte ich zur Hand, so wälzte ich mich von einer Seite zur anderen und es war schon sehr spät, als ich endlich in einen unruhigen Schlaf fiel.

Am nächsten Morgen wurde ich früh durch Lärm geweckt, ich stand auf, wusch mich und putzte mir die Zähne. Es dauerte noch eine geraume Weile, bis der Schließer die Zellentür aufschloss und der Hausarbeiter mir das Frühstück auf den Teller packte. So gegen zehn wurde ich abgeholt und nach Haus 10 gebracht. Der Knast war riesengroß und wir mussten durch unzählige verschlossene Gittertüren hindurch. Der Flur, durch den wir liefen, war endlos lang, nach fast zehn Minuten erreichten wir unser Ziel und der Schließer brachte mich auf meine Zelle. Das Haus sah nicht so gigantisch aus und ich dachte mir, dass vielleicht in diesem Block einhundert Gefangene untergebracht wären. Da ich noch keine Einundzwanzig war, hatte man mich zu den Jugendlichen und Heranwachsenden gesteckt. Ich stand da nun in meiner Zelle, die für lange Zeit mein Zuhause werden sollte. Ich war gerade beim Auspacken, da kam eine Durchsage zur Freistunde: Man sollte auf die Lichtanlage drücken, dieses tat ich dann auch sogleich und wartete. Meine Tür wurde geöffnet und ich trat heraus. Ich folgte den anderen und es ging in einen Außenhof, der mit Betonmauer und sehr hohem Spezialdraht gesichert war. Ich hatte so etwas zuvor ja noch nie gesehen und dachte mir: Das ist ja der Wahnsinn! Es waren auch alle hundert Meter Wachtürme in die hohen Mauern eingelassen.

Mir kamen Erinnerungen an einen Film mit Clint Eastwood hoch, „Flucht aus Alcatraz“. So ein „schwerer“ Junge war ich doch gar nicht und ich fragte mich, wofür diese hohe Sicherheitsstufe gut sein sollte. Einige von den Jungs spielten Fußball und ich ging hinüber und machte mit, die Bewegung tat sehr gut und der Sauerstoff machte meinen Kopf frei. Es war ein wildes Spiel, bei dem es wenig nach Regeln ging. Nach einer Stunde rief der Schließer und wir mussten wieder hinein, da die Zeit herum war. In der Zelle angekommen wusch ich mich erstmal und trank Wasser, um meinen Durst zu stillen. Die Zeit vergeht im Gefängnis sehr langsam und bekommt eine neue Bedeutung. Irgendwann hörte ich, dass die Türen aufgeschlossen wurden und dass es Mittagessen gab. Ich stellte also mein Geschirr zurecht und wartete, bis ich dran war, der Hausarbeiter war ein Türke und ganz okay, ich fragte ihn gleich nach einer großen Portion, die ich dann auch bekam. Als ich gegessen hatte, legte ich mich ein wenig ab, denn ich war etwas müde. Richtig pennen konnte ich doch nicht, denn überall waren latente Geräusche und der Körper befand sich immer in einer Grundspannung.

Nach einer Stunde stand ich wieder auf und fing an, ein paar Anträge für verschiedene Kontaktgruppen zu schreiben sowie für eine Radio- und Fernsehgenehmigung. Ja, so ist das im Knast, für alles braucht man eine Genehmigung und man darf nichts ohne Erlaubnis tun. Am nächsten Morgen gab ich die Anträge dann ab, in der Hoffnung, damit öfters aus der Zelle zu kommen. Ich warf mich danach wieder aufs Bett und fing an zu lesen, denn so konnte ich der harten Knastrealität ein wenig entkommen. Die Stunden am Nachmittag vergingen sehr langsam und ich dachte: Wann gibt es endlich wieder etwas zu essen? Als es dann so weit war, drückte ich bald die Ampel, um gleich noch Nachschlag zu bekommen. Den restlichen Abend verbrachte ich mit Briefeschreiben, legte mich dann gegen zweiundzwanzig Uhr hin und las noch etwas in einem Buch, bevor dann eine Stunde später das Licht gelöscht wurde.

Die Nacht im Knast ist wie eine Flucht in eine andere Welt, sozusagen der einzige Urlaub, den man hat. Früh gegen fünf Uhr kam schon immer der erste Lärm in unsere Abteilung. Ich wartete wieder auf das Frühstück und holte mir den Malzkaffee, damals auch „Negerschweiß“ genannt. Das Essen im Gefängnis ist echt nicht der Hit und man muss sich im Laufe der Zeit alles durch Einkäufe besorgen, doch die erste Zeit ist wirklich hart und man lebt mit einem Minimum. Ich legte mich nach der Essensausgabe wieder hin und versuchte, noch etwas zu schlafen, was mir aber immer nur leidlich gelang. Gegen acht stand ich dann endgültig auf und kochte mir einen Tee, ich hatte meinen Zellennachbarn danach gefragt. Einen Tauchsieder hatte ich mir schon ausgeliehen, ich wunderte mich, wie schnell er heiß wurde und wartete, dass die Teebeutel durchzogen.

Die ersten Tage im Knast waren sehr übel und ich machte Liegestütze und Schattenboxen, um die Zeit platt zu kriegen und um mich natürlich fit zu halten – in der Freistunde rannte ich die gesamte Stunde. Es war nicht üblich, dass man sich regelmäßig duschen konnte, und so holte ich mir immer nach dem Laufen einen Eimer heißes Wasser und wusch mich in der Zelle. Nach und nach gingen meine Genehmigungen ein und mein Vater brachte mir ein kleines Fernsehgerät, das ich nach der Verplombung bekam, das dauerte auch wieder ein paar Wochen, denn es wurde von einem Fachmann untersucht und dann versiegelt. Als die Kiste endlich bei mir in der Zelle war, stellte ich mit der kleinen Elektroantenne die Programme ein, die ich dort auch empfangen konnte, es waren nur drei oder vier. Das war aber trotzdem schon eine tolle

Geschichte mit dem TV, ich konnte so die langen einsamen Stunden etwas überbrücken und wusste zumindest, was in der Welt so alles passierte.

Mein Antrag auf einen Metall- und Holzlehrgang wurde genehmigt und so konnte ich beim nächsten Beginn dabei sein. Das hieß konkret, dass ich acht Stunden am Tag in der Werkstatt war und nicht in der Zelle sitzen musste. Mein Opa und mein Vater hatten mir auch Geld auf mein Konto eingezahlt und so konnte ich viele Dinge erwerben, die man im normalen Vollzug nicht bekam, das machte das Leben etwas menschlicher.

Ich dachte mir immer: Was muss mein Opa in Kriegsgefangenschaft alles ertragen haben! Ich dachte sehr viel an ihn und schaute voller Achtung und Respekt zu ihm auf. Er war für mich alles, ob Vater oder Mutter, ein Mensch mit Werten und Charakter. Mir tat es auch leid, dass ich im Knast war und solche Schande über ihn gebracht hatte, ich nahm mir vor, mich bei ihm zu entschuldigen und ihm alles zu erklären.

Mit meinem Vater hatte ich sehr viel Stress, er kam mich öfters besuchen, aber außer Vorwürfen und negativen Kommentaren fand da sonst nichts Angenehmes zwischen uns statt. Ich denke mir, er hat niemals die Schuld bei sich selbst gesucht, sondern ich war für ihn schlichtweg eine Ausgeburt aller Schlechtigkeit. Wenn ich ehrlich bin, habe ich es nie geschafft, mit ihm warm zu werden, weder damals noch heute.

Nach rund zwei Wochen Wartezeit begann der neue Lehrgang, für den ich mich angemeldet hatte, und wir starteten mit acht Jungs. Die Werkstatt für Metall lag direkt hinter unserem Hafthaus und die Holzwerkstatt hinter Haus 8. Jeder von uns bekam eine Werkbank und Werkzeug und wir mussten aus Holz verschiedene Dinge herstellen. Für abends gab es dann für die Zelle Theorie, die wir lernen mussten bis zum nächsten Tag. Es war ganz okay und ich wurde an das Eingesperrtsein nicht mehr so erinnert. Mir hatte es schon immer gefallen, mit Holz zu arbeiten, und ich hatte aus meiner Vergangenheit auch einige Fertigkeiten mitgebracht, die mir jetzt von Nutzen waren. Das Bearbeiten von Holz ist eine tolle Sache, es ist ein lebendiger Werkstoff, der gut riecht, und man bekommt schnell ein Objekt zusammen. Bei Metall ist es anders, und deswegen ist Holz auch bis heute mein liebster Werkstoff geblieben.

Die Werkstatt war nicht besonders groß und wir konnten nur kleine Werkstücke bearbeiten, aber mit dem Meister und meinen Mitgefangenen in der Werkstatt kam ich gut zurecht. Am Morgen wurden wir vom Meister in unserem Haus abgeholt und in die Werkstatt gebracht. Ein anderer Knacki aus Haus 10, in dem ich ja gefangen war, fragte mich eines Tages, ob ich nicht einen Kassiber mit nach Haus 8 nehmen könnte, denn dort säße sein Tatgenosse und dieser sollte den bekommen. Ich sagte schnell ja und nahm den Brief mit. Als die Jungs zur Freistunde ausrückten, rief ich dessen Namen, denn anders konnte ich an ihn nicht herankommen. Er meldete sich und kam zu mir herüber und ich gab ihm den Kassiber. Diesen Vorgang musste wohl ein Schließer beobachtet haben, denn später wurde die Zelle des Empfängers durchsucht und der Brief gefunden. Mir wurde der Lehrgang sofort geklatscht und ich durfte nicht mehr herüber, das hieß, wieder auf der Zelle zu hängen und zu warten, bis der nächste Metalllehrgang begann – und zu hoffen, dass ich dort teilnehmen durfte.

Ich spielte wieder Fußball in der Freistunde oder lief die ganze Zeit. In der Zelle hatte ich mir auch meinen Rhythmus geschaffen und versuchte so, das Leben erträglicher zu gestalten. Im Fernsehen existierten noch nicht viele Programme und es gab auch einen Sendeschluss, aber meistens war ich doch vorher schon eingeschlafen. Ich bestellte mir über die Anstaltsbücherei vieles zu Lesen und ein Kollege schickte mir von draußen auch etliches an Literatur. Damals wurde mir bewusst, dass ein gutes Buch sehr viel schöner sein konnte als jeder Film. Ich begann, sehr viel zu lesen und wurde richtig süchtig danach.

Nach ungefähr vier Wochen startete der Metalllehrgang und ich erhielt die Genehmigung, daran teilzunehmen. Die Metallwerkstatt hatte die gleiche Größe wie die Holzwerkstatt, die ersten Wochen mussten wir von morgens bis abends nur feilen; dabei kam es darauf an, dass man auf den zehntel Millimeter genau arbeitete. Der Meister war ganz in Ordnung und wir machten viel Blödsinn, wir hatten jeden Tag nach der Arbeit das Privileg, zu duschen, und das war toll. Man muss sich vorstellen: Es durfte im Knast nur zweimal pro Woche geduscht werden und dann gab es dafür auch eine zeitliche Begrenzung. Ich empfand das als eine Schikane ohne Ende, aber leider war es die Realität. Sich auf der Zelle zu reinigen war auch nur eine Katzenwäsche, denn das Waschbecken war klein und man hatte nur kaltes Wasser zur Verfügung. Nach dem Metalllehrgang bekam jeder eine Bescheinigung, dass er an einem Grundkurs teilgenommen hatte.

Einige Zeit nach diesem Lehrgang wurde ich nach Kleve verlegt, denn die Gerichtsverhandlung stand an. Der Transport war traurig, denn ich sah nach über einem halben Jahr die Welt nur durch ein kleines Fenster und mir wurde klar, wie kostbar und wertvoll die Freiheit ist. Die Fahrt dauerte sehr lange und wir kamen erst gegen Abend in Kleve an. Von der Transporterzelle ging es in das Haftgebäude, ich musste mich in der Zentrale melden und da wurde mir eine Zelle zugewiesen. Es herrschte dort reger Betrieb wie in einem Ameisenhaufen, von überall her kamen Beamte gelaufen und brachten Unterlagen oder holten welche ab, es war quasi die Leitstelle einer Justizvollzugsanstalt. Ich meldete mich, bekam eine Zellenkarte und wurde dann zu meiner Abteilung geschickt; ich lief fast durch das ganze Haftgebäude und konnte mir die einzelnen Abteilungen anschauen. Als ich auf meiner Etage angekommen war, wartete ich vor meiner Zelle, es dauerte nicht sehr lange und der Schließer kam angelaufen und schloss mir auf.

In Kleve ist der Knast sehr alt und die Zellen sind es auch: Es ist immer wieder ein komisches Gefühl, in so ein Loch zu gehen. Es ist klein und eng und das Gefühl, zu ersticken, kommt hoch. Ich richtete mich ein und legte mich auf das Bett. Es herrscht im Gefängnis immer Lärm und Unruhe, an die man sich erst gewöhnen musste. Die Uhr zeigte mir, dass es gerade mal zwanzig Uhr war und zum Schlafen viel zu früh, meine ganzen Sachen befanden sich noch auf der Kammer, die konnte ich wahrscheinlich erst am nächsten Morgen abholen. Ich lauschte hinein in den Knast: Am Fenster hörte ich, dass sich draußen ein paar Türken unterhielten, eine Person über mir rückte ständig einen Stuhl und das machte Scheiß-Geräusche. Es war schade, dass ich nichts zu lesen hatte, denn das wäre gut gewesen, so setzte ich mich an den Tisch und schrieb einen Brief an meinen Vater. Meine Handschrift war immer wild und ich schrieb deshalb in Druckbuchstaben, damit er es lesen konnte. Die Beziehung zu meinem Vater war nie der Hit und er hatte mich in Ossendorf auch nicht oft besucht und wenn, gab es fast immer nur Stress zwischen uns wegen meiner Inhaftierung. Trotzdem war mir wichtig, dass er wusste, dass ich in Kleve war und bis zu meiner Verhandlung wohl hier bleiben würde; ich dachte, vielleicht würde er sich dann mal öfters sehen lassen.

Vor lauter Elend wichste ich mir einen und dachte an einen geilen Weiberarsch. Mittlerweile war es nach zehn und ich zog mich aus und legte mich ins Bett. Mit gleich einschlafen war sowieso nichts und ich drehte mich von einer Seite zur anderen. Irgendwann schlief ich dann doch ein und diese relativ kurze Zeit des Schlafes war wie eine Insel, wie ein Urlaub von dem ganzen Dreck. Am nächsten Morgen begann ein neuer Tag mit neuem Frust und Elend: Ich stellte alle möglichen Anträge, um wenigstens ein wenig aus der Zelle herauszukommen. Da ich auch regelmäßig trainieren wollte, stellte ich auch einen Sportantrag; bis zur Genehmigung lief ich in der Freistunde und machte Liegestütze und Schattenboxen auf der Zelle.

Es ist schon sehr frustrierend, in so einem engen Loch zu sitzen, ich schrieb viele Briefe und ließ in ihnen den Frust und den Hass ab, es war wie ein Überdruckventil. Ich hatte meinen Abteilungsbeamten auch gefragt, ob es möglich sei, des Öfteren zu duschen, selbst solche alltäglichen Dinge sind im Knast nicht „normal". Es durfte auch hier offiziell nur zweimal in der Woche geduscht werden, gleich im Anschluss war der sogenannte Wäschetausch. Mir wurde es aber gestattet, nach jedem Laufen zu duschen, was als großes Privileg galt. So bekam ich jeden Tag wenigstens schon einige Stunden herum und war abends auch richtig müde, um schlafen zu können. Nach einigen Wochen ließ ich mich auf eine Zweimannzelle verlegen, um ein wenig Gesellschaft zu haben, mein Zellengenosse war ganz in Ordnung und so konnte man den Frust ein wenig teilen. Meine Anträge waren schnell genehmigt, und so konnte ich in verschiedene Kontaktgruppen und durfte noch dreimal pro Woche in den Kraftraum. Dieser war nicht sonderlich groß, aber es reichte, um vernünftig zu trainieren. Es gab viele Jungs, die erst im Knast richtig Sport trieben und ganz gut aussahen und viele Kilos bewegten. In meiner Gruppe waren acht Leute, die fast alle ordentlich trainierten. Nach einigen Wochen konnte ich aber so oft im Kraftraum trainieren, wie ich wollte, die Beamten kannten mich alle und keiner machte Probleme. Ich glaube, dass sie selber froh waren, dass alles ruhig abging.

Die Kontaktgruppen waren auch nicht der echte Bringer, aber in der Not frisst der Teufel bekanntlich Fliegen. Durch irgendwelche Intellektuelle wurde viel geredet, die selbst aber überhaupt keine Ahnung vom Knastalltag hatten. Wenn man für zwei Stunden in den Knast kommt und danach wieder gehen kann, dann ist es sehr einfach, markige Sprüche zu klopfen. Am Abend redete ich viel mit meinem Zellenkumpanen oder wir schauten fern. Ich hatte gewisse Rituale, die ich jeden Tag abspulte, die für mich aber auch sehr viel bedeuteten. Meine Verhandlung kam immer näher und ich dachte bekümmert, was dann wohl geschehen würde. Es ist schwer zu verstehen, dass man für Jahre im Gefängnis sitzen muss, irgendwie unrealistisch, aber dennoch sehr wahr.

Die Zeit in der JVA Kleve bis zu meinem Termin ging eigentlich schnell vorbei, ich machte mir die Zeit aber auch zunutze. Einige Wochen vor meinem Gerichtstermin kam eines Tages die Kölner Kripo mit einer dicken Akte. Als ich den Namen auf dem Deckel der Mappe las, wurde mir körperlich schlecht, denn ich hatte daran nicht mehr gedacht, wahrscheinlich hatte ich diese Geschichte auch verdrängt. Ein früherer Tatgenosse von mir hatte eine Lebensbeichte gemacht und mich und meine Tatgenossen voll angeschissen. So ein Hurensohn!, dachte ich mir. Mir wurde also auch diese Sache vorgehalten, aber ich machte dazu erst keine Aussage, denn ich wollte vorneweg mit meinem Anwalt darüber reden.

Die Fotos von dem Opfer sahen schlimm aus, denn meine Tatgenossen hatten den armen Mann übel zugerichtet. Ich war damals dazwischen gegangen, denn sonst wäre er vielleicht noch schwerer verletzt worden. Wir hatten zu jener Zeit einen schwulen Konsulatsmitarbeiter überfallen und ausgeraubt, bei dieser Aktion war es sehr laut geworden, da er in einem Hochhaus am Rheinufer in Köln wohnte. Durch den Lärm und seine Schreie waren Nachbarn aufmerksam geworden und hatten die Polizei gerufen. Meine Kollegen schlugen den Konsulatsmitarbeiter brutal zusammen und beratschlagten danach seelenruhig darüber, wie weiter zu verfahren sei. Ich brüllte sie an und fragte sie, ob sie noch sauber im Kopf wären, und auch bei den Schlägen und Tritten war ich schon extrem dazwischen gegangen. Die Polizeisirenen kamen immer näher und wir verpissten uns, wir mussten uns ziemlich versteckt halten, denn die Polizei war schon eingetroffen. Als wir am Auto waren, hatten wir es geschafft und kamen ohne Kontrolle nach Hause.

Ja, diese Sache lag nun auch vor mir auf dem Tisch und mir war klar, dass es jetzt riesig Knast geben würde. Ich hatte mit zwei Jahren gerechnet, jetzt kam noch mal eben ein schwerer Raub mit versuchtem Totschlag dazu. Nach der Unterredung mit der Kripo ging ich regelrecht frustriert in meine Zelle, mir war klar, ich würde mir jetzt eine richtige Kelle abholen. Ich redete mit meinem Zellengenossen über die Geschichte, denn ich merkte, ich musste sprechen, um die Spannung abzubauen, es war richtig erdrückend. Es war für mich schrecklich zu wissen, dass jetzt noch ein paar Jahre hinzukommen sollten. Wie sollte ich damit denn umgehen und fertig werden? Der Knast fuckte mich schon so mächtig ab.

Es war schon Freitag und ab Samstag durfte man Zellenumschluss machen. Ich hatte mir vorgenommen, einen Ausbruch zu organisieren. Wenn ich es aus meiner heutigen Sicht betrachte, war es gut, dass es nicht funktioniert hat. In der Freistunde am Samstagmorgen klärte ich ab, wer bei mir zum Umschluss kommen sollte. Gegen vierzehn Uhr kamen noch zwei Jungs zu mir auf die Zelle, nun waren wir zu viert und ich sagte: „Kommt, lasst uns anfangen."

Es wurde eine Kerze angezündet und ich schnitt mit einer Schere und Nagelschneider ein Sägeprofil in ein Brotmesser, das es für jeden vom Knast aus gab. Nach dem Bearbeiten wurde es über der Kerze lange erhitzt und dann unter kaltem Wasser abgeschreckt. Durch diese Behandlung wurde die Klinge viel härter. Von meiner Gitarre entnahm ich auch die drei dicksten Seiten und begann, am Eisengitter zu sägen. Der Umschluss dauerte bis einundzwanzig Uhr und somit hatte ich Zeit genug. Ich stellte mich auf einen Stuhl und schaute aus dem Fenster. Ich musste aufpassen, denn draußen liefen bewaffnete Beamte rum, um dort alles zu kontrollieren. Als ich jedoch niemanden sah, begann ich gleich mit dem Sägen, einer von den Jungs lauschte an der Tür, um zu hören, wenn ein Schließer kam. Wir hatten auch das Radio an und Musik tönte laut heraus. Ich kam ganz gut voran und machte zwischendurch immer mal eine Pause, denn es strengte ziemlich an.

So vergingen die Stunden und der Umschluss näherte sich langsam seinem Ende. Ich hatte den Stab schon an einer Stelle komplett durch, aber es war kein Messer oder eine Stahlseite mehr von der Gitarre da, das Material war verschlissen und ich benötigte noch ein Messer, um den Rest zu schaffen. Mit meinem Zellennachbarn, der bei mir zum Umschluss war, besprach ich, dass er mir, wenn er nach dem Umschluss wieder auf der Zelle sein würde, ein Messer herüber pendeln lassen sollte. Nach kurzer Zeit kam auch schon der Schließer und der Umschluss war beendet. Ich wartete noch eine Zeitlang und versuchte dann zu pendeln, es klappte aber irgendwie nicht, obwohl wir es schon so oft gemacht hatten. Ich wurde langsam nervös und sprach mit meinem Zellenkollegen, was wir jetzt machen sollten, jeden Tag wurde Zellenkontrolle durchgeführt und am nächsten Morgen in der Früh würde es sofort auffallen. Nun überlegte ich mir, wie und was ich machen könnte, um aus dieser heiklen Situation herauszukommen. Ich fragte meinen Zellengenossen, ob ihm was Gescheites eingefallen sei, er hatte aber auch keine kluge Idee. Ich ging dann für mich noch mal die ganze Sache durch, aber am Morgen würde die Sache kippen und dann hätten wir ein Riesenproblem.

Es gab nur noch eine Möglichkeit – und zwar die, dass ich einen Suizidversuch unternahm und eine Haftpsychose vortäuschte. Ich besprach alles schnell mit meinem Zellengenossen. Man würde mich wahrscheinlich nach dem Krankenhaus gleich auf eine Beobachtungszelle stecken, für den Fall, dass dieses geschehen sollte, präparierte ich ein paar Bücher, in deren Buchdeckel ich ein paar Rasierklingen versteckte. Für die Variante, dass ich nicht sofort ins Landeskrankenhaus kommen sollte und auf der B-Zelle enden würde, hatte mein Zellengenosse den Auftrag, mir diese Bücher durch einen Schließer bringen zu lassen, denn dort bekam ich nichts, selbst das Essgeschirr war aus Plastik.

Ich schnappte mir ein paar Knastrasierer und brach sie auseinander, um dann die Rasierklingen herausholen zu können. Als ich alle Vorbereitungen abgeschlossen hatte, sprach ich mit meinem Mitgefangenen noch mal alles durch. Dann schnitt ich mir die Pulsadern quer auf und das Blut spritzte und lief heraus. Ich saß auf einem Stuhl und als der Zellenboden richtig rot war, gab ich meinem Kollegen das Startzeichen. Er drückte die Ampel und trat und schlug wie wild vor die Tür und schrie dabei ganz laut: „Hilfe, Hilfe!“ Ich legte mich auf den Boden und markierte den fast Bewusstlosen. Es dauerte eine ganze Zeit, bis ein Schließer mal schauen kam. Als er sah, was los war – denn er blickte nur durch den Spion –, holte er mehrere Beamte zur Hilfe, schließlich gab es die Regelung, dass nach 22 Uhr die Zelle nur von mehreren Beamten geöffnet werden durfte. Die Zeit schlich so dahin und es dauerte eine Ewigkeit, bis aufgeschlossen wurde; ich drückte mir die Adern die ganze Zeit ab, damit ich nicht zu viel Blut verlor. Die Zelle öffnete sich und die Grünen traten ein, ich wurde von einem von diesen Schließern, die ich eh nicht gerne mochte, am Kopf gepackt und er sagte: „Der simuliert doch nur!“ Dann ließ er meinen Kopf wieder auf den Boden fallen. Vor lauter Wut hätte ich ihm am liebsten in die Fresse geschlagen, aber dann wäre mein ganzer Plan kaputt gewesen. Mir wurden Druckverbände angelegt und ich wurde in so eine Art Rollstuhl gesetzt und die ganzen Treppen herunter getragen, dann kam ich in einen Knasttransporter und es ging zum Krankenhaus. Es fuhren zwei oder drei Beamte mit, wie viele genau kann ich heute nicht mehr sagen. Wir fuhren sofort zur Notaufnahme, dort musste ich hineinlaufen, einer von diesen Wichsern sagte: „Ich weiß ja, dass du abhauen willst, das kannst du ruhig versuchen.“

Und zeigte auf seine 9-Millimeter-Pistole.

Als wir in den Behandlungsraum kamen, war der Arzt schon da und schaute sich die Sache an. Sie hatten mir im Knast trotz der tiefen Schnittwunden und hohem Blutverlust sogar noch Handschellen angelegt. Die Grünen machten auch jetzt keinen Versuch, die Acht abzunehmen und fragten den Arzt, ob er nicht auch nähen könnte, wenn die Handschellen drum blieben. Er schaute sie böse an und meinte, sie sollten mir die Teile sofort abnehmen. So geschah es dann auch und der Doc nähte ohne Narkose, da die Blutung zu stark war. Ich biss die Zähne zusammen und hielt das gut aus, ohne die Miene zu verziehen, er musste beide Arme nähen und es dauerte seine Zeit. Als er fertig war, ging es wieder in den VW-Transporter und zurück in den Knast, ich kam dann gleich auf Abteilung 2, das heißt Beobachtungszelle. Mir war das schon klar und ich dachte: Die schicken dich doch noch nicht ins LKH. Ich legte mich hin und versuchte etwas zu schlafen, aber es war schwer, denn Tag und Nacht brannte das Licht. Irgendwann nickte ich dann eben weg.

In der Früh wachte ich sehr zeitig durch den Lärm auf, ich lag nur einige Meter von der Zentrale entfernt, und da herrschte immer reger Betrieb. Nach einer halben Stunde ging die Zelle auf und es gab Frühstück, das Essen war nicht besonders und an mein anderes Futter auf meiner Zelle kam ich nicht mehr heran. Alle halbe Stunde kam ein Schließer, um durch den Spion zu schauen, was mit mir los war und ob ich noch lebte. Im Knast bedeutet ein Menschenleben nicht viel, nur ist es schlecht für die Karriere eines Beamten, wenn sich während seiner Schicht einer umbringt. In diesem Fall muss viel geschrieben werden und unangenehme Fragen werden gestellt, sodass keiner von denen darauf viel Bock hatte. Sie kamen alle immer recht pünktlich schauen, damit sie später sagen konnten, sie hätten ihre Pflicht getan. Gegen neun Uhr musste ich zum Sani, dort wurde ich dem Arzt vorgeführt und er schaute sich die Verbände an.

Er fragte: „Wie geht es Ihnen?“

Und ich antwortete wahrheitsgemäß: „Schlecht.“

Als diese Begutachtung fertig war, musste ich wieder auf die Zelle und ich fragte den Schließer, ob er mir von meiner Zelle ein paar Bücher holen könnte. Er meinte:

„Ich kümmere mich darum." Dann sperrte er die Tür hinter mir zu. Ich legte mich wieder auf das Bett und wartete darauf, wie es weitergehen würde. Ich hatte in der Zelle schon nach allem Möglichen gesucht, um mir nochmals die Arme aufzuschneiden, aber es war nichts vorhanden, was ich hätte nehmen können.

Es verging vielleicht eine Stunde und der Schließer kam mit zwei Büchern zurück, die ich präpariert hatte. Mein Zellengenosse hatte also Wort gehalten und die Bücher dem Beamten gegeben. Ich bedankte mich bei ihm und nahm die Bücher in Empfang. Als ich sicher war, dass mich niemand beobachtete, setzte ich mich auf die Toilette und holte aus dem Buchdeckel die versteckten Rasierklingen heraus. Ich legte mich aufs Bett und schnitt mir den rechten Unterarm wieder auf, etwas oberhalb des Verbandes, das Blut lief erneut heraus und ich machte einen auf ohnmächtig. Ich drückte den Arm auch wieder ab, damit nicht zu viel Blut herauslief, denn wirklich verrecken wollte ich ja nicht. Es dauerte nicht lange, bis ich draußen Schreie hörte und die Zelle aufgeschlossen wurde, der Beamte war geschockt und sagte: „Junge, was machst du nur für Sachen?"

Nach einigen Sekunden waren mehrere Beamte in der Zelle und ich wurde wieder zum Sani gebracht, dort wurde ich verbunden und man ließ mich im Arztraum sitzen. Mir wurde gesagt, eine Chefärztin würde jetzt kommen und mich anschauen und untersuchen; ich dachte mir, dass das kein schlechtes Zeichen war.

Ich wartete und nach einer Viertelstunde erschien die Ärztin mit dem Anstaltsarzt und dem Sani. Es wurde diskutiert, dann kam sie zu mir und fragte mich einige Dinge. Ich tat total verstört und sie schaute sich die Schnittverletzungen an und ging dann mit den anderen wieder heraus. Kurze Zeit später kam der Sani zurück und sagte mir, ich würde ins Landeskrankenhaus verlegt werden. Wenn ich mich noch recht erinnere, dann sagte er auch noch, ich hätte es geschafft. Ich ließ mich auf diesen dummen Spruch nicht ein. Jetzt ging auch alles sehr schnell, ich wurde runter zur Kammer gebracht und mir wurde dort erklärt, dass meine Sachen aus der Zelle später gepackt und nachgeschickt würden. Ich brauchte dort nicht lange zu warten, zwei Beamte kamen, legten mir Handschellen an und es ging in den VW Bulli, die Tür wurde hinter mir verschlossen und wir fuhren in die Schleuse und dann aus dem Knast.

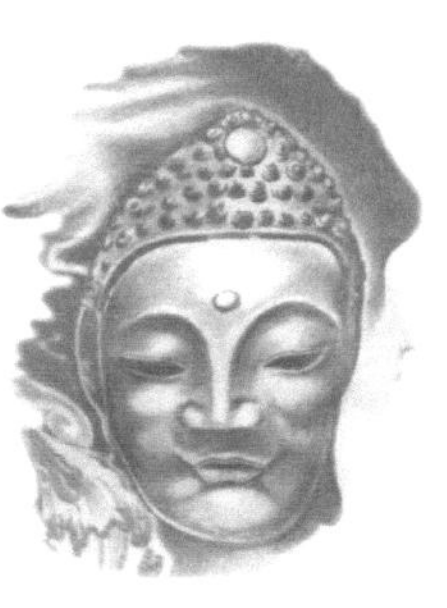

3.5. „Einer flog über das Kuckucksnest“

Gierig und mit großen Augen schaute ich mir die nahe Freiheit an. Unsere Fahrt dauerte nicht sehr lange und wir trafen beim LKH ein; ein Schließer stieg aus und klingelte an dem Haus. Ein älterer Pfleger mit weißem Kittel kam heraus und die Seitentür wurde geöffnet – man sagte mir, ich sollte aussteigen und ich kletterte aus dem Bulli. Der Pfleger meinte zu den Beamten, dass sie die Handschellen abnehmen sollten, doch sie sagten, das sei zu gefährlich, ich würde dann abhauen. Es entwickelte sich eine kleine Diskussion und einer der Schließer gab endlich nach: „Na gut, auf Ihre Verantwortung.“

Mir wurde die Acht also abgenommen und ich ging in das Gebäude. Hier waren die Türen auch verschlossen und ich kam in einen großen Raum, in dem mehrere Patienten umherliefen und der Rest auf Stühlen oder Sesseln herumhing. Mir wurde gesagt, ich sollte mich ebenso hinsetzen, denn ich müsste gleich dem Stationsarzt vorgestellt werden. Das machte ich auch, ich schaute mir mein neues Zuhause an und mir gefiel sehr gut, dass wir kaum Gitter vor den Fenstern hatten. Es gab auch eine große verschlossene und überdachte Terrasse und dort setzte ich mich hin und genoss die Sonnenstrahlen. Es saßen schon mehrere Typen da, die allesamt irgendwie komisch drauf waren. Ich fühlte mich aber sehr gut und konnte kaum verstehen, dass ich es geschafft hatte und nicht mehr im Knast war. Es war schon ein hartes Programm, aber nun war ich hier und musste schauen, dass ich klarkam.

Nach einer halben Stunde wurde ich geholt und musste zum Stationsarzt. Er war ein Ausländer, das hörte ich an seiner Stimme, wahrscheinlich ein Jugoslawe. Er fragte mich vieles, untersuchte mich dabei und meinte, ich sollte das nicht mehr machen, denn hier sei alles viel besser als im Knast. Dazu sagte ich nichts und dachte: Warten wir mal ab. Das erste Ziel war erreicht und ich war hier. Nach der Untersuchung ging es wieder in das Innengebäude. Da ich genug Zeit hatte, schaute ich mir auch die kleinen Zimmer und einen großen Schlafsaal an. Ich fragte einen Pfleger, wo ich schlafen sollte und er zeigte mir ein Bett in der hinteren Ecke des großen Raumes. So gingen die letzten Stunden des Vormittags herum und ich freute mich, dass ich dort war. Gegen Mittag bekamen wir was zu essen und alle saßen zusammen in diesem großen Saal; es gab mehrere Tische und an jedem befanden sich rund zehn bis zwölf Leute. Das Essen war gut und auch genügend von der Menge her, mit der Versorgung im Gefängnis war es nicht zu vergleichen – ich haute mir ordentlich den Bauch voll. Mir wurden auch Medikamente gegeben, die ich aber auf der Toilette hinunterspülte. Danach ging ich in den Schlafsaal, legte mich auf das Bett und versuchte, etwas zu ruhen.

Die Menschen, mit denen ich dort untergebracht war, waren zu 95 Prozent psychisch hart angeschlagen, ich dachte mir: So möchtest du nie enden. Sie liefen apathisch durch die Gegend oder saßen in einem Stuhl, in dem sie manisch hin und her schaukelten. Jeder einzelne von ihnen war vollgestopft mit Psychopharmaka bis obenhin. Ihre Münder standen auf und ihre Zungen schauten heraus, der Speichel tropfte aus den Mundwinkeln und sie waren kaum in der Lage, sich zu artikulieren. In dieser Anstalt sah ich das erste Mal Hospitalismus in Vollendung.

So vergingen die Tage und ich dachte an den Film „Einer flog über das Kuckucksnest" – so ähnlich ging es hier auch zu. Ich zog mir davon nichts an, denn ich hatte gelernt, mit harten Eindrücken und Umständen fertig zu werden. Ich lernte dort Menschen der verschiedensten Couleur kennen. Die Station, auf der ich mich befand, war für die ganze Klinik das Auffangzentrum: Alle Leute, die abdrehten, kamen hier hin zur Beruhigung. Des Weiteren wurden auch alle Menschen, die ein PsychKG bekamen, hier eingeliefert: Es gab dann einen Beschluss vom Amtsgericht und man fand sich kurzerhand hier wieder.

Ich habe mehrmals mitbekommen, wie ganz normale Leute an diesem Ort von Angehörigen „entsorgt" wurden. Mir wurde da auch klar, dass man höllisch aufpassen musste, um nicht selber ebenfalls in diesen Teufelskreis zu geraten. In meiner Zeit dort habe ich die wildesten Sachen erlebt und war immer sehr vorsichtig mit dem, was ich tat. Die Hilflosigkeit dieser Menschen war gewaltig, denn sie wurden abgespritzt und aus war es mit ihnen. Nach so einer Betonspritze liefen sie wochenlang völlig teilnahmslos neben sich her.

Nach ungefähr einer Woche sagte ich bei der Visite, die jeden Tag stattfand, dass ich den Stationsarzt gerne einmal alleine gesprochen hätte. Das klappte noch am gleichen Tag nachmittags, und ich fragte ihn in seinem Büro, ob ich Besuch haben dürfte. Das wäre überhaupt kein Problem, sagte er mir, und, dass ich nach einer gewissen Zeit auch Ausgang bekommen könnte. In mir brach eine große Freude aus über solche Optionen und ich dachte mir, dass dann alles hier vielleicht doch noch erträglich würde. Ich regelte mit ihm gleich den Besuchstermin und ging dann auf die Station zurück. Am Nachmittag konnten wir dann sogar in den Garten oder besser gesagt in eine Art Hof. Es war ein gutes Gefühl, in der Sonne zu sitzen und zu wissen, dass man nicht mehr eingesperrt war. Der Zaun, der das Gelände umgab, war nicht der Rede wert: Wenn man wollte, konnte man über ihn einfach hinüberklettern. Ein Pfleger war zwar mit im Garten, aber er schaute nicht immer und ging auch zwischendurch mal ins Haus. Hier den Schuh zu machen, wäre überhaupt kein Problem gewesen. Ich hatte das nicht vor, aber es war gut zu wissen, dass ich diese Option hatte, wenn es mal nötig werden sollte. Die ganze Klinik lag in einem Waldgelände, wo es genügend Möglichkeiten zum Verstecken gab.

Es nutzte nicht viel, sich solche Gedanken zu machen, denn wo sollte es danach hingehen? Das Gericht würde sofort einen Haftbefehl erlassen und ohne Geld und gute Kontakte würde es sicherlich nicht lange dauern und man würde wieder eingefangen. Ich hatte es oft mitbekommen, wie Leute aus der Psychiatrie geflohen waren und relativ schnell wieder eingefangen wurden, man bekam dann ein „F" für Fluchtgefahr in die Akte und hatte damit bei allem große Probleme – es wurde dann viel schwerer, irgendwelche Privilegien zu bekommen. Hier konnte man auch länger als eine Stunde heraus, das war ebenfalls ganz gut, man konnte mit Rücksprache des Arztes außerdem Garten- oder Geländeausgang bekommen, das war mein nächstes Ziel.

Wenn die Zeit vorbei war, ging es wieder auf die Station und die Tür wurde verschlossen. Ich setzte mich erneut auf die Veranda und redete ein wenig mit einem anderen Patienten. Ich hatte wieder Hunger und wartete gierig auf das Abendbrot; als es endlich kam, haute ich richtig rein, legte mich danach in mein Bett und las noch ein Buch. So gingen die Tage vorbei und ich bekam oft Besuch. Der Besuchsraum war nicht sonderlich groß und der Besuch wurde nicht überwacht, das war natürlich gut, denn so konnte man über alles reden. Ich ließ mir von meiner damaligen Freundin (es war nichts richtig Festes) oft einen wichsen, denn im Knast hatte es keinen Sex gegeben – das war hier dann natürlich auch eine tolle Sache.

Bei der nächsten Visite sprach ich mit dem Stationsarzt über die Möglichkeit des Geländeausganges, das hieß, man konnte mit seinem Besuch im gesamten Klinikgelände spazieren gehen. Ich hatte das Thema schon mal mit ihm alleine angesprochen, aber vielleicht war das etwas zu früh gewesen. Nun war ich schon einige Tage hier und er hatte sichtlich Vertrauen zu mir gefasst. Er sagte dem Pfleger, dass ich jeden Tag einige Stunden heraus könnte, dieser vermerkte das in seinem Rapportbuch – und ich freute mich wie ein Schneekönig. Nach dem Mittagessen ging ich umgehend zum Pfleger und sagte: „Ich möchte heraus ins Klinikgelände."

Er fragte: „Wie lange magst du raus?"

Und ich antwortete: „So zwei oder drei Stunden."

Der Pfleger öffnete die Tür. Ich war innerlich total nervös, konnte das fast gar nicht glauben, aber es war die Realität. Ich machte einige Schritte und schon stand ich draußen in der Freiheit. Es war wunderbar, nach dieser Zeit im Knast mal keine gesiebte Luft mehr zu atmen. Jetzt unternahm ich einen langen Spaziergang über das ganze Klinikgelände, ich war total unsicher und hatte das Gefühl, man würde mich ständig beobachten. Das war natürlich gar nicht der Fall, aber subjektiv fühlte ich mich so. Die Natur, die Vögel, die Bäume kamen mir plötzlich so anders vor, ich fühlte mich wie neu geboren, eine wahnsinnige innere Freude durchlief mich: Ich hatte durch den Knast die Freiheit verloren und lernte jetzt ihren wirklichen Wert erstmals richtig schätzen.

Nach einem langen Spaziergang setzte ich mich auf eine Bank und genoss die Ruhe, es war schön, hier einfach zu sitzen und zumindest für diesen Moment frei zu sein. Nach einiger Zeit stand ich auf und lief gemütlich zur Station zurück, denn ich wollte nicht gleich beim ersten Ausgang negativ auffallen. Dort angekommen, klingelte ich und wurde hereingelassen. In mir rotierte es: Wenn ich jeden Tag heraus konnte, dann würde das alles doch noch ganz erträglich werden! Mit diesem Gedanken setzte ich mich wieder auf die Veranda, und so gingen die restlichen Stunden des Tages auch zügig vorbei.

In dieser Nacht schlief ich hervorragend, denn mein Ausgang hatte mir so richtig gut getan und ließ mich ein wenig den ganzen Scheiß vergessen. Die nächsten Monate gingen schnell vorbei und eines Tages kam die Chefärztin bei der Visite mit, es war dieselbe, die damals auch im Gefängnis gewesen war. Sie teilte mir mit: „Das Gericht will wissen, wie es weitergeht."

Und auch, dass noch die Gefahr bestünde, wieder zurück in die Haft zu müssen, wenn man nichts dagegen tun würde. Das erfüllte mich mit großer Unruhe, sie jedoch sagte, wenn ich eine Therapie machen würde, könnte ich hier bleiben. Das bedeutete für mich zwar die Verlegung auf eine andere Station, aber dann würde ich nicht wieder zurück ins Jail müssen. Ich sollte die Details mit dem Stationsarzt besprechen. Nach dieser Option fühlte ich mich schon wieder etwas besser und ich dachte mir: Ich muss schnell mit dem Doc sprechen.

Nach dem Mittag lief ich herüber in die Gestaltungstherapie und arbeitete dort in der kleinen Schreinerei: Ich war gerade dabei, aus einem großen Stück Stamm einen Blumenkübel zu machen. Dort hatte ich die nötige Ruhe zum Nachdenken. Mir war es sehr wichtig, beim Doc sehr überzeugend rüberzukommen, denn ich wollte unbedingt hier bleiben. Ich hatte aber kein schlechtes Gefühl, weil ich ihn recht gut kannte und auch prima mit ihm auskam. Er hatte mir in der Vergangenheit schon so vieles genehmigt, da sollte das auch noch passen. Am nächsten Tag wollte ich gleich mit ihm reden und das regeln, mit diesen Gedanken legte ich mich in mein Bett. Ich hatte nun ein kleines Zweibettzimmer, ohne Tür, aber doch mit etwas mehr Ruhe. Bei der Visite am nächsten Morgen machte ich für den Nachmittag gleich einen Termin mit dem Stationsarzt klar. So saß ich dann später bei ihm im Büro und sprach die Angelegenheit durch. Eine Therapie für mich klappte nur, wenn ich mit Drogen zu tun gehabt hätte, etwas anderes war nicht möglich, weil ich halt noch eine fette Gerichtsverhandlung offen hatte. Also erzählte ich dem Doc, dass ich mit Koks viele Probleme gehabt hätte, drauf gewesen sei und deshalb auch einige Straftaten begangen hätte. Der Doc war ein sehr gescheiter Mann und wusste, wo es lang ging. Er spielte aber trotzdem mit und schrieb alles in Ruhe auf, ich denke, er mochte mich und wollte mir helfen.

Es dauerte nur ein paar Tage und ich wurde auf eine andere Station verlegt, die mehr abgesichert war. Dort war die Gerichtsmedizin. Ich fühlte mich da nicht gerade wohl, denn es gab nur alte Junkies, denen die Drogen schon sehr zugesetzt hatten. Doch ich dachte mir: Besser hier sein, als in der Kiste zu sitzen. Mit zwei anderen lag ich auf einer Stube, die waren eigentlich ganz okay, aber Heroin bestimmte ihr Leben. Ich machte auf der Toilette meine Klimmzüge, denn nur dort gab es eine Möglichkeit, sich hochzuziehen, und pumpte meine Liegestütze. Ich dachte mir: So wie diese Jungs willst du nie werden!, und wusste, wie wichtig es war, sich von den Drogen fern zu halten. Natürlich probierte ich dort auch einiges aus, aber ich fand nichts daran und mir wurde nach meinem ersten Schuss nur sehr schlecht und ich musste kotzen.

Das Ganze dort war natürlich kein drogenfreier Raum, es war immer Schore da und die Jungens hatten stets ihre Guns (Spritzen) am Start. Wenn ein Pfleger merkte, dass die Jungs am Abend am Abnippeln waren und kleine Pupillen hatten, mussten sie am nächsten Tag gleich abpissen, und wenn sie es nicht taten, wurden Privilegien gestrichen. Ich wurde nie zum Abpissen herangezogen, denn ich glaube, man vermutete nicht, dass ich mir Heroin reinpfeifen würde. Im Prinzip war das auch richtig, denn es waren nur einige wenige Male, bei denen ich diesen Stoff versucht hatte. Mit meiner Psychologin kam ich gut zurecht und wir hatten oft Einzelgespräche, ich glaube, sie hat mich wirklich gerne gehabt, vielleicht hatte sie sich auch ein wenig in mich verliebt.

Nach relativ kurzer Zeit hatte ich wieder Gartenausgang und einige kleine andere Privilegien, das ging hier alles nicht so gut und so schnell wie auf der vorherigen Station, denn hier gab es ein Konzept und für alles Mindestwartezeiten. Ich gestaltete mir mein Leben dort so gut wie möglich und versuchte halbwegs durchzukommen, das war manchmal aber nicht so einfach, da ich ein Gerechtigkeitsfanatiker war und bin und deshalb oft aneckte. Das Pflegepersonal war nicht besonders gut drauf, für mich waren es viele echte Arschlöcher, jedoch habe ich es gelernt, viele Dinge von zwei Seiten aus zu betrachten. Wenn man in so einem System als Pfleger, Therapeut oder Arzt arbeitet, muss man sich integrieren, denn sonst ist man draußen, das heißt aber, man muss die Augen oft schließen und Ungerechtigkeiten und Unmenschlichkeiten akzeptieren. Das ist eine Gewissensfrage, die sich jeder im Vorfeld stellen muss. Für mich war das Personal sehr abgestumpft und scherte alle über einen Kamm. Ich beschäftigte mich nicht viel mit den anderen, denn außer Drogen waren die nicht an viel interessiert. Mit Abstand war ich der Jüngste auf dieser Abteilung, aber hatte die meiste Power. Wenn ich in den Garten durfte, machte ich dort meine Läufe. Der kleine Park war nicht allzu groß, aber es ging, die erste halbe Stunde lief ich in die eine Richtung und die zweite halbe Stunde in die andere Richtung. Im Keller konnte man Tischtennis spielen und ich hatte meine Hanteln dort stationiert, es war hier nicht möglich, die Hanteln mit auf die Station zu nehmen. Ich ging oft herunter und machte mein Hanteltraining, meistens war ich alleine, denn die anderen hatten nicht viel Bock auf echte körperliche Ertüchtigung. Ich nahm auch regelmäßig an der Beschäftigungstherapie teil und arbeitete mit Holz oder Ton, die Sachen die ich dort fertigte, waren schon ganz gut. Es waren dort auch Frauen von der anderen Station, und so steckte ich mal öfters einen auf der Toilette weg. Einmal wurden wir erwischt und es wurde eng, wir konnten uns gerade noch herausreden. Ab jetzt wurde aber genau geschaut und wir beide bekamen erstmal eine gewisse Zeit Sperre für die Therapie aufs Auge gedrückt.

Nun saß ich die ganze Zeit wieder auf der Station herum und schrieb Briefe oder putzte das Zimmer oder den Flur, machte meine Liegestützen und Klimmzüge. In der Woche hatte ich mehrere Einzelgespräche und Gruppentherapie, bei diesen Meetings war es keine Pflicht, dabei zu sein, aber es wirkte sich nicht gerade positiv auf den weiteren Aufenthalt aus, wenn man sie versäumte. Die Gespräche, die dort in der Gruppe stattfanden, waren von den Jungs schon vorher erdacht worden, denn keiner war wirklich bereit, von sich etwas preiszugeben. Fast alle Patienten waren mindestens zehnmal chemisch gereinigt und wussten ganz genau, wie sie sich zu verkaufen hatten. In mir hatte sich auch ein Gefühl manifestiert, dass die Psychologen genau wussten, was los war, oder zumindest ahnten sie es, das Ganze war wie ein Kasperletheater, das ich bei Gericht auch schon oft kennengelernt habe. Doch keinen interessierte das wirklich,

„the show must go on“. Die Jungs waren echt abgezockt und ließen sich auch nichts erzählen, auf Knast hatten sie auch keinen Bock und deswegen wurde gesagt und getan, was von ihnen gefordert wurde. Ich sah es für mich auch als persönliche Abschreckung an, denn so tief wollte ich nie rutschen.

Mir sind noch heute viele Sachen ganz klar vor Augen, als wenn es gestern gewesen wäre, obwohl viele von den Guys heute längst nicht mehr leben. Es dauerte auch nicht zu lange und ich bekam die ersten Ausgänge und konnte für ein paar Stunden die Station verlassen. Nun bekamen die anderen das mit und fragten mich, ob ich Drogen mitbringen könnte. Ich verneinte und damit war es erstmal durch. Nach einer gewissen Anzahl von Ausgängen war es möglich, laut Therapiekonzept, Urlaub zu beantragen. Ich sprach mit meiner Psychologin über diese Möglichkeit, aber sie lehnte bei den ersten paar Malen ab, wahrscheinlich wollte sie sehen, wie ich mit dieser Ablehnung umgehe. Etwas abgefuckt war ich schon, doch steckte ich das weg und dachte, es wird schon klappen. Nach dem dritten oder vierten Anlauf funktionierte es auch und ich bekam zwei Tage am Wochenende Urlaub. Ich traf mich dann mit meiner Exfreundin bei meinem Vater und wir fickten erstmals richtig. Meine Eier waren prall und ich war froh, dass ich etwas vor die Flinte bekam. Mit meinem Vater hatte ich so einigermaßen Kontakt, ich musste ja eine Urlaubsadresse angeben und ich hatte mit ihm abgesprochen, dass ich seine Anschrift angeben durfte. Zum damaligen Zeitpunkt hatte er ein großes Haus für sich und in einem Zimmer legte ich mir eine Matratze auf den Boden zum Schlafen. Dort hatte ich meine Ruhe und konnte auch in aller Ruhe ein Rohr verlegen. Nach so langer Zeit ohne Ficken muss man sich erst wieder daran gewöhnen. Es ist schon frustrierend, was der Knast mit einem macht, es wird einem da so viel genommen und manche Dinge gehen für immer kaputt. Zum Schlafen kam ich in den paar Stunden kaum, denn ich hatte ein riesiges Nachholbedürfnis, alles wollte ich gleichzeitig machen und tun.

Ich fuhr mit der Petra viel durch die Gegend, denn ich selbst hatte kein Auto und keinen Führerschein. Die ersten Kilometer hatte ich wahnsinnige Angst, denn meine Augen und mein Körper waren Autofahren überhaupt nicht mehr gewöhnt, ständig sagte ich: „Pass auf und fahre nicht so schnell.“ Als ich am Sonntagmittag wieder zurück musste, war ich müde und kaputt wie Sau. Auf der Station legte ich mich gleich ins Bett und versuchte zu schlafen, das klappte nicht sofort, denn ich musste die ganzen Eindrücke erst verarbeiten. Am Montagmorgen ließ ich es ruhig angehen und dachte noch an die Stunden der Freiheit zurück, denn den Wert, frei zu sein, lernt man erst schätzen, wenn man die Freiheit nicht mehr besitzt. Seit einiger Zeit hatte ich auch auf dieser Station Klinikausgang, das heißt, ich konnte mich überall im Klinikgelände frei bewegen. Es gab dort ein Sozialgebäude mit einem Supermarkt, einer Pommesbude und Billard. Dort lief auch in dem großen überdachten Innenhof die ganze Zeit Musik und es gab viele Bänke zum Sitzen.

Als ich mal wieder da war, lernte ich eine Frau kennen und erfuhr, dass sie auch Patientin war, ihr Problem waren Tabletten und Alkohol. Sie arbeitete als Krankenschwester und man hatte ihr nahegelegt, eine Therapie zu machen, ansonsten würde man ihr kündigen. Sie lag auf einer Station schräg gegenüber meinem Haus, wo ich untergebracht war. Die Lady gefiel mir gut und wir verabredeten uns zu meinem nächsten Ausgang. Ich fühlte mich gut, als ich wieder zurückging, denn meine Stunden Ausgang waren herum und man legte sehr viel Wert auf Pünktlichkeit. Ich war froh, dass ich nicht ständig mit den Jungs zusammenhängen musste, denn deren Mittelpunkt war nur die Droge. Wie oft fragte man mich, ob ich nicht was mitbringen könnte, doch das machte ich nicht, das Risiko war viel zu groß und ich wollte mich auch nicht auf so ein Niveau herablassen. In der ganzen Zeit schmuggelte ich wohl ein paar Mal Alkohol und einmal Heroin auf die Station, es wurde mir aber zu gefährlich und dann machte ich da nicht mehr mit. Es wurde auch echt lästig, bei jedem Ausgang die gleichen Fragen zu hören: „Hey, kannst du nicht was mitbringen?“

Es hatte sich dann schnell herumgesprochen, dass bei mir nichts mehr ging und somit war auch Ruhe. Für mich war es schon sehr schwer, mit diesen Leuten zu leben. Einmal machte ich mir dort einen Druck und mir wurde tierisch schlecht und ich musste kotzen, die Dröhnung hielt auch viele Stunden an und am nächsten Tag war ich noch platt davon. So habe ich auch diese Erfahrung gemacht und ganz schnell gemerkt, das ist nichts für mich, kann mir aber gut vorstellen, wie man auf Schore hängen bleibt. Die anderen waren eben in dieser Hinsicht nicht so stark wie ich und meinten anscheinend, sie könnten es kontrollieren.

Ich freute mich schon auf meinen nächsten Ausgang, um dann Ute wiederzusehen; die Frau gefiel mir gut und ich dachte: Mal schauen, was da so geht. Als wir uns dann beim nächsten Mal sahen, gingen wir spazieren und ich versuchte, schnell intimen Kontakt mit ihr aufzubauen. Ich wollte wieder einen guten Fick haben und überlegte mir: Mal sehen, vielleicht klappt das ganz gut. Es dauerte noch eine ganze Weile, bis ich zum Schuss kam, denn uns fehlten die Räumlichkeiten, und im Winter eine Nummer draußen war nicht nach meinem Geschmack. Wir beide beantragten zusammen Wochenendurlaub, und er wurde auch genehmigt. Sie hatte eine kleine Wohnung, besser ein Apartment, und da verbrachten wir die zwei Tage. In der Kiste klappte es ganz gut, doch ich merkte, sie wollte wohl mehr, ich hatte aber überhaupt keinen Sinn für eine feste Relatie. Sie war wohl angefressen deswegen, doch das musste sie mit sich ausmachen. Diese Beziehung dauerte ein paar Monate, aber ich hatte das Gefühl, dass die Pfleger das schon wussten; offiziell durfte das natürlich nicht sein, denn es verstieß gegen das Therapiekonzept.

Eines Tages war die reguläre Zeit für Ute herum und sie wurde entlassen. Sie rief mich jeden Tag auf der Station an und sagte, ich sollte doch dort abbrechen und zu ihr kommen. Ich erklärte ihr, dass dieses nicht möglich sei, da ich in zwei Wochen meine Hauptverhandlung hätte und viel zu viel für mich auf dem Spiel stand. Die Anrufe gingen weiter und ich ließ mich überzeugen, dass sie meine Hilfe benötigte und brach die Therapie einfach ab. Das Gericht rief ich an und teilte denen mit, dass ich dort und dort wohnen würde und auch zum Termin erscheinen würde. Meine Befürchtung war, dass wieder der Haftbefehl in Vollzug gesetzt werden würde, und dann ging es gleich wieder ins Jail. Die zwei Wochen vor meiner Hauptverhandlung waren ganz schön, doch ich musste immer an den Termin denken, ich hoffte, dass mein Verhalten mir nicht Knast bescheren würde. Mein Prozess war auf zwei Tage angesetzt und ich fühlte: Das geht daneben! Ich hatte mir schon überlegt, nach dem Urteil aus dem Gerichtssaal zu flüchten, aber was hätte das schon groß gebracht? Die hätten mich ja eh wieder schnell aufgegriffen.

Am zweiten Tag nachmittags wurde ich zu vier Jahren Jugendkiste verurteilt und der Richter erließ gleich wegen der Höhe der Strafe einen Haftbefehl. Ich war wie betäubt, denn das war eine mächtige Kelle. Die Gerichtsbeamten führten mich ab und ich saß wieder ein, ich hatte nicht mal die Zeit und die Möglichkeit, mich richtig von meiner Freundin oder meiner Familie zu verabschieden. Nun legte ich aber kein Rechtsmittel ein, damit ich schneller in Strafhaft kam, der Richter hatte auch eine weitere Therapie bei mir abgelehnt, denn er sagte, ich sei dagegen resistent. So ging ich schon nach zwei Wochen nach Siegburg, das war damals die größte Jugendstrafanstalt Europas. Als wir dort hereinfuhren, war ich von der Größe schon mächtig beeindruckt. Es ging als erstes in Haus 1 und von dort nach Haus 2. Ich wusste schon vorher, dass Haus 2 besser sein sollte, denn das hatten mir bereits ein paar Schließer erzählt.

Wir marschierten mit einigen Jungs also rüber zu Haus 2, dort kamen wir auf Zugangszellen und die Tür fiel ins Schloss. Jetzt war ich wieder alleine und dachte mir: Mal schauen, was ich hier so Positives für mich geregelt bekomme. Auf dieser Zelle blieb ich nur ein paar Tage, in der Freistunde staunte ich nicht schlecht, wie groß der ganze Knast war. Man konnte das Gefühl bekommen, hier sei keine Kontrolle vorhanden, aber das stimmte nicht. Ich kam auf Abteilung 9, das war die Hubschrauberabteilung, weil sie ganz oben lag. Hier konnte man zusätzlich eine Therapie machen und ich dachte, vielleicht wäre das gar nicht so schlecht. Mir war es nur wichtig, die Kiste so schnell wie möglich abzureißen. Auf dieser Abteilung blieb ich einige Wochen, doch es war nicht zum Aushalten. Ich dachte mir: Hier sind nur Spinner und Idioten! Es wäre für mich aber gar nicht günstig, wenn ich die Therapie abbrechen würde, denn dann käme dieses in meine Akte und würde sich da überhaupt nicht gut machen. Aus dieser Überlegung heraus stellte ich einen Antrag zum Erwerb der Fachoberschulreife, damit musste ich auf eine andere Abteilung und somit war die Therapiescheiße erledigt. Es ging nun auf Station 2, die lag im Altbau; die Zellen waren sehr alt und manche hatten nicht mal einen Stromanschluss. In meiner Zelle gab es natürlich keine Steckdose und das fuckte mich ab. Zur späteren Zeit ließ ich mir aber Werkzeug und Spachtelmasse durch die Handwerker besorgen und legte mir tagsüber einen Stromanschluss, den Strom klemmte ich an der Lampe an. Als ich damit fertig war, sah es so aus, als wäre dort immer schon eine Steckdose vorhanden gewesen.

Die Schule fing im Frühjahr an und wir hatten den ganzen Tag über die Zellen offen und konnten auf der gesamten Abteilung herumlaufen, und wenn wir wollten, auch durch das ganze Hafthaus – das wurde nicht gerne gesehen, aber man drückte ein Auge zu. Das Lernen gefiel mir unter den Umständen überhaupt nicht und ich machte mit einigen anderen viel Blödsinn, anstatt zu lernen. Mit dem Unterrichtspersonal kam ich auch nicht gut klar, es waren Dozenten von anderen Schulen draußen. Ich schlängelte mich das ganze Jahr so durch den Unterricht, bei Arbeiten schrieb ich viel ab oder manipulierte in anderer Weise den aufgetragenen Stoff. Es wurde natürlich alles an unseren Stationsbeamten vom Personal gemeldet, es gab auch große Konferenzen mit Sozialarbeitern, Psychologen, Beamten usw., da wurde über jeden geredet und geschaut, ob er sein Vollzugsziel erreichen würde. Am Ende des Jahres gab es Klausuren – ich war ganz schlecht vorbereitet in einigen Fächern, weil ich lieber trainierte und in der Knastband Bassgitarre spielte, als zu lernen. Das rächte sich natürlich fürchterlich, denn ich fiel mit noch einem durch die Prüfung, da ich halt nicht wie die anderen gelernt hatte. Das war schon bitter, denn ich hatte gedacht, es würde wohl auch so gehen, doch da war ich noch sehr naiv und unrealistisch gewesen.

In jenem Jahr hatte ich mir auch von einem Bekannten, der sehr gut tätowieren konnte, einige Sachen stechen lassen. Offiziell war das verboten wegen sogenannter Selbstverstümmelung, aber die meisten Schließer schauten einfach weg. Mit meinem Betreuer kam ich bestens zurecht, Martin war ein echt netter Kerl; am Anfang klappte das gar nicht, aber später waren wir gute Freunde. Durch ihn hatte ich viel Sonderbesuch, Ausgang und Urlaub. Er war auch ein sehr esoterischer Mensch und erzählte mir viel darüber. Er war, so wie ich, Skorpion vom Sternzeichen und öffnete bei mir auch eine Tür, dafür bin ich ihm für immer dankbar. Martin machte mir übrigens keine Vorwürfe wegen dem verpassten Abschluss, er fragte mich: „Was machen wir jetzt bis zu deiner Entlassung?“

Ich hatte mir schon überlegt, dass ich die restlichen Monate gerne in der Schreinerei arbeiten wollte, einen Antrag hatte ich gestellt und Martin beschleunigte durch einen Anruf die ganze Sache. Da ich schon während der Schulzeit Urlaub gehabt hatte, durfte ich freitagsfrüh auch immer mit zum Schwimmen ins Hallenbad nach Troisdorf, das war eine tolle Sache und der Bus war immer sehr voll. Ich brauchte auch nicht lange zu warten und konnte schnell in der Schreinerei beginnen, der Laden war sehr groß und ich bekam Anweisungen und wurde angelernt. Da ich handwerklich gut dabei bin und war, ging es mir ganz locker von der Hand.

Es gab dort einige Jungs, die immer im Purpfeifchen Dope rauchten, ich zog mir auch öfters eine Pfeife, wurde aber dadurch nur müde und schlapp, es hatte sich somit schnell für mich erledigt. Nach einigen Wochen wurde ich gefragt, ob ich nicht Lust hätte, Möbel auszuliefern. Das war natürlich super, der Anstaltsleiter Lange-Brandenburg genehmigte meine Freigänge und so fuhr ich oft mit dem Lkw raus, um Sachen auszuliefern. Es war schon eine schwere Arbeit, denn alles mussten wir mit Gurten mit der Hand schleppen – mich juckte das aber alles nicht, denn Hauptsache, ich war draußen. In Absprache mit meinem Betreuer hatte ich einen Antrag auf Halbstrafe gestellt, ein Kollege hatte mir eine Arbeitsbescheinigung ausgestellt, sodass ich sofort nach der Entlassung bei ihm anfangen könnte. Das war natürlich getürkt, aber den Martin interessierte das nicht. Zu meinem Unglück war, als der Entlassungsbeschluss kam, mein Betreuer gerade in Urlaub. Seine Vertretung war eine Sozialarbeiterin, die mich nicht mochte und ich sie umgekehrt auch nicht. Diese dämliche Person sorgte dafür, dass die Staatsanwaltschaft Beschwerde gegen den Beschluss vom Gericht einlegte und ich deshalb nicht entlassen wurde. Als ich den Beschluss bekam, da war es Freitagmittag und am Montagmorgen hätte ich entlassen werden sollen. Diese Sozialarbeiterin kam zum Mittag zu mir in die Zelle und sagte, das sei noch nicht sicher mit der Entlassung. Darauf kotzte ich natürlich total ab und hatte eine Wut wie Sau in mir, doch ich musste mich beherrschen und alles ertragen, um den Zustand nicht noch schlimmer zu machen. Die Jungs meinten, ich sollte meine Habe schon verschenken, denn am Montag wäre ich draußen; ich war mir gar nicht sicher und deswegen sagte ich: „Warten wir erstmal ab.“

Als die Sozialarbeiterin bei mir in der Zelle gewesen war, hatte ich sie auch noch nach Sonderurlaub gefragt, denn rein rechtlich stand der mir zu, doch sie sagte: „Nein, das geht nicht.“

Das Wochenende war der Horror, ich hatte doch noch die Hoffnung, endlich entlassen zu werden, aber auf der anderen Seite hatte ich ein ganz schlechtes Gefühl. Als es endlich Montagfrüh war, ging alles wie gewohnt seinen Gang, ich wurde nicht zur Kammer geholt, um entlassen zu werden. Gegen Mittag brachte mir der Abteilungsbeamte ein Fax, dass die Staatsanwaltschaft Beschwerde eingelegt hatte und ich somit nicht entlassen werden konnte. In mir kochte so eine Wut und ich wäre die Sozialarbeiterin am liebsten angegangen, aber ich wusste, das würde mir nur noch mehr Probleme bereiten. Nun hieß es, eine Faust in der Tasche zu machen und zu warten, bis mein Betreuer Martin wieder da war. Ich rannte die ganze Freistunde und machte auch sonst sehr viel Sport, um meine Wut abzubauen. Die Entlassung würde jetzt bei Halbstrafe nicht mehr passen, mein nächstes Ziel waren die Zweidrittel.

Es ist gerade für mich sehr schwer, mit dieser ohnmächtigen Wut umzugehen, ich hatte und habe immer das Gefühl, dass es mich fast auffrisst und die Wut kaum verschwindet. Es vergingen zwei Wochen, und als Martin aus dem Urlaub wieder da war, lief ich gleich zu ihm und schilderte ihm meine Situation. Er wunderte sich auch, dass ich noch da war. Er sagte nicht viel dazu, ich glaube, dass ihn das auch geärgert hat. Er meinte: „Das mit den Zweidritteln bekommen wir sicher hin, denn dann bin ich selber da.“

Es lagen zwischen den zwei verschiedenen Entlassungsterminen ungefähr fünf bis sechs Monate, und das ist im Häfen eine lange Zeit. Ich machte mir mit ihm Gedanken, wie wir diese Zeit wohl am besten herumkriegen würden. Ich verblieb in der Schreinerei, denn dort gefiel es mir ganz gut und ich hatte Spaß bei der Arbeit. Es war natürlich auch toll, oft mit dem Lkw herauszufahren.

Am Wochenende war ich in der Gruppe Ebo, das war der Name des katholischen Pfarrers der Anstalt, er hatte schon einen Schlaganfall gehabt und war dauernd überlastet. Durch diese Gruppe bei ihm konnte ich am Wochenende noch bis spätabends in seinem Büro sitzen und Kaffee trinken, mit den anderen Jungs quatschen und Blödsinn machen. In seinem Büro standen einige Schränke, die voll waren mit Kuchen, Kaffee, Schokolade und Zigaretten, er bekam diese Dinge als Spenden und verteilte sie in der

Haftanstalt an Bedürftige, die nichts hatten. Ebo war viel in der Anstalt unterwegs und wir saßen alleine im Büro, drehten den Schrank und öffneten vorsichtig die Rückseite, die nur genagelt war, mit einem Taschenmesser, das Ebo bei sich im Schreibtisch hatte. Wir holten uns heraus, was wir brauchten – nur nicht zu viel, denn es sollte ja nicht auffallen. Danach befestigten wir wieder die Rückseite und schoben den Schrank an seinen alten Platz zurück. Man kann sich gar nicht vorstellen, wie das ist, für eine Tafel Schokolade die wildesten Dinge zu tun. Es gab damals im Vollzug wohl auch die Möglichkeit, sich von seinem erarbeiteten Geld etwas zu kaufen. Es war jedoch so wenig, das einem an Arbeitsentgelt zur Verfügung stand, dass die kleinen Einkäufe sehr schnell aufgebraucht waren, es herrschte ein Heißhunger nach allem Süßen. Diese kleine Selbstbedienung bei Ebo war schon eine tolle Sache und brachte ein wenig Freude in den grauen Alltag.

Auf dem Gang zu Ebos Büro befand sich auch der Besuchsraum und in ihm stand ein großer Getränkeautomat. Wir alle liebten Cola und so versuchten wir dauernd an Ein-Mark-Stücke zu kommen, um eine Cola zu ziehen. Im Knast ist Bargeld absolut verboten, aber doch in Umlauf, dann meist aber in Form von Scheinen, denn diese sind besser zu schmuggeln. Ebo hatte immer einen Anzug an und seine Anzugsjacke ließ er oft im Büro hängen; in den Taschen dieser Jacke war häufig Münzgeld vorhanden, so verbrachten wir einige schöne Stunden in seinem Büro. Viel Menschlichkeit gab es im Vollzug nicht, der einzelne Mensch war nur eine Nummer, ein Subjekt, das seine gesellschaftliche Strafe zu sühnen hatte. Es gab keine Spur von Resozialisierung.

So gingen die restlichen Monate auch dahin und ich hatte meinen Antrag auf Zweidrittel gestellt. Ich hatte natürlich wieder Angst, dass dieser auch abgelehnt würde, doch Martin sagte nur: „Das passt schon."

Ich war noch immer mit Ute zusammen und sie kam mich oft besuchen oder holte mich zum Ausgang oder zum Urlaub ab. Sie hatte wohl wieder Probleme mit Alkohol bekommen und eine Therapie begonnen, die Briefe, die ich von dort von ihr erhielt, waren immer mit vielen Vorwürfen versehen und ich spürte die Kälte, die von ihnen ausging. Also machte ich mir so meine Gedanken und sagte ihr, ich wäre ja bald draußen und würde ihr helfen, doch es half nichts. In dieser Einrichtung baute man sie systematisch gegen mich auf, denn „ich sei ja ein Knacki und was hätte das für eine Zukunft?" Mir tat dies natürlich sehr weh, doch ich konnte nichts weiter machen als hoffen, dass ich zu Weihnachten raus käme. Wie ich später erfuhr, hatte sie dort wohl einen Kerl kennengelernt, der sie fickte, und so hatte ich schlechte Karten. So gingen die letzten Tage dahin und für mich war es der reine Psychoterror. Ich wusste nicht, ob das jetzt alles passte mit meiner Entlassung: Das ist schon so eine komische Sache. Ich war sehr nervös und angespannt und versuchte, die Zeit herumzubekommen, was natürlich im Gefängnis sehr schwer ist, die Stunden zogen sich zäh hin wie in Zeitlupe und ich fragte mich ständig: Wie soll ich das nur aushalten?

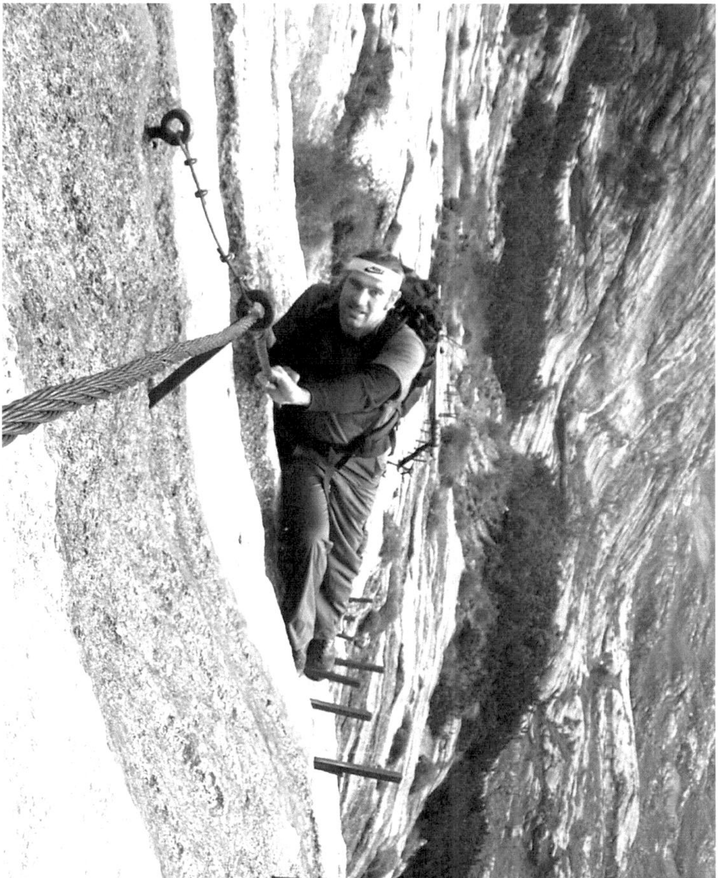

4. Auf der Suche

„Die Gesellschaft wollte niemanden mehr integrieren, der mal im Gefängnis gewesen war."

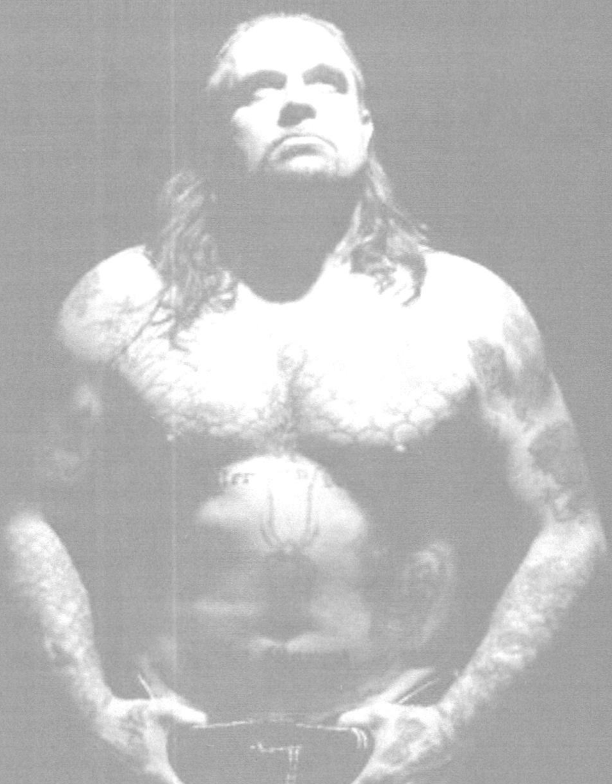

„Ich bin ein Kämpfer bis zum Letzten."

4.1. Freiheit

Dann kam endlich der Beschluss, dass ich zwei Tage vor Weihnachten entlassen werden sollte, das hieß konkret: am 22ten. Ich hatte nun ein Ziel vor Augen und jetzt, da Martin da war und ich nach der Zweidrittelregelung entlassen werden sollte, würde wohl alles klappen. Martin und ich, wir redeten noch sehr viel und er sagte mir, er hätte ein gutes Gefühl, was meinen weiteren Werdegang betreffen würde. Ich fühlte, dass er es ehrlich meinte. Als der Tag der Entlassung kam, musste ich früh zur Kammer und zur Zahlstelle, wo ich mein Entlassungsgeld bekam und meinen Entlassungsschein. Zum Schluss ging es dann Richtung Pforte und endlich durch die Schleuse. Ich sagte „Tschüss" und nicht „Auf Wiedersehen", denn unter uns Knackis bedeutete das ein schlechtes Omen. Die Türe summte und ich drückte sie auf. Ich setzte meinen Fuß nach vier Jahren Knast und Psychiatrie in die Freiheit, es war ein saugutes Gefühl und ich lief die Straße hoch – keine gesiebte Luft mehr atmen! Meine Freundin war ja in Therapie und so war niemand da, um mich abzuholen, meinen Vater hatte ich nicht informiert, denn ich wollte erstmal meine Ruhe haben. Was für ein Gefühl, überall hinlaufen zu können und keine Mauer und keinen Stacheldraht zu sehen. Im Knast musste man für alles um Erlaubnis fragen, selbst zum Wichsen und Scheißen war das notwendig.

Mein erster Weg führte mich nach Köln, dort wollte ich mir in der Hohen Straße neue Sachen zum Anziehen kaufen, denn meine Klamotten waren schwer aus der Mode. Am Bahnhof trank ich eine eiskalte Cola und kaufte mir ein Ticket bis nach Hause. Im Zug suchte ich mir ein ruhiges Abteil, was eigentlich gar nicht notwendig war, weil ich in Köln eh wieder aussteigen wollte. Die Fahrt dauerte vielleicht gute zwanzig Minuten und dann fuhren wir in den Hauptbahnhof von Köln ein. Ich war schon vorher zur Tür gegangen und wartete darauf, dass der Zug endlich stand und ich raus konnte. Der Bahnhof erschien mir sehr groß und ich lief zügig zum Ausgang, stieg die Treppen hoch und stand dann auf der Domplatte; es war zugig dort und ich ging in Richtung Hohe Straße. In der Fußgängerzone war sehr viel Betrieb und ich fühlte mich reichlich unwohl unter so vielen Menschen, doch ich lief weiter und schaute mir die Schaufenster und Läden an. Als Entlassungsgeld hatte ich für vier Jahre Jail gerade mal siebenhundert DM erhalten, das war ein echter Witz, doch was sollte ich machen, mehr hatte es nicht gegeben. Ich kaufte mir Jeans, Cowboystiefel und eine Lederjacke und die Kohle war fast weg. Ich behielt die Klamotten gleich an, denn sie standen mir prima und ich fühlte mich auch gut in ihnen. Es war schon fast Mittag, und so kaufte ich mir von dem Rest noch etwas zu essen und lief dann wieder in Richtung Bahnhof zurück, der frische, kalte Wind tat mir gut und ich atmete ganz tief durch. Im Bahnhof nahm ich den nächsten Zug nach Goch, ich fühlte mich richtig wohl in meinen neuen Sachen und meinte, die Welt gehörte mir. Doch meine Seelenwelt war total durcheinander und ich war sehr unsicher bei allem, was ich tat. Nach so langer Zeit im Knast hat man draußen nur sehr wenig Selbstbewusstsein. Die Fahrt dauerte anderthalb Stunden und ich genoss den Anblick der vorbeirasenden Natur, es war so schön, wieder ein freier Mensch zu sein. In Goch sprang ich aus dem Zug und lief zu unserer kleinen Wohnung, die ich noch mit Ute zusammen hatte. Es war mehr ein kleines Apartment, aber doch schön eingerichtet. Meine Freundin befand sich ja noch in Therapie und ich war allein in der Bude, ich setzte mich erstmal und war so glücklich, nicht mehr im Knast zu sein. Man merkt erst, wenn einem die Freiheit fehlt, wie wichtig sie ist.

Meine Sachen waren schnell ausgepackt, denn ich hatte ja nicht viel aus dem Knast mitgebracht. Da meine Freundin mich nicht abholen konnte, hatte ich zwei Pakete mit der Post schicken lassen. Ich hatte mein Entlassungsgeld schon komplett aufgebraucht und war fast blank. Ich überlegte mir, dass ich zu meinem Opa sollte, er würde sich riesig freuen mich zu sehen und Geld würde ich auch bekommen. Es waren vier bis fünf Kilometer Fußmarsch, denn ich hatte keinen Führerschein und auch kein Fahrrad, also machte ich mich auf den Weg und marschierte die Straße runter zu meinem Opa. Ich war schnell unterwegs und in etwas über einer Stunde bei ihm, Opa freute sich enorm und wir hatten viel zu erzählen. Er sagte mir: „Junge, such dir eine Arbeit und mach‘ keinen Blödsinn mehr.“

Meine Oma freute sich auch, aber machte mir viele Vorwürfe. Sie kochte was Leckeres für mich und ich aß mit großem Appetit. So vergingen die Stunden und es wurde Abend. Ich fragte Opa, ob ich hier schlafen könnte, und er sagte: „Sicherlich, das ist kein Problem.“

Wir saßen noch lange in der kleinen Küche und sprachen über viele Dinge. So gegen halb zehn ging ich nach oben, ich lief in das gleiche kleine Schlafzimmer, in dem ich damals mit meinem Vater geschlafen hatte. Das Etagenbett war nicht mehr darin, es standen jetzt zwei separate Betten in dem Zimmer. Ich suchte mir das rechte aus und legte mich hinein, meine Oma hatte beide frisch bezogen und das Bettzeug roch sehr frisch und angenehm. Es dauerte nicht lange und meine Augen wurden schwer und ich schlief ein, meine erste Nacht in Freiheit – ein ganz besonderer Moment.

Am nächsten Morgen wachte ich auf ohne Schlüsselgerassel oder sonstige Häfengeräusche, es war alles ruhig und ein echt schönes Gefühl. Ich schwang mich aus der Kiste und zog meine Sachen an. Ich ging hinunter, begrüßte meine Großeltern und machte die Morgentoilette, danach gab es ein super Frühstück, und bei dieser Gelegenheit fragte ich Opa nach Geld. Er sagte: „Das ist kein Problem.“ Er gab mir hundert Mark, ich bedankte mich bei ihm und machte mich danach langsam auf den Weg. Es gab in mir keine genaue Vorstellung, was ich so in nächster Zeit anfangen sollte, für mich war es aber wichtig, dass ich mich nicht unter Druck setzte, es würde sich schon alles finden, davon war ich absolut überzeugt.

Ich lief also zur Hauptstraße und trampte nach Goch zurück, ich wurde schnell mitgenommen und so sparte ich mir wieder einen langen Fußweg. Es war einen Tag vor Weihnachten und es herrschte schon eine sentimentale Stimmung. Mit meiner Freundin hatte ich noch nicht sprechen können, aber ich wusste, dass sie nicht zu Weihnachten aus der Therapie weg wollte oder durfte.

Am Mittag trampte ich nach Kleve und wollte dort meine Mutter und meine Halbgeschwister besuchen – meine Mutter und Geschwister freuten sich echt, mich zu sehen. Im Knast hatte ich einen regen Briefkontakt zu einem neuen Mädchen aufgebaut, denn ich merkte, dass es mit Ute zu Ende ging. Dieses Mädchen hieß Birgit und war ganz nett, ich freute mich, dass sie da war und unterhielt mich viel mit ihr. Meine Eier waren voll und ich dachte, einen guten Stich mit ihr zu machen, das wäre nicht schlecht, sie hinterließ bei mir auch einen lockeren Eindruck und vielleicht würde ich ja dazu kommen. Ich blieb den ganzen Tag bei meiner Mutter, und Birgit und ich kamen uns näher, sie fragte mich am Abend, ob ich noch mit zu ihr kommen wollte. Das war ja super, freute ich mich, und ich sagte natürlich sofort zu. Gegen zehn Uhr am Abend ging ich mit ihr nach Hause, sie lebte noch bei ihren Eltern und hatte dort ein großes Zimmer. Sie stellte mich ihren Eltern vor, beziehungsweise ihrer Mutter, denn die Eltern lebten in Scheidung; sie war ganz nett und auch ihre Geschwister waren in Ordnung. Wir gingen in ihr Zimmer und schauten dort fern und hörten Musik bis spät in die Nacht hinein. Langsam wurde ich müde und sagte ihr, ich wollte mich hinhauen – sie hatte eine Matratze und ein Bett im Zimmer stehen. Als ich sie fragte, ob ich bei ihr mit im Bett schlafen könnte, hatte sie nichts dagegen, ich schlief immer nackt und sie zog sich einen Schlafanzug an und legte sich mit hin. Das Mädel hatte eine gute Figur und ich drückte mich gleich an sie, mein Kolben war schon auf Halbmast und ich presste mich gegen sie, ich steckte ihr gleich meine Zunge in den Hals und dann machten wir eine gute Nummer. Als meine Eier leer waren, hatte ich nicht mehr diesen Druck und konnte langsam zur Ruhe finden, mir fielen bald die Augen zu und ich schlief ein.

Am nächsten Morgen frühstückte ich noch dort und trampte dann zurück zu meiner Wohnung, es war Heiligabend und ich saß allein in der Bude. Es war kalt draußen und ich machte noch einen Spaziergang durch die fast menschenleere Stadt, die frische Luft tat sehr gut und meine Laune wurde besser. Nach einer guten Stunde ging ich zurück und schaute noch fern, so gegen Mitternacht machte ich Fernsehen und Licht aus und rollte mich ab. Die beiden Weihnachtsfeiertage verbrachte ich ganz auf ruhig und dachte viel nach. Ute hatte mir geschrieben und teilte mir mit, dass unsere Beziehung keinen Sinn mehr hatte – das hatte ich schon gefühlt und es machte mir nicht mehr viel aus. Ich sollte mir auch eine andere Wohnung suchen, für mich war das auch eine notwendige Maßnahme, aber erst musste ich beim Arbeitsamt Leistungen beantragen, um Geld zu bekommen.

Nach Weihnachten wurde ich beim Amt auch gleich vorstellig und stellte einen Antrag, dem Sachbearbeiter sagte ich außerdem, dass ich einen Vorschuss benötigte. Er stellte mir eine Bescheinigung aus und ich konnte bei der hauseigenen Kasse das Geld abholen. Mit der Kohle in der Hand verließ ich das Gebäude und ging wieder zu meiner Wohnung. Meine Gedanken drehten sich natürlich um eine neue Bleibe, in Kleve hatte ich in der Südstadt ein großes Schild gesehen mit „Wohnungen zu vermieten“. Ich rief bei der Wohnungsbaugesellschaft an und erkundigte mich nach Mietwohnungen, man sagte mir, es seien genügend frei und ich vereinbarte gleich einen Termin. Am nächsten Tag traf ich mich mit dem Verwalter der Wohnungen und schaute mir mehrere an, sie waren alle nicht schlecht und ich nahm eine Neunzig-Quadratmeter-Bude. Wir gingen in sein Büro und ich unterzeichnete gleich den Mietvertrag, er übergab mir den Schlüssel und ich war froh, dass ich die Wohnung trotz der Größe sehr billig bekommen hatte. Okay, es war nicht die beste Wohngegend, aber damit konnte ich gut leben. Ein paar Tage später baute ich das Hochbett in der Wohnung von Ute ab und packte alle meine Sachen mit ein paar Kollegen in einen Transporter, den ich mir geliehen hatte, es war ja nicht so viel und es ging schnell mit dem Beladen. Wir fuhren dann zu meiner neuen Wohnung, wo wir die Sachen erstmal alle ins Wohnzimmer stellten; ich wollte später alles aufbauen und einräumen, den Transporter fuhren wir zurück und ich bezahlte die Rechnung.

Am Abend traf ich mich wieder mit Birgit und wir hatten einen guten Fick. Ich erzählte ihr, dass ich die Bude bezogen hatte und sie wollte sich die Hütte mal die Tage anschauen. Ich schlief erneut bei ihr und wir kamen uns emotional wieder ein Stückchen näher. Sie war eine gute Frau, die mir echt gefiel. Ein paar Tage später schauten wir uns die Wohnung an und sie sagte zuallererst: „Da muss man ganz schön viel dran tun.“ Das war mir aber ebenfalls klar, mein Arbeitslosengeld war indes auch nicht so besonders viel, als dass es für eine große Sanierung gereicht hätte. Die nächste Zeit schlief ich nur bei Birgit und ging auch tagsüber kaum zu meiner Bude. Es war komisch, aber ich konnte nicht richtig warm mit der Wohnung werden. Nach einigen Wochen war mir klar: Ich würde dort nicht einziehen, wir wollten uns zusammen eine Bude suchen, das war alles sehr spontan, aber zwischen uns passte es. Ich war zu der damaligen Zeit noch nicht so auf eine sichere Existenz bedacht, so wie ich es heute bin, deswegen lebte ich in den Tag hinein und machte mir keine großen Gedanken um die Zukunft.

In irgendeiner Diskothek, Kneipe oder bei einem Konzert traf ich einen Bekannten wieder, mit dem ich schon mal früher einige Zeit verbracht hatte. Er sagte: „Hey Alter, wie geht es dir noch so?“

Und weiter meinte er: „Wenn du Bock hast, komm mich mal in meiner Bude besuchen.“

Ich wusste durch die damalige Zeit, dass er viel LSD, Kokain und auch Schore genommen hatte, man merkte ihm an, dass auf irgendeinem Trip wohl etwas hängengeblieben war. Ich mochte ihn aber ganz gerne, denn wir hörten die gleiche Mucke und waren natürlich durch die Endsiebziger geprägt, das Hippietum hatte uns alle stark beeinflusst. Als ich am Abend oder besser spät in der Nacht heimkam, war Birgit schon am schlafen und ich nahm mir vor, ihr am nächsten Morgen von meinem Treffen zu erzählen. Das tat ich dann auch beim Frühstück und ich fragte sie: „Was meinst du, sollen wir heute nicht bei ihm vorbei?“

Wir trampten also nach Goch und suchten die Adresse auf, die der Kollege mir gegeben hatte, ich klingelte und der Lutti kam nach einiger Zeit und öffnete die Tür. Er war sehr verschlafen und sagte, er hätte Mittagschicht gehabt und müsste in ein paar Stunden wieder los, aber er meinte: „Kommt rein.“ Die Wohnung war groß und in seinem Zimmer hatte er ein großes Hochbett gebaut, was echt prima aussah. Nebenan stand ein großer Billardtisch, mir gefiel die Bude gut und er fragte: „Wollt ihr einen Kaffee mittrinken?“

Wir gingen in die Küche und setzten uns mit an den Tisch.

„Du hast deine Bude gut eingerichtet“, sagte ich zu ihm.

Er war bescheiden und meinte nur: „Ja, das ist okay.“

So redeten wir noch eine ganze Zeit und ich erzählte ihm, dass wir auch eine Wohnung suchten. Darauf entgegnete er: „Ich habe noch ein echt großes Zimmer frei, wenn ihr wollt, könnt ihr dort einziehen und die Küche und das Bad mitbenutzen.“

Wir schauten uns den Raum an, er war groß mit einer hohen Decke, in der Fresken eingearbeitet waren. Das war nicht verkehrt für uns, denn das Haus von Birgits Eltern sollte versteigert werden, weil ihre Eltern ja in Scheidung lebten. Die Unkosten hielten sich echt im Rahmen und ich sagte zu Lutti: „Okay, machen wir den Deal.“

Kurze Zeit später trampten wir wieder zurück und überlegten uns, wann wir den Umzug machen sollten, am Samstag war es zeitlich wohl am besten. Einer ihrer Brüder sollte von der Arbeit einen großen Anhänger mitbringen und damit wollten wir alle Sachen transportieren. Am Abend redeten wir mit Birgits Mutter und sprachen das mit dem Bruder ab, der den Transport machen sollte – „Kein Problem!“, meinte er, und danach schauten wir auf ihrem Zimmer noch etwas fern und schliefen dann bald ein.

Der Umzug ging schnell über die Bühne, ich hatte aus meiner alten Wohnung auch nur das Wichtigste eingeladen, den Schrott ließ ich zurück, denn man hatte die Wohnzimmerscheibe eingeworfen und mir war es echt egal, was mit der Bude passierte. Bis dato hatte ich auch noch keine einzige Miete bezahlt, ich war wohl so um zwei Monate im Rückstand. Wir mussten insgesamt dreimal fahren, um alle Sachen in die neue Bude zu bekommen; als alles im Zimmer und der Rest im Flur stand, begannen wir mit dem Einräumen. Es ging aber alles zügig vorwärts und gegen Abend waren wir fertig, es sah voll aus, aber es gehörte jetzt uns beiden, und die anfallenden Kosten waren auch gut zu bezahlen. Die erste Nacht war sehr laut, denn das Haus lag direkt an einer Hauptstraße, auf der Tag und Nacht Betrieb war. In der kleinen Seitenstraße, in der unser Zimmer das Fenster hatte, fuhren in der Nacht immer viele Busse von der RAF, wir hatten in der Nähe einen Riesenstützpunkt der Royal Air Force. Die Fensterscheiben vibrierten und es war ein Mordslärm, das war natürlich echt Bullshit, doch daran konnte man nichts ändern und im Laufe der Zeit gewöhnte ich mich auch daran.

In dem Haus wohnten unheimlich viele Ausländer, die meisten waren Kurden und ich machte dem Obermullah gleich eine Ansage, weil er versuchte, meine Freundin anzubaggern. Seit diesem Moment machte er auch keine Sprüche mehr und es herrschte Ruhe, mir kam das nur entgegen, denn ich brauchte mich nicht mehr aufzuregen. Mit meinem Kollegen hatten wir keine sonderlichen Probleme, er war ein komischer Vogel, doch wenn man sich daran gewöhnt hatte, war die Situation recht erträglich. Mit meiner Freundin kam ich auch gut zurecht, fast jeden Tag waren wir zusammen unterwegs, wir hatten uns zwei Fahrräder organisiert und waren damit ständig auf Achse. Am Abend spielten wir oft Billard und hörten Mucke, mein Kollege hatte häufig Spät- oder Nachtschicht und so konnten wir richtig Gas machen und die Musik hart aufdrehen. Es war mein erster Sommer in Freiheit und ich freute mich wahnsinnig darauf; es wurde langsam warm und die Tage wurden länger. Ich ging schon relativ früh im Baggerloch schwimmen, denn das Wasser war schon sehr angenehm. Mein Kollege fragte mich eines Samstagmorgens, ob ich nicht mit ihm auf seinem Motorrad nach Holland mitfahren wollte, er wollte dort einen neuen Hinterreifen fürs Moped kaufen. Ich sagte sofort zu und kurze Zeit später fuhren wir los. Er hatte einen Chopper und ich saß hinten drauf, die Karre hatte ordentlich Dampf und mein Bekannter riss auch gut am Hahn. In der Ortschaft fuhr er schon sehr schnell, wir kamen auch fix heraus aus der Stadt und fuhren eine Bundesstraße in Richtung Holland. Ich fühlte, wie er immer mehr Gas gab und dachte noch so bei mir: Hoffentlich geht das alles gut! Wir überfuhren mit einhundertfünfzig Stundenkilometern eine Autobahnüberführung und ich bekam Angst, da mein Fahrer immer mehr Gas gab und wir die Straße durch eine Kurve nicht mehr komplett einsehen konnten.

Als wir die Brücke passiert hatten, sah ich einen Verkehrsbus, der gerade von der Bushaltestelle losfuhr und dann in eine kleine Straße rechts einbiegen wollte. Mein Kollege reagierte überhaupt nicht und ich dachte: Was ist los, pennt der wohl? Ich schlug ihm hart von hinten mit der Faust auf den Helm, in der Hoffnung, dass er wach wurde. Dieses zeigte auch Wirkung und er wurde wach, wir hatten mittlerweile bestimmt einhundertsiebzig Klamotten drauf. Er hätte dann Intervall bremsen und in den Acker preschen können, uns wäre wahrscheinlich nicht viel passiert. Doch was machte er? Er trat voll in die Eisen und legte eine Vollbremsung hin, das konnte bei der hohen Geschwindigkeit niemals klappen! Ich sah, wie das Heck von dem Bus immer näher kam und mein letztes Wort war: „Scheiße!“, bevor die Lampen ausgingen. Meine Ohnmacht war nur sehr kurz und ich wurde wieder wach und merkte, dass ich auf dem Asphalt lag und mein Kollege ein paar Meter weiter entfernt. Ich wollte gleich wieder aufstehen und dachte vorab: Super, es ist ja nichts passiert! In dem Moment, als ich mein linkes Bein belasten wollte, grübelte ich: Eh, was ist denn jetzt los? Mein Blick wanderte nach unten und ich dachte nur: Shit, was ist mit meinem Fuß los? Er war total verdreht und ich konnte ihn überhaupt kaum bewegen. Als ich diesen Zustand realisiert hatte, fingen auf einmal die Schmerzen an. Die Pinnen waren furchtbar und ich dachte unablässig: Was ist mit meinem Bein passiert? Die Schmerzen wurden fast unerträglich und ich fragte, ob schon jemand einen Krankenwagen gerufen hätte. Ein Notruf war schon länger abgesetzt und ich hörte in der Ferne die Sirene vom Notarztwagen. Ein älterer Mann drückte meine Hand und sagte: „Der Arzt ist gleich da.“ Ich ergriff die Hand des Mannes und hielt sie fest, quetschte sie regelrecht zusammen, sodass er vor lauter Schmerz das Gesicht verzog. Mir war das gar nicht so bewusst, denn vor lauter Pinne blendete ich alles andere aus. Von Weitem hörte ich die Sirenen des Notarztwagens näher kommen und dachte: Dann ist ja gleich Hilfe da. Die Polizei war aber schon etwas früher am Unfallort und einer der Beamten kam zu mir und fragte, ob ich gefahren sei. Ich brachte vor lauter Schmerzen nicht mal einen ordentlichen Satz zusammen und meinte lediglich: „Nein, ich bin nicht gefahren.“ Ich dachte nur: Was für ein Arsch! Ich war schwer verletzt und er konnte nicht mal fragen, wie es mir geht, sondern dachte nur daran, ob er mir ein Verfahren wegen Fahrens ohne Fahrerlaubnis reindrücken könnte.

Der NAW traf ein und Arzt und Sanitäter kamen zu uns, der Doc löste mit aller Kraft meine verkrampfte Hand und schaute sich das Bein an. Er rief einen Sanitäter und holte eine aufblasbare Manschette, die um mein Bein gelegt wurde, mein Fuß musste natürlich dabei angehoben werden. Das waren so fürchterliche Schmerzen, dass ich wie wahnsinnig schrie. Ich wurde dann auf eine Trage gelegt und in den NAW verbracht. Den Doc fragte ich nach Schmerzmittel, doch er sagte: „Tut mir leid. Sie müssen gleich operiert werden und wegen der anstehenden Narkose kann ich da nichts geben."

Die Fahrt ging los und jede Erschütterung merkte ich, die Schmerzen waren kaum zu ertragen und ich wurde fast wahnsinnig. Wir kamen schnell am Krankenhaus an und es ging gleich in die chirurgische Ambulanz, wo ich warten musste. Mein Unterschenkel wurde mit einer Kugel geröntgt, denn anders ging es nicht, da man den Fuß ja nicht bewegen konnte. Als die Aufnahmen fertig waren, konnte man sehen, dass ich Schien- und Wadenbein gebrochen hatte, ich dachte nur: Was für eine Scheiße, der erste Sommer in Freiheit und ich hatte so böse die Knochen gebrochen! Der Oberarzt kam und sagte mir, dass man operieren müsste und die gebrochenen Knochen mit einer Titanplatte verschrauben würde. Ich hörte unter Schmerzen zu, konnte aber vor lauter Pinne nichts sagen. Man gab mir ein Schriftstück, das ich unterschreiben musste, auf eigene Verantwortung und so weiter, ich setzte meinen Wilhelm darunter und ab ging es in Richtung OP.

Dort angekommen musste ich durch die Schleuse, vier Pfleger wollten mich auf den Schleusentisch heben, ich sagte noch zu dem einen: „Bitte nicht an den Fuß packen, wo die Fraktur ist."

Doch was machte der Spinner? Er schnappte sich den Fuß und wollte mich daran anheben, ich schrie auf und trat mit meinem gesunden Fuß mitten in seine Fresse, der Wichser flog in eine Ecke und blieb benommen liegen. Zu den anderen sagte ich: „Bleibt weg von mir, ich zieh mich da selber durch."

Mit letzter Kraft zog ich mich auf den Schleusentisch und quälte mich zur anderen Seite, dort schob ich mich auf die andere Trage. Ich wurde dann in den OP gerollt und dort wartete schon das Ärzteteam auf mich. Ich dachte, jetzt geht es endlich los. Ich bekam die Narkose und dann wurde es dunkel. Nach Stunden wachte ich im Aufwachraum auf und nickte immer wieder weg; als ich endlich länger wach blieb, wurde ich auf die Station geschoben.

Meine Freundin und ihr Bruder waren schon da und saßen im Zimmer, der Raum war bereits überfüllt und ich bekam einen Platz an der rechten Wandseite. In dem Krankenzimmer sollten normalerweise drei Patienten sein, wir waren dort mit fünf. Mir wurde das alles nicht so bewusst, da ich von der Narkose benommen immer wieder einschlief. Mein Bein tat sehr weh und ich konnte es kaum bewegen, ich lag auf dem Rücken und konnte mich auch nicht anders drehen, mir wurde klar, dass ich jetzt sehr lange nur auf dem Rücken liegen musste. Meiner Freundin sagte ich plötzlich:

„Ich würde so gerne ein großes Eis essen.“

Sie meinte: „Das ist jetzt aber bestimmt nicht gut wegen der Narkose.“

Ich winkte ab und sagte: „Das ist wohl kein Problem.“

Ihr Bruder Patrick ging schließlich los, es dauerte nicht lange und er kam mit dem Eis zurück, er gab mir den Becher und ich löffelte drauflos. Es schmeckte gut und ich hatte schnell fast den ganzen Becher geleert, doch von einer auf die andere Sekunde ging es mir schlecht und ich sagte zu Birgit: „Hol mal schnell einen Eimer, ich muss wahrscheinlich kotzen.“

Sie machte sich schnell auf den Weg zu den Schwestern, aber ich glaube, sie war noch nicht ganz aus dem Zimmer, da musste ich mich schon übergeben. Ich kotzte das ganze Eis wieder aus und alles auf das Bett und den Boden. Keiner im Zimmer traute sich, etwas zu sagen, und mir ging es schlecht. Die Narkose kam wieder etwas zurück und ich wurde müde, meine Freundin putzte alles weg und ich schlief erneut ein. Sie ließen mich schlafen und ich wurde das nächste Mal wieder wach, als es schon dunkel war, mir ging es etwas besser, nur konnte ich mich nicht bewegen, weil mein Bein dann fürchterliche Schmerzen erzeugte. Ohne lange zu überlegen drückte ich den Rufknopf für die Schwester, es dauerte auch nicht lange, da kam sie. Sie fragte nett: „Wer von Ihnen hat denn gedrückt?“

Ich meldete mich. „Bitte bringen Sie mir eine Schlaftablette“, sagte ich zu ihr. Nach kurzer Zeit bekam ich die Pille und nahm einen Schluck Wasser und schluckte sie herunter, die Wirkung kam schnell und ich schlief ein.

In den frühen Morgenstunden wurde ich unsanft geweckt, eine ältere Schwester hatte mir die Bettdecke weggezogen und mir eine Spritze in die Bauchdecke gerammt. „Was soll das denn?“, fragte ich sie. Ich müsste alle acht Stunden eine Heparinspritze bekommen, damit keine Embolie entstünde, erklärte sie mir. Nach dieser Aktion versuchte ich noch zu schlafen, aber im Zimmer wurden schon die ersten wach und auf dem Flur hallte auch schon der Lärm herüber. Für mich war es nicht möglich, zur Toilette zu gehen oder mich zu waschen. Die Schwestern kamen morgens immer zu zweit ins Zimmer, das Bett wurde gemacht und ich konnte auf die Pfanne und wurde gewaschen, nur so eine Katzenwäsche war das, aber wenigstens etwas. Wir lagen alle wach in unseren Betten und warteten auf das Frühstück – es dauerte auch nicht lange und es wurde gebracht. Für mich war es fast gar nicht möglich, mich zu bewegen, denn die Schmerzen waren mächtig.

Nach einigen Tagen wurden mittags bei der Visite die Schläuche aus meinem Bein gezogen, sie waren dazu da, dass das Blut und Wundwasser abfließen konnten, ich krallte mich in der Bettdecke fest, denn es tat brutal weh, ich biss die Zähne zusammen. Der Verband wurde auch jeden Tag gewechselt und ich fand, die Narbe und die Verletzung sahen heftig aus, der Unterschenkel war mächtig angeschwollen, schwarz und blutunterlaufen. So vergingen die Tage und ich machte Stress, um alleine in ein Zimmer zu kommen. Meine Freundin hatte mir ein Videogerät gebracht, was ich an das Fernsehen anschloss. Am Fernsehgerät war ein Geldautomat angebaut, wenn man schauen wollte, musste man immer Geld einwerfen, und das war echt teuer. Ich ließ mir Werkzeug bringen und machte mit Patrick vorsichtig die Plomben vom Gerät auf und überbrückte die Leitung, so konnte ich nonstop schauen, ohne zu bezahlen. An Filmen hatte ich immer reichlich da und schaute mir mit meiner Freundin Pornos an, sie blies dabei meinen Schwanz und so konnte ich das Elend ein wenig vergessen.

Schon kurz nach der Operation kam eine Physiotherapeutin und machte mit mir verschiedene Bewegungen mit meinem Fuß, damit er nicht versteifte. An einem Mittag kam sie und sagte: „Wir üben heute im Hängewagen.“ Ich musste aufstehen und mich in diesen Wagen hängen, es drückte fürchterlich an den Achseln und mein Fuß tat höllisch weh und schwoll dick an. Sie sagte, ich sollte meinen Fuß sehr vorsichtig aufsetzen und dann abrollen, ich versuchte es und es schmerzte wie Sau, mir wurde plötzlich ganz schwarz vor Augen und ich fing an, stark zu schwitzen; dann musste ich schnell wieder ins Bett, damit mir der Kreislauf nicht versagte.

Der erste Einsatz außerhalb des Bettes war sehr hart und anstrengend für mich gewesen. Ich beruhigte mich schnell und es ging mir wieder besser. Die Therapeutin sagte: „Das machen wir jetzt jeden Tag.“ Ich dachte: Das soll ja was werden! Aber ich fühlte in mir: Das war der richtige Weg, denn ich wollte ja mit meiner Boxerei weitermachen und dafür war es wichtig, dass ich wieder völlig gesund wurde. Mich zu quälen war ich gewohnt, und deshalb machte ich mir auch keine großen Gedanken darum.

Es war mitten im Sommer und es war tageweise brutal heiß und ich schwitzte vor mich hin, in die Dusche konnte ich nicht mit dem Bein, das hatte man mir schon gesagt, dieses wäre frühestens in drei Wochen möglich. Meine Freundin wusch mich oft im Bett, aber das war auch alles nur das Notprogramm, ich fühlte mich dreckig und es juckte mich überall, ich sehnte schon den Tag herbei, an dem ich duschen oder baden konnte. Mein Unterschenkel wurde regelmäßig geröntgt, man wollte sehen, ob alles gut zusammenwuchs.

Der Oberarzt war mit dem Resultat nicht zufrieden und sagte mir: „Wenn das bis zum nächsten Röntgentermin nicht besser ist, dann müssen wir nochmal operieren und Spongiosa aus dem Beckenkamm entnehmen und dort einsetzen.“

Was für ein Bullshit!, dachte ich und hoffte, dass nicht noch eine OP nötig sein müsste. Mich belastete dieser Zustand und ich unterhielt mich mit meiner Freundin darüber und sprach mit dem Pflegepersonal. In der Zwischenzeit hatte ich mir einen Rollstuhl besorgt und fuhr mit diesem durch das Krankenhaus, so kam ich wenigstens aus dem Zimmer heraus und es war nicht ganz so fad und langweilig.

Es tauchten einige Leute auf, um mich zu besuchen, und so hatte ich immer genügend Ablenkung, zwei von meinen Exfreundinnen besuchten mich auch, was ich natürlich sehr anständig fand. So verbrachte ich die Tage im Hospital relativ locker: Jeden Mittag musste ich zur Wassertherapie, das Bein wurde mit einem wasserdichten Verband verklebt und dann musste ich rein ins Becken, das war eine gute Sache, denn das Wasser trug viel Gewicht und ich konnte langsam laufen und meine Abrollbewegungen machen. Es tat zwar alles noch sehr weh, aber ich biss mich durch und ignorierte die Schmerzen, meine Fortschritte waren gut und die Muskulatur entwickelte sich wieder, denn sie war durch die drei Wochen im Bett liegen schon etwas zurückgegangen.

Nach ungefähr zwei Monaten konnte ich das Krankenhaus verlassen und musste jeden Tag zu den Anwendungen erscheinen. Mit dem Taxi ließ ich mich heimfahren, auf meinen Bekannten war ich natürlich nicht gut zu sprechen, denn ihm verdankte ich den ganzen Zustand. Meine Freundin erwartete mich und hielt mir die Türen auf, denn ich konnte nur auf Krücken gehen, das war schon eine echte Belastung für mich, doch ich hatte gelernt, mich mit den Dingern gut zu bewegen. Ich durfte meinen Fuß schon aufsetzen, aber nur leicht benutzen, deshalb überlegte ich mir, dass ich viel mit meinem Rennrad fahren wollte. Noch am gleichen Nachmittag fuhren Birgit und ich eine Runde übers Land, mir tat es echt gut und beim Radeln merkte ich das Bein fast gar nicht. Am nächsten Morgen ging es so zum Krankenhaus und das wiederholte sich jeden Morgen über Monate hinweg, der Chefarzt war so ganz zufrieden, nur dass sich kein Kallus bildete, gefiel ihm gar nicht. Er sagte mir: „Wir machen einen neuen Termin für eine OP, denn so wächst das nie richtig zusammen."

Ich dachte nur: Was für ein Bullshit! Doch was wollte ich machen? Hoffentlich würde eine OP helfen, das ging mir ständig durch den Kopf.
Der Doc wusste natürlich, dass ich boxte und rang, ich fragte ihn gleich zu Anfang, wann ich wieder trainieren könnte, er sagte: „Junge, wenn du später wieder ganz normal gehen kannst, dann ist es prima."

Diese Prognose machte mich psychisch echt fertig und ich betete, dass es nicht so kommen würde, alles wollte ich dafür tun, dass es wieder richtig gut wurde. Ein paar Wochen danach rückte ich wieder ein ins Krankenhaus, diesmal sagte man mir, es würde höchstens zwei Wochen dauern und keine zwei Monate wie beim ersten Mal. Schon am nächsten Tag wurde der Eingriff vorgenommen, ich erhielt auch nur eine spinale Betäubung, bekam so alles mit und war außerdem wieder schneller dabei. Es war schon komisch, zu hören, wie gehämmert und gebohrt wurde, zwischendurch bekam ich mal eine Maske auf und wurde intubiert; der ganze Eingriff war schnell gemacht und man sagte mir, alles hätte gepasst.

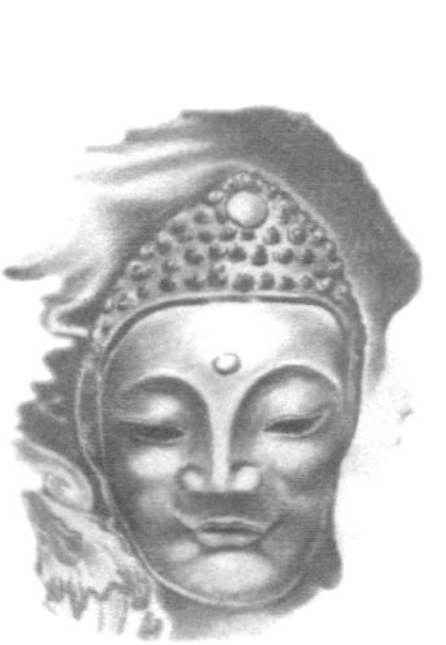

4.2. Wieder auf eigenen Beinen

Die paar Tage gingen flott vorbei und ich konnte schon nach zehn Tagen wieder heraus, ich war froh, denn langsam hatte ich echt die Nase voll. Meinem Sport konnte ich natürlich nicht nachgehen, deswegen machte ich etwas Taekwondo, es war nicht so hart wie das Thaiboxen, denn ich konnte weder einen Lowkick selber treten noch blocken. Das Training war gut, ich konnte ja am Anfang kaum etwas machen und fühlte mich manchmal so beschissen, weil ich mich noch nicht so wie früher bewegen konnte. Bei den Röntgenterminen konnte man jetzt deutlich sehen, dass die Knochen zusammenwuchsen, das war toll und ich freute mich sehr darüber. Mein Bein konnte ich immer mehr benutzen und es kam der Tag, da konnte ich die Krücken in die Ecke stellen. Ich humpelte noch etwas, aber das war schon super, wieder auf eigenen Beinen zu stehen. Durch das viele Fahrradfahren hatte ich wieder eine gute Muskulatur bekommen. Ich bezog die ganze Zeit Krankengeld, aber das war nicht die Welt und die Kohle schnell verbraucht.

Für mich war es alles sehr schwer, denn es ist hart, wenn man immer topfit war und plötzlich dann so gehandicapt ist. Der Winter war fast vorbei und es wurde wieder warm, mit meiner Perle trampten wir nach Ameland, das Wetter war aber so Scheiße, dass wir nur ein paar Tage blieben. Meinem Bein ging es schon sehr viel besser und ich überlegte, mir eine andere Wohnung zu nehmen, denn mit dem Typen konnte ich seit dem Unfall nicht mehr unter einem Dach wohnen, manchmal bekam ich schon wilde Gedanken, konnte mich aber beherrschen.

Von einem Kollegen, mit dem ich in der Kiste gesessen hatte, bekam ich eine Telefonnummer von einem Vermieter, mein Bekannter wohnte auch bei ihm und der Typ sollte sehr locker sein, was Vermietung betraf. Schon am nächsten Morgen rief ich an und machte einen Termin mit ihm, er sagte: „Kein Problem. Ich habe eine Wohnung und die können Sie haben, wenn sie Ihnen gefällt."

Wir machten einen Termin und wir schauten uns die Bude an, sie war recht nett und auch groß genug, ich ließ mir gleich den Mietvertrag mitgeben und wollte ihn mir in Ruhe anschauen. Ich sprach mit meiner Freundin darüber und sie sagte auch, dass sie die Wohnung gut finden würde, also war es besprochene Sache und wir waren uns einig. Am nächsten Morgen rief ich den Vermieter an und erklärte ihm, dass wir die Wohnung gerne haben wollten, daraufhin sagte er: „Das ist ja prima, kommen Sie morgen früh um neun Uhr vorbei und Sie bekommen den Schlüssel."

Wir blieben also bis zum nächsten Morgen und ich freute mich schon darauf, in die Wohnung einzuziehen. Wir waren morgens pünktlich da und warteten auf den Vermieter, er ließ auch nicht lange auf sich warten und wir besprachen die Einzelheiten in Ruhe. Es musste eine Monatsmiete Kaution bezahlt werden und eine erste Monatsmiete, das war fair und ich sagte: „In ein paar Tagen bekommen Sie das Geld." Der Schlüssel wechselte den Besitzer und uns ging es gut. Wir überlegten, wie wir die

Bude wohl einrichten sollten, viele Klamotten hatten wir nicht gerade, es würde wohl alles etwas spartanisch ausfallen, aber egal, ein Anfang war gemacht.

Es war Mittwoch und am Samstag wollten wir den Umzug erledigen. Ich hatte schon mit Birgits Bruder gesprochen, er arbeitete bei einer Baufirma und konnte einen Hänger organisieren, an seinem Auto war eine Anhängerkupplung und so hatten wir das Transportproblem gelöst. Ich hatte noch etwas Zeit und organisierte zusätzlich zwei Kollegen, die mir versprachen, am Samstag mitzuhelfen, so hatte ich genügend Leute und es sollte alles schnell über die Bühne gehen. Am Samstag begann der Umzug sehr früh, wir schleppten die Sachen alle in den Hänger und den Rest in den Pkw, der Hänger war sehr groß und wir bekamen alles mit einer Tour weg. Mein Vater hatte sich auch angeboten, einen Lkw zu leihen und damit beim Umzug zu helfen, ich sagte aber zu ihm: „Lass mal, das ist nicht nötig, aber danke für den Vorschlag."

Am Spätnachmittag baute ich alles in Ruhe mit Birgit auf und wir richteten uns soweit ein. Die Aktion dauerte bis spät in die Nacht hinein, wir duschten danach und gingen dann schlafen: Die erste Nacht in unserer neuen Bude. In diesem Haus war es viel stiller als in dem anderen Haus und wir schliefen in aller Ruhe, es war schon spät am Vormittag, als wir endlich aufstanden. Am Sonntag räumten wir noch weiter alles ein und gingen am Nachmittag zu Birgits Mutter zum Essen, die Mutter kochte gut und ich hatte schon mächtigen Appetit.

Im Laufe der nächsten Woche meldeten wir uns um und ich bekam Post von der Krankenkasse, dass mein Anschlussheilverfahren genehmigt sei. Was für ein Bullshit, diese Genehmigung kam Monate zu spät. Wegen dieser Therapie sollte ich nach Essen in eine spezielle Klinik für Rehamaßnahmen, der Antrittstermin sollte in ein paar Tagen sein. Für mich war es aber ein Muss, das jetzt zu machen, denn sonst sperrten sie mir mein Krankengeld; ich sprach es mit Birgit durch und es passte. Als ich ein paar Tage später in Essen ankam, sah ich die Klinik zum ersten Mal, mein Vater hatte mich dorthin gefahren und ich sparte mir eine längere Reise mit der Bahn. Von meinem Vater hatte ich mich schnell verabschiedet und ging zur Anmeldung, dort bekam ich ein Zimmer zugewiesen und fuhr mit dem Aufzug zu meiner Etage. Das Zimmer war nett eingerichtet und ich war mit noch einem auf dem Zimmer, der Bursche war grade nicht anwesend und ich packte meine Sachen aus und ging dann hinaus. Es war so um die Mittagszeit und ich spürte Hunger in mir aufsteigen, ich fragte eine Schwester, wo man hier essen könnte, sie sagte: „Da müssen sie ganz nach unten, da ist die Mensa." Die Kantine fand ich schnell, sie sah prima aus und ich ging zur Essensausgabe. Ich hatte die Möglichkeit, unter verschiedenen Menüs zu wählen, das war prima und das Futter sehr gut. Nach dem Essen begab ich mich auf mein Zimmer und rollte mich ab, mein Zimmergenosse war auch da und ich begrüßte ihn. Er erklärte mir, wie es hier so abging, das war prima zu wissen, denn so war ich schon gut informiert. Nach unserem Gespräch schlief ich ein wenig oder versuchte es zumindest.

Am Nachmittag wurde ich von einer Schwester geholt, denn ich sollte ein Arztvorstellungsgespräch haben, also lief ich hinter ihr her zum Doc. Vor dem Zimmer des Arztes musste ich kurz warten und wurde kurze Zeit später hereingerufen, der Doc begrüßte mich und schaute sich das Bein an. Er untersuchte mich danach komplett und meinte, ich würde gut aussehen, auch die Muskulatur am Bein sei wieder gut. Ich erklärte ihm, das dieses Anschlussheilverfahren viel zu spät gekommen sei und ich in der Zwischenzeit selbst sehr viel trainiert hätte, um meinen Zustand zu verbessern, er meinte, das sei mir bestens gelungen. Ich sollte meine Anwendungen jedoch jeden Tag vernünftig machen, dann würde sich der Zustand des Beines noch weiter verbessern, sagte er zum Abschied. „Alles klar“, entgegnete ich und ging aus dem Zimmer.

Die nächsten Wochen verliefen gut, ich schwamm viel und machte Krafttraining, wenn ich zwischendurch Zeit hatte, fuhr ich nach Essen und bummelte durch die Fußgängerzone. An einem Hochhaus stand ein großes Schild und zwar wurden Blutplasmaspender gesucht. Da ich aktiver Blutspender war, dachte ich mir: Komm, gehst mal rein! Mit dem Aufzug fuhr ich in die achte Etage und ging zur Anmeldung, die Schwester gab mir viele Papiere in die Hand, es waren Formulare, die ich ausfüllen sollte. Es dauerte eine ganze Zeit, bis ich alles fertig hatte. Den ganzen Stapel gab ich wieder zurück und bekam eine Nummer, es stand noch die medizinische Untersuchung an. Nach knapp einer halben Stunde wurde ich aufgerufen und ging in den Raum hinein, es wurde wieder viel gefragt und dann konnte ich endlich spenden. Die ganze Aktion dauerte fast zwei Stunden und mir war sehr langweilig dabei. Ich wusste gar nicht, was ich die ganze Zeit machen sollte, die Nadel hatte ich auch während der gesamten Prozedur im Arm und ich konnte außerdem nicht aufstehen. Also las ich den Spiegel und ein paar andere Magazine und dachte mir: Da hast du dich ja auf etwas eingelassen! Ich war heilfroh, als ich fertig war und ein Taschengeld von dreißig Mark für diese Aktion bekam, mit großen Schritten ging ich wieder zum Bahnhof und fuhr mit der S-Bahn zurück. Viel Bock hatte ich nicht mehr, das mit der Blutplasmaspende weiter zu machen, denn der ganze Aufwand war mir einfach zu lang, ich wollte die Sache erstmal überschlafen.

Am Abend ging ich in das Kino des Rehazentrums, dort lief der Film „Männer“. Es war auch die Zeit von Herbert Grönemeyer und mir gefiel das melancholische Lied „Flugzeuge im Bauch“ sehr gut. Der Film war lustig und ich lernte dort eine knackige Frau kennen, die einen Bänderriss am Fuß hatte. Sie war Stewardess bei der LTU, wir saßen später noch lange draußen und redeten etwas. Sie nahm mich an einem Abend auch mit zu sich in ihre Wohnung nach Düsseldorf. Sie kochte für uns beide etwas Leckeres zu essen, wir redeten noch eine ganze Zeit miteinander. An dem Abend erfuhr ich auch, dass sie die nächsten Tage entlassen werden sollte. Am Abend fuhren wir wieder in die Klinik und ich ging gleich schlafen. Wir sahen uns noch paar Mal, aber dann wurde sie entlassen und es hatte sich erledigt. Ich hatte ja auch eine Relatie und keinen Bock auf etwas Neues, denn mit Birgit kam ich gut zurecht.

So gingen die restlichen Wochen dahin und ich fuhr öfters des Mittags, wenn ich keine Anwendungen hatte, nach Essen, ich ging doch wieder Plasmaspenden und traf auf dem Weg nach oben einen Mann. Diesmal war ich aus Trainingszwecken die Treppen hinauf gegangen und lief bis ganz nach oben. Wie schon gesagt, überholte mich ein Mann, da ich noch nicht so fit war, und fragte mich, ob ich zu ihm in die Praxis wollte, da ich fast schon ganz oben war. Ich sagte nein, aber was für eine Praxis denn das wäre? Er sagte, ein Fertilitätsinstitut, ich hatte den Namen noch nie gehört und fragte, was das denn sei. Er meinte: „Kommen Sie mal mit. Ich erkläre Ihnen das." Ich sagte ihm, ich hätte einen Termin beim Plasmaspenden, woraufhin er nur nachdrücklich antwortete: „Kommen Sie mal mit. Bei mir können Sie viel mehr Geld verdienen." Okay, ich marschierte hinter ihm her und wir gingen durch die Tür in seine Praxis, wir liefen gleich in sein Büro und er fragte: „Möchten Sie etwas trinken?" Ich sagte: „Ja, ein Wasser wäre nicht schlecht." Wir setzten uns und er erklärte mir, was er denn so machen würde. Zu ihm könnten Ehepaare kommen, von denen der Mann unfruchtbar sei und er würde die Frauen künstlich mit fremden Samen befruchten. Ich schaute etwas verdutzt und dachte erst: Der will mich verarschen! Doch es stellte sich heraus, dass es die Wahrheit war.

„Wenn Sie wollen, können Sie als Samenspender bei mir anfangen. Wir müssen vorab aber erst viele Untersuchungen machen. Sollte das alles passen, können wir gleich beginnen, am Anfang gibt es hundertfünfzig Mark pro Spende", erläuterte der Doc. Das war ja ein Ding. „Lassen Sie uns gleich loslegen!", hörte ich mich sagen, noch am gleichen Mittag begannen die Untersuchungen, ich erhielt mehrere Termine und dachte mir, wäre super, wenn das passt. Ist doch eine gute Sache und anständige Marie gab es auch noch dafür.

Meine Zeit in der Klinik ging dem Ende zu und die Untersuchungen zeigten, dass mein Bein wieder super in Ordnung war. Es war dort recht schön gewesen und die sechs Wochen waren schnell vorbeigegangen, ich war ja auch fast jedes Wochenende nach Hause gefahren. Meiner Freundin hatte ich erzählt, dass ich vielleicht Samenspender würde und sie fand es okay. Mein Vater holte mich am letzten Tag in der Klinik ab und wir fuhren nach Hause, ich fühlte mich körperlich wieder echt stark, auch wenn mein Bein immer noch Probleme machte. Es sollte indes noch Monate dauern, bis es wieder ganz in Ordnung war.

Ich stand zu der Zeit auch noch unter Bewährung und musste regelmäßig zu meinem Bewährungshelfer, es waren immer die gleichen Fragen und ich hatte natürlich immer die passenden Antworten parat. Für mich war das alles eine hohle Nummer, denn es gab von niemandem echte Hilfe. Das waren alles nur Sprüche ohne Basis, die Gesellschaft wollte niemanden mehr integrieren, der mal im Gefängnis gewesen war. Meine Schuld hatte ich gesühnt und der Knast hatte mich ausgespuckt. Wo war denn im Knast die Resozialisierung gewesen? Man wurde weggesperrt und kriminalisiert. Das ganze System, die ganze Gesellschaft war kaputt, der Knast machte einen zum wilden Tier und dort wurden die richtigen Psychopathen geschaffen. Bei vielen Jahren im Häfen stirbt das meiste in einem ab und zurück bleiben Brutalität und Hass. Wo waren denn die ganzen Programme, die von der Politik angeblich zur Verfügung gestellt wurden, ich habe sie nie gesehen. Ich habe heute noch Wut und Hass in mir, wenn ich an die Zeit denke, sie hat mich ein Leben lang geprägt, diese unterschwellige Angst ist auch ständig da, dieses Ohnmachtsgefühl gegenüber einer Exekutive, die es nie verstanden hat, mit Menschen vernünftig umzugehen. Dieser ganze Staatsapparat war drauf versessen, immer genügend Delinquenten zu produzieren, damit das System funktionierte, zu viele staatliche Stellen waren von der Kriminalität, wie wir sie produzierten, abhängig. Für meinen Geschmack hat mal der große Sigmund Freud sehr treffend gesagt, man sollte nicht die Symptomatik sehen, sondern vielmehr die Ursache, das sei der Weg, das Problem zu lösen, doch wer wollte sich schon so eine Mühe machen?

Das Gericht ließ mich damals aber in Ruhe, denn die Berichte, die der Bewährungshelfer schrieb, schienen wohl zu passen, durch meinen schweren Unfall konnte ich sowieso froh sein, dass ich mein Leben behalten hatte. An Arbeit war nicht zu denken und meine Profi-Kickbox-Karriere konnte ich auch erstmal vergessen, denn ich konnte grade mal einigermaßen normal gehen, an andere Dinge war gar nicht zu denken. Die Wohnung hatte ich mit Birgit gut eingerichtet und mich von meinem Bekannten mit einem „Ciao!“ verabschiedet, er war ja an meiner Misere schuld, er hatte schließlich den Unfall verursacht. Ich fuhr weiterhin nach Essen zur Samenspende und so verdiente ich dadurch auch noch etwas zusätzliche Kohle. Das Krankengeld war nicht so besonders viel und meine Freundin bekam noch Sozialhilfe und musste in der Woche einige Stunden in einem Altenpflegeheim arbeiten, das war vom Sozialamt so vorgesehen, denn sonst wurde die Kohle gekürzt. Ich war ja erstmal auf Eis gelegt und konnte nichts Großartiges machen. Meine Perle hatte damals gleich den Führerschein gemacht, aber bei mir sorgte das Straßenverkehrsamt für Probleme, denn die MPU, die ich gleich nach der Haftentlassung erledigt hatte, war negativ. Der Psychologe meinte vorwurfsvoll: „Sie sind gerade raus und stellen jetzt schon einen Antrag. Das finde ich nicht in Ordnung.“

Damit hatte sich die Sache vorerst erledigt – dieser abgefuckte Spinner, was wusste der schon von mir! Diese Dinge begegneten mir immer wieder in meinem Leben und ich werde wahrscheinlich bis ans Ende meiner Tage mit solchen Arschlöchern zu tun haben, die Gesellschaft produziert am laufenden Band solche Motherfucker.

Mir kam natürlich eine gute Idee wegen meines Führerscheins, ich meldete mich in Holland an und machte die Fleppe dort, da ich sehr gut Holländisch sprach, war das überhaupt kein Problem für mich. Bei verschiedenen Kontrollen gab es meistens keine Schwierigkeiten, doch es geschah auch, dass die Grünen es ganz genau mit der Überprüfung meinten und mir dann eine Anzeige wegen „Fahren ohne gültige inländische Fahrerlaubnis“ aufs Auge drückten. Da ich meinen Lebensmittelpunkt in Deutschland hatte, war somit der holländische Führerschein für mich ungültig, denn ich konnte ihn beim Straßenverkehrsamt nicht umschreiben lassen gegen einen deutschen. Ich wurde sowieso zu dieser Zeit nachts oft angehalten, wenn ich aus diversen Clubs von Freunden kam, wo Bekannte von mir arbeiteten, es geschah einmal ganz krass. Die Polizei überholte und stoppte mich, einer der Beamten stieg mit gezogener Waffe aus und verschanzte sich hinter seiner Autotür und leuchtete mit einer sehr starken Lampe in mein Auto. Der andere stieg aus und kam langsam auf mich zu, auch mit gezogener Waffe. Ich sagte: „Was soll die Scheiße, steck die Knarre ein und mach das Licht aus.“

Er meinte, ich sollte aussteigen. So ging das eine ganze Zeit und ich rief ihnen zu:

„Wenn ihr die Plempe nicht einsteckt, so steige ich nicht aus.“

Ich machte das schon aus Protest nicht, denn für so eine überzogene Aktion gab es überhaupt keinen Grund. Nach einiger Zeit schaltete er das Licht aus und steckte das Schießeisen weg. Ich sagte: „Alles klar.“ Und stieg aus. Ich fragte, was das sollte und sie meinten, das wäre eine neue Vorschrift. Einige Zeit später erfuhr ich durch einen Beamten, den ich privat kannte, dass ich einen Polizeicomputereintrag hatte, in dem stand: „Sehr gefährlich, hat ständig eine Schusswaffe dabei.“

Als ich das erfuhr, wurde ich sehr wütend und dachte mir, welcher Wichser hat das nur hereingesetzt? Wie durfte so etwas geschehen? Ich konnte es mir nicht vorstellen, denn ich fand es so was von ungerecht. Auch wenn ich schon einiges auf dem Kerbholz hatte, gab es für so einen Eintrag kein Recht, doch das ist der Staat, und er macht, was er will.

Des Nachts arbeitete ich auch in Holland in verschiedenen Clubs und Bars als Wirtschafter, daher musste ich dort regelmäßig vorbei und nach dem Rechten schauen. Da in Holland das Drogengesetz ziemlich liberal war, gab es natürlich an jeder Ecke Stoff. Es geschah häufig, dass ich in der Nacht mitbekam, dass Türken oder Marokkaner in den Club kamen, immer mit vier oder fünf Mann und zugekokst ohne Ende, sie dealten damit und machten eine Riesenkohle. Sie provozierten oft Stress und wurden durch ihre überhebliche Art sehr ätzend zu den Frauen. Sie waren alle schwer bewaffnet und es kam ab und zu mal vor, dass der eine oder andere in die Decke schoss oder auf dem Parkplatz herumballerte. Meine Bekannte hatte auch immer ein paar Spritzen in der Hütte und so schnappte ich mir einen Schroter und sprang in die Bar. Ich sagte sofort: „Lasst eure Eisen stecken und verpisst euch von hier und kommt nie mehr wieder.“

Sie machten große Augen, schimpften noch was, aber gingen dann hinaus. Solche Situationen gab es öfters, das Milieu war hart und unberechenbar, das hatte ich schon längst gemerkt. Ich war viel unterwegs und fuhr durch die Gegend, mein Training machte ich wieder wie ein Verrückter, denn mein Bein war langsam okay. Es war wohl noch ein Loch in der Knochenhaut vorhanden, das ich aber in Holland mit einer Laserbehandlung kurieren ließ. Am Wochenende war ich in verschiedenen Diskotheken zusätzlich als Türsteher tätig, in der Woche trainierte ich jeden Tag morgens und abends und bereitete mich auf die Deutsche Meisterschaft im Kickboxen vor. Mir war es sehr wichtig, den Titel zu holen, denn ich wollte voll in die Profilaufbahn einsteigen. Mich ärgerte es sehr, dass ich den Unfall gehabt hatte, denn das hatte mich weit zurückgeworfen.

Ich fuhr mit meiner Freundin auch öfters zum Urlaub in die Berge, denn Bergsteigen war meine große Leidenschaft; diese Tage taten uns immer sehr gut, so konnten wir den ganzen Dreck für kurze Zeit vergessen. Mir war klar, dass ich in einem anderen Leben sicher ein Almbauer oder Ähnliches gewesen sein musste, denn sonst konnte man diese Leidenschaft für die Berge und Natur nicht erklären. Meistens nahmen wir ihren Bruder auch noch mit, er war ein guter Junge und ich verstand mich prima mit ihm. Mir kam es so vor, als wenn ich sein großes Vorbild war. Wir hatten geplant, durch die Alpen nach Venedig zu fahren, in die Lagunenstadt, und so machten wir drei uns auf den Weg. Zu der Zeit fuhren wir einen alten Zweihundertzwanziger Daimler als Diesel, der Wagen war sehr robust gebaut und die Maschine war auch noch recht gut. Beim Hinweg fuhren wir zum Gardasee und blieben ein paar Tage dort. Als wir über den Brenner fuhren, wurde es schon merklich wärmer. Irgendwann spät in der Nacht kamen wir am nördlichen Ende des Gardasees an, kurz bevor wir dort waren, wurden wir von Carabinieris gestoppt, die uns kontrollierten. Einer von den Bullen baute sich groß auf mit seiner Maschinenpistole, ich dachte nur: Was bist du für eine Wurst? Die Aktion dauerte eine ganze Weile und dann konnten wir weiter. Zu dieser Uhrzeit hatte dort alles dicht, wir fanden weder eine Pension noch ein Hotel; wir suchten einen ruhigen Platz zum Parken und pennten, so gut es ging, im Auto. Die Nacht war sehr frisch und da wir keine Decken oder Ähnliches dabei hatten, mussten wir zwischendurch immer wieder den Motor anschmeißen. So zogen die Stunden vorbei und es wurde schnell hell.

Als wir etwas sehen konnten, dachte ich nur: Was für eine tolle Gegend! Ich war früher auch noch nie dort gewesen und kannte den See nur von Erzählungen. Das Panorama war wunderschön und wir gingen über die Straße zu einem Campingplatz, den wir überquerten, und schon waren wir am Wasser. Wir wuschen uns erstmal und ich hüpfte danach gleich in die Fluten, das Wasser war sehr frisch und total klar. Es war sehr schön und ich dachte bei mir: Warum bist du eigentlich nicht schon mal früher hierhin gefahren? Nach dem Bad gingen wir zum Auto und fuhren weiter, wir mussten noch etwas warten, bis die ersten Geschäfte aufmachten. Es war toll, mit dem Auto durch die offenen Tunnel zu fahren und so den See zu umrunden. Die Sonne schien von den Bergspitzen herab und hüllte alles in ein wunderbares Licht, wir fuhren komplett um den See herum und frühstückten danach. Als es richtig warm wurde, suchten wir uns ein schönes Plätzchen am Ufer, legten uns in die Sonne und schwammen noch eine Runde. Gegen Nachmittag setzten wir unsere Fahrt Richtung Venedig fort.

Es wurde sehr warm im Auto und wir fuhren über die Autobahn, links und rechts von uns waren überall Plantagen und alles blühte, es roch einzigartig und war einfach schön anzuschauen. Wir fuhren gute zwei Stunden, dann waren wir in Venedig. Es war natürlich nicht möglich, dort irgendwo zu parken, deshalb fuhren wir zurück und stellten uns in die Dünen, die zum Strand führten. Wir hatten noch unseren Rottweiler dabei, dem auch sehr heiß war, also beschlossen wir, dass wir schwimmen gehen wollten. Das Auto parkten wir am Rande einer größeren Sanddüne. Wir liefen zum Wasser, das einige hundert Meter entfernt war, und warfen uns gleich in die Fluten. Nach der Abkühlung legten wir uns in den warmen Sand und ruhten ein wenig. Es war sehr heiß und lange konnten wir nicht bleiben, denn dem Hund wurde es ebenfalls schnell zu warm. Das Salz brannte und juckte auch auf der Haut wie verrückt. Wir liefen also durch die Dünen in Richtung unseres Autos und ich bemerkte einen Typen, der in der Nähe unseres Pkws mit einer Enduro wegfuhr. Ich konnte das aber nicht zuordnen und dachte, der kurvt da nur herum – ich sollte aber eines Besseren belehrt werden.

Als wir unseren Daimler schon sehen konnten, fiel mir auf, dass er so komisch glitzerte, meine Entdeckung teilte ich auch meiner Freundin und dem Patrick mit, sie konnten aber nichts Auffälliges bemerken. Es waren jetzt nur noch ein paar Meter und ich dachte: Da stimmt was nicht! Als ich neben dem Auto stand, sah ich die Bescherung: Das Radio war geklaut worden und man hatte mir auf der Fahrerseite die komplette Seitenscheibe eingeschlagen. In mir kochte alles und ich bekam einen Tobsuchtsanfall, die scheiß „Spaghettifresser“ hatten mich beklaut, es war bestimmt der Vogel mit dem Motorrad gewesen, denn direkt am Auto waren auch Reifenabdrücke von einem solchen Fahrzeug zu sehen. Die Hitze war heftig, wir standen mitten in der Sonne und es war Nachmittag so gegen fünfzehn Uhr. Überall im Auto lagen die kleinen Glassplitter, wir drei fummelten alles aus den Sitzen. Jeder von uns hatte sich mehrfach geschnitten. Die ganze Aktion dauerte ihre Zeit, wir schwitzten wie ein paar Bullen und hatten auch nichts zu trinken da. Als wir fertig waren, fuhren wir los und überlegten, was wir am besten machen sollten. Eine Anzeige zu erstatten hätte eh keinen Sinn gemacht, so beschlossen wir, uns einen Campingplatz zu suchen, um dort zu übernachten und noch am selben oder am nächsten Tag eine neue Scheibe zu besorgen.

Einen Platz hatten wir schnell gefunden und wir quartierten uns ein, das heißt, wir bauten das Zelt auf und gingen dann erstmal duschen, damit die Juckerei vom Salzwasser aufhörte. Es wurde schon dunkel, wir aßen etwas und wollten dann früh schlafen gehen. Unseren Rottweiler hatten wir mit einer langen Leine am Baum festgemacht, wir krochen also in das Zelt und versuchten einzuschlafen. Ich wurde durch lauten Lärm aus dem Schlaf gerissen und dachte: Was ist denn da los? Unser Hund bellte und knurrte wie verrückt und ich hörte Leute schreien: „Scheiß Köter, halt das Maul oder wir schlagen dich tot!“

Wie von der Tarantel gestochen sprang ich hoch und zog schnell ein paar Sachen an, Patrick tat das Gleiche und ich bebte vor Zorn. Wir stürzten aus dem Zelt und ich beruhigte unseren Vierbeiner. In ein paar Metern Entfernung hörte ich laute Musik und viele Stimmen, wir gingen durch ein paar Büsche hindurch und standen vor einem Lagerfeuer. Dort saßen ungefähr acht Mann und waren mächtig am Biersaufen. Es waren Deutsche, das hörte ich schon aus der Ferne an der Aussprache, ich fragte sofort: „Wer hat denn hier so ein großes Maul gehabt?“

Es standen ein paar auf und einer meinte: „Was willst du denn?“ Ich ging näher an sie heran und gab dem Redner erstmals eine harte Ohrfeige, der knallte sofort zu Boden und war halb benommen. Die anderen waren jetzt auch aufgesprungen und wollten sich prügeln, mit voller Power ging ich auf den Haufen los und verteilte Tritte und harte Schläge. Patrick schnappte sich den Rest und die Sache war schnell geregelt, im Weggehen sagte ich noch: „Ihr Motherfucker, macht das nie mehr wieder!“

Wir liefen danach zum Zelt und packten unsere Sachen, denn ich hatte keine Lust, noch Probleme mit den Bullen zu bekommen. Mir kamen die Spinner vor wie Männer ohne Eier, also konnte es gut sein, dass sie uns anzeigen wollten.

In den ganzen Jahren an der Front habe ich das so oft erlebt, dass Männer Streit anfingen mit dem vollem Vorsatz, mich platt zu machen, wenn sie dann aber merkten, dass das nicht funktionierte, kam aus billigem Revanchismus meistens eine Anzeige. Ich hasste und hasse solche Subjekte, die kein Herz, geschweige denn Eier haben. Da es eh schon bald wieder hell wurde, dachte ich mir: Fahren wir zu einer Reparaturwerkstatt, um die Scheibe machen zu lassen! Unser Zelt war flott abgebaut und alles im Auto verstaut. Birgit setzte sich ans Steuer und wir fuhren Richtung Ausfahrt, beim Pförtner bezahlten wir unsere Gebühren und er öffnete die Schranke. Wir fuhren in Richtung der nächsten Stadt. Da wir nicht viel gepennt hatten, legten wir uns auf eine Wiese nahe der Stadt, es war schon angenehm warm und ich nickte vor mich hin, richtig zu schlafen, das ging nicht, denn seit meiner Zeit in Algerien hatte ich es mir angewöhnt, immer sehr wachsam zu sein und nie hart draußen im Freien zu schlafen. Es war so gegen neun, als wir aufstanden und zu einer Werkstatt fuhren, ich sprach dort mit einem Schrauber und es ging drunter und drüber mit der Kommunikation, denn ich konnte kein Italienisch und er kein Deutsch oder Englisch. Ich schleppte ihn mit zum Auto und zeigte ihm das Malheur, es kam noch ein zweiter Monteur dazu, weil man wohl bemerkt hatte, dass die Verständigung ins Stocken geraten war. Dieser Mann sprach etwas Deutsch und erklärte mir, dass man hier nirgends eine solche Scheibe bekommen würde, die einzige Möglichkeit bestünde darin, bei Mercedes eine neue Scheibe zu bestellen, aber das würde auch noch ewig dauern und käme sehr teuer. Was für ein Shit!, dachte ich mir und besprach das mit den anderen, wir wollten erstmal noch etwas an den Strand, aber an eine Stelle, wo wir den Wagen gut sehen konnten, und dann überlegen, was wir am besten machen sollten.

Die ganze Fahrt dorthin kotzte mich schon tierisch an und ich war sehr aggressiv, ich stürzte gleich mit Patrick ins Wasser und wir schwammen sehr weit raus. Ein ganzes Stück vom Ufer weg hatten schöne Segelboote geankert, ich meinte zu Patrick: „Komm, lass uns mal auf eins draufklettern." Wir suchten uns eins aus und schwammen an das Boot heran, keiner war an Bord und wir kletterten hoch, was auch sehr schwierig war, denn keine Leiter hing ins Wasser. Es war ein sehr tolles Boot, ich dachte mir, der Besitzer muss wohl richtig Kohle haben, wir stiegen in die Kombüse, dort lagen jede Menge Sachen herum, die wir durchsuchten. Wir fanden einige große Lirascheine und ich dachte: Das ist viel Geld! Nach unserem Besuch sprangen wir wieder ins Wasser und schwammen zurück, es waren ein paar hunderttausend Lirascheine. Wie ich später merkte, waren es so um die dreihundert Mark, und ich dachte schon, wir hätten ein paar Tausender geschnappt.

Wir beschlossen, noch am gleichen Mittag zurück nach Deutschland zu fahren. Damit es nicht so zog, klemmten wir ein Handtuch zwischen Tür und Holm. Das Handtuch knallte und flatterte natürlich beim schnellen Fahren und die Ohren wurden hart strapaziert. Wir fuhren jetzt den direkten Weg und mussten über den Tauernpass. Als wir die Autobahn verließen, ging es nur ständig bergan und es wurde merklich kälter, kurz vor der Passhöhe sahen wir freilaufende Pferde und wir fuhren in die Wolken. Auf der Passhöhe lag sogar noch etwas Schnee und es war echt kalt, ich saß im Auto mit kurzer Hose und Unterhemd. Wir fuhren an der anderen Seite wieder herunter und ich sagte Birgit, sie solle viel mit der Motorbremse arbeiten, denn ich hatte die Befürchtung, dass die Bremsen überhitzen könnten. Es ging aber alles glatt und wir kamen gut auf die Autobahn und fuhren über München zurück. Es war schon sehr heftig, so eine lange Fahrt ohne Seitenscheibe zu machen. Unserem Hund ging es ebenfalls wieder gut, denn ich glaube, die Hitze hatte ihm auch nicht so gefallen. Spät in der Nacht kamen wir zu Hause an, wir luden unsere Sachen schnell aus und legten uns dann ins Bett.

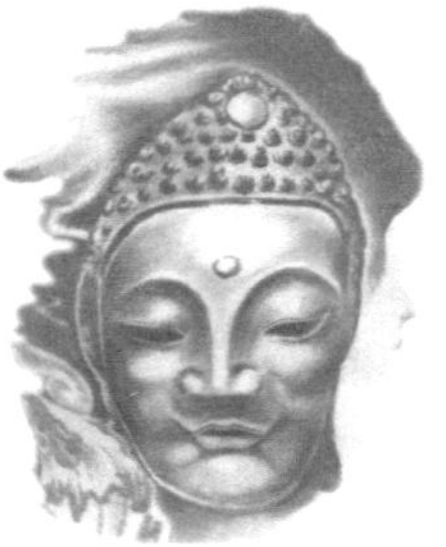

4.3. Tattoos

Ich hatte mich schon im Knast ein bisschen tätowieren lassen, die Sachen waren wohl gut gemacht, und ich setzte meine Leidenschaft jetzt draußen fort. In Arnheim ließ ich mir einige Sachen in einem Tattooshop machen, der im Redlight-District lag. Dort erfuhr ich, dass es noch mehrere Tätowierer in Arnheim gab, ich ließ mir von einem namens Roel die Nummer geben und dachte mir: So, schau ihn dir doch mal an, vielleicht ist er echt gut. Dieser Tätowierer sollte einer meiner besten Freunde werden, aber das wusste ich damals noch nicht.

Die meiste Zeit fuhr ich zu Trainingszwecken eh mit dem Rennrad nach Arnheim, es war eine gute Strecke und die Landschaft war sehr schön. Ich fuhr also nach Arnheim-Süd, ein ganz schlimmes Viertel mit viel Gewalt, Drogen und Kriminalität, hier hauste alles, und Türken, Marokkaner und Farbige gaben sich ein Stelldichein. Als ich das erste Mal mit dem Auto dorthin fuhr, wurde ich an jeder Ecke angehauen, ob ich Drogen kaufen wollte – wenn sie ein ausländisches Kennzeichen sahen, dann riefen sie ganz laut: „Was brauchst du an Stoff? Ich habe alles zu einem guten Preis."

Die Polizei machte da wenig, meistens wurden die Leute gestoppt, die gerade gekauft hatten, aber nie die Dealer. Eine sehr ungerechte Welt, doch wenn man weiß, dass der Staat offiziell Coffeeshops betreibt, wo Dope verkauft wird, dann braucht einen nichts mehr zu wundern.

Ich musste den Shop von Roel erst suchen, denn er arbeitete zu Hause, wo er ein Studio eingerichtet hatte – schon von Anfang an waren wir uns sehr sympathisch. Ich hatte bis dato auch schon eine Tattooausrüstung und ein bisschen Erfahrung, wir redeten viel über Tattoos und ich ließ mir im Laufe der Jahre sehr viel von ihm stechen. Roel hatte eine nette Frau und zwei Söhne, meine Freundin verstand sich auch sehr gut mit Beppy, so hieß sie. Wir waren fast jedes Wochenende da und es entwickelte sich eine richtig gute Freundschaft. Mir gelang es durch ihn auch meine Technik beim Stechen zu verbessern und ich konnte bei ihm noch viel lernen, eigentlich wollte ich auch einen eigenen Laden aufmachen, denn wenn ich tätowierte, dann immer zu Hause bei mir in der Wohnung. Es war normal bei Roel, dass er abends gemütlich beim Fernsehen mit seiner Frau sein Jointchen rauchte. Ich hatte bis dahin auch schon mal Gras oder Haschisch probiert, doch ich fand es nicht besonders gut. Da ich sehr viel trainierte, war es auch gar nicht machbar, ich erinnere mich jedoch, dass ich dort mal ein Jointchen mit Gras rauchte, mein Kollege und ich fuhren spätabends dann mit dem Radel zurück, wir lachten uns bald kaputt und ich musste aufpassen, dass ich nicht in den Graben fuhr.

In dieser Zeit passierte es auch, dass mein Kollege Roel mit ein paar Surinamern Probleme bekam, seine Frau wurde in der Pommesbude immer von ihnen belästigt. Als ich einen Sonntagmittag bei ihm vorbeischaute, sagte mir seine Frau ganz aufgeregt: „Schnell Ralf, der Roel ist alleine zu ihnen hin."

Ich fuhr mit meinem Auto natürlich sofort hinterher. Ich steckte mir mein Stilett ein und legte meinen Baseballer auf meinen Beifahrersitz. Als ich an der Fressbude ankam, war mein Kollege schon da, ich riss die Tür auf, schnappte mir den Luisville-Slugger und sprang heraus. Die Jungs waren überrascht durch diese Aktion und ich fragte Roel: „Ist alles okay, mein Junge?"

Die anderen waren zu fünft, aber das interessierte mich nicht, Fights auf der Straße kannte ich zur Genüge. Meine Sorgen waren halt nur, dass keiner von denen einen Schießprügel eingesteckt hatte, das war bei den Jungs eigentlich normal, denn sie verdienten ihren Lebensunterhalt mit Rippen und Drogenverkauf. Ich sprach sie an und sagte: „Was geht hier ab?" Keiner von ihnen sagte etwas. Roel meinte noch: „Wagt es nie mehr, meine Frau anzusprechen." Und damit war das Problem gelöst, wir fuhren dann zusammen weg und ich war zufrieden mit dem Ergebnis. Die Schädel würden es sicherlich nicht noch mal auf so eine Aktion ankommen lassen.

Durch Roel lernte ich auch viele gute Leute kennen und zu einem habe ich sogar heute noch Kontakt; die Zeit war sehr schön und fast jedes Wochenende ließ ich mich weiter tätowieren. Mit meinem Sport ging es ebenfalls manierlich vorwärts, mein Bein war wieder gut in Ordnung, sodass ich wieder viele Meisterschaften im Kickboxen und Ringen erfolgreich bestritt. Meine Freundin arbeitete weiter im Club und ich schaute für die Eigentümerin immer nach dem Rechten. Es war nicht möglich, dass ich voll als Wirtschafter dort arbeitete, denn die Zeit hatte ich nicht und die ganze Nachtarbeit tat mir auch nicht gut. Mein Kollege, mit dem ich viel trainierte, hatte ein eigenes Studio, ich war sehr oft bei ihm, wir kannten uns schon jahrelang. Früher war ich über sechzig Kilometer mit dem Fahrrad zum Training gefahren und das dreimal pro Woche, dort hatten wir uns ehemals kennengelernt. Der Leistungssport war für mich lebensnotwendig, ich musste mich quälen und die harte körperliche Auseinandersetzung war gut für mich. Dadurch, dass ich in mehreren Schulen Unterricht gab, hatte ich auch gute Wettkampfleute, einen bereitete ich gerade für die Weltmeisterschaft im Kickboxen in den Vereinigten Staaten vor. Zu Beginn unserer Bekanntschaft bestand eine Aversion, die war wohl darin begründet, dass er mit einer Exfreundin von mir zusammen war, ich für meinen Teil hatte keine Probleme damit, er aber schon eher. Beim Sparring wurde die Sache hart im Kampf geklärt und so war das Problem aus der Welt, er machte gute Fortschritte beim Training und ich dachte: Das kann vielleicht was werden.

Wir hatten uns wieder miteinander verabredet und ich wartete zu Hause darauf, dass er mich abholte. Die Zeit verging, doch kein Christoph erschien, mir kam das sehr merkwürdig vor, denn auf ihn war sonst immer Verlass. An diesem Abend ging ich mit einem schlechten Gefühl ins Bett und mein Instinkt sollte mich nicht täuschen. Es war sehr früh, als ich am nächsten Morgen einen Anruf bekam und mir mitgeteilt wurde, dass Christoph tot sei, das schockte mich und ich war echt abgefuckt. Was war geschehen? Er arbeitete für eine Versicherung als Vertreter und hatte einen neuen BMW als Dienstwagen bekommen. Er war mit einem weiteren Bekannten auf der Bundesstraße volles Programm gefahren und hatte dann bei fast zweihundert Stundenkilometern die Kontrolle über den Wagen verloren und war gegen einen Baum geknallt. Der Beifahrer überlebte den Unfall, doch mein Bekannter verbrannte elendig in den Flammen. Noch am gleichen Abend fuhr ich mit Birgit und ihrem Bruder zu der Unfallstelle, es war schon dunkel und ich wusste nicht ganz genau, wo es war. Plötzlich ging unser Wagen ohne erkennbaren Grund aus. Ich stieg daraufhin aus und sah, dass wir direkt am Unfallort waren. Ich glaube, es war Christophs Art, Lebewohl zu sagen. Über diese Situation habe ich noch oft nachgedacht, aber da ich ein sehr spiritueller Mensch bin, kommt es mir nicht seltsam vor. In meinem Leben habe ich viele Dinge erlebt, die man rational nicht beschreiben kann.

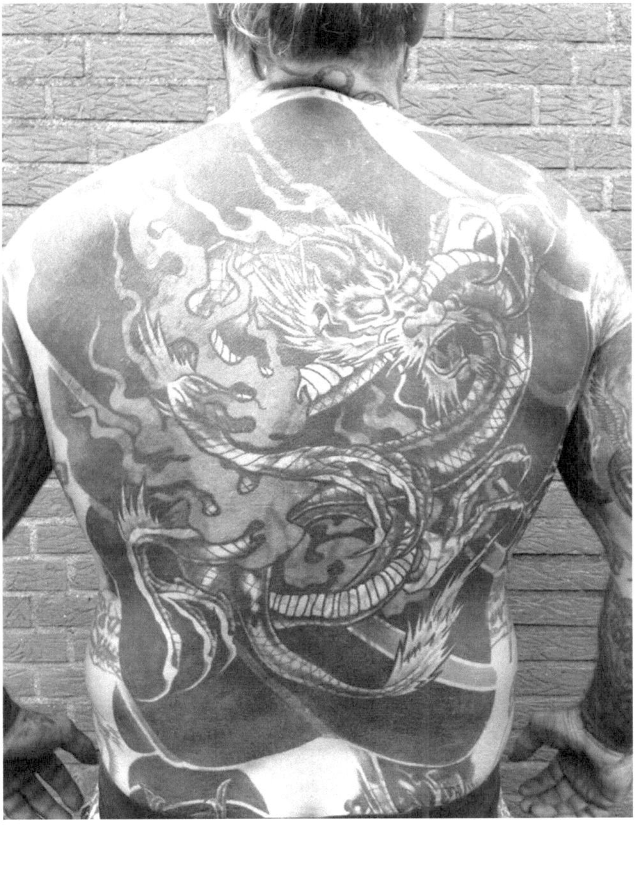

4.4. Autohandel

Einem Kollegen von mir, Georg, ging es auch nicht gut, ich merkte, dass er bei der Wettkampfvorbereitung nicht so ganz bei der Sache war. Es bedrückte ihn etwas, das spürte ich wohl. Er war ein sehr introvertierter Mensch und so war es schwer, irgendetwas an ihm zu bemerken. Ich wollte wohl öfters mit ihm reden, aber er blockte gleich und so ließ ich es bleiben. Seinen Titel gewann er und wurde Deutscher Meister im Kickboxen, ich freute mich natürlich für ihn und dachte mir: Das harte Training hat sich doch rentiert. Von anderen Jungs hörte ich immer wieder, dass der Georg massive Probleme mit seiner Freundin haben sollte, ich hatte so was vermutet. Dieser Stress sollte aber so eskalieren, dass etwas Schlimmes passierte. Mit den Wochen und Monaten merkte ich, dass mein Kollege physisch immer mehr abbaute, bald sollte er seinen Titel verteidigen, dieses war aber in seiner momentanen Situation gar nicht möglich. Seit Wochen trainierte er kaum mehr und machte das Training für die anderen auch absolut lustlos, er war auf dem besten Weg, seine ganze Existenz zu zerstören. Einem Gespräch ging er aber noch immer aus dem Weg.

Es war Wochenende und ich arbeitete in einer Diskothek ganz in der Nähe seiner Sportschule. Als ich frühmorgens nach Hause fuhr, bemerkte ich Blaulicht und Polizei vor seiner Schule, ich dachte mir: Da haben bestimmt welche versucht, einzubrechen. Meine erste Idee war, dort eben vorbeizufahren, aber ich dachte dann, dass die Polizei schon da wäre, dann würde es schon passen, also fuhr ich heim und legte mich schlafen. Erst zwei Tage später wurde ich angerufen und mir wurde gesagt: Der Georg hat sich aufgehängt und ist tot! Das traf mich schon hart, denn von solch einer Tat war ich nicht ausgegangen. Wie ich später erfuhr, hatte die Freundin wohl zu ihm gesagt, sie sei schwanger, aber nicht von ihm. Das hatte ihn so getroffen, dass er sich selbst umbrachte. Ich will so eine schreckliche Sache nicht bewerten, aber ich möchte auch nicht in der Haut der Freundin stecken. Ich glaube ganz fest daran, dass jeder das bekommt, was er verdient.

Mich nahm die Geschichte schon mit, denn wir kannten uns lange und waren Freunde; mir zeigte das mal wieder, wie zerbrechlich das Leben ist und dass ein jeder von uns seine Belastbarkeitsgrenzen hat. Wie schnell kann man so absacken und die Freude am Leben verlieren. Wenn der Schmerz zu groß wird, dann kann man ihn nicht mehr ertragen und versucht sich dieser Qual zu entziehen, und sei es durch Selbstmord. Ich bin selber oft in meinem Leben in diesen Grenzbereich gekommen und hatte meine größte Mühe, nicht selber daran zu zerbrechen. Dieser Tanz auf dem Vulkan ist eine Wanderung am Limit und lässt sich kaum steuern. In unserer Boxerszene machte der Tod meines Kollegen natürlich die Runde, jeder war betroffen, einige wahrscheinlich nur dadurch, dass sie merkten, dass das Leben ganz schnell vorbei sein kann. Ich für meinen Teil verarbeitete die Sache und bekam dadurch den nötigen Abstand. Man denkt immer, dass man Konsequenzen für sich persönlich aus so einer Tat zieht, doch bei mir war das nicht der Fall, der Mensch neigt dazu, schnell zu vergessen und sich seine eigene Realität zu erschaffen, um gut und unbeschadet zu überleben.

Die Zeit ging weiter und niemand kann die Uhr zurückdrehen. Ich setzte mein Training und die Arbeit fort, als sei nichts gewesen, man vergisst rasch in der heutigen schnelllebigen Zeit. Mit meiner Freundin gab es auch ein bisschen Probleme, denn ich war ständig unterwegs, während sie zuhause blieb. Sie sprach mit mir allerdings nicht viel über die Probleme, die sie damit hatte, dass ich kaum Zeit mit ihr verbrachte. Mein Leben hatte sich automatisiert, mir fiel das gar nicht so auf, ich war viel zu sehr mit mir selbst beschäftigt, sodass ich überhaupt keinen direkten Zugang mehr zu ihr bekam. Wie ich später erfuhr, hatte sie mit einem Holländer eine neue Beziehung begonnen – ich kannte diesen Typen vom Sehen, er war ein Kokser und gefiel mir als Mensch überhaupt nicht.

Ich fuhr mit meinem Kollegen Roel ein paar Tage nach England, es war Frühjahr und die Kreidefelsen glänzten im Sonnenlicht. Wir verbrachten eine schöne Zeit und schauten uns viel an, nach ein paar Tagen fuhren wir wieder zurück nach Holland, wo ich ihn absetzte und danach zu mir heimfuhr. In unserer Wohnung war alles so wie immer, da ich sehr müde war, legte ich mich erstmal ab und schlief mich aus. Am Abend war Birgit immer noch nicht da und ich dachte mir: Was ist da wohl los? – Sie hatte eine Stelle im Büro. Da ich keinen Brief oder sonst etwas fand, rief ich kurzerhand ihre Mutter an und fragte sie, ob sie wüsste, wo ihre Tochter sei. Sie meinte nur: „Ich habe keine Ahnung, wo sie steckt.“ Ich wurde langsam nervös und dachte nur: Was geht ab? Eine innere Unruhe beschlich mich und ich fing an, sie zu suchen. Alle Leute rief ich an, um da vielleicht etwas in Erfahrung zu bringen, doch man sagte mir überall, man wüsste nichts. Später erfuhr ich, dass ich jedes Mal angelogen worden war. Innerlich war ich geschüttelt, ich war wütend und emotional niedergeschlagen zugleich, mir ging es sehr mies, denn ich spürte in mir die Wahrheit: Dass sie abgehauen war.

Die nächsten Wochen gingen dahin und ich war hart angeschlagen, denn wir waren lange zusammen gewesen und ich hatte viel Gefühl für diese Frau. Nach einigen Wochen im Ungewissen saß ich mittags bei meinem Kollegen Roel und er steckte mir dann, was wirklich los war. Nun wusste ich es ganz genau: Birgit hatte zu Beppy immer noch guten Kontakt und ihr alles anvertraut. Meine Wut war sehr groß, denn niemand hatte mir bis jetzt davon erzählt, obwohl sie es wussten. Nur von Roel erfragte und erfuhr ich alles und bekam auf diesen neuen Typen einen mächtigen Hals. Seine Adresse kannte man nicht so genau, aber die Stadt, ich rief sofort ein paar Kollegen an und wir fuhren gleich dorthin. Es dauerte ziemlich lange, bis ich erfuhr, wo seine Mutter lebte, dort fuhren wir vor und ich klingelte an der Tür. Es dauerte eine Weile und eine Frau rief vom Balkon: „Wer ist denn dort?“

Ich stellte mich kurz vor und fragte sie, ob sie wüsste, wo ihr Sohn sei, sie sagte: „Komm mal hoch, wir reden in der Wohnung weiter.“

Die Tür öffnete sich und ich nahm noch zwei Freunde mit hoch. Wir gingen gleich in die Wohnung, ich stellte mich nochmal vor und sprach mit ihr über das ganze Problem. Sie war natürlich sehr vorsichtig, um ihren Sohn nicht in die Tonne zu hauen. Das ganze Gespräch brachte mir eigentlich nicht viel, denn so kam ich nicht weiter, nach dem Gespräch gingen wir wieder in Richtung unseres Autos. Ein Holländer stand oben auf dem Balkon und schrie irgendwas Blödes in unsere Richtung. Mein Kollege drehte sich um und sagte: „Halt die Schnauze, du Arsch!"

Der Stress ging jetzt richtig los, denn es kamen immer mehr Bewohner auf ihre Balkone, um zu sehen, was da los war, einige riefen: „Ihr scheiß Deutschen!"

Mir wurde es auch langsam zu heftig und ich war giftig, ich sagte: „Wenn ihr was wollt, dann kommt runter und wir klären die Sache."

Von den Arschlöchern kam aber keiner herunter und wir stiegen in unseren Wagen, um wegzufahren. Mit dieser ganzen Situation war ich in keiner Weise zufrieden, doch was sollte ich anderes machen? Ich hatte ein schlechtes Gefühl und sagte zu meinen Kollegen: „Die werden bestimmt die Bullen rufen und deshalb müssen wir schnell das Gerät verstecken."

An einem kleinen Waldstück hielten wir an, ich riss die Tür auf und ging rasch in den Wald und verbuddelte das Teil. Mein Kollege Roel hatte mir erzählt, dass der Typ ein Dealer sei und ständig bewaffnet herumliefe. Diese Information war für mich sehr wichtig, denn so konnte ich mir auch was einstecken und mich notfalls damit zur Wehr setzen. Ich halte nichts davon, ein Eisen zu tragen, denn das kann sich in jeder Richtung falsch entwickeln und zu großen Problemen führen.

Als ich wieder im Auto saß, fuhr ich auch sofort los, an der nächsten großen Ampelkreuzung kamen plötzlich die Bullen mit vier oder fünf Wagen angerast und versperrten uns den Weg. Wir wurden umstellt und man rief uns zu, wir sollten einzeln aus dem Auto herauskommen und die Hände dann sofort hinter dem Kopf verschränken, es zielten eine Menge Bullen mit ihren Waffen auf uns. Wir unterhielten uns noch kurz und keiner wusste so recht, was dieser Aufstand denn sollte – es war wohl erforderlich, der Aufforderung der Polizei Folge zu leisten, so machte ich gleich den Anfang und stieg aus dem Wagen. Meine Kollegen kamen auch zügig nach, die Cops kamen näher und sicherten ihre Kollegen, die uns auf dem Rücken Handschellen anlegten. Jeder von uns kam separat in einen Polizeiwagen und wir wurden schnell zum Präsidium gebracht, danach ging jeder von uns einzeln und allein in eine Zelle. Bis zu diesem Zeitpunkt hatte uns niemand genau gesagt, was man von uns wollte und warum wir arrestiert wurden.

Es dauerte einige Stunden und ich wurde zum Verhör gebracht, mir wurde vorgehalten, ich hätte das Leben von dem Typ von meiner Freundin bedroht. Ich war sehr wütend und dachte mir: Was soll dieser Bullshit? Den Cops erklärte ich, dass dieses nicht stimmen könnte, denn ich hätte diesen Typ noch nicht sprechen können. „Wer behauptet solch einen Dreck?", fragte ich.

Der Polizist erklärte, das hätte seine Mutter gesagt – das war ja der Gipfel der Dreistigkeit, einer solchen besoffenen Mistkuh glaubte man! Dem Bullen erzählte ich meine Geschichte und dass ich mit der Alten kaum gesprochen hatte, es wurde alles zu Papier gebracht und meine Aussage aufgeschrieben. Die ganze Vernehmung dauerte fast eine ganze Stunde und danach wurde ich gleich wieder in die Zelle gebracht. Der Beamte, der mich einschloss, sagte zu mir, dass wir zur Grenze abgeschoben werden würden und der Bundesgrenzschutz dann noch Fragen an uns hätte.

Es dauerte dann nochmals bestimmt zwei Stunden und wir wurden abgeholt und jetzt zusammen mit einem Bus zur Grenze gefahren, das aber alles ohne Handschellen, und ich dachte mir, dass die Sache schon durch wäre. An der Grenzstation wurden wir den deutschen Beamten übergeben und mussten im Flur warten. Nach kurzer Zeit fragte man uns, was passiert sei, wir erzählten die Geschichte. Der Polizist meinte: „Die Holländer haben da etwas anderes erzählt, aber hier liegt nichts gegen Sie vor. Sie können gehen."

Das war eine gute Nachricht, ich war wohl auch davon ausgegangen, aber bei der Behörde kann man sich nie ganz sicher sein. Dieses hatte ich schon oft gehört und sollte auch in der Zukunft noch häufig damit Bekanntschaft machen, aber das ist eine andere Geschichte, auf die ich noch zurückkommen werde. Wir sprangen schnell in den Wagen und fuhren zu einem Kollegen nach Hause, während der Fahrt sprachen wir über die ganze Sache und ich dachte: Wie schnell kann es passieren, dass irgendwer eine dreckige Lüge erzählt, und schon kommt man echt in große Probleme. Diese Nacht schlief ich nicht besonders gut, denn ich musste dauernd an meine Exfreundin denken. Mich hatte es emotional doch schwer erwischt, ich beschloss, die Tage wieder zu der Mutter von diesem Typen zu fahren, um sie mal zu fragen, warum sie solch einen Bullshit erzählt hat und ob sie mir sagen kann, wo ihr Sohn steckt.

Am nächsten Morgen war es schon früh sehr warm und ich dachte: Wie bekommst du den Tag jetzt wohl herum? Wir frühstückten zusammen und danach fuhr ich erst zu mir heim und überlegte mir, was ich jetzt machen sollte. Mir kam der Gedanke, meinen Kollegen Gerd zu besuchen, er wohnte auf einem kleinen Dorf und hatte dort einen kleinen alten Bauernhof. Er lag noch im Bett, als ich kam, denn er blieb nachts immer sehr lange wach. Wir begrüßten uns und er fragte: „Wie geht es dir denn so?"

Ich erzählte ihm die Geschichte und er meinte: „Das ist aber echt Bullshit. Komm wir trinken einen Tee und reden mal über alles."

Mein Kollege verkaufte im Moment Autos in den Osten, denn die Mauer war ja gerade erst vor ein paar Monaten gefallen, er sagte: „Was ist los? Hast du Bock mitzufahren, um Mitternacht mach ich mich auf den Weg. Wenn du willst, dann komm mit, denn die Luftveränderung wird dir gut tun."

Meine Gedanken waren ein wenig durcheinander, aber den Vorschlag fand ich nicht schlecht, und so blieb ich dort und wartete, bis wir abfuhren. Gerd hatte einen älteren 5er BMW gut fertig gemacht und neu lackiert, die Schüssel sah wieder prächtig aus, diesen Bock wollte er in Chemnitz auf dem Automarkt verkaufen, mit richtig Gewinn.

Die Fahrt fing kurz nach vierundzwanzig Uhr an, Gerd wollte die ganze Nacht durchziehen, wir wollten uns abwechseln beim Fahren, denn bis zu unserem Ziel waren es einige Kilometer. Ich machte es mir richtig gemütlich auf dem Beifahrersitz, es lag eine lange Strecke vor uns und ich hoffte, dass der Motor von der Gurke es bis Chemnitz aushalten würde. Die Kilometer flogen vorbei und wir kamen gut voran.

Als wir so die Hälfte hatten, wechselten wir uns ab und ich fuhr den Rest. In den frühen Morgenstunden kamen wir in Chemnitz an, es war ein Samstagmorgen. Es ging gleich in Richtung Autoplatz, wir suchten uns dort vor dem Platz eine Stelle, wo wir parkten und noch etwas im Auto schliefen. Gegen neun wurde der Platz geöffnet und wir fuhren gleich drauf. Es war ein großer Automarkt und innerhalb kürzester Zeit war der ganze Platz mit Autos voll. Es dauerte auch nicht lange, bis die ersten Käufer oder Besucher erschienen. Wir standen vor dem Auto, der Gerd hatte ein großes Schild mit Preis und Daten beschrieben, es kamen einige schauen und fragten nach technischen Sachen. Der Handel auf dem Platz lief anscheinend nicht schlecht, denn nicht umsonst waren so viele Verkäufer an diesem Tag vor Ort, mein Kollege brauchte auch nicht allzu lange und ein Käufer war gefunden; über den Preis wurde noch verhandelt, aber man war sich schnell einig und der Wagen wechselte den Besitzer. Gerd erzählte mir gleich darauf, dass er an dem Verkauf gut geschnappt hätte. Wir fuhren mit dem Taxi zum Bahnhof, wo er einen Bekannten treffen wollte, der uns dann mit nach Leipzig nehmen sollte, dort hatte Gerd noch einen anderen Wagen stehen, mit dem wir dann zurück in den Westen fahren sollten.

Die Fahrt ging über die Bundesstraße nach Leipzig, die Straßen und die kleinen Dörfer sahen ziemlich kaputt aus und ich dachte, da braucht es noch viel Arbeit und Geld, um alles in Ordnung zu bringen. Mir gefiel es wirklich sehr gut, denn ich war ein Naturmensch, und von Natur gab es reichlich zu sehen. Nach circa einer Stunde waren wir in Leipzig angekommen, wir fuhren zu einer Bekannten, die Gerd dort hatte. In einem Vorort von Leipzig erreichten wir unser Ziel, wir blieben vor einem Haus in einer Reihenhaussiedlung stehen und mein Kollege sagte: „Wir sind da.“ Gerd und ich stiegen aus und der Fahrer fuhr weiter. „Hier wohnt meine Bekannte“, sagte mein Kollege und wir betraten das Haus. Als wir im Hausflur waren, wurde im Parterre eine Tür aufgemacht und wir begaben uns in diese Wohnung. Die Wohnung war nicht sehr groß, das sah ich auf den ersten Blick, aber sie war sehr gemütlich eingerichtet. Gerd stellte mir Jutta, ihre Mutter und den Bruder vor. „Kommt, setzt euch“, sagte Jutta und wir nahmen im Wohnzimmer Platz, es gab ein gutes Frühstück und es wurde viel geredet. Wir wollten erst am Montag zurückfahren, und so freute ich mich darauf, mir am Mittag die Stadt anzuschauen. Da ich kaum geschlafen hatte, legte ich mich auf das große Sofa und schlummerte ein wenig. Die Zeit ging schnell vorbei und so gegen zwölf gab es Mittagessen, das Essen war gut und ich dachte: Das ist ja alles echt prima hier.

Nach dem Essen fuhren wir mit Jutta in die Stadt, vorher holten wir wohl noch eine ihrer Freundinnen ab. Meine erste Fahrt in einem Wartburg, es war ein Erlebnis, wobei ich anerkennend sagen muss: Der Wagen fuhr echt prima. Mich erstaunte auch die Größe Leipzigs, die Stadt war echt riesig, aber sie gefiel mir sofort, an den Gestank der Zweitakter musste ich mich allerdings erst ein wenig gewöhnen – ich bekam etwas Kopfschmerzen, die sich aber wieder schnell verflüchtigten. Im Zentrum parkten wir das Auto und gingen durch die Innenstadt spazieren; mich beeindruckten die alten Häuser mit ihren Erkern und Fresken. Im Krieg, so wusste ich, war sehr viel zerstört worden, aber nicht alles. In einem kleinen Kaffee tranken wir eine Cola und ich dachte: Was für eine tolle Stadt! Es gibt Metropolen, die mag man gleich, und Leipzig gehörte für mich dazu. Am Abend ging es wieder zurück, ich hatte mich mit Michaela, Juttas Freundin, nett angefreundet, ich dachte mir, mal sehen, vielleicht geht da was. An diesem schönen Samstagabend saßen wir noch lange bei Jutta zu Hause und redeten über viele Dinge. Mein Kollege Gerd hatte schon mit Jutta was begonnen und ich glaube, er wollte sie für die Gurke klarmachen. Ich merkte, wie er sie hofierte und dachte mir, der hält sich ran. Ich ging an dem Abend noch mit Michaela draußen spazieren, denn mir gefiel alles sehr gut: Das Einfache, fast schon Primitive löste in mir positive Gefühle aus, es war alles ruhiger und familiärer.

Mit Michaela verstand ich mich gut, sie war lustig und clever auf ihre Art, manchmal wurde ich das Gefühl nicht los, dass sie mich aufziehen wollte, halt immer nur so ein bisschen. Es wurde spät und sie fragte, ob ich noch mit ihr nach Hause wollte, ich hatte natürlich nichts dagegen und so marschierten wir zu ihr. Sie wohnte noch bei ihren Eltern, die ein großes Haus hatten, es war ein tolles Gebäude und ich ging hinter ihr herein, nachdem sie die Tür aufgeschlossen hatte. Wir liefen die Treppe leise hoch, denn sie sagte mir, dass ihre Eltern schon schlafen würden. Im ersten Stock gingen wir durch ein Stück Flur direkt in ihren Wohnbereich, sie bewohnte alleine fast die ganze erste Etage. Wir redeten noch etwas und sie machte mir die Schlafcouch fertig zum Pennen. Wenn ich ehrlich war, so war es mir auch ganz recht, denn ich war müde und hatte keine Lust, auf Krampf eine Nummer zu schieben. Ich schwang mich unter die Decke und es tat gut, in der Horizontalen zu liegen; wir redeten noch etwas und meine Augen wurden immer kleiner und dann nickte ich weg. Ich schlief hervorragend und wachte gegen neun am nächsten Morgen auf. Es war sehr ruhig im Haus, und als ich nach Michaela schaute, merkte ich, dass sie schon auf war und in der Küche hantierte. Mit Schwung sprang ich aus der Falle und stand auf, nur so, wie mich Gott erschuf, ging ich in die Küche und sagte: „Guten Morgen, Michaela." Sie hatte mich schon kommen sehen und fragte: „Na, wie hast du geschlafen?" „Sehr gut", antwortete ich, und es war nicht gelogen.

Sie hatte ein leckeres Frühstück gemacht, doch bevor es an den Tisch ging, verschwand ich im Bad und machte meine Morgentoilette, für DDR-Standard war alles gut eingerichtet. Nach dem Frühstück lief ich wieder Richtung Jutta, weil dort mein Kollege Gerd wartete, die frische Luft tat gut und ich war bestens drauf. Nach einigen Minuten Fußmarsch war ich an Juttas Haus angekommen, ich klingelte und mein Kollege Gerd ließ mich herein, er fragte mich, wie es bei Michaela gewesen sei und ich erzählte ihm alles in Ruhe, während Jutta das Frühstück machte.

Nach dem Essen kamen wir auf die Idee, mal eben nach Chemnitz zu fahren, um uns dort den Automarkt anzuschauen, auf dem Gerd auch regelmäßig Autos verkaufte. Wir luden die Ladys ein und fuhren los, die Straßen waren natürlich fürchterlich, es waren Riesenlöcher in der Fahrbahn und der Asphalt war auch sehr marode. Mir gefiel das alles aber sehr gut und es machte mir nicht viel aus, nur langsam durch die Gegend zu fahren, ich war eh nie ein Raser.

Ich dachte an die Zeit, als der Eiserne Vorhang noch allgegenwärtig war, das war noch nicht lange her, wie mochten sich wohl die Leute gefühlt haben? Es lag gerade mal alles ein paar Monate zurück und ich fuhr jetzt durch die ehemalige kommunistische Republik. Dieses Gefühl war schon toll, denn im Osten fühlte ich die Heimat sehr nahe, schließlich stammte ich ja von meiner Familie her aus Ostpreußen. Das war sicherlich noch ein paar Kilometer weiter weg, aber trotzdem fühlte ich mich hier in Leipzig und Umgebung sehr gut. Die Fahrt ging voran und nach gut einer Stunde kamen wir in Chemnitz an und fuhren zu dem großen Parkplatz, wo die Autos verkauft wurden. Es herrschte dort reges Treiben und viele Verkäufer waren vor Ort, die meisten privat, aber es hatten sich auch einige professionelle Händler unter die Anbieter gemischt. Es war so um die Mittagszeit, aber trotzdem ging die Post ab, viele Käufer waren da und schauten sich die Autos an, jeder wollte einen Westwagen und deshalb lief das Geschäft klasse. Mich ärgerte es, dass wir nicht selber einen Wagen zum Verkaufen dabei hatten, denn so wäre es möglich gewesen, ihn schnell für gutes Geld an den Mann zu bringen. Ich nahm mir vor, am nächsten Wochenende wieder hier zu stehen und eine Schleuder zu verkaufen. Wir gingen zu einem Würstchenstand und aßen eine Kleinigkeit, die Atmosphäre war einfach toll, nicht so wie bei uns im Westen, wo nur Abzocke angesagt war. Sicherlich lief hier und da auch eine nicht ganz saubere Aktion, aber die Zulassungsbehörden machten alles möglich, selbst wenn die Papiere nicht vollständig waren oder der Wagen aus dem Ausland kam. Alles kein Problem – ich habe dort die dollsten Sachen erlebt. Wir liefen ein paar Mal über den ganzen Platz und schauten uns die Autos an, viele der Jungs kannte ich und so unterhielt man sich ein wenig übers Geschäft.

Nach diesen Rundgängen hatten wir genug gesehen und gingen zu unserem Auto, ich setzte mich diesmal ans Steuer und wir fuhren gemütlich noch eine Runde durch Chemnitz und dann wieder zurück nach Leipzig. Es war schon richtig dunkel, als wir kurz vor Leipzig durch das Braunkohlerevier fuhren, die Lichter von den großen Baggern waren gut zu sehen und es erinnerte mich an Bergheim oder Oberzier, dort, wo bei uns in NRW die Braunkohle abgebaut wurde. In Marktkleeberg waren die Straßen nicht gerade sehr hell ausgeleuchtet, aber mir gefiel das, denn es war wie in einer anderen Welt. Ich parkte den Wagen kurz vor dem Haus und wir gingen in die elterliche Wohnung von Jutta. Das Abendbrot wurde gerade vorbereitet und ich und Gerd redeten über unseren nächsten Autodeal: Wir wollten am nächsten Tag zurückfahren und dann ein paar Autos günstig einkaufen, um sie schließlich in Chemnitz an den Mann zu bringen. Wir hatten gute Quellen, wo wir Fahrzeuge aufkauften, meistens von privat, denn die Händler waren viel zu teuer. Die Preise waren noch sehr gut im Osten, aber immer mehr Leute erkannten, dass da eine schnelle Marie zu machen war und drängten auf den Markt. Jutta rief uns an den Tisch und wir hauten mächtig rein, draußen war es richtig kalt und es hatte rund zwanzig Grad unter null. Die Wohnung war schon fast heiß und es gab auch einen alten wunderschönen Kachelofen, der in Betrieb war, ich setzte mich immer mit dem Rücken davor und genoss die mollige Wärme.

Gegen neun am Abend marschierte ich mit Michaela zu ihr nach Hause, denn ich hatte die Absicht, dort zu schlafen; ich wollte früh ins Bett, immerhin sollte es am nächsten Morgen zeitig losgehen. In ihrer Wohnung haute ich mich unter die Dusche und das heiße Wasser machte mich müde, ich trocknete mich ab und legte mich ins Bett. Die Michaela lag schon drin, ich hatte aber keinen Bock auf einen Stich, wir redeten noch etwas und mir fielen dann die Augen zu. Die Nacht war schnell vorbei, aber ich hatte gut geschlafen und fühlte mich auch gut. Wir frühstückten und ich verabschiedete mich dann von Michaela und lief anschließend zu Jutta und Gerd. Wir schwangen uns dann ins Auto und los ging die Reise.

Ich kaufte einen alten 5er BMW und machte ihn bei Gerd auf seiner kleinen Katstelle fertig. Den Wagen hatte ich in Holland-Arnheim gekauft, er sah noch manierlich aus: Die Farbe war Orange, das fiel natürlich mächtig auf, aber ich hatte damit kein Problem. Die Seitenschweller an beiden Seiten waren durchgerostet und es waren mächtige Löcher drin. Scheiß was drauf, dachte ich mir, es ist aber dafür ein BMW, ich flexte den Rest sauber und verspachtelte die großen Löcher mit Glasfasermatten und jede Menge Spachtel. Als der Spachtel trocken war, wurde er von mir schön sauber beschliffen, dann kam schwarze Farbe drauf und es sah alles wie neu aus. Ich war mit meiner Arbeit zufrieden und auch Gerd meinte, das wäre perfekt. In der Nacht zu Freitag fuhren wir Richtung Chemnitz los, die Fahrtzeit lag ungefähr bei sieben Stunden, wenn alles gut klappte. Der Wagen lief gut, ich hatte immer etwas Angst, dass man mal hängen bleiben würde mit so einer Schüssel, aber glücklicherweise ist das nie passiert. Den Wagen wurde ich sehr schnell los, denn – wie gesagt – es war ein BMW, bei Gerd dauerte es etwas länger, nach dem Verkauf von meinem Wagen half ich ihm bei seinem. Wir waren ein gutes Gespann, soviel war sicher.

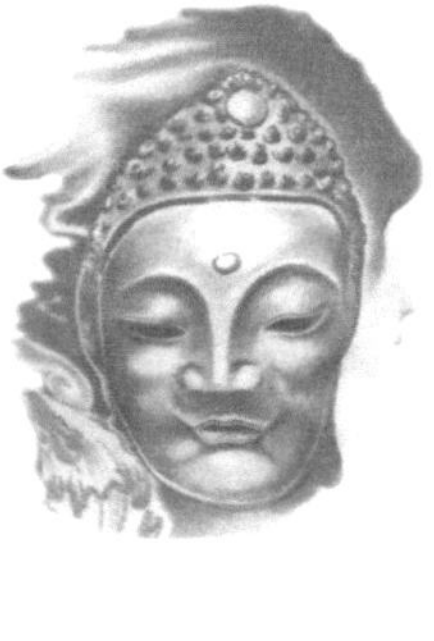

4.5. Über den großen Teich

Dieses Geschäft betrieben wir noch einige Zeit, aber dann war auch das vorbei und der Handel lohnte sich nicht mehr. Wir überlegten uns, was man sonst noch so machen könnte und wo es sich noch lohnen würde, zu investieren. Mein Kollege Gerd hatte die Idee, unsere beiden Freundinnen in der Gurke arbeiten zu lassen. Eine Bekannte von ihm arbeitete schon viele Jahre im Club und brachte immer gutes Geld zu sich nach Hause. Gerd hatte wohl schon im Vorfeld mit Jutta gesprochen und sie mit Michaela, das machte die ganze Sache natürlich einfacher. Michaela stand der Angelegenheit sehr locker gegenüber, was mich eigentlich verwunderte. Viele Jahre später erfuhr ich, dass beide schon in der DDR angeschafft hatten, offiziell gab es aber natürlich keine Prostitution im Arbeiter- und Bauernstaat.

Michaela und Jutta suchten eine Gurke in der Nähe von Braunschweig, die vernünftig lief, und beide fingen in dem Laden an. Zu der damaligen Zeit lebte ich an mehreren Orten, meine langjährige Freundin hatte mich verlassen und ich tingelte durch die Lande. Mir ging es nicht so super gut, denn die Trennung setzte mir hart zu, ich hatte sie wohl selber mit verursacht, aber das sah ich erst Jahre später mit dem zeitlichen Abstand. In Holland lernte ich eine Frau kennen, bei der ich mich, wenn ich am Niederrhein war, aufhielt, dort wohnte und versuchte, Birgit zu vergessen, das gelang mir aber nur mit mäßigem Erfolg. Diese Frau war auch sehr verbrannt, aber das merkte ich nicht gleich zu Anfang. Nach und nach zog ich komplett bei ihr ein, ich hatte zwar noch meine eigene Wohnung in Deutschland, hielt mich dort aber fast nie auf.

Der Kontakt zur Michaela riss immer mehr ab, bis er ganz zum Erliegen kam, heute denke ich mir, ich hätte mich niemals auf Jacqueline, so hieß die Holländerin, einlassen dürfen. Doch wie sagt man: Später ist man immer schlauer, und das Leben gefiel mir dort anfänglich ganz gut. Ich merkte aber recht schnell, was bei ihr so lief, sie hing am Koks und ich musste oft die Marokkaner an der Türe wegjagen, die sie bestellt hatte, um ihren Stoff zu kriegen. Es liefen herbe Aktionen ab, ab und an zog sie den einen oder anderen Dealer ab, es passierte nicht viel, denn die Jungs hatten keine Eier. Einmal schoss man ein paar Mal in ihr Auto, denn man hatte kein Herz, an die Tür zu kommen. Mich fuckte das mächtig ab, denn ich hatte überhaupt keinen Bock auf Drogen oder auf die Penner an der Tür. Die Gespräche, die ich mit ihr führte, brachten immer nur kurzfristige Abhilfe, ich denke, ihre Drogensucht war viel zu groß. Ich für meinen Teil hatte auch schon mal alle möglichen Drogen getestet, so will ich das mal umschreiben, aber konnte daran nie etwas finden. Es gab sehr oft Stress mit dieser Frau und ich dachte: Warum hast du dich mit ihr überhaupt eingelassen? Vielleicht, um die eine kaputte Beziehung durch eine neue zu ersetzen? Es ist ja bekannt, dass solche Dinge eigentlich nie funktionieren können. Wie oft hatte ich schon meine Sachen gepackt und war ausgezogen und dann nach ein paar Tagen wieder zurückgekommen, wir beide steckten anscheinend in einer Hörigkeit, die auf rein sexueller Ebene ablief. Der Psychoterror war gewaltig und die Lebensqualität gleich null, dieser Zustand zog sich über viele Monate hin und kostete mich sehr viel Substanz, aus so einer Nummer kann man auch nicht einfach wieder aussteigen, das merkte ich am eigenen Leib.

In dieser Zeit in Holland konnte ich mich wegen meiner inneren Zerrissenheit nur schlecht auf meinen Sport konzentrieren und, ehrlich gesagt, hatte ich außerdem fast keine Zeit. In Leipzig arbeitete ich stets, wenn ich da war, auch auf dem Kiez, das brachte noch immer etwas Geld ein und die Arbeit hatte ich ja auch schon früher als Wirtschafter gemacht. Es gab dort aber viel Stress, denn Jugos und Russen drängten auf den Markt, es war ein gefährlicher Job, doch einer musste ja auf die Frauen aufpassen. Bei mir war es schon immer so, dass ich in gefährlichen Situationen ganz ruhig und besonnen war. Jacqueline nahm ich ab und an mit, denn sie dachte immer, ich hätte dort auch noch ein paar Frauen. Wenn wir unterwegs waren, gab es fast nie Stress, ich denke, dort hatte sie keinen Background und verhielt sich korrekt.

In den vielen Jahren im Milieu lernte ich die Frauen kennen und schätzte sie für ihre Arbeit, die sehr hart und schwer war. Mein Job bestand nicht nur darin, Sicherheit zu produzieren, sondern auch für Sauberkeit und Hygiene zu sorgen. Es fing damit an, dass ich die Putzfrauen einteilte und Einkäufe für den Laden tätigte. Unter Einkäufen verstand ich auch das Besorgen von Kondomen in großen Mengen. Darüber hinaus kamen sehr viele Frauen mit ihren Problemen zu mir – ich war immer bereit, zuzuhören und ihnen durch gute Tipps bei der Bewältigung ihrer Schwierigkeiten behilflich zu sein. Das häufigste Problem, das die Frauen hatten, waren die Beziehungskisten mit ihren Männern oder Zuhältern. Ich musste da immer sehr sensibel mit ihnen umgehen, um sie mental wieder aufzubauen.

Nichtsdestotrotz gingen mir viele Dinge, die dort passierten, gewaltig gegen den Strich, denn ich war immer ein geradliniger Mensch mit Werten. Mit meinen Arbeitskollegen kam ich gut zurecht, selbst wenn ich in vielen Angelegenheiten ganz anderer Meinung war; während meiner Schicht hatte ich immer ganz genaue Anweisungen herausgegeben, die auch so umgesetzt wurden. Für mich war es mein oberstes Gesetz, auf dem Kiez keine Schusswaffen zu tragen, leider war es so, dass jeder der Jungs bewaffnet war bis unter die Zähne. Ich sagte denen, dass ich das nicht akzeptieren würde, denn schon oft hatte ich mitbekommen, wohin das führte, eine Waffe zu tragen. In meiner Truppe wurden zur meiner Arbeitszeit somit keine Waffen getragen, mit einer guten Politik war es auch möglich, dafür zu sorgen, dass es keine wilden Aktionen auf dem Kiez gab.

In einer Diskothek machte ich zusätzlich noch den Einlass, genau genommen waren es zwei Läden, das Schauspielhaus und das U2, die Einlasskontrollen machte ich auch sehr genau, denn ich wollte keine Waffen im Laden haben. Als ich einmal ein paar Monate später als Gast ins U2 kam, wunderte ich mich, dass draußen so viele Leute standen und ein wildes Geschreie war. Ich schaute mir die ganze Szenerie etwas genauer an und erkundigte mich, was los sei, so erfuhr ich, dass man Stress mit einem Taxifahrer hatte. Diesen hatten die Jungs schon gepackt und in einen großen rollbaren

Müllcontainer gesteckt und den mit einer Kette verschlossen. Einer der Boys kippte einen Spritkanister in den Container und jetzt merkte ich, wie gefährlich die Situation wirklich war. Die hatten vor, den Mann, der vor Angst sehr laut schrie, zu verbrennen. Ich rannte sofort zum Container und trat dem Typen den Kanister aus der Hand und sagte: „Verpiss dich bloß!“ Ich brach das Schloss auf und zog den armen Kerl aus dem Container, die Menschen waren wirklich bescheuert, dachte ich bei mir.

Solche verrückten Dinge passierten des Öfteren und ich fand es immer sehr befremdlich. Es zeigte mir, wie kaputt viele Menschen waren und dass sie überhaupt keine Skrupel mehr kannten. Der Taxifahrer bedankte sich tausendmal bei mir und ich drückte ihm noch einmal fest die Hand, er ging zu seinem Wagen und stieg ein und fuhr davon. Nach dieser Geschichte ging ich ins U2 und blieb noch einige Stunden da. Dort traf ich auch einige Kollegen wieder und wir redeten über viele Dinge, so erfuhr ich gleich immer das Neueste. Jeden Tag passierten wilde Geschichten, denn es war „Wild-West“ in Ost: Die Behörde bekam nichts geregelt, denn der ganze Staat, der ganze Polizeiapparat wurde ja umgestellt. Gegen frühmorgens verließ ich die Disco und machte mich auf zu meinem Bekannten, bei dem ich schlief und mich aufhielt. Ich hatte stets mehrere Möglichkeiten, wo ich schlafen konnte, wenn ich in Leipzig war. Die alten Wohnungen gefielen mir immer super gut, die hohen Decken und den Stuck darin fand ich immer klasse. Im Badezimmer stand noch ein alter Heizofen, um das Wasser zum Baden zu erhitzen, das erinnerte mich an das alte Badezimmer bei meinen Großeltern, dort hatten wir bis in die 1980er auch einen alten Holz- und Kohleofen, um das Wasser zu erwärmen. Die ganze Stadt übte auf mich einen starken Reiz aus, schon von weitem, wenn ich hinein fuhr, sah ich den Uni-Finger, wie oft saß ich auch am Völkerschlachtdenkmal und sinnierte, manchmal dachte ich, einen Hauch der Vergangenheit zu spüren. Die Historie von ganz Mitteldeutschland interessierte mich schon immer, dort wurde ja nun mal große Geschichte geschrieben und früher befand sich dort das Herz Germaniens.

Mit Jacqueline stand ich mal wieder auf Kriegsfuß, ich hasste diese Beziehung und meine fucking Abhängigkeit, ständig gab es Probleme und Zoff, dieser Zustand war für mich auf Dauer die Hölle auf Erden, denn sie kostete mich viel zu viel an Kraft und Nerven. Nach einem weiteren Streit hatte ich meine Sachen gepackt und war schon einige Tage nicht mehr da, ich hielt mich erneut in Deutschland auf und versuchte, mich zu ordnen. Jacqueline rief dort an und sagte zu den Leuten, sie müsste mich sprechen, es sei sehr wichtig. Als ich später dort eintraf, wurde mir gesagt, ich sollte mich bei Jacqueline melden. So rief ich bei ihr an und sie teilte mir mit, ich sollte schnell kommen, sie hätte einen Türken gerippt und sie hätte etwas Angst, das hörte sich mal wieder richtig nach Ärger an. Am nächsten Tag fuhr ich wieder nach Blerick, sie machte mir gleich die Haustür auf und umarmte mich, so als sei nichts passiert. In der Wohnung setzte ich mich auf das Sofa und fragte sie, was sie genau gemacht hatte. Da sie mal mit einem Türken verheiratet gewesen war, der ein Großdealer war und mehrere Coffeeshops hatte, kannte sie fast alle Inhaber von anderen Shops, denn die meisten waren auch Türken. So ein Besitzer hatte sich bei ihr gemeldet und sie gefragt, ob sie deutsches Geld in holländische Gulden bei der Bank tauschen könnte. Sie hatte mir erzählt, dass sie in der Vergangenheit öfters solche Sachen gemacht hätte. Die Türken selbst hätten immer Angst, denn sie meinten, sie wären zu auffällig in der Bank mit einer großen Summe Geld.

In Holland war sowieso alles sehr komisch, man konnte ganz legal in den Coffeeshops Haschisch und Gras erwerben, es kamen immer sehr viele deutsche Kunden in die Shops, um sich dort mit Softdrugs einzudecken, daher die ganzen DM. Man kann eigentlich sagen, dass es zu neunzig Prozent nur deutsche Kunden waren. Also, so ein Besitzer von solch einem Etablissement hatte sich bei Jacqueline gemeldet und sie gefragt, ob sie für ihn wieder Geld tauschen könnte. Sie hatte das für den Türken schon ein paar Mal gemacht, sie hatte, wie sie mir erzählte, so um die vierzigtausend Mark bekommen und sollte diese nun tauschen. Das Geld hatte sie aber unterschlagen und für sich behalten. Jetzt ging ihr der Arsch auf Grundeis vor dem Türken. Ich sagte ihr aber ganz deutlich: „Mit so einem Bullshit will ich nichts zu tun haben!“, denn ich stand nicht darauf, Leute so krumm abzuziehen. Sie sagte: „Okay, das habe ich verstanden.“ Damit war diese Angelegenheit für mich erledigt.

Jacqueline und ich hatten schon seit Wochen eine Reise in die USA geplant, genauer nach Miami. Diese wurde dann gebucht und wir flogen ein paar Tage später von Frankfurt nach Miami, meinen Wagen hatte ich am Airport geparkt. Der Flug war lang und ich marschierte zwischendurch im Flieger immer auf und ab, um irgendwie die Zeit zu überbrücken, nach über zehn Stunden landeten wir in Miami. Am Airport gab es überall Aircondition und es war angenehm, wir flogen im August und ich hatte keine Ahnung, was mich erwartete. Als wir bei der Fremdenpolizei vorbei waren, liefen wir in Richtung Autovermietung, es ging durch den ganzen Flughafen, der reichlich groß war. Als wir den Ausgang erreicht hatten, stellten wir das Gepäck ab, ich sagte zu Jacqueline und ihrer Freundin – die sie mitgenommen hatte und die im Urlaub ihr eigenes Ding machen wollte – sie sollten warten, ich würde das Auto holen gehen. Als ich durch die Tür nach draußen kam, da traf mich der Schlag! Die Hitze, die mir entgegenschlug, war brutal! Ich dachte, ich wäre in der Sauna, so eine Temperatur war mir nur selten begegnet. Es stank auch mächtig nach Abgasen von den ganzen Autos. Man hatte mir erklärt, wo sich die Vermietfirma befand, in diese Richtung setzte ich mich auch in Bewegung. Meine Klamotten waren innerhalb einiger Minuten total durchgeschwitzt, meine Jeans klebte mir am Arsch und das Shirt, das ich anhatte, war auch nass. Nach einigen Minuten war ich bei der Firma angekommen und spazierte hinein, es gab dort mehrere Schalter und ich sprach vor und zeigte meinen Voucher. Der Mitarbeiter erklärte mir einige Dinge, wovon ich gerade mal die Hälfte verstand. Ich unterschrieb ein Dokument und damit war die Sache geregelt: Mir wurde erklärt, wo ich den Wagen finden würde. In dem Office gab es Klima und ich war wieder herabgekühlt; ein Gedanke beschäftigte mich die ganze Zeit: Ich musste schnell andere Sachen anziehen, kurze Hosen und das wars. Die Klamotten aber befanden sich noch im Koffer – für mich hieß das, ich musste warten, bis ich im Hotel war.

Die Tür ging auf und ich stand wieder draußen in der Hitze; mit schnellen Schritten ging ich auf den beschriebenen Parkplatz und suchte nach dem Wagen. Die Suche dauerte nicht lange und ich hatte ihn gefunden, es war ein Chrysler, der Wagen sah sehr neu aus und ich schloss ihn auf. Die Hitze war brutal und ich stieg gleich ein und machte es mir bequem, den Schlüssel drehte ich um und der Motor begann zu leben; das Geräusch hörte sich fett an und ich schaltete gleich die Klimaanlage ein. Nun wollte ich losfahren und legte das „D“ ein, denn der Wagen hatte Automatik. Nach zwei Metern setzte ein Bimmelgeräusch ein, das ich nicht zuordnen konnte, also trat ich auf die Bremse und dachte: Was habe ich denn falsch gemacht? Im Auto überprüfte ich alles, als erstes die Handbremse usw. Binnen weniger Minuten hatte ich die Ursache gefunden: Vorne im Display blinkte eine Lampe mit dem Symbol eines Gurtes. Es dauerte keine Sekunde, dann hatte ich den Gurt um und es herrschte Ruhe. Was für ein Bullshit!, dachte ich. Aber heute hat man überall dieses System in den Autos eingebaut, damals gab es das in Deutschland noch nicht. Somit war alles in Ordnung und ich fuhr in Richtung Flughafenausgang, wo meine Freundin Jacqueline wartete – der Verkehr war heftig und ich musste mich daran erst gewöhnen. Es war nicht möglich, direkt zum Airport zurückzufahren, denn es war eine Einbahnstraße und ich musste einen Riesenbogen fahren – ich musste mich dabei sehr auf den Verkehr konzentrieren, damit ich die richtige Ausfahrt erwischte. Es klappte aber alles gut und ich parkte vor dem Ausgang und stieg aus und holte Jacqueline und ihre Freundin ab, die noch im Flughafen warteten. Ich nahm das Gepäck und wir gingen zum Auto. Das Gepäck verstaute ich im Pkw und wir fuhren los.

Die Fahrt ging quer durch Miami, es war schon beeindruckend, diese Metropole live zu sehen, ich kannte sie immer nur durch die Serie „Miami Vice“. Die Skyline mit ihren großen Wolkenkratzern war schön anzuschauen, die Straßen waren breit und gut ausgebaut, es gefiel mir außerordentlich, auf ihnen zu fahren. Ich musste mich aber an das Speed Limit gewöhnen, denn das musste man unbedingt einhalten, um nicht gleich ein fettes Protokoll zu kassieren – also schlich ich dahin und genoss die Sonne und die Wärme. Die Fahrt dauerte bestimmt eine gute halbe Stunde, das letzte Stück mussten wir nach Beach eine Brücke passieren und ich durfte einen halben Dollar in einen Automaten werfen. Das Hotel war dann schnell gefunden, denn es gab dort in Beach nur eine große Hauptstraße. Das Dorchester war ein altes Hotel, aber sehr schön umgebaut, ich denke, dass es so in den 1950ern gebaut worden war; wir checkten ein und bekamen unseren Zimmerschlüssel. Die Zimmer waren normal eingerichtet, nichts Besonderes. Wenn ich ehrlich bin, hatte ich mir schon mehr erwartet, aber so ist es halt im Leben. Die Klimaanlage lief auf vollen Touren, denn sonst hätte man die Hitze nicht ertragen können, das Gerät machte richtig Spektakel und ich überlegte mir, wie ich bei so einem Krach wohl schlafen sollte. Ich schnappte mir meinen Koffer und legte ihn aufs Bett, machte ihn auf und holte meine Badehose heraus. Das einzige, auf das ich jetzt richtig Bock hatte, war ein Sprung in den Pool.

Ich hatte schon beim Betreten des Hotels gesehen, dass ein eigener Pool vorhanden war, ich schnappte mir noch ein Handtuch und ging dann mit meiner Freundin dorthin. Draußen schlug uns erneut die Hitze entgegen und ich schwitzte wie ein Stier. Meine

Gedanken gingen zu den Leuten, die hier jeden Tag leben mussten, das dürfte schon nicht angenehm sein mit diesen Temperaturen, aber andererseits ist der Mensch ein Gewohnheitstier und sehr anpassungsfähig. Am Pool angekommen sprang ich gleich hinein, das Wasser war auch sehr warm, aber noch viel besser als die Luft. Die Größe des Beckens war in Ordnung und ich schwamm erstmal ein paar Bahnen. Die ganze Hotelanlage war komplett zugebaut. Die Preise in Miami Beach waren auch schon damals sehr hoch und deswegen wurde jeder Meter genutzt, was sicherlich die Kulisse im Negativen veränderte – aber wo viel spekuliert wird, da schaut man nicht unbedingt immer auf die Optik. Der Pool war sehr angenehm und ich war komplett alleine im Wasser, ich schwamm meine Bahnen und überlegte mir, was ich später machen wollte. Wir hatten einen tollen Mietwagen und mir war wichtig, das Land zu sehen. Ich meinte damit Florida, denn für die USA war nicht genug Zeit da und die Entfernungen waren viel zu groß. Meine Freundin wollte bestimmt viel am Strand liegen, aber darauf hatte ich nur begrenzt Lust. Wie eine Ölsardine nur in der Sonne zu braten gefiel mir kein bisschen, denn das war nicht mein Ding. Es wurde schon langsam dunkel und ich dachte bei mir: Mann, ist das denn schon so spät? Ich sprang aus dem Pool und schaute auf eine Uhr, die im Hoteleingang hing. Fucking Hell! Es war erst kurz nach sechs am Abend, wie konnte das sein? Nach dieser Feststellung zog ich meine nasse Badehose aus und meine Boxershorts an und marschierte zu unserem Zimmer. Jacqueline war gerade im Bad, sie fragte mich: „Und wie war der Pool?“ Ich sagte ihr: „Sehr gut.“ Und dass man dort seine Ruhe hätte.

In mir regte sich langsam der Hunger und wir beschlossen, Essen zu gehen. Es gab in Beach viele Restaurants und die Wahl war schwer, wir entschieden uns für ein Seafood-Restaurant. Das Lokal war schön dekoriert und das Essen gut, der Preis später hatte es aber auch in sich und ich dachte, dass die hier auf Dauer eine gute Marie verdienen. Nach dem Essen gingen wir noch runter zum Strand und ich warf mich in die Wellen, das Wasser war warm und man konnte sehr weit rausschwimmen, selbst hundert Meter vom Ufer entfernt war es noch sehr seicht, sodass ich gerade noch meine Füße auf den Boden bekam. Ich bin ein sehr guter Schwimmer, aber weiter wollte ich nicht raus, da ich die Strömungsverhältnisse nicht kannte und wusste, dass es dort auch Haie und Barakudas gab. Mit kräftigen Zügen schwamm ich wieder zurück und war schnell wieder am Ufer, meine Freundin lag noch im flachen Wasser; ich packte mich dazu und ruhte gleichfalls einige Zeit in dem warmen Wasser. Später spazierten wir bestimmt noch eine Stunde am Strand, gingen dann zum Auto und fuhren in unser Hotel. Auf unserem Zimmer stieg ich noch unter die Dusche und sprang dann ins Bett, so richtig müde war ich allerdings nicht, deshalb schaltete ich den Fernseher an. Es liefen nur amerikanische Sender und da erlebte ich zum ersten Mal, dass während eines Films plötzlich die Werbung eingeschaltet wurde und fragte mich nur, was das für eine Scheiße war. Wir schauten noch eine ganze Zeit fern und legten uns dann schlafen. Mir ging jedoch schon nach ein paar Minuten die Klimaanlage auf den Sack und ich sprang aus dem Bett und schaltete sie aus, weil sie so einen Krach machte. Ich streckte mich dann wieder hin, aber nach kurzer Zeit wurde es so heiß, dass ich die Kiste wieder anmachte, mir blieb nichts anderes übrig, als mit dem Palaver zu schlafen oder es zumindest zu versuchen. Dieser Krach ging mir schon mächtig auf den Zeiger, doch da musste ich jetzt durch, die Nachtstunden gingen vorbei, aber ich schlief nicht wirklich, sondern wälzte mich von einer Seite zur anderen. Ich war froh, als es dämmerte und der Tag sich ankündigte.

Als ich dann aufstand, fühlte ich mich wie ausgekotzt und war total kaputt. Ich dachte mir: Hoffentlich passiert mir das nicht jede Nacht! Der Jetlag reichte mir schon, denn dadurch war ich auch in meinem Lebensrhythmus gestört. Ich sprang unter die Dusche und meine Lebensgeister kehrten zurück, nach mir duschte meine Freundin und wir gingen dann nach unten, um zu frühstücken. Es stand ein Büfett bereit und wir aßen gut. Beim Essen überlegten wir uns, was wir an dem Tag so unternehmen konnten. Wir wollten erstmal an den Strand und danach ein wenig durch Beach fahren, wir begaben uns nochmals ins Zimmer und schnappten unsere Badesachen. Die Temperaturen waren schon morgens sehr heiß und die Luft glühte, die Luftfeuchtigkeit war total extrem und ich schwitzte wie ein Tier. Wir liefen über die Straße, denn dort ging es direkt zum Strand. Der Fußweg war sehr kurz und der Strand präsentierte sich echt groß und gewaltig: Es gab dort keine Probleme mit Menschenmassen, alles war riesig, das Meer blau und echt schön, weit und breit kaum jemand zu sehen. Ich war barfuß gegangen und der Sand war echt heiß, es war kaum möglich, auf der Stelle zu stehen oder im langsamen Schritttempo über den Sand zu schreiten. Ich setzte zu einem Sprint an und rannte los wie ein Verrückter, der Strand war sehr breit und ich musste bestimmt gute hundert Meter laufen. Dann warf ich mein Handtuch in den Sand und stellte mich darauf. Die Distanz zum Wasser war jetzt relativ kurz und ich stürzte mich gleich hinein. Es war wie in einer Badewanne, sehr warm und dennoch kühlte es mich ab und ich schwamm erstmal ein weites Stück hinaus. Selbst nach über hundert Metern konnte ich noch stehen, der weiße Sand schimmerte durch das türkisfarbene Wasser, es war einfach toll und ich schwamm wieder langsam Richtung Ufer. Jacqueline war mittlerweile auch ins Wasser gekommen und wir knutschten etwas herum, wir blieben noch in der Dünung liegen und genossen die sanften und warmen Wellen. Nach einer Zeit reichte es uns und wir gingen zu unseren Handtüchern, in der Sonne war ich im Nu trocken und sie brannte auf das Fell. Ich stellte mir vor, dass sich Tony Montana hier sicher sehr wohl gefühlt hätte – der Film „Scarface“ gehörte zu meinen Lieblingsfilmen, es war einfach eine super Story, die Al Pacino auch genial verkörperte.

Wir gingen bald wieder in Richtung Hotel, denn es war einfach viel zu heiß in der Sonne. Am Hotel angekommen sprangen wir sofort wieder in den Pool, denn die Hitze war schon mächtig. Ich denke mir, wenn man ewig dort lebt, kann man sich an die Temperaturen gut anpassen, aber in nur ein paar Tagen geht das einfach nicht und die Hitze und die hohe Luftfeuchtigkeit sind schon nicht ohne. Wir lagen also faul in den Liegestühlen und überlegten uns, was wir den Rest des Tages machen sollten. Ich bin einfach nicht der Typ, der nur mit seinem Arsch in der Sonne liegt und sich die Eier brät. Unsere Idee war es, mit dem Mietwagen durch die Gegend zu fahren und uns Miami und Umgebung anzuschauen. Im Hotelzimmer fickten wir noch eine gute Runde, denn die Hitze und die Sonne machten mich geil und beeinflussten meine Hypophyse. Nach der Nummer ging es unter die Dusche und dann ab in das Auto. Der Wagen war ein typischer Ami, ich gurtete mich wieder nicht an, denn in Deutschland gab es noch keine Gurtpflicht. Schon beim Einsteigen begann der Bimmelton, der auch nicht stoppte, sondern beim Fahren weiter nervte, bis ich mich endlich angurtete, erst dann war Ruhe. Die Klimaanlage stellte ich auf die höchste Einstellung, denn es war bereits kurz nach Mittag und brutal heiß, der Schweiß lief nur so in Strömen an uns herab.

Diese Hitze war schon lästig. In Miami Beach hatten wir uns alles angeschaut und fuhren nach Miami Down Town herüber, die Skyline war schon geil und die Wolkenkratzer gaben ein imposantes Schauspiel ab. Bei jeder kleinen Brücke, über die wir fuhren, wurde Zoll verlangt – Was für ein Dreck!, dachte ich mir und schmiss an jeder Automatikzahlstelle einen halben Bill in den Automaten. So kann man eben auch Geld verdienen, überlegte ich. Es gab aber auch keine andere Möglichkeit als zu bezahlen, denn anders konnte man zwischen Beach und Miami nicht verkehren. So wurde immer schön artig von jedem bezahlt und es waren fucking viele Autos, die jeden Tag dort entlang fuhren. In der City angekommen nahmen wir den Weg nach Down Town, denn die Metropole war sehr groß und die Vororte wollten wir heute nicht sehen. Man hatte mich gewarnt, dort überhaupt mit einem Mietwagen zu fahren, denn in den letzten Jahren waren viele Touristen ausgeraubt und erschossen worden. Die Mietwagen konnte man sehr gut an ihrem Kennzeichen erkennen und die wurden dann bevorzugt überfallen. Ich dachte aber bei mir: Was soll es, ich habe schon ganz andere Situationen überlebt und gegen die Bimbos kann ich mich schon wehren. Ich hatte eine dicke goldene Panzerkette um und eine Rolex am Handgelenk, sollten die Dickheads ruhig kommen, denn ich war immer auf Krawall gebürstet. Der Shit war nur, dass die wahrscheinlich mit Eisen kamen und ich lediglich meinen Schwanz in der Hand hatte. Mit Kanone wäre das schon beruhigender gewesen, aber ich hatte keine, und mir eine zu kaufen schien mir nicht sicher. Wenn mich die Bullen mit dem Teil erwischten oder ich sie in Notwehr einsetzen müsste, dann würde ich hier sicher in den Schrank kommen und da hatte ich überhaupt keinen Hunger drauf. Ich wusste ja: In den Staaten sind die Strafen auch für kleine Delikte schon drakonisch. Wenn es Probleme geben würde, müsste ich diese wohl mit meinen Fäusten klären, so hatte ich das für mich entschieden und mit diesen Gedanken fuhren wir in die City.

Ich hatte rasch einen Platz zum Parken gefunden und wir warfen etwas Kleingeld in die Parkuhr. Nun marschierten wir durch die City, es gab verschiedene Geschäfte und an jeder Ecke eine Fressbude. Jetzt war mir auch klar, warum die meisten Amis so fett sind – ich hatte vor meiner Abreise gedacht, ich würde gute sportliche Menschen sehen, aber das war wohl ein Witz. Das, was ich sah, war oftmals widerlich, Weiber und Kerle total dick und fett, das war der „American Way of Life“ – ein trauriges Ding!, dachte ich mir. Das Zentrum war auch nicht der Brüller, der Standard nicht besonders hoch und auch sonst war es nicht überwältigend. In meinen Vorstellungen über Amerika sah vieles anders aus, aber die Realität zeigte uns dann die nüchterne Wahrheit. Wir liefen mehrere Stunden herum und gingen dann zum Auto zurück. Im

Reiseführer hatten wir von einem tollen Shoppingcenter gelesen, direkt am Hafen, dort sollte auch das Hardrock-Café sein, in dem noch die originale Harley von Elvis Presley stehen sollte. Das wäre ja mal eine Maßnahme, sich diese anzuschauen, dachten wir uns, und dabei gleich was Gutes zu essen. Wir fuhren also in dieses Center, dort war es sehr angenehm und nicht alles so groß, wir setzten uns draußen auf die Terrasse eines Steak-Houses und wollten etwas essen. Die Bedienung kam und wir bestellten etwas. Ich kann heute nicht mehr genau den Grund sagen, aber ich geriet mit Jacqueline wieder in Streit, was häufiger passierte, und sie machte mir dort eine Szene und es wurde von beiden Seiten her laut. Ich bereute schon wieder, mit ihr in Urlaub geflogen zu sein, dieser permanente Stress ging mir mächtig auf die Eier. Es wurde wohl so laut, dass der Kellner die Security holte, die dort überall herumliefen. Als der Typ kam, sagte ich ihm: „Verpiss dich, ich kann meine Probleme selber regeln.“

Jacqueline nutzte die Gelegenheit und sagte zum Sicherheitsmann, sie wollte mit mir hier nicht mehr bleiben und auch in ein anderes Hotel ohne mich. Ich fragte sie, ob sie einen Vogel hätte, aber sie blieb bei ihrer Meinung. In der Zwischenzeit hatte der Sicherheitsmann Hilfe angefordert, die dann auch gleich kam. Jacqueline ging mit ihnen weg und ich blieb erstmal sitzen und dachte mir: Was ist das jetzt wieder für ein Bullshit!

Der Appetit war mir vergangen und ich ging zum Auto und überlegte mir, direkt in das Hotel zu fahren und dort mit Jacqueline zu sprechen, doch es sollte alles anders kommen, als ich mir das gedacht hatte. Schon bei der Fahrt zum Hotel hatte ich ein komisches Gefühl und es sollte mich nicht trügen. Als ich am Hotel ankam, war von Jacqueline nichts mehr zu sehen. Ich ging in unser Zimmer, ihre Sachen waren noch alle da, es fehlte nichts und ich fragte mich, wo sie steckte. Ich konnte meine Gedanken aber nicht weiterspinnen, denn es klopfte an der Türe und jemand sagte: „Police.“ In dem Moment war ich wie elektrisiert und dachte nur: Was ist denn jetzt los? Ich schloss die Tür auf und fragte, was sie wollten. Sie sagten, meine Freundin hätte sie gerufen, denn ich sei gefährlich und gewalttätig und würde sie bedrohen. Es waren vier Cops da und einer hatte sein Eisen gezogen, sie wollten mit Jacqueline nur ihre Sachen holen, denn sie wollte in ein anderes Hotel, mir wurde noch gesagt, ich sollte keinen Stress machen, dann wäre alles in Ordnung. Jacqueline ging im Schutz der Bullen ins Zimmer und packte ihre Sachen. Ich fragte sie noch, was das alles sollte, aber bekam keine Antwort. Sie packte ihre Sachen und verschwand mit den Cops, der eine Offizier hatte seine Kanone auch wieder eingesteckt und es wurde wieder ruhig. Ich dachte mir nur: Was für ein Dreck! Was soll so ein Scheiß?

Mein Glück war, dass ich noch genügend Geld und alle meine Papiere am Mann hatte. Nicht auszudenken, wenn Jacqueline alles in ihrem Koffer gehabt hätte, dann wäre ich ganz schön am Arsch gewesen. Nach diesem Einsatz lief ich herunter zum Strand, es war schon lange dunkel, und ich warf mich dort in den noch warmen Sand und schloss die Augen.

Manchmal gibt es Situationen, in denen ich hoffte, nur zu träumen, und wenn ich die Augen wieder aufmachte, wäre der ganze Spuck vorbei. Das war einer dieser Momente, doch leider war nichts anders. Als ich meine Augen erneut öffnete, war das ein ganz schöner Shit. Ich fragte mich oft, wieso ich überhaupt mit dieser Frau zusammen war. Es gab eigentlich nur Stress, das einzige was sehr gut klappte, war die Geschichte im Bett. So einen Zustand kann man schon als sexuell hörig beschreiben, auch wenn nur das Sexuelle da ist, kann es stärker sein als alles andere, was es so an Gefühlen in einer Partnerschaft gibt. Ich für meinen Teil hing voll in diesem Programm drin und wusste nicht, wie ich da aussteigen konnte oder geschweige denn aus der Nummer wieder heraus kam. Nun passierte hier in den Staaten wieder so ein Stress und ich hatte keinen Bock mehr auf Behörde oder sonst irgendeine Scheiße. Ich sollte diese unliebsame Situation endlich beenden, denn diese Beziehung, diese Perle tat mir überhaupt nicht gut.

Nach einiger Zeit ging ich wieder zurück in das Hotel und dann gleich in mein Zimmer, zog mich aus und sprang unter die Dusche. Es musste sich was verändern, das war mir klar, denn auf so einen Bullshit hatte ich einfach keinen Bock. Nach der Dusche schaute ich noch etwas fern und versuchte dann zu schlafen. Die Klimaanlage machte wieder einen Riesenstress, irgendwann fielen mir aber trotzdem die Augen zu und ich schlief ein. Die Nacht war heiß und laut, das Zimmer lag auch noch nach vorne zur Straße heraus und ich hörte ständig die Autos vorbeifahren. Das ging die ganze Nacht so durch. Am nächsten Morgen stand ich recht früh auf und ging zum Strand: Einfach herrlich, dieser Ausblick und die Ruhe; der Strand in Miami Beach ist gewaltig und ich fühlte mich sehr gut dank dieser schönen Atmosphäre. Ich sprang gleich ins Wasser und fühlte mich einfach prima, weit draußen sah ich große Schiffe vorbeifahren und überlegte: Wo werden die wohl hinwollen? Nach gut einer halben Stunde ging ich wieder ins Hotel, um zu frühstücken. Ich saß noch nicht lange, da kam Jacqueline von der Straße zum Hotel marschiert, sah mich und kam herüber an meinen Tisch. „Was sollte die Scheiße?“, fragte ich sie, doch sie konnte mir keine vernünftige Erklärung dafür geben. Wir drückten uns und damit war das Ding durch.

Wir frühstückten zusammen und beschlossen, in die Everglades zu fahren, denn darauf freute ich mich schon besonders. Schnell ging es zum Auto und wir fuhren los. Es war wieder sehr heiß und ich fragte mich, wie die Leute das überhaupt aushielten. Die Fahrt führte uns ein großes Stück durch die Randgebiete der Metropole, dort sah es nicht gerade prächtig aus, alles war sehr schäbig. Hier wohnten die Menschen, denen es nicht so blendend ging, und davon habe ich sehr viele in Amerika gesehen. Nach gut einer Stunde Fahrt erreichten wir die Everglades. Es war toll, dieses große Naturschutzreservat zu erleben. Es war alles sehr schön anzuschauen und ich war schon sehr gespannt auf das, was ich noch alles erblicken würde. Am Wegesrand gab es viele Obstverkäufer und ich stoppte das Auto, um dann einiges an Früchten zu kaufen. Das Obst war herrlich und ich holte Ananas und Melonenscheiben, im Auto begann ich gleich zu essen, es schmeckte absolut super. Die Bäume in den Glades waren nicht so hoch und dick, wie ich sie kannte, aber es war der volle Urwald, überall war es extrem üppig bewachsen und alles war voller Wasser und Sumpf. In den Bäumen saßen die Vögel und im Wasser bewegten sich die Alligatoren, es waren Riesentiere, manche lagen auch schlafend in der Sonne. Wir kamen an einer Farm vorbei, in der Alligatoren gezüchtet wurden, es gab dort von klein bis groß Echsen. Mich kotzte diese Farm nur an, denn diese Tiere wurden nur gezüchtet, um sie später zu töten, damit man an ihre Haut kam, aus der dann die so berühmten Kroko-Handtaschen gefertigt wurden. Mich ödete das sehr an und ich hatte keinen Bock, mir diese Farm anzuschauen. Also ging es wieder ins Auto und ich fuhr weiter hinein in den Park, bis zur Küste musste ich noch viele Kilometer zurücklegen, denn dieses Naturreservat war sehr groß. Es standen überall Schilder mit Alligatoren darauf, es konnte sogar sein, dass sie auch über die Straße spazierten, in den Tümpeln bewegten sich überall die Reptilien. Es war schon wunderbar, das alles aus kürzester Entfernung zu erblicken. Wann sah man solche Echsen schon aus solch Nähe? Dieser Urwald war schon etwas ganz Besonderes, in meinem Leben hatte ich so etwas noch nie erlebt und fand es einzigartig.

Die Hitze war indes gewaltig und hier herrschte auch noch eine extrem hohe Luftfeuchtigkeit, das Klima war heftig und ich dachte so bei mir, dass ich hier nicht permanent wohnen wollte. Es dauerte über eine Stunde, dann erreichten wir den südlichsten Punkt und ich freute mich jetzt, etwas zu trinken, denn ich hatte Brand wie Sau. Ich parkte den Wagen und schwang mich heraus und lief über eine Wiese, auf der ein paar große Bäume standen. Ich ging unter den Bäumen hindurch und plötzlich wurde alles um uns herum völlig schwarz und ein Summen hing in der Luft. Bevor ich mich versah, stürzten Tausende von Moskitos auf mich zu. Ich rannte wie ein Verrückter, doch sie verfolgten mich. Am Hafenbecken angekommen, wollte ich mich schnell durch einen Sprung ins Wasser retten. Schon setzte ich dazu an, doch sah im letzten Augenblick ein Warnschild mit einem Hai und einem Alligator. Mitten in der Bewegung hielt ich inne und suchte nach einem anderen Schutz gegen diese Blutsauger. Ich sprintete weiter zu einer Telefonzelle, riss die Tür auf, zwängte mich hinein und schlug schnell die Tür wieder zu. Draußen war alles schwarz, doch nach einer Weile verschwanden die Moskitos. An meinem Auge fühlte ich eine Schwellung, die rasch zunahm, ein Moskito hatte mich ins Augenlid gestochen und mein Auge schwoll fast zu. Was für ein Dreck, dachte ich mir.

In einiger Entfernung sah ich einen Laden, er lag auf der anderen Seite des Hafenbeckens, ich lief mit Jacqueline dorthin und wollte mir ein Spray gegen diese Mücken kaufen. Im Laden schnappte ich mir ein Pumpspray gegen Moskitos und spritzte meinen ganzen Body ein. Mein Auge war schon komplett zu und ich hoffte, dass das nicht zu lange dauern würde, denn ich hatte keinen Bock, mit einem zugeschwollenen Auge den Rest meines Urlaubs zu verbringen. Jacqueline lächelte über mein Handicap, aber mich fuckte das schon mächtig ab. Wir schauten uns noch etwas die Küste an, es war wunderbar, aber ich vermied es, unter einem Baum hindurchzulaufen, denn diese Erfahrung reichte mir. Ein Auge zu: Das war schon heftig, selbst bei den härtesten Boxkämpfen habe ich nie so ausgesehen.

Als wir uns genug umgeschaut hatten, gingen wir wieder zum Auto zurück und fuhren Richtung Miami davon. Es war schon später Mittag und ich wollte noch vor der Dunkelheit zurück sein, denn wir hatten vor, an diesem Abend in einen Club zu gehen, in den Don Johnson kommen sollte. Im Hotel angekommen gingen wir zu Tisch und aßen erstmal etwas. Bei dieser verdammten Hitze hatte ich überhaupt keinen großen Hunger, nur soff ich wie ein Pferd. Das Essen war okay und wir gingen auf unsere Zimmer und ruhten uns noch etwas aus. Im Bett wurde ich scharf, denn Jacqueline wackelte mit ihrem Arsch vor mir herum, ich fickte sie hart und spritzte gut ab. Nach dem Fick sprangen wir unter die Dusche, denn wir brauchten eine Abkühlung. Das kalte Wasser tat gut, obwohl es eigentlich nur lauwarm war. Wir zogen uns an und machten uns startklar für den Club, es ging zum Auto und dann fuhren wir los – die Hitze ließ einen gleich wieder saften. Der Club lag nur einige Blocks entfernt und wir waren schnell da, ich stellte das Auto ab und wir marschierten hinein. Der Laden war nicht sehr groß und es war sehr dunkel in dem Schuppen. Beim Eingang hatten wir Eintritt zahlen müssen und ich fragte mich wirklich, ob in so einer Spelunke Don Johnson erscheinen sollte.

Die Zeit verging, ohne dass etwas passierte, auf einmal wurde es laut und ich hörte: „Don ist da!“ Ich drängelte mich bis ganz nach vorne und sah eine Stretchlimousine, die gerade wegfuhr. Ich fragte, was los sei, und mir wurde gesagt, es habe Don darin gesessen, aber er sei nicht ausgestiegen, sondern gleich wieder losgebraust. Was für ein Bullshit, dachte ich mir, das war ja voll die dicke Verarsche. Ich sagte zu Jacqueline: „Lass uns abhauen, bevor ich den Laden auseinander nehme, überall wird man betrogen.“

Mit dem Wagen fuhren wir durch das nächtliche Miami, es sah alles richtig toll aus und das Lichtermeer war schon gewaltig. Langsam ging es wieder Richtung Dorchester. Für heute hatte ich die Schnauze voll und wollte nur noch meinen Frieden. Den Wagen parkte ich wieder vor dem Hotel und wir schlenderten noch eben zum Pool und schwammen eine Runde; wir waren ganz allein am Pool und genossen ein wenig die Ruhe. Nach dem Schwimmen legte ich mich in einen Liegestuhl und ließ die Seele baumeln, Jacqueline machte es mir nach und packte sich auch hin. Es war so heiß, dass man sofort schwitzte, obwohl lange keine Sonne mehr schien. Ich fühlte mich einfach gut und schloss die Augen, ich war auch ganz schön müde und nickte langsam ein; der Straßenlärm irritierte mich allerdings und so standen wir nach einiger Zeit auf und gingen in unser Zimmer. Meine paar Sachen hatte ich schnell aus und ich schmiss mich dann ins Bett, mit der Fernbedienung machte ich das Fernsehen an und schaute mir noch etwas die Programme an. Das amerikanische Fernsehen war sehr langweilig, meistens nur Werbung oder stupide Talkshows, die mir echt die Nerven strapazierten. Ich schaute mir das nicht mehr lange an, sondern fickte Jacqueline noch hart durch und ging danach wieder duschen. Dann legte ich mich wieder hin, denn ich wollte schlafen. Es war schon abends um 18 Uhr sehr dunkel und Jacqueline und ich stiegen immer recht früh ins Bett, eben aus dem Grund. Unser Biorhythmus war total aus dem Ruder gelaufen. Ich wälzte mich von einer Seite zur anderen, um endlich Schlaf zu finden, doch es funktionierte nicht so richtig. Die Hitze und die Aircondition raubten mir den letzten Nerv und draußen war der Straßenlärm sehr gut zu hören. In Gedanken fühlte ich mich schon wieder daheim, denn dieses Klima war schon heftig.

Ich denke, wenn man sich einmal daran gewöhnt hatte, konnte man es sicherlich gut aushalten, doch dazu wäre es sicherlich nötig, dass man einige Monate hier verbringen müsste. Irgendwann wurde ich müde und nickte ein, in dieser Nacht schlief ich wenig und sehr unruhig.

Am nächsten Morgen wurde ich durch den Straßenlärm wach und sprang unter die Dusche, ich fühlte mich sehr müde und schlapp. Als wir aus dem Zimmer kamen, schlug uns die Hitze wieder entgegen und ich schwitzte erneut. Wir frühstückten gut und gingen dann auf die andere Straßenseite zu einem anderen Hotel, dort war ein großer Pool, schon eher ein richtig großes Schwimmbecken. Wir suchten uns einen schönen Liegestuhl und faulenzten in der Sonne, alle zehn Minuten mussten wir ins Wasser, denn die Sonne knallte wie Sau und es war brutal warm. Unter meiner Haut an den Schultern hatten sich schon kleine Bläschen gebildet, die alle mit Wasser gefüllt waren. Zum Glück hatten wir viel Sonnenmilch gekauft, sonst wären wir tierisch verbrannt. Mittlerweile war es am Schwimmbecken sehr voll geworden, überall lagen Menschen herum und der Pool war auch zum Bersten voll. Kein schöner Anblick, aber mir war es egal, mich interessierte es nicht und ich lag einfach nur faul herum.

Als es auf Mittag zuging, standen wir auf und gingen in ein Restaurant einen kleinen Happen essen, das Essen war okay, wir hatten beide Fisch gewählt. Nach der Mahlzeit fuhren wir in Richtung Down Town und parkten den Wagen auf einem bewachten Parkplatz. Es gab hier eine Menge Geschäfte und viele davon schauten wir uns an. Darunter waren auch etliche Goldgeschäfte und in eines gingen wir hinein. Wir betrachteten beide verschiedene Sachen, ich hatte ein wunderschönes Kreuz aus Gold gefunden und kaufte es mir. Ich bin eh ein sehr religiöser Mensch und so hängte ich das Kreuz an meine Kette um den Hals, es sah sehr schön aus. Meine Freundin Jacqueline kaufte sich einen hübschen Ring, der mir auch gut gefiel, der Shop war nicht schlecht und der Typ hatte sehr viel Schmuck in seinem Laden. Ich dachte mir, der muss doch eigentlich sehr gefährlich leben, denn die Kriminalitätsrate war sehr hoch in Miami. Ich entdeckte jedoch beim Herausgehen, dass die Tür elektronisch gesichert war und man nicht einfach von außen so ohne Weiteres in das Geschäft gehen konnte. Wir verließen den Laden und liefen noch etwas in der Gegend herum und spazierten dann zum Auto. Die Hitze war wieder heftig und wir beschlossen, noch irgendwohin an den Strand zu fahren. Ich entschied mich für die Route in Richtung Fort Lauderdale, dort sollte es sehr schön sein, hatten wir gehört.

Die Fahrt dorthin dauerte wohl eine ganze Zeit lang – ich denke, dass wir bestimmt eine gute Stunde unterwegs waren – wir sahen schon von weitem die Abschussrampen der Raketen, und ich stellte mir vor, wie schön es wohl sein müsste, so etwas live zu erleben. Das Gelände war riesig und ich suchte nach einer Möglichkeit, irgendwie an den Strand zu kommen, was sich aber als relativ schwer darstellte. Ich musste das ganze Gelände weitläufig umfahren, trotzdem gab es für mich dort keinen Weg an das Wasser. Also gurkte ich wieder gen Miami, nach einigen Kilometern konnte ich neuerlich in Richtung Strand abbiegen, und es dauerte gar nicht mehr lange, da erreichten wir einen wunderschönen Palmenstrand direkt am Meer. Mittlerweile war es sehr windig geworden, die Bäume bogen sich und die Wellen schlugen zischend an den Strand. Es gab dort ein paar Buden mit Klamotten, wir schauten uns die Sachen an, kauften das eine oder andere. Es begann stark zu regnen und wir gingen gemütlich zu unserem Auto. Im Wagen sitzend hörten wir den Tropfen zu, wie sie auf das Blech schlugen – eine wunderbare Musik, die ich wirklich sehr gern hörte und genoss.

Nach einiger Zeit startete ich den Motor wieder und wir fuhren in Richtung Miami los, der Regen war echt brutal und es schüttete, als sollte die Welt untergehen. Ich konnte nur über die Straße schleichen, denn das Wasser stand mehrere Zentimeter auf der Fahrbahn. Im Nu war die Kanalisation überlastet und es bildeten sich tiefe und große Pfützen über den Gullideckeln. Es war schon heftig, welche Niederschlagsmengen wir dort sahen, ich hatte in Deutschland nie etwas Vergleichbares erlebt. Nach einer längeren Fahrtzeit trafen wir in Beach ein und fuhren gleich ins Hotel, da es schon fast dunkel war. Vor dem Hotel stand bestimmt zwanzig oder mehr Zentimeter hoch das Wasser. Als wir im Zimmer waren, schaute ich mir immer wieder diese hohen Wasserstände an und hatte das Gefühl, dass sie relativ schnell zurückgingen. Wie konnte das sein? Wahrscheinlich war die hohe Luftfeuchtigkeit auch daran schuld. Ich schmiss mich ins Bett und las noch in einem Buch, das ich mitgebracht hatte. Mit der Zeit wurden die Augen schwer und fielen zu und ich schlief ein.

Am nächsten Morgen standen wir früh auf, denn wir wollten nach Key West fahren, das ist der südlichste Punkt der USA. Nach dem Frühstück ging es gleich zum Auto und die Tour begann. Wir fuhren in den Vormittag hinein und es war noch nicht zu heiß, ich fuhr das elektrische Verdeck herunter und der Wind fegte uns um die Ohren. Die Fahrt war sehr angenehm, immer an der Küste entlang. Nach einigen Stunden ging es über eine Straße, die auf Betonpfählen stand, sie verlief von einer kleinen Insel zur nächsten und dazwischen war das Meer. Die Aussicht war schon super und wir blieben öfters stehen und schauten uns das superblaue Wasser an, das war ein schönes Gefühl. Nach knapp einer Stunde erreichten wir Key West. Ich parkte das Auto und wir liefen in Richtung Strand, hier war alles viel ruhiger und es waren auch nicht viele Fahrzeuge unterwegs, die ganze Stadt schien mir irgendwie total verschlafen. Es gab etliche Souvenirgeschäfte und wir schauten uns einige an, es gab vieles zu kaufen und wir holten einige Shirts für Zuhause. Mir gefiel es immer gut, durch solche Buden zu bummeln, auch wenn man später eine Menge Sachen gekauft hatte, die man eigentlich gar nicht brauchte. Wir tranken einen Pina Colada in einer Bar am Strand und legten uns in den Sand. Ich dachte so bei mir, eigentlich könnte ich jetzt den Fidel Castro besuchen, denn Kuba war nur neunzig Meilen entfernt.

Nach gut einer Stunde fuhren wir wieder zurück, denn es war noch ein gutes Ende zurück nach Miami, wir sprangen in den Wagen und los ging die Reise. Am Abend gingen wir duschen und dann noch etwas am Strand spazieren, es war wunderschön und kaum eine Seele war zu sehen. Ich zog mich aus und sprang in die Fluten, denn es war immer noch tierisch warm, selbst der Seewind konnte nicht großartig kühlen. Das Wasser war herrlich und Jacqueline kam gleich mit rein. Nach dem Bad fickte ich Jacqueline noch hart durch und wir marschierten zurück zum Hotel. Dort knallte ich mich unter die Dusche und legte mich dann ab, nach einiger Zeit pennte ich ein und schlief gut durch bis zum nächsten Morgen.

Unser vorletzter Tag war angebrochen und wir gingen Wasserski fahren. Am See angekommen wurde uns eben erklärt, wie alles ablief und funktionierte und ich sprang dann als erster hinein und schnallte mir die Bretter um. Der Typ im Boot gab Gas und ich versuchte mit den Skiern aus dem Wasser zu kommen, ich zog meine Beine an und als ich merkte, dass sie langsam aus dem Wasser kamen, drückte ich sie durch. Der Bootsfahrer riss den Gashebel gut nach hinten und ich fuhr einige Meter und dann schmiss es mich voll auf die Fresse. Gut, im Wasser merkte man nicht viel davon, aber trotzdem knallte es ziemlich. So ging es die ganze Zeit weiter, ein Stück fahren und dann wieder einen Knaller ins Wasser, das war schon nervig und kostete viel Power. Ich glaube, das ganze Spielchen dauerte fast eine Stunde, dann wechselte ich mit Jacqueline. Ich hatte fast alles mit Kraft gemacht und hoffte, dass meine Freundin vielleicht besser damit zurecht kam. Sie stellte sich nicht blöde an, aber die Kraft ging sehr schnell dahin und sie kam gar nicht mehr aus dem Wasser heraus. Nach vielleicht zwanzig Minuten zog ich sie kaputt aus dem Wasser. Wir bezahlten und bedankten uns und fuhren dann zurück zum Hotel. Nach dieser Sache hatten wir beide Hunger und gingen etwas essen, es war unser letzter Abend und ich freute mich schon wieder auf unsere Heimat. Später im Hotel packten wir beide unsere Sachen und legten uns dann ins Bett. Nach einem guten Fick pennten wir beide ein.

Am nächsten Morgen machten wir uns keinen Stress, denn unser Flieger ging erst gegen Abend, wir flogen durch die Nacht. Ich schleppte gegen Mittag unsere Sachen zum Auto und Jacqueline checkte uns aus. Ich saß schon im Wagen, als sie ankam und wir gemeinsam Richtung Airport fuhren. Den Wagen lieferten wir bei Sixt ab und wurden dann mit einem Bus zum Airport gefahren, das dauerte knapp zehn Minuten. Dort stiegen wir aus und gingen in das Flughafengebäude. Innen war es angenehm kühl und wir schauten auf den Anzeigetafeln nach, von wo unser Flug abging. Der Flughafen war sehr groß und so liefen wir sehr lange bis zu dem Gate, wo wir abflogen. Es dauerte auch noch ein paar Stündchen, bevor wir in den Flieger konnten, wir suchten uns einen guten Platz, am besten waren die Notsitze über den Flügeln, denn dort herrschte am meisten Beinfreiheit. Im Flugzeug war es auch noch sehr drückend, denn die Klimaanlage lief wahrscheinlich nur auf halben Touren. Ich holte mir meinen CD-Player, setzte die Kopfhörer auf und hörte Musik.

Nach noch einigem Warten kam Bewegung in das Flugpersonal und ich hoffte, dass es bald losgehen würde. Das war auch der Fall, der Kapitän erzählte einiges über unsere aktuelle Flugroute nach Frankfurt und das Wetter. Während seiner Durchsage setzte sich der Flieger in Bewegung und rollte Richtung Startbahn – vor uns befanden sich noch einige andere Flugzeuge, die ebenfalls abheben wollten und vor uns warten. Es lief alles sehr zügig ab und dann waren wir an der Reihe. Der Pilot gab Gas, der riesige Vogel setzte sich in Bewegung und nach einigen Metern hoben wir ab. Nun ging es wieder in Richtung Good Old Germany.

4.6. Sexuelle Hörigkeit

Der Flug war angenehm und wir flogen in und durch die Nacht. Am Morgen landeten wir in Frankfurt und das Wetter war schön, ich holte unseren Daimler aus dem Parkhaus und schnell ging es auf die A3 in Richtung Heimat. Es ist bei so einer Reise schon fantastisch, wie schnell die Eindrücke verschwimmen. Dass wir gerade noch in Amerika waren, lag schon weit zurück und der normale Wahnsinn hatte einen schnell wieder an den Eiern. Die Fahrt verlief gut und es war mal kein Stau, nach gut drei Stunden erreichten wir Venlo und fuhren gleich nach Blerick, ein Stadtteil auf der anderen Maasseite. Ich parkte den Wagen direkt vor unserem Haus und wir stiegen aus, die Kinder von Jacqueline kamen gleich angelaufen und umarmten sie und mich. Die erste Frage war natürlich: Wie war Amerika? Nach einiger Zeit hatte sich alles beruhigt und ich lud den Wagen leer und packte aus. Am Abend saßen wir vor dem Fernseher und ich freute mich wieder auf unsere Programme. Es wurde spät und Jacqueline und ich waren die letzten, die zu Bett gingen. Im eigenen Bett lag ich super und dachte mir: Daheim ist es doch am besten. Mit diesen Gedanken schlief ich ein.

Am nächsten Morgen wurden wir durch den Lärm der Kinder geweckt, Jacqueline ging herunter und ich blieb noch etwas liegen, ich wollte schön relaxt den ersten Tag zu Hause verbringen. Nach einiger Zeit zog auch ich mich an und stieg die Treppen hinunter. Unten war es sehr laut und ich hörte, dass die Mutter und die Schwester von Jacqueline sich auch noch angesagt hatten. Ich dachte, komm, fahr mal eine Runde mit dem Wagen und gehe Kollegen besuchen, die hatte ich länger schon nicht mehr gesehen. Es war ein schöner Tag, die Sonne schien und es war angenehm warm, denn ich war die letzten Tage ja andere Temperaturen gewöhnt. Ich setzte mich hinter das Steuer und startete den Wagen, es waren noch nicht viele Menschen unterwegs und so rollte ich bedächtig dahin. Meine Laune war prächtig und ich freute mich, ich legte eine gute CD ein und rollte von dannen. Meine Fahrt ging nach Deutschland, denn ich wollte meinen Kollegen Gerd besuchen. Hoffentlich war er auch zuhause, denn der Weg war nicht gerade kurz, so eine gute Stunde würde es wohl dauern, aber was soll es, dachte ich mir und gab Gas. Als ich bei ihm auf die Einfahrt fuhr, sah ich seine Karre schon, mein Kollege war draußen am schrauben und ich begrüßte ihn, wir hatten uns schon einige Wochen nicht mehr gesehen und er freute sich mächtig. Wir gingen rein, tranken einen Kaffee und quatschten viel, denn es gab ja genug zu erzählen. Er fragte mich, wann wir wieder nach Chemnitz fahren würden, um einige Autos zu verkaufen. Diesen Handel betrieben wir inzwischen schon längere Zeit, wir hatten ja gleich nach Fall der Mauer erfolgreich damit begonnen. Ich sagte ihm, ich müsste erst wieder einen vernünftigen Gebrauchten kaufen, um ihn dann dort anzubieten.

Gerd war ein guter Freund und ich war froh, mit ihm über alles sprechen zu können. Er hatte mir in der Vergangenheit schon ein paar Mal zur Seite gestanden und mir in Situationen geholfen, in denen andere wahrscheinlich den Arsch eingezogen hätten. Er fragte mich: „Wie lange brauchst du, um ein Auto zu kaufen?“

Denn er wollte mit mir zügig rüber zum Automarkt fahren. Ich sagte: „Ich kümmere mich gleich morgen darum und komme mit dem Auto vorbei, um den Wagen gleich für den Verkauf vorzubereiten.“

Meine Idee war, gegen Ende der folgenden Woche nach Chemnitz fahren zu können. Das sollte schon klappen, denn ich brauchte vielleicht ein oder zwei Tage, um einen Wagen in Holland zu kaufen. Gerd kiffte gerne und baute sich einen Joint, wir saßen im Wohnzimmer und auch seine beiden Hunde hatten sich dort ausgebreitet. In genüsslicher Ruhe qualmte er seine Tüte und ich trank meinen Kaffee, er hatte die Soundmaschine angemacht und „Supertramp“ spielte ihr Stück „Breakfast in America“. Wir redeten noch eine ganze Zeit über alle möglichen Sachen und gegen Abend machte ich den Sittich.

Ich fuhr wieder in Richtung Venlo und fragte mich, was Jacqueline heute wieder für ein Programm gefahren hatte. Wahrscheinlich hatte sie sich wieder bei so einem scheiß marokkanischen Dealer Koks gekauft und sich die Rübe zugezogen. Das fuckte mich echt ab, es war auch schon vorgekommen, dass sie sich für Koks ficken ließ, wenn sie keine Kohle hatte. Das ging mir schon auf den Zeiger, denn ich mochte dieses Dreckspack nicht. In der Gurke arbeitete sie auch und ging mit Freiern aufs Zimmer, damit hatte ich wohl kein Problem, denn das kannte ich und konnte gut damit leben, schließlich verdiente sie ja damit ihr Moos. Diese Scheiße mit dem Koks aber ging mir mächtig auf den Senkel, denn sie drehte dann total ab und fuhr einen schweren Paranoia-Streifen. Außerdem mochte ich keine Drogen, ich hatte wohl alles mal probiert, aber das war nicht mein Ding, ich war durch und durch ein Sportsmann. Das waren so meine Gedanken auf der Fahrt nach Venlo. Ich parkte den Wagen, ging ins Haus und rief nach Jacqueline und es dauerte einen Moment, bis sie antwortete. Sie war oben im Schlafzimmer mit einer Freundin und ich merkte gleich, dass beide gezogen hatten, der Stoff für die nächste Line lag schon auf dem Spiegel und ich sagte: „Was soll der Dreck?“

Jacqueline meinte: „Wenn du magst, dann nimm dir auch ‘ne Nase.“

Ich hatte aber keinen Hunger darauf und ging runter ins Wohnzimmer, um fern zu sehen. Mein Hals war dick und ich dachte: Immer die gleiche Scheiße mit dieser Perle! Ich wollte ja schon öfters Jacqueline verlassen, aber so einfach war das nicht, wir beide waren uns ganz offensichtlich sexuell hörig. Das war ein Scheiß-Zustand, denn ich wusste, dass mir die Beziehung nicht gut tat und ich mich auch nicht gut fühlte, aber was sollte ich machen? Ein paar Mal hatten wir uns schon getrennt, aber immer wieder waren wir erneut zusammengekommen, einmal war ich zurückgekommen und das andere Mal Jacqueline. Ich hätte nie geglaubt, dass eine sexuelle Abhängigkeit so stark sein konnte, so was hatte ich in dieser Form noch nie mitgemacht, es machte mich krank und fraß mich auf, denn ich konnte nicht so, wie ich wollte.

Nach ein paar Stunden ging ich hoch und sagte Jacqueline, ich wollte pennen, sie sollten den Schuh nach unten machen. Die beiden rafften sich auf und gingen runter ins Wohnzimmer, auf der Treppe fragte ich Jacqueline, wie viel sie an Stoff geholt hatte, sie meinte: ein paar Gramm. Ich zog mich aus und stieg ins Bett, machte die kleine Nachttischlampe an und las noch ein Buch von Klaus Kinski, „Ich bin so wild nach deinem Erdbeermund". Nach einer guten Stunde löschte ich das Licht und schlief ein. Am nächsten Morgen hörte ich die Kinder nach unten laufen, das Bett von Jacqueline war ungenutzt, also hatten die beiden Weiber die ganze Nacht durchgezogen – was für ein Wahnsinn, dachte ich mir. Ich sprang auch aus dem Bett und ging duschen und danach marschierte ich runter; unten war die Freundin immer noch da und die Kinder machten sich fertig für die Schule. Als sie aus dem Haus waren, sagte ich zu Jacquelines Freundin, dass sie einen Abgang machen sollte. Das gab aber wieder richtig Geschrei, denn Jacqueline meinte, ich hätte ihre Freundin nicht rauszuwerfen. Nach paar Minuten Diskussion ging die Freundin und zu Jacqueline sagte ich, dass so was nicht mehr passieren dürfe. Sie lenkte zum Schluss ein, aber ich wusste jetzt schon, dass sie mich anlog, das hatte sie schon so oft getan.

„Geh schlafen", sagte ich zu ihr, „und nimm ein paar Schlaftabletten, falls du nicht runterkommst von dem Koks und deswegen auch nicht pennen kannst." Ich hatte diese Erfahrungen auch schon gemacht und wusste genau, wie sie sich fühlte. Sie schlich hoch ins Schlafzimmer und ich räumte unten etwas auf.

Als ich fertig war, packte ich meine Sporttasche und ging zum Training, ich boxte viele Runden am Sack, um mich müde zu kriegen, denn dann war ich relaxter und fühlte mich viel besser. Nach dem Sport duschte ich und fuhr wieder heim. Zuhause war Jacqueline wieder auf und kochte das Mittagessen für die Kinder und für uns. Ich dachte mir wohl, dass Jacqueline keinen großen Appetit hatte, nach so einer Koka-Nacht. Ich deckte den Tisch mit und die Kurzen bimmelten schon an der Tür, ich machte auf und sie kamen lärmend ins Haus, jeder setzte sich an den Tisch und wir aßen gemeinsam zu Mittag. Ich wusste nicht, ob die Kinder was mitbekommen hatten von letzter Nacht. Die Holländer sind ja in allem sehr liberal, für mich war es schon bedenklich, denn Kindern gegenüber trägt man Verantwortung, wenn man das nicht kann, sollte man auch keine in die Welt setzen.

Mir gefiel die ganze Situation nicht, aber was sollte ich tun, ich hing dort bis an den Eiern in der Scheiße. Diese dreckige Abhängigkeit ging mir tierisch auf den Senkel, aber ich kam von der Muschi einfach nicht los. Es war, als wenn mein Schwanz ein eigenes Bewusstsein entwickelt hatte. Jacqueline hatte ein mächtiges Problem mit diesem dämlichen Pulver und kein Ende war in Sicht. Alle naselang musste ich diese vermaledeiten Marokkaner an der Tür verjagen, die Koka zu Jacqueline bringen wollten. Für mich war das alles kein Zustand und es fuckte mich mächtig ab, dass ich in solch einer Nummer drin hing.

Es kam auch öfters vor, dass wir mit dem Auto unterwegs waren und sie fast immer Stoff dabei hatte. Ich erklärte ihr, dass ich als Deutscher tierische Probleme bei einer Polizeikontrolle bekommen würde, wenn man den Stoff fände. Sie meinte: „Ach, wir sind hier in Holland und da ist das kein Problem." Ich sagte ihr, dass ihre Aussage Bullshit wäre und warf ein paar Mal den Mist aus dem Autofenster.

Es gab häufig Ärger, denn durch die Zieherei veränderte sich auch ihre Psyche, sie wurde verlogen und link. Als ich sie kennenlernte, hatten mich schon Bekannte vor ihr gewarnt, aber ich dachte, so schlimm kann es gar nicht sein. Das Blöde daran war natürlich auch gewesen, dass ich die eine Frau noch nicht richtig emotional verarbeitet hatte und mit Jacqueline schon eine neue Relatie begonnen hatte. Vom Kopf her wusste ich, dass es sehr dumm war, aber was sollte ich machen? Ich versuchte immer wieder, zu schauen, dass sie von diesem Dreck wegkam, doch irgendwie war ihr Wille nicht stark genug und die Sucht viel zu groß.

Dass sie zusätzlich ab und an im Club arbeitete, machte mir keine Sorgen, denn das Milieu kannte ich. In Holland war jedoch das Problem, dass fast jede Erna, die ackerte, auch drauf war, die eine mehr, die andere weniger. Dieser Zustand war natürlich Gift für Jacqueline, denn es wurde dort gezogen, was das Zeug hielt. Mich kotzte es auch an, dass dabei sehr viel Kohle draufging und sie, wenn sie kein Geld hatte, mit den Dealern rumfickte. Mir ging das alles schwer auf den Sack und ich überlegte mir oft, wie ich aus dieser Nummer wieder aussteigen konnte. Das Einzige, was zwischen uns klappte, war die Geschichte im Bett, sie machte mir die Eier leer bis zum letzten Tropfen. Für mich war dieser Zustand echt Shit und wir gerieten oft sehr heftig aneinander, ich musste schwer in mich gehen, um ihr nicht an den Frack zu gehen, doch ich hatte auch keinen Hunger auf Schrank. Schon öfters hatte ich den Schuh bei ihr gemacht und wir waren irgendwie nach ein paar Tagen wieder zusammengekommen. Dieses ewige Hin und Her war die Hölle für mich, denn auf lange Sicht war dieser Zustand total für'n Arsch. Sie hatte auch schon ein paar Mal versucht, mich wegen Bedrohung bei den Bullen anzuzeigen. Diese Geschichten waren aber totaler Nonsens, aber dennoch hatte ich keinen Schub auf ein Verfahren. Für mich war es nicht einfach, denn der ganze Zustand ging mir echt auf die Eier. Wie sollte ich raus aus der Nummer? Das war mir noch nicht klar und je länger der Zustand anhielt, umso beschissener ging es mir.

Mein Bruder war auch häufig zu Besuch und sagte mir ebenfalls, dass diese Frau rein gar nichts für mich wäre, ich unterhielt mich oft mit ihm, denn so konnte ich die Frustration abbauen. Ich arbeitete bei einem Kollegen nebenher und baute mit ihm Fertighäuser, das lenkte mich ab und machte mir auch Spaß. Sogar mein Freund sagte mir, ich sollte weg von der Perle und bot mir an, mit ihm zusammen die Firma zu führen. Das war ein Super-Angebot, das wusste ich und sagte zu ihm: „Ich werde es mir überlegen." Mit Jacqueline sprach ich öfter über die verfahrene Situation, aber es kam kaum etwas dabei herum, denn sie war nicht einsichtig und meinte, immer im Recht zu sein. Es gab Zoff und immer mehr Stress und ich sagte mir, so kann es nicht weitergehen, denn es würde in einer Katastrophe enden, das sah ich schon vor meinem geistigen Auge. An einem Mittwoch gab es wieder gewaltigen Ärger und ich sagte zu ihr: „Ich habe die Schnauze voll und mache diesen Fuck nicht länger mit." Ich packte meine Sachen und lud alles in mein Auto. Jacqueline meinte: „Mach das bloß nicht, denn wenn ich dich nicht haben kann, dann soll das auch keine andere Frau mehr!" Diese Drohung verstand ich in diesem Moment nicht und wollte sie auch nicht verstehen, ich setzte mich hinter das Steuer, ließ den Motor an und brauste davon. Ich fuhr zu meinem Kollegen und sagte ihm, ich hätte das Ding nun endlich und endgültig beendet, er meinte: „Hoffentlich ziehst du das jetzt auch konsequent durch.“ „Das werde ich machen“, sagte ich ihm, denn ich hatte null Bock mehr auf diesen Dreck. Ich bekam ein Zimmer in seiner Wohnung und richtete mich da ein, so gut es ging. Meine Gedanken waren sehr häufig bei dieser Frau, aber was sollte ich machen, von heute auf morgen bekam ich diesen Zustand nicht in den Griff, das war mir auch klar.

Am Samstag fuhr ich noch einmal mit meinem Bruder nach Venlo, um einige von meinen Sachen zu holen, denn ich hatte mir fest vorgenommen: Jetzt war Schluss mit lustig! Ich wollte nie mehr zurück zu Jacqueline. Als wir dort ankamen, war sie nicht zu Hause und auch keines von den Kindern war dort, ich ging über den Hof zum Hintereingang, denn diese Tür war immer offen. So war es auch diesmal und ich packte mit meinem Bruder meine paar Klamotten zusammen. Das alles dauerte nicht sehr lange und wir trugen die Sachen ins Auto. Ich schaute mich noch einmal um und sagte Tschüss. Wir fuhren wieder zu meinem Kollegen und schleppten die Sachen in mein Zimmer. Jetzt war diese Sache endlich durch und ich freute mich schon auf ein neues Leben ohne Krach und Scheiße. Es war natürlich nicht einfach, diesen Abnabelungsprozess durchzuhalten, diese fucking sexuelle Hörigkeit hing mir gewaltig am Arsch, doch was sollte ich tun? Ich habe eine Kämpfermentalität und aufgeben ist für mich ein Fremdwort, schließlich habe ich schon so oft im Leben meine Nehmerqualitäten unter Beweis gestellt. Die Familie meines Kollegen und er selbst ließen mich in Ruhe und ich brauchte mit keinem zu reden, wenn ich es nicht wollte. Das war auch gut so, denn ich hatte keinen Hunger auf Diskussionen. Es passierte oft, dass ich ziemlich down war und es mir überhaupt nicht gut ging, mir war klar, dass ich wohl lange benötigen würde, um über diese Geschichte hinwegzukommen. Mir tat die Ruhe gut und ich hatte auch Zeit zum Nachdenken. Früher war mir nie klar gewesen, dass es eine sexuelle Hörigkeit überhaupt gab, geschweige denn, dass ich davon betroffen sein könnte. Diese Intensität überraschte mich schon gewaltig und machte mich tierisch fertig. Wenn ich ehrlich war, schwang auch noch reichlich Emotionalität mit, für mich war es damals in dieser Situation aber nicht möglich, das zu differenzieren. Dieser Kampf tobte sehr wild in mir und ich dachte immer wieder daran, einen neuen Versuch zu starten, obwohl ich wusste, dass das überhaupt keinen Sinn machte. Doch was nutzte der Kopf in so einem Moment, er konnte mir auch nicht viel helfen, ich stemmte mich jedoch mit aller Kraft gegen diese bad habits und ließ nicht zu, dass sie mich total herunter zogen.

Es ist sehr schwer, sich gegen so ein Feeling zu behaupten, das einen permanent herunterzieht und Herz und Kopf fickt, mir ging es dreckig und das war Fakt. In der Nacht konnte ich kaum schlafen und war tagsüber dann sehr platt, durch diese abgefuckte Situation konnte ich auch kaum etwas essen und fühlte mich nicht gerade so, als wenn ich Bäume ausreißen könnte. Am Morgen ging ich immer mit Andy, meinem Pitbull Terrier, Gassi. Er war so ein lieber Kerl und ich glaube, dass er genau fühlte, wie es mir so erging. Es war Anfang Mai und das Wetter war schon warm, die Luft war lau und überall roch es nach frischen Blüten. Ich mochte die Spaziergänge mit meinem

Hund sehr gerne, denn dadurch vergaß ich ein wenig die Scheiße, in der ich drinsteckte. Mein Kollege wohnte in einer kleinen Stadt am Niederrhein und seine Wohnung hatte er in einem Altbau am Anfang der Fußgängerzone, es war dort trotzdem sehr ruhig und man war schnell in der City.

An einem Morgen, als ich mit meinem Hund Gassi ging, fielen mir zwei Typen auf, die schon relativ früh in einem Eiskaffee saßen, sie passten nicht so in das Bild und ich machte mir Gedanken, was die dort wohl suchten. Ich habe immer eine sehr gute Intuition gehabt, sie hat mir oft im Ring, aber auch an der Tür geholfen. Diese Situation passte nicht, das war mir sofort klar. Meine Ex wollte ja sehr wilde Sprüche in Richtung Behörde ablassen, wenn ich sie verlassen sollte. Doch ich hatte mir nicht allzu viele Gedanken darüber gemacht, denn was sollte sie schon erzählen, ich hatte nichts Schlimmes verbrochen. Ich marschierte also mit meinem Hund meine Runde und hatte mir vorgenommen, beim Zurückkommen auf die Typen zu achten, ob sie immer noch da sitzen würden. Als ich das Haus zwanzig Minuten später erreichte, sah ich, dass die Typen immer noch dort saßen, ich schaute jetzt genauer hin und bemerkte bei dem einen im Ohr einen Knopf – das war schon sehr merkwürdig. Ich hatte mir vorgenommen, das zu beobachten und wollte gleich noch mal ohne Hund rausgehen, um zu sehen, was es mit den Kerlen auf sich hatte. Für die Treppe brauchte ich nicht lange und brachte meinen Hund in die Wohnung zu meinem Kollegen. Ich erzählte ihm nichts von der Situation, denn ich wollte ihn nicht beunruhigen. Dem Axel sagte ich nur: „Ich geh noch mal in die Stadt, um mir eine CD zu kaufen."

Schnell war ich wieder unten und lief in Richtung City, denn ich hatte mir überlegt, tatsächlich schnell eine CD zu kaufen. Die Typen saßen nicht mehr dort und ich dachte, wo sind die wohl geblieben und hatte die ganze Zeit ein schlechtes Bauchgefühl. Zur City war es nicht weit, und so marschierte ich die paar Meter zügig; kurz vor dem CD-Geschäft musste ich einen großen Platz vor einer Kirche überqueren. Als ich ungefähr ein Drittel des Platzes überschritten hatte, bremsten mehrere Autos sehr hart hinter mir und ich dachte: Was sollte das jetzt wieder? Ich konnte meinen Gedanken nicht mehr zu Ende denken, als die Türen schon aufflogen und maskierte und schwer bewaffnete Männer aus den Autos sprangen. Jetzt hörte ich auch neben mir und vor mir Stimmen, die mir befahlen, mich sofort auf den Boden zu legen und keine falsche Bewegung zu machen, denn sonst wollte man schießen. Mir kam das alles wie in einem schlechten Film vor und ich dachte: Das ist ein Scheiß-Traum, daraus musst du gleich erwachen! Leider war das nicht so. Mittlerweile hatte ich wohl so vier, fünf Pistolen am Schädel und man schrie: „Hinlegen, hinlegen!" Ich kam dieser Aufforderung etwas zögerlich nach, da ich nicht wusste, was der ganze Terz sollte. Als ich auf dem Boden lag, wurden mir Handschellen und Fußfesseln angelegt, ich bekam einen Sack über den Kopf und wurde zu einem Auto geschafft.

Die Fahrt dauerte nicht lange und ging zum Polizeiposten, dort wurde ich in eine Zelle gebracht und wartete auf die Dinge, die da kommen würden. Mir wurden dort die Fußfesseln und abgenommen und der Sack wurde von meinem Kopf entfernt. Den Cop fragte ich umgehend: „Was soll der ganze Scheiß?" Doch er sagte, er wüsste nicht genau Bescheid, aber es würde mir von anderen Beamten gleich erklärt werden. Er ging raus und schloss die Zelle wieder hinter sich ab, ich dachte nur: Was für ein elender Mist!, und hatte sofort das Gefühl, dass Jacqueline dahinter stecken würde. Nach ein paar Minuten ging die Tür wieder auf und ich wurde herausgeholt. Mir wurde mitgeteilt, dass es einen Haftbefehl gegen mich gab wegen verschiedener schwerwiegender Delikte und dass man mich jetzt zur JVA bringen würde. Ich sagte nur: „Das ist alles absoluter Schwachsinn und ich weiß überhaupt nicht, was diese beschissene Aktion soll!“

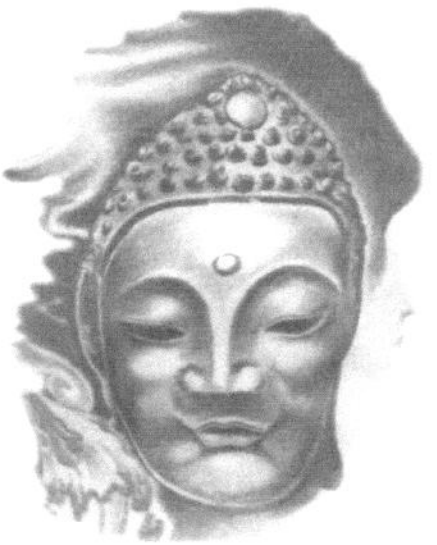

4.7. Wieder ins Jail

Es ging mit drei Beamten in ein Fahrzeug und wir fuhren zum Knast, ich konnte diese ganze Situation überhaupt nicht realisieren und dachte: Gleich mache ich die Augen auf und alles ist gut! Leider war es nicht so und es führte zum Jail. Diese ganze Situation war absolute Scheiße und ich fragte mich, wie das alles weiterlaufen sollte. Nach einer guten halben Stunde Fahrt erreichten wir den Knast und ich fand: Das ist jetzt aber richtiger Dreck und die meinen es ernst! Die Schleuse ging hoch und wir fuhren in den Knastinnenhof, dort rollte der Wagen noch bis zu einem Gebäude und hielt dann. Es warteten dort schon uniformierte Wärter, die mich übernahmen und mir sagten, ich solle jetzt mitkommen. Also endete hier die Reise erstmal und wir gingen zur Kammer. Dort musste ich meine Privatsachen abgeben und bekam Knastklamotten, ich konnte noch schnell duschen und dann musste ich mein Bündel packen und es ging in das Hafthaus. Ich lief hinter dem Beamten her und er brachte mich zu einer Zelle, er schloss sie auf und ich konnte eintreten. Es war schon ein echtes Scheißgefühl, wieder drinnen zu sitzen, mich kotzte es nur an und ich fragte mich immer wieder: Wofür? So wie ich von der Kripo erfahren hatte, ging die Verhaftung auf die Aussage von Jacqueline zurück – wie konnte man ihr nur solch einen Dreck glauben? Für mich war das alles nicht zu verstehen. Ich für meinen Teil wusste gar nicht, was los war und fühlte mich wirklich unschuldig im Knast, aber niemanden schien das zu interessieren.

Die Tür wurde abgeschlossen und ich stand wieder in so einem Loch, in das ich nie mehr hinein wollte. Wie ging es weiter? Ich hatte keine Ahnung und sagte mir: Ich muss versuchen, aus dieser Situation wieder herauszukommen. Es war jetzt später Nachmittag und ich fing an, das Bett zu richten, wenn man es denn so nennen konnte. Als ich damit fertig war, packte ich den Rest aus und legte mich auf das Bett. So verging die Zeit und ich hörte, dass die Zellen aufgeschlossen wurden, es gab wahrscheinlich das Abendessen, das der Hausarbeiter austeilte. Ich sprang hoch und packte Teller und Kännchen, die Tür wurde aufgeschlossen und ich holte mir mein Essen vom Hausarbeiter, es sah nicht schlecht aus und ich fing an, mir was hinunterzuschieben. Als ich damit fertig war, stellte ich mich auf den Stuhl und schaute aus dem vergitterten Fenster und blickte direkt gegen die Knastmauer, viele von den Jungens unterhielten sich am Fenster und es war deshalb ein wildes Geschrei zu hören. Ich hatte darauf keinen Bock und stieg wieder herunter. Was für ein Dreck, dachte ich mir, jetzt saß ich wieder im Loch und das wollte ich eigentlich nicht mehr. Ich wusste ja, dass der Haftgrund nur aufgrund der verlogenen Aussage von Jacqueline zustande gekommen war. Ich überlegte mir, wie ich das Gelüge nur widerlegen konnte, denn es war der Horror, für etwas zu sitzen, was man gar nicht getan hatte. Wenn ich ehrlich war, dann sah ich kaum eine Chance, von hier drinnen aus etwas machen zu können. Die einzige Möglichkeit war die Zeit. Die Behörde würde schon feststellen, dass alles nur gelogen war. Das war meine Hoffnung, eine andere Variante sah ich für mich im Moment nicht. Voller Frust packte ich mich aufs Bett und überlegte mir, was ich tun konnte, um meine Situation hier im Knast etwas zu verändern. Ich drückte die Ampel und wartete, bis der Beamte kam und fragte ihn nach Kugelschreiber, Anträgen und Schreibpapier mit Umschlägen. Ich schrieb verschiedene Anträge, zum Beispiel für Sport und unterschiedliche Kontaktgruppen, um ein bisschen aus der Zelle herauszukommen, vierundzwanzig Stunden nur in dem Loch, da wurde man ja verrückt!

Am nächsten Morgen wollte ich sie herausgeben, ich hatte einige in doppelter Ausführung auch an den Richter geschickt, denn er musste gewisse Anträge zuerst genehmigen, bevor die Anstalt das tat. Ich wusch mich und drückte noch mal die Ampel und fragte den Schließer, ob er mir irgendwas zu lesen besorgen könnte, ein Buch aus der Anstaltsbücherei, das würde schon reichen im Moment. Er sagte mir, dass er schauen würde, aber er könnte mir nichts versprechen. Ich wartete also ab und mein Schädel ratterte, im Knast ist es sehr schwer seine Gedanken zu kontrollieren, die Gedanken machen sich selbstständig und es ist außerordentlich schwierig, dabei nicht verrückt zu werden. Man ist der Justiz völlig ausgeliefert und hat kaum eine Möglichkeit, sich gegen Schikanen und den Psychoterror zu wehren. Wurde man zu renitent, dann hatte man mit üblen Sanktionen zu rechnen. Es passierte schon öfters, dass Leute mit ein oder zwei Jahren einfuhren und während ihrer Haftzeit noch ein paar Jahre zusätzlich schnappten. Es ist im Knast sehr, sehr schwer, immer die Kontrolle zu bewahren, es gibt viele Situationen, in denen man ständig eine Faust in der Tasche machen muss.

Es dauerte noch eine ganze Weile und der Schließer brachte mir ein Buch, es war irgendwas von Karl May. Ist ja gar nicht so schlecht, dachte ich mir, warf mich auf das Bett und fing an zu lesen. So ging die Zeit dahin – irgendwann gegen elf wurde das Licht gelöscht und es kehrte Ruhe im Knast ein. Ich zog meine Sachen aus und kroch unter die Decke, mein Kopf gab indes keine Ruhe und die Scheiß-Gedanken fickten meine Rübe. Es dauerte sehr lange, bis ich einschlief. Der Schlaf, die Nacht, ist der einzige Moment, in dem man den Mauern aus Beton entfliehen kann. Diese kleine Insel des Schlafens lässt einen für Stunden die dreckige Scheiße vergessen. Am nächsten Morgen wurde ich schon früh durch den Lärm im Hafthaus geweckt; der Knast ist immer sehr laut und ein gewisser Geräuschpegel verschwindet nie, aber man passt sich mit der Zeit an und nimmt den Krach nicht mehr so wahr. Ich stand auf und wartete darauf, dass es Frühstück gab, wollte es reinholen und mich danach noch mal ablegen, denn ich war noch müde wie Sau, hatte nur zwei bis drei Stunden geschlafen. Nach einer halben Stunde wurde meine Zelle aufgeschlossen und ich trat in die Tür, der Hausarbeiter war an der Nachbarzelle und teilte das Essen aus. Nun war ich an der Reihe, er packte mir lieblos alles auf den Teller und gab mir diesen Wasserkaffee oder was auch immer das sein sollte. Ich lief mit meinen Sachen wieder in die Zelle, der Schließer schloss die Tür wieder hinter mir ab und ich verfluchte den Menschen, der den Knast mal erfunden hatte. Ich stellte das Essen auf den Tisch und legte mich wieder ins Bett, richtig schlafen konnte ich jedoch nicht mehr, denn es war draußen ein übler Krach. Die Türen waren nicht gut isoliert und man konnte alles hören, was im Hafthaus vor sich ging. Es gab dann weiterhin auch viele Lautsprecherdurchsagen, die mir ebenfalls auf den Sack gingen und es wurde immer mal wieder geläutet für irgendwelche Arbeiter, die in die Haftbetriebe ausrücken mussten.

Gegen acht stand ich auf, zog mich an und machte meine Morgentoilette, ich setzte mich dann an den kleinen Tisch und schmierte mir einige Stullen, dieser kalte Kaffeeersatz war aber kaum zu genießen und ich musste mich schon zwingen, diese Brühe überhaupt zu trinken. Dann wurde die Freistunde durchgerufen und ich drückte auf die Ampel, denn ich wollte mal eben raus aus dem Loch. Es dauerte wieder eine ganze Zeit, bis der Schließer bei mir war und meine Bude aufschloss. Ich polterte mit den anderen die Treppe runter und wir warteten auf den Beamten, der uns in den Knastinnenhof ließ, draußen genoss ich erstmal die frische Luft, wir mussten um die Ecke und waren dann im Innenhof. Dort liefen wir alle hintereinander um ein großes Viereck, an jeder Ecke standen Beamte, die uns beobachteten, damit auch bloß keiner den Versuch unternahm, zu flüchten. Es hätte dafür sowieso keine Möglichkeit gegeben, denn wo wollte man hin? Die Mauern waren viel zu hoch und auch sonst gab es nicht die geringste Chance, hier den Schuh zu machen. Es waren um diese Uhrzeit vielleicht zwanzig Mann draußen und ich schloss mich ihnen an, um ein wenig Kontakt zu bekommen, denn nur blöde herumzulaufen war mir auch zu doof. Wir kamen schnell ins Gespräch, schließlich hatte jeder seine Geschichte und außerdem noch die Verhandlung vor sich. Einige Jungs waren schon viele Monate da und ich erkundigte mich, was ich denn so machen könnte, um mein Leben ein bisschen besser zu gestalten, denn dreiundzwanzig Stunden nur in der Zelle zu sitzen, darauf hatte ich keinen Bock. Nach einiger Zeit kam der Ruf, die Freistunde sei zu Ende und wir sollten wieder einrücken; die Stunde war aber schnell vorbei und ich dachte mir, wie schön die Freiheit wirklich war.

Oben stand ich wieder vor meiner Zelle und wartete, bis meine Türe aufgeschlossen wurde, ein Schritt und ich befand mich wieder in diesen paar wenigen Quadratmetern. In der Zelle machte ich erstmal etliche Liegestützen und Bauchaufzüge. Das wollte ich jeden Tag als festes Ritual einplanen, denn meine Kraft und Power wollte ich mir erhalten. Im Anschluss boxte ich noch ein paar Runden, denn ich wollte auch meine Technik und meine Kondition nicht verlieren; sicherlich war alles sehr schwer unter diesen Voraussetzungen, aber hängenlassen wollte ich mich auf keinen Fall. Nach meiner kleinen sportlichen Einlage schwitzte ich und hätte gerne geduscht, aber soweit mir bekannt war, wurde immer noch nur zweimal die Woche geduscht, also ab zum Wasserhahn und erstmal kräftig waschen. Selbst die Grundhygiene wurde hier beschnitten und das war schon heftig. Ich duschte normalerweise nach jeder Arbeit und nach jedem Training, doch hier war das alles nicht möglich. Die restliche Zeit bis zum Mittagessen verbrachte ich auf dem Bett und las etwas in dem Buch, das mich ein bisschen flüchten ließ aus dieser so beschissenen Realität. Es gab bald das Mittagessen und es sah gar nicht so verkehrt aus, allerdings wusste ich von früher aus der Jugendkiste, dass die Dampfkost sehr dick machte. Aber was tun? Ich hatte immer einen guten Appetit und wollte mich nicht hier unter den Scheiß-Umständen noch um das Essen beschneiden, eine kleine Freude, die mir blieb. Nach einigem Überlegen dachte ich mir, dass ich jeden Tag in der Freistunde laufen würde, so verbrannte ich die Kalorien und hielt mich außerdem einigermaßen fit.

So gingen die ersten Tage dahin und ich traf einen Bekannten wieder und wir beantragten, ob wir auf eine Gemeinschaftszelle verlegt werden konnten. Das wurde genehmigt und wir bezogen zusammen eine Doppelzelle, die war auch nicht größer als eine Einzelzelle, aber man hatte ein wenig Unterhaltung und konnte miteinander reden, und das half im Knast schon oft. Ich war vielleicht zwei Wochen mit ihm zusammen, als der Schließer kam und sagte, ich solle in einen anderen Knast verlegt werden. Ich fragte: „Warum, was soll das denn?“ Und er sagte: „Das ist vom Gericht so angeordnet worden.“ Der Richter meinte in seinem Beschluss oder besser in seiner Anordnung, dass es sein könnte, dass wir Tatgenossen wären und deshalb getrennt werden müssten. Was für eine dämliche Entscheidung, dachte ich mir, nach über zwei Wochen kam ihm diese Blitzidee. Was sollte ich jetzt machen? Also packte ich alles zusammen und wurde zur Kammer gebracht. Es war Freitag und ich überlegte mir, wie das mit dem Transport laufen sollte, denn die Transportertage waren Dienstag und Donnerstag. Mir wurde mitgeteilt, dass ich gleich mit einem kleinen Transporter in den anderen Knast gebracht würde, solange kam ich auf die Transporterzelle. Schöne Scheiße, dachte ich mir, am Wochenende würde ich in einen anderen Knast kommen, das war schon ätzend. Es dauerte eine ganze Weile und ich wurde geholt. Ich musste meine Sachen mitnehmen, die ich in einigen Kartons verpackt hatte, und sie mit zum Bus tragen, wo sie hinten verstaut wurden. Ich musste dann in der Mitte einsteigen und bekam noch ein paar Handschellen verpasst. Ich fragte, was denn diese Scheiße wieder sollte und der Schließer meinte, das sei auch eine Anweisung vom Richter.

Die Fahrt ging dann los, sie dauerte eine gute Stunde und wir kamen an dem anderen Knast an, die Schleuse öffnete sich und wir fuhren mit dem kleinen VW-Transporter hinein. Das Tor ging wieder herunter und ich wurde geholt und wieder mit meinen Sachen zur Kammer gebracht. Kurz nach dem Aussteigen nahm man mir auch wieder die Handschellen ab. Meine Kartons, obwohl gerade erst eingepackt und verplombt, wurden wieder aufgemacht und kontrolliert, das war natürlich die absolute Gründlichkeit der Justiz. Als wir fertig waren, ging es in das Hafthaus und mir wurde meine Zelle zugeteilt. Ich kam auf eine Gemeinschaftszelle, in der Zelle befand sich schon ein junger Kerl, der aufschaute, als ich hereintrat. Der Haftraum war total klein und ich dachte mir: Das kann doch wohl nicht wahr sein! Ich nahm meine Klamotten mit hinein und der Schließer schloss die Tür ab; ich stellte mich kurz vor und der Junge sagte mir auch, wie er hieß und warum er hier war. So vergingen die nächsten Stunden mit Gerede, ich merkte wohl, dass der Sascha sehr nervös war und er sagte mir auch, dass sie ihn an der Grenze mit Koks abgegriffen hatten. Sascha hatte anscheinend auch reichlich gezogen und deshalb war er noch immer aufgedreht. Es wurde dunkel und ich zog mir die Decke bis zum Hals und versuchte zu schlafen, es war ungewohnt und es dauerte lange, bis ich einschlief.

Am nächsten Morgen ging ich mit in die Freistunde, die immer sehr früh stattfand.

Bei der Gelegenheit schaute ich mir den Knast an: Der Innenhof war kleiner als in der anderen Anstalt und die Mauer war genauso hässlich wie in allen Gefängnissen, die ich bis dahin gesehen hatte. Für mich war es kaum vorstellbar, hier die ganze Zeit eingesperrt zu sein, ich dachte so bei mir: Das ist ein schlechter Traum, aus dem du bald erwachst. Ich lief mit den anderen Jungs die ganze Stunde im Kreis herum und machte meine ersten neuen Bekanntschaften – um diese Uhrzeit waren nicht allzu viele in der Freistunde. Nach der Stunde ging es wieder zurück ins Hafthaus und ich ging auf meine Abteilung und wurde dort wieder ins Loch gesperrt. Mein Zellengenosse schlief noch und ich packte mich auch wieder aufs Bett, um irgendwie die Zeit totzukriegen. Während ich so auf dem Bett lag, überlegte ich mir, alle Möglichkeiten zu nutzen, um so oft wie möglich aus diesem Loch herauszukommen. Ich schrieb für alles einen Antrag, das Problem war einfach nur, dass es in diesem Knast nicht allzu viel gab, wofür ich einen Antrag stellen konnte. Egal, dachte ich mir, jede Sekunde war gut, die ich nicht in diesem Loch verbringen musste. So wurde es Mittag und wir hörten, wie die Hausarbeiter das Essen holten und hochschleppten. Es dauerte nicht mehr lange und der Schließer schloss auf und wir konnten unser Essen holen; das Futter sah gar nicht schlecht aus und ich holte mir gleich noch Nachschlag. Mein Zellenkollege war viel jünger als ich und noch ziemlich naiv, das Koks hatte ihn zusätzlich ganz schön fertig gemacht, er war sehr dünn und schlapp. Sascha war aber kein schlechter Kerl, ich redete viel mit ihm, denn ich hatte das Gefühl, ihm ging es nicht gut, was soll ich sagen, mir selber ging es ebenfalls nicht viel besser und es half auch mir, wenn ich mit ihm sprach.

Jacqueline hatte der Behörde einen unheimlichen Blödsinn erzählt. Ich sollte mit Waffen gehandelt haben, mit denen dann Banküberfälle begangen worden seien. Versuchter Totschlag und Drogenhandel wurden mir auch zur Last gelegt, so stand es auf jeden Fall im Haftbefehl. Mich ärgerte, dass ich für Delikte einsaß, von denen ich rein gar nichts wusste. Es ist unglaublich elendig, unschuldig einzusitzen – aufgrund einer verlogenen Aussage! Ich bin und war nicht verantwortlich für Straftaten, die andere Jungs gemacht haben. Niemals haben mich in diesem Fall andere beschuldigt, es blieb nur bei der beschissenen einen Aussage meiner Exfreundin. Ich hatte ja die Hoffnung, dass die Behörde eigentlich schnell merken müsste, dass davon gar nichts stimmte, aber ich sollte mich täuschen. Es dauerte ewig, bis diese Sachen eingestellt wurden. Mein Zellenkollege hatte wenigstens einen Fernseher und so schauten wir, bis wir viereckige Augen hatten. Was sollten wir auch anderes machen, denn in einer Zelle hat man nicht viele Möglichkeiten. Ich kannte bald alle Serien, und so zog man sich diese geistige Verblödung jeden Tag aufs Neue rein. In freier Wildbahn hätte ich mir so einen Dreck niemals angeschaut.

So vergingen die Tage und sie waren sehr heiß – die Hitze brachte uns alle fast um. Ich denke, in der Zelle waren es dreißig Grad oder mehr, denn ein Schließer hatte ein Thermometer mitgebracht und wir hatten die Temperatur gemessen. Wir hängten nasse Handtücher vor die Gitter und ich hatte vier Eimer zusammengesucht, die wir mit kaltem Wasser füllten und in die wir unsere Füße hineinstellten. Das war auch nicht gerade eine super Lösung, aber so schaffte man sich ein wenig Abkühlung. Durch diese Hitze waren alle sehr aggressiv und es gab des Öfteren die eine oder andere Boxerei. Dieser Zustand war wirklich kaum zu ertragen und hielt über sehr viele Wochen an.

Vom Gericht hörte ich kaum etwas und auch die Kripo ließ sich nicht sehen, es war schon eine verdammte Scheiße, aber ich hatte keine Möglichkeit, daran etwas zu verändern. Es gingen die Wochen dahin und ich hörte, dass auf Abteilung 4 die Stelle als Hausarbeiter frei wurde. Ich schrieb einen Antrag für diesen Job, denn vom Richter hatte ich schon die Genehmigung. Meiner Bitte wurde gleich entsprochen, denn ich kam mit dem Anstaltsleiter und den Schließern sehr gut aus und die freuten sich, dass ich den Job machen wollte. Für mich hieß das: Umzug auf die Etage vier, und damit begann ich auch sehr schnell. Als Hausarbeiter hatte ich eine Einzelzelle, aber dafür den Vorteil, dass ich den ganzen Tag meine Zelle offen hatte. Diese Tätigkeit hat viel mit Vertrauen zu tun und die Beamten schauten sich den Gefangenen lange und gründlich an – bevor er den Job bekam, wurde er wirklich gut abgeklopft.

Meine neue Zelle war okay, ich verabschiedete mich von Sascha und ging auf meine neue Abteilung, wo ich gleich anfing, den Flur zu putzen. Es war schon gut, im ganzen Hafthaus herumlaufen zu können. Als es Mittag war, gingen wir alle herunter zur Schleuse, das Essen holen. Das Futter befand sich in großen fünfzig Kilo schweren und runden Containern, die wir immer in einer Kette von Hausarbeitern hochschleppten. Ich musste natürlich mit dem ganzen Zeug bis auf Abteilung 4, das brachte gute Kondition und die Bewegung tat gut. Wir teilten das Essen auf unserer Abteilung aus und brachten dann die leeren Container wieder zur Pforte, danach konnten wir essen und hatten dann auch Mittagsruhe bis ungefähr gegen halb zwei; dann standen wieder verschiedene Arbeiten an. Die Arbeit war nicht schlecht, so vergaß ich ein wenig den ganzen Dreck um mich herum und war abends müde, sodass ich gut schlafen konnte. Ich benötigte knapp eine Woche, bevor ich alles konnte und wusste. Es waren schon sehr komplexe Aufgaben und man musste viel mitdenken und gut mit den Beamten zusammenarbeiten. Ich hatte jetzt natürlich genug zu essen und konnte mir bei der Milchausgabe auch immer ein paar extra Liter bunkern. Es hatte viele Vorteile, die ich logischerweise nutzte, denn mir war es wichtig, diesen Job auch zu meinen Gunsten einzusetzen.

So tröpfelten die Tagen und Wochen dahin und nicht viel passierte. Der Richter nervte mich, denn immer wieder gab es neue Hinweise, an denen er sehen konnte, dass ich nichts verbrochen hatte. Neue Haftprüfungstermine stellte ich über meinen Anwalt nicht, denn das Gericht war nicht gewillt, Fakten zu sehen, sondern stützte sich auf eine schwammige Aussage einer Frau, die jeden Tag die Nase voller Koks hatte. Das war einfach unglaublich und echt zum Kotzen. Die Ermittlungen dauerten wahnsinnig lange und ich hoffte: Das muss doch wohl bald ein Ende haben! Ich konnte es nicht verstehen, dass die ganze Behörde so naiv und blind war. Der Haftbefehl wurde vom Oberlandesgericht immer wieder verlängert, das war sowieso nur eine administrative Geschichte, deshalb gab ich mich auch keinen Hoffnungen hin, dass dieses Gericht für mich entscheiden würde. Über die Frage der Gerechtigkeit dachte ich viel nach und hatte das Gefühl, dass die Justiz auf beiden Augen blind war. Es gab Tage, an denen ich hätte durchdrehen können. Es ist unbeschreiblich und extrem hart, für Dinge im Knast zu sitzen, die man nicht getan hat. Ich bekam regelmäßig Besuch von einer Exfreundin und wir kamen uns wieder näher, sie schaffte an und half mir immer mit Geld aus. Ich war dankbar für ihre Hilfe, denn es gab viel zu bezahlen. Das Mädchen liebte mich bereits, als ich noch draußen war, wir kannten uns schon fast zwei Jahre, sie schrieb mir viele Briefe und ich antwortete darauf. Der Kontakt tat mir gut und half mir auch ein wenig über diese dunklen Tage hinweg. Im Knast lernt man den Wert vieler Dinge erst schätzen, die man draußen gar nicht groß beachtet.

Eines Tages wurde der Haftbefehl plötzlich aufgehoben, der mich hier hineingebracht hatte. Aber damit ich nicht raus kam, wurde ein neuer eröffnet – für absolut lächerliche Dinge. Man hatte mich wohl so lieb, dass man mich nicht herauslassen wollte. Alle schweren Anklagepunkte waren aufgehoben, denn man hatte wohl erkannt, dass alles erlogen war – jetzt brachte man Delikte vor wie Körperverletzung und Diebstahl. Ich konnte das alles nicht glauben, es war so eine Ungerechtigkeit vorhanden, dass sie schon zum Himmel schrie. Niemals hatte ich im Leben geglaubt, dass so etwas möglich sei. Es dauerte nicht lange, da erhielt ich dann auch endlich die Anklageschrift: Man führte noch ein paar von den alten Vorwürfen auf, aber sonst konzentrierte der Staatsanwalt sich auf die neuen Vorwürfe. Die ganzen monatelangen Ermittlungen hatten wohl sehr viel Geld gekostet, und auch eine Meldung in der Fernsehserie „Aktenzeichen XY" musste revidiert werden. Man brauchte damals einen Sündenbock und der sollte wohl ich sein.

Wo war hier die Gerechtigkeit? Für mich war es Rechtsbeugung in Vollendung! In mir kochte es, denn man wollte mich opfern und konnte sich nicht eingestehen, bei den Ermittlungen sehr große Fehler gemacht zu haben. In der Freistunde rannte ich die ganze Zeit und machte auch so alles an Sport mit, was ging, denn meine Wut musste weg. Meine Tätigkeit als Hausarbeiter half mir sehr und dadurch, dass ich den ganzen Tag meine Zelle geöffnet hatte, war es etwas angenehmer, den ganzen Dreck der Gefangenschaft zu ertragen. Ich wollte mir vor Gericht keine Kelle abholen und für Dinge bestraft werden, die ich nicht getan hatte, ich bereitete mich gut auf den Termin vor und mein Anwalt schaute auch öfters rein und wir besprachen alle Anklagepunkte in Ruhe.

4.8. Hochzeitsglocken

Der Knastalltag lief weiter, immer wieder hatte ich mal eine kleine Auseinandersetzung mit anderen Gefangenen, die man dann im Zweikampf regelte. Die Beamten der Anstalt waren schon korrekt und jeder versuchte, so gut er konnte, etwas zu helfen. Ich hatte schon verstanden, dass fast kaum einer der Jungs den Job aus Überzeugung tat, es waren vielmehr die guten Verdienstmöglichkeiten und ein Job auf Lebenszeit.

Susi, das Mädchen, das mich besuchte und mir Briefe schrieb, machte mir den Vorschlag (oder war ich es?), im Knast zu heiraten. Ja, das war unsere Überlegung, sicherlich etwas ausgefallen, aber trotzdem machbar. Ich stellte den Antrag bei meinem Richter und Susi organisierte alles andere, was an Papierkram nötig war, die Genehmigung vom Gericht kam relativ zügig. Nach Erhalt der Genehmigung stellte ich einen Antrag, um den Pfarrer zu sprechen, um dann zu schauen, wie wir das alles am besten regeln konnten. Der Geistliche war ganz okay und wir sprachen alles in Ruhe durch, er sagte mir auch, ich müsste mir noch einen Trauzeugen organisieren. Ganz ehrlich hatte ich niemals daran gedacht, dass eine Heirat soviel Arbeit war. Und im Knast war halt alles noch ein bisschen schwieriger, denn man durfte selbst nichts machen, alle Entscheidungen wurden von den Behörden getroffen. Man war einfach nur ein Nichts, eine Nummer, die eigentlich niemanden wirklich interessierte. Ich schrieb meinem Kollegen Patrick, dass er mich besuchen sollte, ihn wollte ich gerne als Trauzeugen haben, denn er war ein guter Kollege und ich wusste, dass ihm diese Location auch nichts ausmachte. Es war für mich schon ein komischer Gedanke, im Knast zu heiraten, draußen hatte ich auch noch nie ernsthafte Überlegungen zu dem Thema angestellt. So liefen die Vorbereitungen, ich machte mir Gedanken, was ich anziehen sollte, denn meine Klamotten waren draußen bei verschiedenen Leuten untergebracht. Ich ließ mir ein Hemd mitbringen und organisierte im Knast noch eine Krawatte – als Hose hatte ich beschlossen, eine Jeans anzuziehen, das passte immer und wer sollte da schon was sagen?

Der Termin kam und Susi erschien in einem Brautkleid – schon eine sehr komische Nummer im Knast. Mein Mädchen, so dachte ich mir, hatte Mut, in so einem Loch diesen Weg zu gehen. Die ganze Feierlichkeit, wenn man das überhaupt so nennen darf, lief in dem Besuchsraum ab. Es waren zwei Pfarrer anwesend, denn es war eine ökumenische Heirat und der Standesbeamte war auch zugegen. So nahm die Prozedur ihren Lauf und nach gut einer Stunde waren wir offiziell Mann und Frau. Über Sinn und Unsinn, diesen Schritt unter solchen Umständen zu machen, dachte ich nicht nach und so weit ich mich erinnere, war es ganz okay. Ich hoffte mal auf die Möglichkeit, jetzt mal einen Fick machen zu können, aber das klappte leider nicht. Wir saßen noch einige Zeit zusammen und aßen den Kuchen auf, den ich von der Anstalt hatte organisieren lassen. Susi durfte keinen mitbringen, denn es hätte ja unter Umständen die

Sicherheit und Ordnung der Anstalt gefährdet werden können. Ja, klar, eine AK 47 passt bestimmt auch in einen Hochzeitskuchen. Nach circa zwei Stunden verließ ich als frisch gebackener Ehemann den Besuchsraum, der ganze Knast wusste davon und viele gratulierten mir. Das war nett, denn es gab schon einen gewissen Zusammenhalt unter den Knackis. Ich musste danach gleich wieder an die Arbeit, denn das Mittagessen kam und musste verteilt werden, so kehrte ganz schnell wieder der Knastalltag in mein Leben zurück. Am Abend schrieb ich meiner Frau noch einen Brief und sagte ihr, dass es ein schöner Moment war trotz der Scheiß-Umstände. Ich warf mich dann ins Bett und las noch ein wenig, bevor ich das Licht ausmachte und mich zum Schlafen ablegte.

So verging ein Tag und ein Monat nach dem anderen und ich fragte mich, wie lange es noch bis zum Termin dauern könnte, diese Scheiß-Warterei zehrte mir tierisch an der Substanz und machte mich kaputt. Nach einem Termin wusste man, was kam und konnte sich darauf einstellen, die Zeit, die man noch zu sitzen hatte, irgendwie konstruktiv zu nutzen, sofern das seelisch und psychisch möglich war. Irgendwann flatterte dann die Anklageschrift herein und ich stellte einen Antrag auf ein Telefonat mit meinem Anwalt, um über diesen und den darauf folgenden Termin zu sprechen. Mein Rechtsanwalt war echt in Ordnung, er kam schnell und wir redeten viele Stunden über den ganzen Dreck. Ich sagte ihm auch ganz klar: „Irgendwie werde ich das Gefühl nicht los, man will mich abfeiern."

Erst machte man ein Riesenfass auf mit den schlimmsten Gesetzesverstößen und jetzt hatte man eine Anklageschrift gebastelt, die es normalerweise nicht mehr zuließ, dass ich noch im Knast saß, aber wie war das noch mal: Recht haben und Recht bekommen sind zwei verschiedene Dinge. Es dauerte noch gute zwei Monate bis zum Termin, ich bereitete mich vom Kopf auf die Sache vor, denn ich wusste, das war alles nur ein Vorführen, man brauchte unbedingt ein Opfer und so wollte man mich behandeln. Doch jeder, der mich kennt, weiß: Ich bin ein Kämpfer bis zum Letzten und so eine Rechtsbeugung wollte ich über mich nicht ergehen lassen.

Die Zeit bis zu dem Termin zog sich noch langsamer hin als sonst, denn die Ungeduld hatte mich fest im Griff, ich hatte ein schlechtes Gefühl, denn alles lief darauf hinaus, mich als Sündenbock zu präsentieren. Es ging auch diese Zeit herum, und am ersten Verhandlungstag wurde ich schwer bewacht und mit einem Einzeltransport zum Gericht gefahren. Super, alles fing ja schon prächtig an. Wir fuhren eine gute Stunde bis zum Gericht und dort wurde ich von Gerichtsbeamten nach unten gebracht und in eine Zelle eingeschlossen. Da wartete ich noch geraume Zeit, bevor ich geholt und in den Gerichtssaal geführt wurde. Ach ja, ich hatte noch vergessen, dass ich Hand- und Fußketten bekam und mich fünf bis sechs Polizeibeamte zusätzlich begleiteten. Der ganze Flur war voll von Leuten und viele davon kannte ich sehr gut. Als Freunde würde ich sie nicht bezeichnen, aber als gute Bekannte. Im Gerichtssaal musste ich auf der Anklagebank Platz nehmen und ich redete noch eben mit meinem Anwalt. Der Gerichtssaal war überfüllt und die Presse hatte auch schon Position bezogen. Es dauerte nicht lange und die Richter traten ein, alle mussten sich erheben und der Spuk begann.

Ich wurde von dem vorsitzenden Richter zur Person befragt und danach las der Staatsanwalt seine Anklageschrift vor, das dauerte alles sehr lange. Als er fertig war, schaute er zu mir herüber und zuckte mit den Schultern. Ab da war mir klar: Hier sollte ein Exempel statuiert werden und ich sollte für diesen ganzen Wahnsinn büßen. Es war schon ein Scheiß-Gefühl, dort zu sitzen und zu wissen, dass man geopfert werden sollte. In der Justiz wird es vermutlich nicht so oft vorkommen, dass Leute unverhältnismäßig hart verurteilt werden oder sogar unschuldig einsitzen.

Der Richter stieg in die Beweisführung ein und die ersten Zeugen wurden gehört, dann wurde Mittagspause gemacht und es ging anschließend noch eine ganze Zeit weiter. Dieses ganze Spektakel zog sich über Wochen hin und es fanden insgesamt neun Verhandlungstage statt, die verteilt wurden auf diese erwähnten mehreren Wochen. An jedem Verhandlungstag wurde ich mit einem kleinen Transporter zum Gericht gefahren; die Fahrt war ganz abwechslungsreich, denn so sah ich die Welt draußen, wenn auch durch Gitter, aber es war trotzdem schön. In solchen Momenten merkt man erst, wie herrlich die Freiheit ist und wie sehr sie fehlt, wenn sie einem genommen wird, doch leider kann man nicht einfach die Tür aufmachen und aussteigen.

An jedem Tag fand die gleiche Prozedur statt, ich wurde beim Einsteigen in den Bus durchsucht, und bevor ich in den Gerichtssaal musste, noch einmal. Die ganze Verhandlung war lächerlich geworden, denn es gab keine wirklichen Zeugen, die mich belasteten – bis auf eine Sache, bei der ich einem Typen, der mich angegriffen hatte, ein paar Ohrlaschen gegeben hatte. Aus dieser Geschichte machte man eine ganz extreme Nummer, denn man musste immerhin die lange Haft rechtfertigen und konnte mich ja nicht als freien Mann heraus spazieren lassen. Es wurde mir unterstellt, ich hätte den Typen brutal geschlagen und getreten. Ich wurde gar nicht großartig gefragt, aber meldete mich zu Wort, denn so eine Lügerei ging mir total auf den Sack, ich wurde dargestellt als ein ganz übler Schläger, der diesen Penner am liebsten totgeschlagen hätte. Dieser Kerl hatte mich angegriffen und nicht anders herum, er war ein ebenfalls stattlicher Typ von sicher hundertzwanzig bis hundertdreißig Kilo. Ich sagte dem Richter in aller Deutlichkeit, dass ich ihm zwei oder drei harte Ohrfeigen gegeben hatte, aber nicht mehr, durch die Schellen fiel er schon zu Boden. Weiter sagte ich dem Richter, wenn ich ihn mehrmals mit der Faust und mit dem Fuß ins Gesicht getreten hätte, dann wären auf jeden Fall schlimmere Verletzungen entstanden – die er aber nicht gehabt hatte. Der Vorsitzende nahm das wohl zu Kenntnis, aber ich hatte das Gefühl, ihn interessierte das wenig. Die anderen Richter waren anscheinend der gleichen Meinung, denn alle glaubten mir offensichtlich kein Wort, für sie war ich der Schwerkriminelle.

So zogen die Verhandlungstage dahin und endlich hielt der Staatsanwalt sein Plädoyer, und das hörte sich nicht gut an. Bei mir verkrampfte sich der Bauch und ich dachte: Jetzt wollen sie dir aber einen einschenken! Nach diesem Vortrag des Staatsanwaltes kam mein Rechtsanwalt, der wirklich eine gute Arbeit leistete, er hatte sich ordentlich vorbereitet und ermahnte auch das Gericht, Gerechtigkeit walten zu lassen. Als Letzter kam ich zu Wort, ich sagte: „Ich schließe mich den Ausführungen meines

Anwaltes an.“ Und ich sagte auch in aller Deutlichkeit, dass es nicht sein könnte, dass ich für Taten verurteilt werden sollte, die ich nicht getan hatte. Der Richter erklärte nach meiner kurzen Rede, die Verhandlung sei für mehrere Stunden unterbrochen und danach sei dann die Urteilsverkündung. Mich brachte man wieder mit einer Riesen-Eskorte in den Keller, dort, wo sich die Zellen befanden, da wurde ich eingeschlossen und musste nun etliche Stunden in diesem Loch warten. Nach einer halben Ewigkeit holte man mich wieder ab und es ging zurück in den Gerichtssaal. Es war dort zum Bersten voll, denn jeder wollte hören, wie das Urteil jetzt ausfallen würde. Die Richter hielten Einzug und jeder musste sich erheben, der Vorsitzende sagte: „Im Namen des Volkes wird der Angeklagte zu drei Jahren Haft verurteilt.“

Wir konnten uns alle setzen und es kamen Ausführungen, warum die Kammer so entschieden hatte. Ich konnte es eigentlich nicht glauben, für nichts so eine Kelle zu bekommen, doch eigentlich hatte ich damit gerechnet, denn als man mich nicht aus der U-Haft ließ, wusste ich, dass man mich verurteilen wollte. Ich hörte mir den Dreck gar nicht mehr an, sondern überlegte mir, wie ich dagegen vorgehen könnte, ich sprach mit meinem Anwalt und sagte ihm, er solle sofort Revision einlegen. Wenn ich ehrlich bin, hatte ich dabei auch kein gutes Gefühl, aber eine andere Möglichkeit hatte ich nicht. Es dauerte noch eine halbe Stunde, dann wurde die Verhandlung geschlossen und ich wurde letztlich wieder in meinen Knast gefahren.

Ich ließ mich erstmal in meine Zelle einschließen und musste das verarbeiten, mich fuckte alles tierisch ab. Doch was half es, wenn ich jetzt durchdrehte? Dadurch machte ich alles nur noch schlimmer. Es dauerte eine ganze Zeit, aber dann kam ich runter und legte mich ins Bett, um noch etwas zu lesen. Mit der Zeit wurde ich müde, machte das Licht aus und schlief langsam ein. Am nächsten Morgen war alles wieder beim Alten und ich erledigte meine Arbeiten und so vergingen die Monate, hier und da gab es immer mal wieder eine Boxerei mit irgendwelchen Boys, aber die meisterte ich mit Bravour. Ich hatte mich gut eingelebt und mit einigen Schließern eine vernünftige Beziehung aufgebaut, es waren nette Kerle darunter und ich machte ihnen nie einen Vorwurf wegen ihrem Job. Mir ging es den Umständen entsprechend, aber was fehlte, war die Freiheit, und das tat weh. Nach einer gewissen Zeit im Knast wird es wirklich schwer, die Gefangenschaft zu ertragen, und ich musste oft an meinen Opa denken, wie er viele schreckliche Jahre in russischer Gefangenschaft gesessen hatte, bei Hunger und Kälte. Es mag sich komisch anhören, aber solche Gedanken bauten mich auf und ich dachte nur: Stell dich nicht so an, du Lappen!

Mein Anwalt kam noch öfters, aber es tat sich nichts beim Revisionsantrag, er sagte mir auch: „Das kann noch sehr lange dauern.“ So flossen die Monate zäh dahin und ich biss mich durch den Knastalltag. Der Sommer ging zur Neige und ich war froh, denn die Temperaturen waren schon die Hölle. Im Herbst war es angenehmer. Wir hatten, wenn es gut ging, einmal in der Woche Sport und spielten Volleyball, dieses Spiel wurde aber extrem hart gespielt, denn jeder gab alles, immerhin kamen die durch das tägliche Einschließen in der Zelle angestauten Aggressionen heraus. Es tat auch gut, sich mal richtig auszupowern, denn so fühlte man sich wenigstens für ein paar Stunden wieder besser. Nach dem Spiel waren wir verschwitzt, aber duschen durften wir nicht, so holte ich mir ein paar Eimer voll Wasser und wusch mich auf meiner Zelle. Das war ein ziemlicher Dreck, denn meine Zelle war nachher komplett nass. Ich machte mir danach einen Tee und legte mich bis zum Abendbrot auf mein Bett.

In dieser Zeit machte ein Gerücht die Runde, und zwar hieß es, der Knast solle für normale Gefangene geschlossen werden und nur noch Abschiebehäftlinge sollten hier sitzen. Am nächsten Tag sprach ich mit dem Sicherheitsbeamten und er bestätigte mir, dass es kein Gerücht war, dass die Anstalt für normale Häftlinge geschlossen würde – nun war es amtlich. Alle normalen Knackis sollten in andere Anstalten verlegt werden, in mir kam gerade keine Freude darüber hoch, denn ich hatte mich hier eingelebt und fühlte mich den Umständen entsprechend. Das ganze Theater würde in einer anderen Anstalt wieder von vorne beginnen, man kannte dort keinen Beamten und es würde wieder Ewigkeiten dauern, bis ich mein Netzwerk so wie hier stehen hatte. Es währte auch nicht lange und die ersten Jungs gingen auf den Transport in andere Gefängnisse. Wir, die Hausarbeiter, sollten als Letztes verlegt werden. Es dauerte mehrere Wochen und der Knast füllte sich nur noch mit Ausländern, die sehr aggressiv waren. Das führte dazu, dass ich dem einen oder anderen was auf die Ohren haute, denn sie waren respektlos und wollten die körperliche Auseinandersetzung – ich dachte mir immer: Gut, dann sollt ihr sie haben! Mein Kollege wurde bei der Essensausgabe sogar von zwei Farbigen angegriffen, der eine versuchte ihm den Teller ins Gesicht zu schlagen, so was ging ja mal gar nicht und die beiden Burschen bekamen eine anständige Abreibung anstatt was zu Essen. Die Beamten waren gut drauf und standen hinter uns, denn wir taten ja nichts Krummes, unser Verhalten war nur eine normale Reaktion. Es war indes mit der ruhigen Zeit vorbei und ständige Gewalt bestimmte unseren Alltag.

Am letzten Tag, bevor wir verlegt werden sollten, ging ich noch alleine in die Freistunde, es waren nur Ausländer im Hof, von denen ich keinen kannte, meine Kollegen waren auf der Kammer, um ihre Klamotten zu verpacken. Es waren verschiedene Gruppen von Gefangenen unterwegs, ich ging alleine meinen Weg, direkt hinter mir lief eine Gruppe und einer von den Jungs schrie und sang tierisch laut. Ich fragte ihn, ob er sein Organ etwas reduzieren könnte und er fing gleich an, ob ich Stress haben wollte. Der Vogel kam mir reichlich nahe und wollte mir eine reinschieben, ich wich aus und verpasste ihm blitzschnell einige Kombinationen, seine Kollegen kamen auch angerannt und schon gab es eine nette Boxerei: Ich legte mich ordentlich ins Zeug und verpasste ihnen eine gute Reise. Einer der Beamten drückte den Hausalarm und ein paar Schließer kamen gelaufen, die Sache war da schon eigentlich erledigt, doch einer von denen versuchte einen Mülleimer loszureißen, um mir damit eine überzuziehen. Sein Pech war allerdings, dass der verschraubt war, und ich platzierte ihm dafür noch zwei, drei Rechte mitten in die Fresse. Dieser Motherfucker, was dachte der wohl, wen er vor sich hatte? Mein Kollege hatte von der Kammer aus den Stress mitbekommen und schrie, sie sollten ihn raus lassen, damit er mir helfen könnte. Ich hatte aber alles souverän geklärt, meine Handknöchel waren zwar aufgeschlagen und blutig, aber das kannte ich, denn meine Fäuste waren schon öfters schwer beschädigt.

Ich konnte also wieder ins Hafthaus und man versicherte mir, dass es keine Anzeige geben würde, denn man hatte gesehen, dass ich mich nur gewehrt hatte. Ein Beamter knipste mir ein Auge und ich hatte verstanden – sie hielten Wort: Die Sache verlief im Sand. Wir kamen auf die Transporterzelle und kurz darauf kam der Bus, der uns einlud, ich hätte dort gerne noch bis zum Ende meine Strafe abgemacht. Am späten Nachmittag trafen wir im neuen Knast ein und ich schaute mir das Gebäude an. Wir wurden einzeln herausgeholt und dann von der Kammer aus auf unsere Abteilung gebracht und schließlich in die Zelle gesperrt. Ich beschloss: Ich muss am nächsten Morgen schnell einige Anträge stellen, damit ich ein wenig Ablenkung habe! Der Job als Hausarbeiter war auch weg, ich hatte keine Privilegien mehr, hier musste ich mir alles erkämpfen und mir alles neu aufbauen. Die Zelle war von der Größe okay und ich fing an, meine Sachen auszupacken, von der Kammer hatte ich erst das Nötigste mitbekommen, am folgenden Tag sollte ich den Rest erhalten. Es dauerte nicht lange und ich hatte das Bett bezogen und meine paar Sachen eingeräumt; ich setzte mich aufs Bett und dachte in Ruhe nach.

Meine Revision stand noch aus und deswegen saß ich noch in U-Haft, ich hoffte, es würde bald der Beschluss eintrudeln, denn langsam hatte ich die Nase voll von der Untersuchungshaft. Am nächsten Tag ging ich in die Freistunde, die schon sehr früh am Morgen war, und rannte die ganze Zeit, eine halbe Stunde links herum, eine halbe Stunde rechts herum. So richtig müde war ich nicht, wohl aber echt durchgeschwitzt, da ich mir immer einen dicken Pullover mit einer Jacke drüber anzog, ich wollte nicht fett werden durch die Dampfkost und so war Schwitzen die beste Möglichkeit, um Kalorien zu verbrennen. Ich holte mir wieder warmes Wasser, um mich in der Zelle zu waschen. Als ich dann allein in der Zelle war, nahm ich mir aber gleich vor, einen Antrag an den Anstaltsleiter zu schreiben, damit ich nach dem Laufen duschen konnte, denn das Duschen war wieder nur auf zweimal die Woche beschränkt. Nach dem Waschen machte ich mir etwas zu trinken und überlegte mir, was ich tun könnte, um den Tag herumzubekommen, ich legte mich etwas auf das Bett und las in einem Buch. Nach dem Laufen fühlte ich mich immer gut, es ist eine prima Therapie und hat mir schon oft geholfen. Beim Lesen verging wenigstens ein bisschen die Zeit und bald war es schon Mittag. Es dauerte vielleicht etwa zwei Wochen, dann hatte ich mich ordentlich eingelebt und kannte eine Menge Häftlinge, aber auch einige Schließer schon ganz gut. Meine Anträge wurden genehmigt und so konnte ich in verschiedene Kontaktgruppen gehen und Kraftsport betreiben. Die Zeit, die ich permanent auf der Zelle sitzen musste, wurde so reduziert. Man muss sich im Knast seine eigene kleine Welt aufbauen, ein eigenes Netzwerk ist sehr wichtig, denn sonst geht man echt kaputt.

Die Wochen vergingen und endlich kam der Beschluss vom Bundesgerichtshof: Meine Revision wurde natürlich verworfen. Wenn ich ganz ehrlich bin, hatte ich auch damit gerechnet, denn es gehen fast keine Revisionen durch. Ich schrieb gleich einen Antrag, dass ich zum Sozialarbeiter konnte, um ihn zu fragen, wo die Reise jetzt im Rahmen der Strafhaft hinging. Ich wollte so schnell wie möglich in eine andere Anstalt, dort konnte ich auch Antrag auf Urlaub und Ausgang stellen. Ich saß jetzt bald zwanzig Monate in Untersuchungshaft und wollte auch gleich einen Antrag auf Zweidrittel stellen, das konnte ich aber alles nicht von hier aus.

Meine Verlegung ging schnell und bald war ich wieder auf Transport. In der Anstalt für Strafhaft war es viel besser, dort hatte man Wohngruppenvollzug eingerichtet und ich kam auf eine Abteilung mit vielleicht dreißig Mann. Die ersten Tage verbrachte ich in einer großen Gemeinschaftszelle mit vier Leuten, die Zelle war sauber und noch nicht sehr alt, man hatte in diesem Hafthaus vieles neu gestaltet. Ich schnappte mir mein Bett und fragte die anderen, die schon länger an diesem Ort saßen, wie es denn hier so sei – durch die Bank wurde mir gesagt, es wäre nicht übel hier, kein Vergleich mit der U-Kiste. In dieser Nacht pennte ich nicht gerade sehr gut, denn alles war neu und ich war es auch nicht mehr gewohnt, mit mehreren auf engstem Raum zu schlafen. Am nächsten Morgen sah ich zum ersten Mal den Freistundenhof, der war sehr groß und hatte in der Mitte ein Fußballfeld, dort konnte man sich schon anständig bewegen. Es ging auch ganz locker zur Sache und die allgemeine Stimmung war ebenfalls viel entspannter. Der gesamte Knast war riesig, ich konnte zwar nicht alles sehen, aber was ich erblickte, war schon mächtig. Ich lief die Freistunde durch, denn ich hatte wegen dem Scheiß-Transport ein paar Tage nicht trainieren können, ich freute mich auch schon auf die Dusche, die wir auf unserer Abteilung hatten.

Im Gefängnis lernt man die kleinen Dinge und Freuden des Lebens wieder lieben und schätzen – nach dem Training schön zu duschen gehörte auch dazu. Nach der Freistunde kam unser Abteilungsbeamter auf mich zu und fragte mich, ob ich Lust hätte, als Hausarbeiter zu arbeiten, denn diesen Job hatte ich ja schon sehr lange in dem anderen Knast gemacht. Ich sagte ihm: „Ich will mir das mal überlegen." Denn ich wollte nichts übers Knie brechen, wollte mir einfach die Zeit nehmen, um mir den Knast und die Abteilung in Ruhe anzuschauen. Das Essen war ein bisschen schlechter als im anderen Knast, aber das lag sicherlich an der Größe dieses Gefängnisses, es musste ja jeden Tag für über tausend Leute gekocht werden, das war schon eine Hausnummer. Die Jungs auf meiner Abteilung waren alle korrekt, von Anfang an kam ich mit ihnen vernünftig aus, es war alles viel ruhiger, was mir gut gefiel. So gingen die Tage vorbei und ich saß in dem Loch und hoffte auf die Tage meiner Freiheit, die ja hoffentlich nicht mehr so lange auf sich warten ließen. Die Sache mit dem Hausarbeiter hatte ich mir schon paar Mal durch den Kopf gehen lassen und ich kam zu dem Entschluss, den Job zu machen. Am nächsten Morgen ging ich zu meinem Abteilungsbeamten und sagte ihm, ich wollte die Arbeit übernehmen. Er sagte mir: „Dann schiebe ich das mal an." Und ich bedankte mich bei ihm, ich war mit meiner Entscheidung zufrieden und hoffte, nun würde es bald losgehen. Den Vormittag versuchte ich wieder herumzukriegen – ich ging in die Freistunde und rannte die gesamte Zeit und nahm danach eine Dusche. Nach dem Mittagessen legte ich mich ab und ruhte eine gute Stunde, danach spielten wir etwas Karten und redeten.

4.9. Erneut Hausarbeiter

Nach ein paar Tagen war die Genehmigung als Hausarbeiter da und ich musste auf eine Einzelzelle umziehen, so verlangte es die Vorschrift. Ein Hausarbeiter hat im Knast viele Privilegien und die Zelle den ganzen Tag offen, da er ständig irgendwelche Arbeiten zu verrichten hat, deswegen die Einzelzelle. Den anderen war es nicht erlaubt, den ganzen Tag über eine offene Zelle zu verfügen und auf der Abteilung herumzulaufen. Meine paar Sachen waren schnell gepackt und so ging es auf die Einzelzelle speziell für die Hausarbeiter. Es dauerte ein Weilchen und ich hatte meine neue Zelle eingeräumt und meine Sachen verstaut. Die Zellen waren alle neu renoviert und sahen für Knastverhältnisse gut aus, die ganzen Abteilungen in Haus 2 waren neu gemacht worden. Es war sauber und die Einrichtung neu. Wie ich später hörte, war der Knast ganz frisch umgebaut worden, ich hatte schon Zellen gesehen, die sahen aus wie das Letzte unter Gottes Sonne.

Die Lage meiner neuen Bleibe war direkt an der Ecke der Abteilung, dort war es sehr ruhig und der Mann über mir schien auch ein friedlicher Vertreter zu sein, denn man hörte fast nichts von ihm. Im Knast ist die Hellhörigkeit ein großes Problem: Die Decken sind nicht isoliert und man hört jeden Tritt oder es gibt ätzende Geräusche, wenn der Zellenbewohner den Stuhl schiebt. Die Nerven liegen im Häfen eh sehr blank und solche Geräusche können einen fürchterlich quälen. Es kam auch nicht selten vor, dass die Jungs sich wegen solcher Störungen in die Köpfe kriegten. Bei mir passte aber alles und gegen Abend marschierte ich mit den anderen Hausarbeitern los, um das Essen in Haus 1 zu holen, wir liefen mit unseren kleinen Wagen dorthin. Die leeren Wagen ließen wir dort und nahmen die vollen mit und schoben sie zu unserem Haus, an jeder Tür mussten wir warten und wurden von einem Beamten durchgeschlossen. Wir mussten alles per Hand hochschleppen, das war hier nicht so tragisch, denn hier befand ich mich auf der ersten Etage, in dem anderen Knast musste ich bis auf die vierte Abteilung hoch. Ich nahm das aber sportlich und so konnte ich viel ertragen; auf meiner Abteilung verteilte ich mit meinem Arbeitskollegen das Essen. So lernte ich mal kurz alle Jungs kennen, denn manche kamen kaum aus ihren Zellen raus. Der Job war nicht schlecht und wir waren schnell durch, denn es lagen nur so um die dreißig Mann auf der Abteilung. Wir brachten zügig die leeren Container runter und zur Küche. Danach ging es auf meine Abteilung, ich lief zu meiner Zelle und aß dann selbst auch. Am Abend war Aufschluss und alle Inhaftierten konnten raus auf den Flur, sie schauten Fernsehen, gingen duschen oder spielten Tischtennis. Ich freundete mich mit einigen Boys an und wir redeten über alles Mögliche, den einen oder anderen kannte ich aus den anderen Knästen. Die Beamten waren auch ganz okay, ich kam mit ihnen gut aus und machte eine ordentliche Arbeit auf der Abteilung.

Die Zeit ging ziemlich flott vorüber und ich stellte Anträge auf Ausgang und Urlaub – ich hatte nur noch ein paar Monate bis zur Zweidrittel-Entlassung und hoffte, dass es passen würde. Die Anträge kamen durch und ich erhielt einen Besuchsausgang und konnte ein paar Wochen später auch in Urlaub gehen. Meine Frau holte mich zum Ausgang ab, auf den ich mich schon sehr freute. Es war schon ein komisches Gefühl, plötzlich draußen vor der Pforte in Freiheit zu stehen und keine Gitter mehr vor den Augen zu haben. Ich stieg in das Auto und Susi fuhr los, ich sagte rasch zu ihr: „Fahr bloß nicht so schnell und pass bitte beim Bremsen auf."

Ich saß total verkrampft im Sitz. Nach so einer langen Zeit im Knast muss man sich an so viele Dinge neu gewöhnen, dazu gehörte sicherlich auch das Autofahren. In die Stadt wollte ich nicht, denn mein Schwanz war hart und meine Eier voll, wir fuhren zu einem Stausee, der abgelegen war, und fickten dort erst richtig. Nach der Nummer gingen wir im Wald spazieren und ich genoss die Ruhe und die Natur. Wie sehr sehnte ich mich wieder nach meiner Freiheit, danach, zu tun und zu lassen, was ich wollte. Allein der Gedanke, wieder in einem eigenen Bett zu schlafen, erfüllte mich mit unglaublicher Freude. Ich stellte mir auch vor, wie herrlich es wäre, wieder etwas Vernünftiges zu essen. Ja, all die kleinen Dinge, die fehlten – das wurde mir so richtig bewusst und ich wollte schauen, dass meine Zweidrittel auf jeden Fall durchgingen und ich Anfang Mai raus kam.

Die vier Stunden Besuchsausgang waren schnell vorbei und meine Frau fuhr mich zurück, sodass ich pünktlich wieder im Gefängnis war, darauf wurde großer Wert gelegt. Als ich durch die Pforte trat, war der Knast wieder da und drückte auf mein Gemüt. In der Kammer musste ich mich wieder umziehen und bekam die Knastmontur zurück. Meine privaten Sachen kamen in einen Wäschesack, wurden verplombt und in einen Raum gehängt. Ja, hier gab man auch seine Freiheit mit ab und tauschte sie gegen die Gefangenschaft ein! Das war ein schlechter Tausch, aber was wollte man machen? An diesem Tag war ich sehr ruhig, denn ich musste den Ausgang erst verarbeiten. Mir gingen viele Dinge durch den Kopf, die ich erst ordnen musste.

Es dauerte nicht mehr lange und ich hatte die Anhörung beim Gericht wegen meiner vorzeitigen Entlassung. Der Termin stand und an dem Tag fuhr ich morgens mit dem Bulli und zwei Schließern zum Gericht, um dort gehört zu werden. Ein bisschen nervös war ich schon, denn ich wusste nicht genau, ob meine Zweidrittel genehmigt werden würden, diese Unsicherheit zehrte an mir. Man schloss mich in eine Zelle ein und ich musste warten, an dem Tag hatten noch mehrere Gefangene ihre Anhörung. Das Warten hatte aber bald ein Ende und ich war dran, der Richter begrüßte mich und fragte, wie es mir gehen würde. Ich sagte ihm: „Ich bin ein bisschen nervös wegen dem Termin jetzt."

Er fragte: „Was würden Sie denn machen, wenn Sie jetzt rauskämen?" Ich erzählte ihm von meinen Ideen. Das Gespräch dauerte nicht allzu lange und er sagte mir, ich würde auf Zweidrittel in ein paar Tagen entlassen. Ich bedankte mich und wurde wieder zum Knast gefahren.

Ich war so happy, konnte es noch gar nicht so richtig glauben – ich bat am Abend meinen Abteilungsbeamten um ein Telefonat mit meiner Frau. Susi freute sich natürlich wahnsinnig darüber, in knapp zwei Wochen war die Scheiße endlich vorbei und ich hatte meine Freiheit wieder. Die letzten Tage zogen sich wie Gummi, ich war mit meinen Gedanken schon völlig woanders und quälte mich von Tag zu Tag. Dann kam die letzte Nacht, in der ich eigentlich verhältnismäßig ruhig schlief. Am Morgen wachte ich auf und gab zum letzten Mal das Frühstück aus. Meine Sachen hatte ich schon verschenkt, so ist das Sitte im Knast, den Rest von den knasteigenen Klamotten trug ich hoch zur Kammer. Ich zog meine privaten Sachen an und ging zur Verwaltung, dort bekam ich meinen Entlassungsschein und mein Überbrückungsgeld, das ich angespart hatte. Der Beamte brachte mich dann weiter bis vorne zur Pforte und dort konnte ich dann die letzten Türen passieren.

Meine Frau wartete schon auf mich und es war ein herrliches Gefühl, keine gesiebte Luft mehr zu atmen, für mich war es wie eine Neugeburt. Ich dankte dem lieben Gott! Wir stiegen schnell in das Auto und fuhren davon, rasch weit weg, damit ich nichts mehr sah von dem Knast. Die Autofahrt war sehr angenehm, denn meine Frau fuhr sehr behutsam, schließlich kannte sie ja mein Unbehagen beim Autofahren nach dem langen Schrank. Wir fuhren nach Köln, erst etwas essen, denn ich hatte großen Hunger und wollte mir den Bauch mal eben richtig voll schlagen. Das Futter im Knast war nicht der Bringer, aber es war genießbar, doch bei der dauernden Dampfkost musste man aufpassen, dass man nicht zu fett wurde. Nach dem Essen gingen wir durch die Hohe Straße und schauten uns verschiedene Läden an, ich brauchte unbedingt etwas Neues zum anziehen, denn meine Klamotten waren nicht mehr zeitgemäß. Grundsätzlich interessierte mich das eigentlich nicht, aber ich mochte es nicht, wenn die Leute mich anschauten. Die Sachen waren schnell gekauft und wir fuhren dann Richtung Heimat, ich freute mich auf meinen Hund Andy, den ich auch lange nicht mehr gesehen hatte. Meine Bekannte und meine Frau hatten ihn zu sich genommen, denn sonst wäre der arme Kerl bestimmt im Tierheim gelandet. Auch da kennt die Behörde kein Erbarmen und ich hätte daran gar nichts ändern können, denn im Knast wird man zur Unselbstständigkeit verdammt.

Die Fahrt dauerte noch gut eine Stunde und wir kamen zu Hause an und ich begrüßte meinen Vierbeiner. Er war etwas irritiert und erkannte mich anscheinend nicht direkt oder er tat nur so und war sauer, dass ich so lange weg war. Die Wohnung schaute vernünftig aus und ich setzte mich aufs Sofa, die Eindrücke musste ich erstmal alle verarbeiten. Es war nicht einfach, sich nach der Entlassung aus dem Knast wieder zurechtzufinden, viele Dinge stürzten auf mich ein und ich machte mir natürlich auch sehr viele Gedanken über meinen Broterwerb. Ich war ja auf Bewährung draußen und durfte mir nichts zuschulden kommen lassen, sonst würde ich relativ schnell wieder einfahren und darauf hatte ich null Bock. Die meisten Jobs wie zum Beispiel an der Tür arbeiten konnte ich nur schwer machen, eine einzige Boxerei und ich konnte wieder durch schwedische Gardinen schauen.

Am nächsten Tag lief ich erstmal zum Arbeitsamt, denn ich hatte ja lange im Knast gearbeitet und deshalb auch Anspruch auf Arbeitslosengeld. Im Amt hieß es zunächst abwarten und Tee trinken, es dauerte ein paar Stunden, bis ich dort fertig war und mir wurde außerdem gesagt, dass man sich mit der Bewilligung beeilen wollte. Ich dachte mir: Das hört sich ja nicht schlecht an! Dadurch kam auch endlich Kohle in die Tasche, meine Frau arbeitete schon jahrelang im Club und so hatten wir zu essen. In Holland hatte ich alles verloren und überlegte mir, einen neuen Privatclub aufzumachen. Am Nachmittag holte mich ein jugoslawischer Kollege ab, den ich schon lange vom Boxen her kannte, er war früher in Serbien eine große Nummer gewesen. Er lebte damals mit einer Tschechin zusammen, die ebenfalls anschaffte, wir redeten über alles und vor allen Dingen freuten wir uns übers Wiedersehen. Wir saßen zusammen bei ihm und ich erzählte ihm von meiner Idee, es war komisch, aber er hatte sich auch schon darüber Gedanken gemacht und schon eine Immobilie in Aussicht. Das Gespräch mit dem Vermieter sollte die Tage stattfinden und dabei wollte man sich das Haus gleich mit anschauen; das hörte sich nicht schlecht an und ich freute mich, denn so war vielleicht schon eine neue Perspektive da.

Wir saßen noch lange zusammen und redeten über so viele Dinge, denn wir hatten uns lange nicht gesehen und viel zu erzählen. In der Nacht brachte er mich nach Hause und ich ging gleich ins Bett, meine Frau war auch gerade erst nach Hause gekommen, denn in dem Club, in dem sie arbeitete, ging es manchmal bis nachts um vierundzwanzig Uhr. Wir redeten noch etwas und danach wurde noch gut gefickt. Müde schlief ich ein, ruhte in dieser Nacht prima und wachte am nächsten Tag fit und ausgeruht auf. Ich zog meinen Jogger an und lief erstmal eine Runde. Es war ein herrliches Gefühl zu wissen, man konnte so viel und so weit laufen, wie es ging, ohne durch eine Mauer gestoppt zu werden.

Mein Kollege holte mich gegen Mittag ab und wir schauten uns das Haus an. Der Makler war okay und sagte, dem Vermieter sei es völlig egal, was in seinem Haus geschehe, solange die Miete auf den Tisch käme. Das hörte sich sehr gut an und wir sagten zu ihm, dass wir das Haus nehmen würden; er freute sich und wir besprachen noch viele Dinge, die für uns wichtig waren. Der Mietvertrag wurde am nächsten Tag unterschrieben und wir begannen gleich mit den Umbauarbeiten, es war viel zu tun, denn das Haus hatte eine ganze Zeit leer gestanden. Die Arbeit ging zügig voran und innerhalb von zwei Wochen hatten wir die Hütte klar.

Als wir fertig waren, sah alles ganz vernünftig aus. Wir setzten Inserate in die Zeitung und hofften, es würde gut anlaufen, die Lage von dem Haus war super, es gab keine Nachbarn, die sich groß hätten beschweren können. Wenn man solche nervigen Menschen neben sich wohnen hat, dann kann es mit allem sehr schwer werden, denn sie machen einem nur Probleme. Die Freundin von meinem Kollegen wollte hier mit noch einer Kollegin arbeiten, das reichte für den Anfang, denn man musste erstmal sehen, wie das Geschäft nach einer Neueröffnung laufen würde. Später konnte man immer noch schauen, dass wir ein paar Frauen mehr bekamen, denn wir kannten ja genug. Die Eröffnung lief nicht schlecht, aber für meinen Geschmack hätte mehr los sein können, doch Geduld war hier das Wichtigste. In so einem Geschäft ist die Mundpropaganda das Ausschlaggebende, wenn man gute Frauen hat, die ihr Geschäft verstehen, kommen auch viele Freier. Auf der anderen Seite kann man den Laden aber mit den falschen Frauen ganz schnell kaputt machen.

Es war Sommer und ich arbeitete jeden Tag im Haus und am Haus und in dem riesigen Garten, es war alles sehr heruntergekommen und ich wusste manchmal gar nicht, wo ich zuerst anfangen sollte. Ich hatte einen guten Kollegen, der mir immer bei allem half, und so wurde es doch sehr schön. Ich hatte hohe Holzzäune als Sichtschutz gesetzt, und mein Rasen, den ich gesät hatte, war schon gut gewachsen. Das ganze Anwesen konnte sich mittlerweile sehen lassen und mir gefiel es außerdem prima, im Schatten in meiner Hollywoodschaukel zu sitzen.

Wir grillten auch öfters im Garten und ich schraubte so noch nebenbei an einem Van herum, dessen Maschine kaputt war. Einen neuen Motor holten wir in Nürnberg und ich baute den alten platten Motor aus, das war eine ganz schön wilde Aktion, denn ich hatte keinen Motorheber oder Ähnliches. Mit meinem Kollegen Mario baute ich die ganze Vorderfront ab, um an den Motor zu kommen, denn nur über diesen Weg war es möglich, daran zu gelangen und ihn zu wechseln. Den anderen Motor hatten wir per Hand aufgeladen und auf einem Hänger transportiert, der Sechszylinder hatte schon richtig Gewicht und ich dachte mir, das gibt noch eine richtig wilde Nummer. Wir hatten vorne alles schnell abgebaut und trennten dann den Motor von Wandler und Getriebe, vorher schoben wir einige dicke Holzklötze unter den Motor, damit dieser beim Losschrauben nicht absackte und verkantete. Das Trennen der verschiedenen Einheiten klappte gut, jetzt ging es daran, den Motor herauszuziehen – ich und Mario gaben alles und schließlich war es geschafft und der alte Block war draußen. Auf genau diesem Wege bauten wir den anderen wieder ein und schraubten alles zusammen, es war ein ziemliches Gefummel, um den Wandler und das Getriebe wieder zusammenzubekommen, denn die Bohrungen für die Schrauben mussten genau übereinander liegen. Als wir alles fertig hatten, kam der große Moment, den Motor zu starten, ich setzte mich hinter das Steuer und betätigte den Anlasser, der Motor drehte ein paar Mal und sprang dann mit einem fetten Blubbern an. Mario stieg mit in den Van und wir fuhren erstmal langsam eine kleine Runde, wir hatten gute Arbeit geleistet, denn alles funktionierte.

Der Sommer ging schnell vorbei und der Herbst kam – meine Lieblingsjahreszeit, denn ich bin im November geboren. Der Laden lief nicht schlecht, nur mein jugoslawischer Kollege hatte viele Probleme mit seiner Freundin. Sie wollte immer wieder von ihm weg, wie sie sagte, dann erklärte sie aber wiederum, er sollte sie heiraten. Dieser Rosenkrieg ging mir auf die Eier und trübte natürlich ihre Arbeitsmoral, es lief nicht mehr so gut, denn die Freier hatten auch keinen Bock auf einen Laden, wo es nur Ärger gab. Die anderen Frauen wurden natürlich durch diese miese Stimmung mit in den Keller gezogen und ich sprach mit meinem Kollegen über diese Scheiß-Situation. So konnte es nicht weitergehen. Er sagte zu mir: „Das kriege ich hin." Aber ich war nicht unbedingt davon überzeugt, doch was sollte ich anderes tun? Ich konnte ihm nur vertrauen. Die Lage war nicht besonders rosig, doch wie heißt es so passend: Die Hoffnung stirbt zuletzt. Leider wurde es nicht besser, sondern eskalierte immer mehr und es kamen kaum noch Kunden. Es ging sogar so weit, dass sie die Einrichtung beschädigte und einen Blumentopf durch ein Wohnzimmerfenster warf. Dieser Zustand war tödlich für unser Geschäft und ich stieg aus der Nummer aus. Es dauerte auch nicht mehr lange und ich hörte, der Laden sei zu, denn die Miete wurde nicht mehr bezahlt. Das war zu erwarten, aber es ärgerte mich, denn ich hatte viel Schweiß, Arbeit und Geld in den Laden investiert und das war jetzt alles weg. Bullshit!, dachte ich mir.

Einige Zeit später traf ich mich wieder mit meinem Jugo-Freund und fragte ihn, was die Beziehung machen würde, er sagte, es würde wieder alles gut laufen und wir könnten ja schauen, ob wir nicht wieder einen neuen Laden aufmachen sollten. Mein erster Impuls war nicht sehr positiv, aber er war einer meiner besten Freunde und ich sagte zu ihm: „Ich will mal drüber nachdenken."

Am Abend sprach ich mit meiner Frau über die Idee von meinem Kollegen, sie sagte zu mir: „Versuche es einfach, vielleicht klappt es ja diesmal."

Ich war auch wieder super im Training und trainierte jeden Tag wie ein Wahnsinniger. Im Knast konnte ich außer Laufen, Krafttraining und ein bisschen Ringen und Boxen nicht allzu viel machen. Meine Form war wieder sehr gut und ich bereitete mich auf unterschiedliche Wettkämpfe vor, ich gewann verschiedene Titel im Boxen und Thaiboxen und fühlte mich gut. Das Training fand oft in Holland statt, denn dort hatte ich sehr gute Sparringspartner, die mich auch forderten und wirklich hervorragend waren. Das Training nahm mich sehr in Anspruch und es fand sich nicht mehr viel Zeit für andere Dinge. Ich bekam ein einmaliges Angebot in Österreich, um dort um den Titel im Schwergewicht zu kämpfen und nahm diese Chance wahr; das Trainingsprogramm wurde noch schärfer angezogen und meine Form war super. Dann ging es los nach Wien, wir fuhren mit dem Zug und ich konnte dort nachts im Schlafwagen pennen, zumindest versuchte ich es, aber das Rattern und Geschaukel gingen mir schon auf die Nüsse und so war an richtigen Schlaf nicht zu denken. Am nächsten Morgen hatten wir Wien erreicht und wurden mit einigen Fahrzeugen abgeholt, denn wir waren so um die fünfzehn Personen, schließlich waren noch andere Kämpfer aus Holland mit ihren Trainern dabei. Wir fuhren rasch zum Hotel und dort checkte ich schnell ein und ging auf mein Zimmer, um mich noch etwas abzulegen. Die Zimmer waren prima und das Bett groß und nicht zu weich, denn weiche Betten konnte ich nicht ausstehen. Ich konnte nicht lange schlafen, immerhin war es schon heller Tag, nach ein paar Stunden stand ich auf und duschte mich, dann zog mich an und ging herunter, um zu schauen, was die anderen machten.

Unten in der Hotelhalle traf ich Willy, den Veranstalter, er begrüßte mich und wir setzten uns ins Foyer und redeten über alles Mögliche. Er fragte mich, wie die Fahrt war und wie ich mich fühlte, dann sagte er, mein Gegner sei ein starker Mann aus Frankreich, der bei Orlando Wiet trainierte. Willy sagte: „Komm mit, wir fahren zur Halle und schauen sie uns mal an." Der Gedanke gefiel mir gut und wir fuhren mit dem Fahrdienst zur Veranstaltungshalle. Die Tour dauerte ungefähr fünfzehn Minuten und dann waren wir da. Die Lage der Halle war super, wir stiegen aus dem Auto und gingen hinein. Es sah innen toll aus, der Ring stand schon und die gesamte Lichtanlage über dem Ring war bereits aufgebaut. Gerade war man dabei, die Bestuhlung zu platzieren.

Die Kulisse war klasse und ich freute mich schon auf den Kampf, es würden bestimmt sehr viele Zuschauer kommen. Wir blieben noch eine halbe Stunde und dann ging es zurück zum Hotel, ich lief in das Restaurant, bestellte mir was zu essen und überlegte, was ich später machen könnte. Heute war es erst Donnerstagnachmittag und ich musste die Zeit bis zum Samstag irgendwie vernünftig gestalten.

Mir kam die Überlegung, mit dem Bus oder der Bahn in die City zu fahren, um mir die Innenstadt mal anzuschauen, denn ich hatte gehört, dass Wien eine wunderschöne Stadt sei. Der Weg bis zur Straßenbahn war nicht weit und so wartete ich auf die nächste Tram Richtung Innenstadt – die Fahrt dauerte eine knappe halbe Stunde und ich war im Zentrum und konnte aussteigen. Den Stephansdom konnte ich schon von Weitem sehen, ich ging in Richtung Dom, die vielen alten Häuser und Geschäfte gefielen mir gut und ich dachte an Deutschland, das vor dem Krieg auch einmal toll ausgesehen hatte. Nach ein paar Minuten stand ich vor dem Dom und beschloss, ihn mir anzuschauen. Ich kaufte mir ein Ticket und stieg die vielen Stiegen hinauf; als ich oben war, hatte ich einen fantastischen Blick über die ganze Stadt, es war gewaltig. Ich hatte größte Wertschätzung für diese Baumeister, die in der Lage gewesen waren, so etwas zu konstruieren. Wie viel Arbeit war in so ein Projekt geflossen? Einfach nur gigantisch. Das Wetter war schön und ich lief oben einmal komplett herum; mit einem euphorischen Gefühl stieg ich die vielen Stiegen wieder hinab.

Unten angekommen ging ich in die Kirche, setzte mich in eine der Bänke, blieb andächtig sitzen und ließ diese tolle Atmosphäre auf mich wirken. In Kirchen fühlte ich mich immer sehr gut, denn ich glaube, dass die Plätze, auf denen sie stehen, ein gutes Energiefeld haben. Und da ich sowieso ein sehr spiritueller Mensch bin, waren diese Gebäude von jeher sehr anziehend für mich. Nach einer ganzen Weile stand ich auf, ging nach vorne zum Altar und zündete dort einige Kerzen an. Ich kniete mich nieder und sprach ein Gebet. Mit einem guten Gefühl verließ ich den Dom und ging noch etwas spazieren, ich besuchte die Kaisergruft und schlenderte dann weiter zum Prater. Es waren einige Meter zu laufen, aber mir machte das nichts aus, denn ich nahm alles sportlich. Am Prater angekommen fuhr ich mit dem weltbekannten Riesenrad – in vielen alten Filmen diente das Rad schon als Kulisse und jetzt saß ich selbst drin. Nach der Fahrt bekam ich Hunger und speiste in dem Park am Prater. Die Sonne schien sehr heiß, ich zog mein T-Shirt aus und legte mich etwas auf die Wiese. Es war einfach herrlich und ich fühlte mich sehr gut.

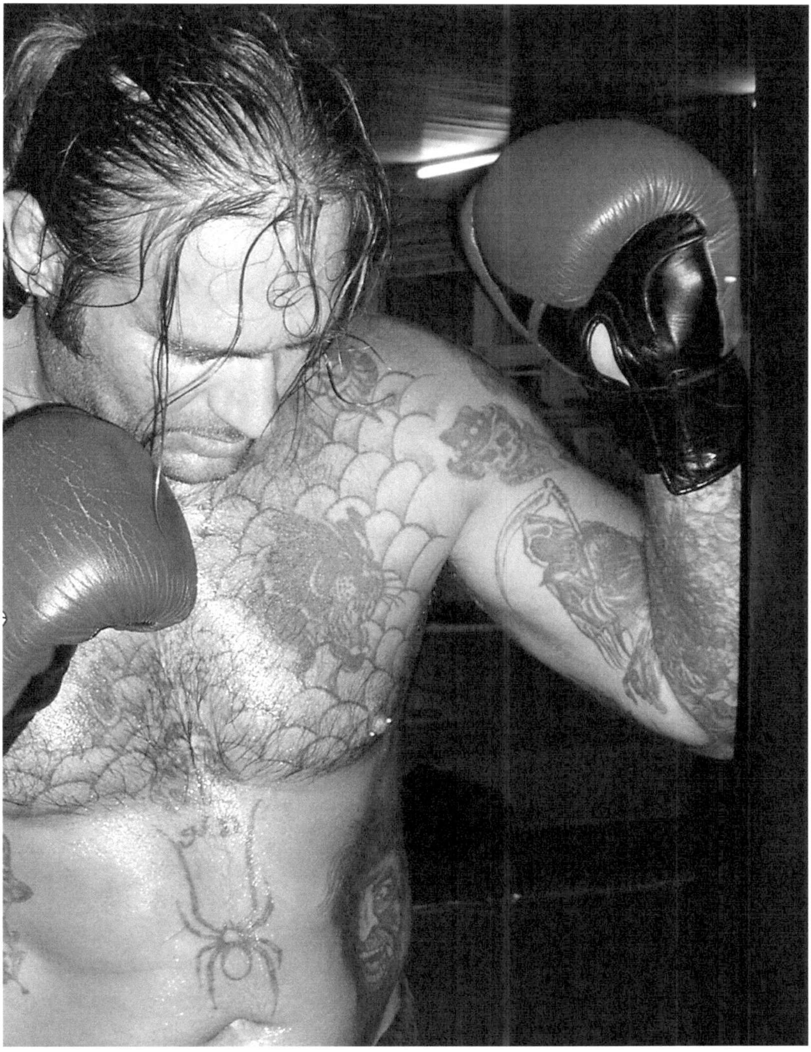

5. Etappenziele

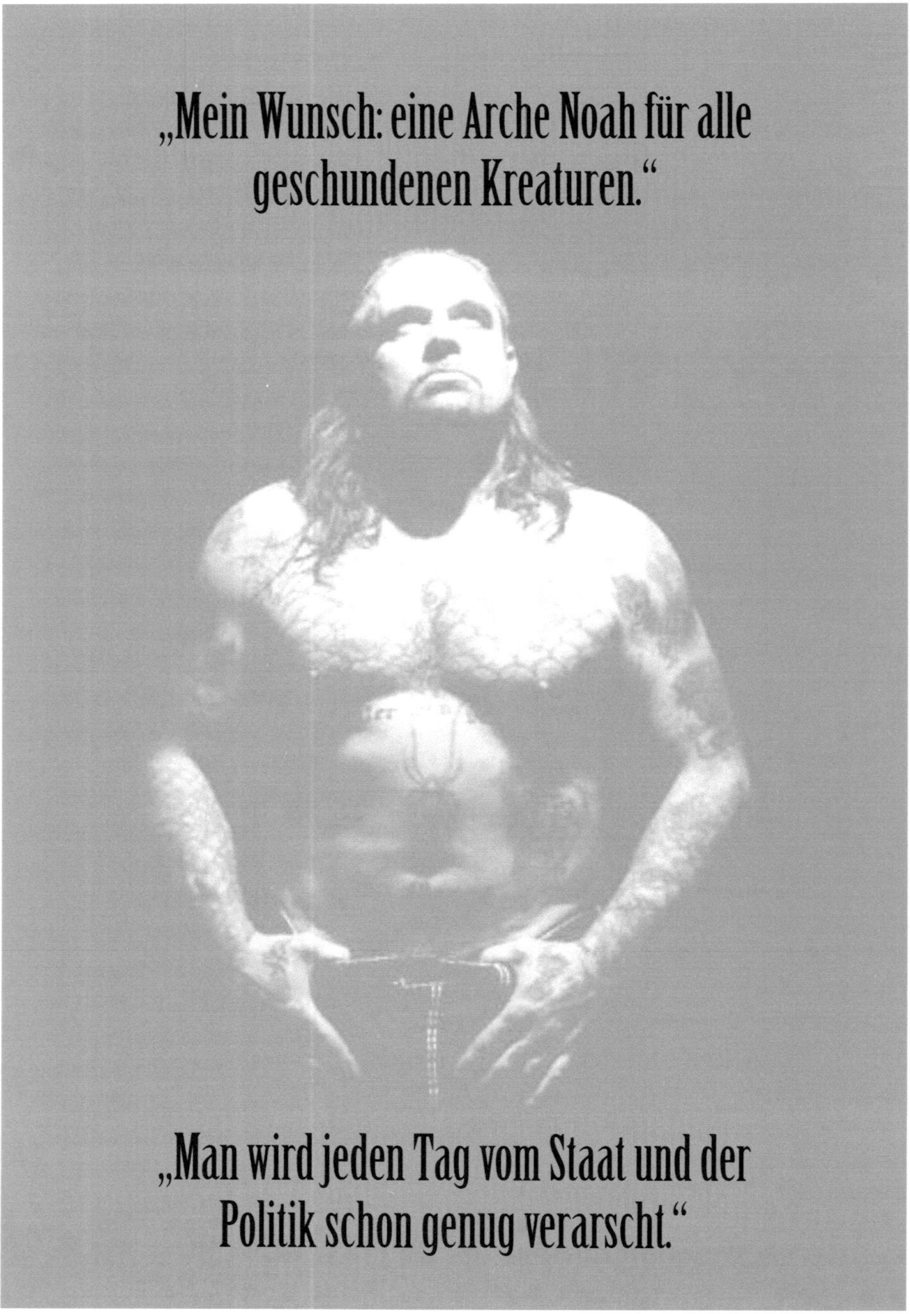

5.1. Free Fight

So ging der Spätnachmittag dahin, ich stand schließlich auf und marschierte zurück in Richtung Haltestelle, dort schnappte ich mir die Tram und fuhr in Richtung Hotel. Es waren bei meinem Eintreffen schon sämtliche Sportler unten im Foyer und ich begrüßte sie alle. Mein Freund Rick war auch bereits unten und wir redeten über die Veranstaltung. Ich fragte ihn nach meinem Gegner und ob er etwas Genaueres wüsste, er konnte mir auch nicht viel sagen, nur dass er schon mal französischer Schwergewichts-Champion im Boxen war. Für mich war das auch nicht so wichtig, immerhin kann man einen Kampf nur bedingt vom Ablauf planen, denn während des Fights entwickelt sich eine Eigendynamik und man muss sich als guter Kämpfer darauf einstellen können. Nach dem Gespräch ging es wieder in mein Zimmer, ich sprang unter die Dusche, legte mich danach gemütlich aufs Bett und schaute fern. Mit der Zeit wurde ich müde, machte die Flimmerkiste aus und legte mich ab zum Schlafen.

Den nächsten Tag verbrachte ich auch ganz ruhig und konzentrierte mich vollkommen auf meine Aufgabe, einen guten Kampf abzuliefern. Am Abend ging ich noch etwas spazieren, es war ein wunderbarer Abend, sehr warm, überall hörte man die Vögel zwitschern und jeder Strauch duftete aus seinen Blüten. In solchen Momenten dachte ich immer, die Zeit sollte stehen bleiben, denn es war einfach toll. Ich war guter Dinge und dachte, morgen um diese Uhrzeit stehst du wahrscheinlich schon im Ring. Mit diesen Gedanken lief ich zurück zum Hotel und ging gemütlich in mein Zimmer, die anderen Kämpfer saßen unten zusammen und unterhielten sich. Ich war nie der Mensch, der den Kontakt brauchte oder suchte, für mich war es immer wichtig, dass ich meine Ruhe hatte. Dieses Gefühl begleitete mich eigentlich schon immer, denn in extremen Situationen wurde ich total ruhig und besonnen. Ich halte das für eine gute Tugend, ich glaube, dass mir diese Fähigkeit schon oft den Arsch gerettet hat. In meinem Zimmer angekommen ging ich unter die Dusche, legte mich aufs Bett und las noch etwas in einem Buch, das ich mitgebracht hatte. Mit der Zeit wurden die Augen schwer, ich kroch unter die Decke und machte das Licht aus, um zu pennen. Es dauerte auch nicht lange und ich schlief ein.

Am nächsten Morgen wachte ich frisch auf und ging runter, um zu frühstücken. Ich hatte guten Appetit und schlug mir die Wampe voll, denn jetzt konnte ich noch gut essen. Die restliche Zeit verbrachte ich auf meinem Zimmer und packte meine Sporttasche mit allem, was ich später brauchen würde. Am Nachmittag wurde ich vom Fahrdienst abgeholt und in die Sporthalle gefahren. Dort angekommen suchte ich mir meine Kabine und wartete, bis die ersten Kämpfe begannen, ich ging raus und schaute sie mir an. Da ich den Hauptkampf hatte, brauchte ich keinen Stress zu machen, in der Pause ging ich in meine Kabine, zog mich um und machte mich schon ein bisschen warm. Mein Trainer kam mit meinem Kollegen und ich machte jetzt Schlag- und Trittkombinationen an der Pratze. Meine Aktionen kamen hart und präzise, und ich dachte: Das wird ein guter harter Kampf.

Dann ging es los und ich lief mit meinen Betreuern zum Ring. Mein Gegner war schon da, es war ein starker Mann und sicherlich zehn Kilo schwerer als ich. Wir mussten in die Mitte zum Referee, der erklärte uns die Regeln und der Kampf startete: Ich boxte und trat harte Low Kicks, er antwortete mit guten Boxkombinationen. Ich setzte in der zweiten Runde einen ordentlichen Take Down an und konnte meinen Gegner damit zu Boden bekommen, dort setzte ich dann eine gute Würgetechnik an, er klopfte ab – und ich konnte den Kampf gewinnen. Über den Sieg freute ich mich und ich hatte wieder einen Titel mehr auf meiner Liste. Nach dem Fight ging ich in die Kabine und duschte erstmal in Ruhe, dann zog ich mich an und ließ mich vom Fahrdienst zur VIP-Party bringen. Eigentlich hatte ich auf solche Festlichkeiten keinen Bock, aber ich dachte mir, mal eben vorbeischauen schadet nicht, und als frisch gebackener Champ war es auch wichtig, sich eben sehen zu lassen, denn das wollten die Leute.

Nach einer guten Stunde war ich aber auch wieder verschwunden und ließ mich zum Hotel bringen, mein Bedürfnis nach Ruhe war groß und ich fühlte mich allein auf meinem Zimmer sehr gut. Das Adrenalin baute sich langsam ab und meine Körperspannung ließ nach. Ein paar Stunden schaute ich noch fern, legte mich dann aber schlafen, denn nach so einem Kampf ist man schon mitgenommen. Am nächsten Tag fuhr ich wieder mit dem Zug Richtung Heimat und freute mich, bald wieder zu Hause zu sein. Ich wollte dann auch rasch zur Zeitung und denen das Ergebnis mitteilen, denn sie hatten schon einen großen Vorab-Bericht gemacht. Die Fahrt dauerte wieder gute zwölf Stunden, das ist schon lang. Im Zug wusste ich manchmal nicht, was ich machen sollte, so kam es schon vor, dass ich durch den ganzen Zug spazierte, von vorne bis nach hinten und wieder zurück. Nach langer Warterei fuhr der Zug in meinen Heimatbahnhof ein und ich stieg aus. Ein Kollege wartete schon auf mich und ich sprang in das Auto, er gratulierte mir und ich bedankte mich bei ihm. Er fuhr mich zu meiner Wohnung, dort angekommen verabschiedete ich mich und schloss die Tür auf zu meiner Bude. Meine Frau Susi und die Hunde begrüßten mich und ich freute mich ebenfalls, sie wiederzusehen. Wenn Susi nicht da war, hatte ich immer verschiedene Leute, die auf meine Tiere aufpassten, wenn auch ich nicht da war. Mein erster Weg ging in die Küche, wo ich ein paar Leckereien für meine Kleinen holte, sie bellten und freuten sich riesig darüber. Meine Sachen waren schnell ausgepackt und ich ging unter die Dusche und schaute danach fern, es war toll, wieder im eigenen Bett zu liegen und es dauerte auch nicht lange, bis ich einschlief.

Am nächsten Morgen ging es zur Zeitung und danach zum Training. Ich trainierte bei unterschiedlichen Trainern, eine sehr bekannte Schule war die von Rick Cocu und Willy Peeters. Des Weiteren fuhr ich regelmäßig nach Amsterdam zu der Sportschule Chakuriki. Das Training war sehr hart und ich war manchmal extrem ausgebrannt, aber so war es richtig und nur so konnte man gut und stärker werden als andere. Es kommt dazu, dass ich einen extremen Willen besitze: Wo andere aufhörten, da fing ich gerade erstmal an. Nach dem Training wurde schon der nächste Kampf besprochen, denn man musste das Eisen schmieden, wenn es noch glühte.

So vergingen die Tage, an den Wochenenden arbeitete ich an verschiedenen Türen als Doorman. Der Verdienst war gut, aber die Arbeit auch sehr gefährlich. In Amsterdam stand ich im IT und im Markanti, das waren sehr große Diskotheken, die weit über die Landesgrenzen hinaus bekannt waren. Ich musste dort schon donnerstags anfangen und bis Montag durcharbeiten. Wir jobbten immer acht Stunden und dann kam das nächste Team, wir gingen in ein Hotel, um ein paar Stunden zu schlafen. Der Job war gut, aber auch sehr risikoreich, es kamen viele Ausländer und Dealer, die mit dem Verkauf von harten Drogen ihr Geld verdienten. Sie gaben uns manchmal sehr viel Trinkgeld, sie zogen Rollen von Geldscheinen aus ihren Taschen und drückten uns einige Scheine in die Hand. Die meisten waren auch bewaffnet, aber wir hatten die Anordnung von der Geschäftsleitung, dagegen nichts zu unternehmen. Das wäre auch nur schwer gegangen, denn es war bekannt, dass diese Jungs sehr schnell schossen. Das war schon zur Genüge passiert und andere Männer an der Tür hatten ihr Leben dadurch gelassen. Das war eine Geschichte, die durch die Polizei geregelt werden sollte, aber leider passierte nichts. Ich vermutete, dass selbst die Behörde keine Eskalation wollte. Für mich wäre es kein Problem gewesen, mir ebenso eine Waffe einzustecken, aber wo brachte mich das hin? Wenn alles passte und ich schneller und besser schoss, kam ich für sehr lange in den Knast – oder, wenn ich Pech hatte, sehr früh auf den Friedhof. Da war es besser, mit dem Kopf zu arbeiten und intelligente Politik zu machen. Was sollte ich als Märtyrer meinen Kopf hinhalten, wenn ich doch keine Rückendeckung hatte. So machte ich einen guten Job und schaute, dass es passte und es keinen Stress im Laden gab.

Ich trainierte die Zeit, die ich in Amsterdam verbrachte, tagsüber bei der Sportschule Chakuriki, die mit Abstand eine der besten Thaiboxschulen war. In dieser Zeit verdiente ich immer gutes Geld und es ging mir prima. Es kam auch vor, dass ich mal für ein paar Tage im Dinus arbeitete, ebenfalls eine große Diskothek. Ich hatte bis Amsterdam nur neunzig Minuten zu fahren und so war das von dieser Seite auch kein großes Problem, ich hatte eine gute Zeit und war körperlich bestens drauf. In dieser Phase machte ich sehr viele Kämpfe, die ich alle für mich entscheiden konnte. So kam es, dass Dick Frij sich bei mir meldete, er kam in mein Dojo nach Deutschland. Ich war gerade beim Training, als er mit Hans Nijman erschien, wir redeten eine ganze Weile und er fragte mich: „Willst du in Amsterdam bei einer Riesenveranstaltung den Hauptkampf gegen mich machen?“

Wir sprachen alles in Ruhe durch, aber kamen zu keiner Regelung. Ich wollte mit Fäusten kämpfen, er aber nur mit offenen Händen, das waren damals zu Beginn die Regeln im Free Fight. Es ging so sicher eine Stunde ins Land, aber wir kamen zu keiner Einigung. Auch mein Freund und Trainer Willy Peeters war die ganze Zeit dabei, denn ich hatte ja mit ihm trainiert. Er sagte später zu mir, dass ich Dick besiegen könnte, seine Meinung war mir sehr wichtig, ich war bereit, den Kampf zu machen, wenn die Regeln passen würden. Die Verhandlungen liefen ewig lange, denn es sollte ein Kampf um den WM-Titel sein; ich machte auch den Vorschlag, man könnte in einem anderen Land kämpfen, wenn es in Holland Probleme wegen der Regeln gab. Es wurde hin und her verhandelt und ich bekam langsam den Eindruck, dass man mich vorführen wollte. Der Fight kam nicht zustande und scheiterte an den Regeln. Wir bekamen keine gescheite Regelung hin, mir war aber auch schon durch das ganze Hin und Her die Lust vergangen.

Man fand für Dick einen Ersatzmann, der aber nicht besonders gut kämpfte – ja, so ist das, wenn Politik den Sport kontrolliert. Ich war froh im Nachhinein, dass ich diesen Kampf nicht gemacht hatte, man hätte mich wahrscheinlich richtig verarscht. Selbst wenn ich gewonnen hätte, wäre sicherlich ein krummes Ding gelaufen, da bin ich mir ganz sicher, Dick war bei den Holländern der Free-Fight-König. In den dreißig Jahren, die ich nun im Kampfsport aktiv bin, habe ich so viel Elend und Krummes gesehen. Ich habe mich immer aus diesem Business herausgehalten, denn das ist nicht meine Welt, ich habe mich nie verarschen lassen und habe immer mein Ding gemacht. Das Training lief gut und mein Trainer Willy Peeters war auch ein guter Kerl, von dem ich so einiges lernte. Wir lieferten uns beim Training harte Schlachten und man konnte nicht sagen, dass er besser war als ich. Beim Sparring nahm er mich immer als Letzten dran, denn ich hatte dann schon viele harte Runden mit den anderen Jungs gemacht, er dachte sich wohl, ich wäre dadurch so platt, dass er mir ein paar verpassen konnte. Sicherlich war seine Strategie gar nicht so falsch, aber ich war zäh und hart. Auch wenn ich manchmal wirklich schon total kaputt war, hielt ich trotzdem stand wie eine deutsche Eiche.

Nach dem Training war ich platt, sodass ich zu Hause kaum mehr aus dem Auto kam und mir alle Knochen weh taten. Ich glaube jedoch, dass mir Schmerzen nicht unsympathisch waren oder sind, einen gewissen Masochismus muss man schon haben, um so ein Programm durchzuhalten. Die Liste meiner Verletzungen war lang, aber ich erholte mich relativ schnell von allem. Ich denke, man wird mit Herz und Eiern geboren, das kann man nicht lernen. Man kann nicht lernen, ein guter Krieger zu sein, wenn man die Gene nicht in sich trägt.

Viel Zeit verbrachte ich auch damit, dass ich mich stark im Tierschutz engagierte, mein Herz schlug und schlägt für die Tiere, die es mit uns Menschen sehr schwer haben. Ich fuhr oft ins Ausland, um dort Hunde zu holen, die teilweise heftig misshandelt wurden. Mein Zorn war und ist sehr groß auf diese Wichser, die Tiere schlagen oder quälen. In den vielen Jahren sah ich schon so viel Elend, dass mir oft die Tränen kamen. Meine Fahrten führten mich oft nach Polen, meistens fuhr ich mit einem Transporter und brachte immer zehn bis fünfzehn Hunde mit. Kurz vor der deutschen Grenze warteten schon mehrere Autos und wir teilten die Tiere auf, damit der Zoll keine Probleme machte. Nach der Grenze lud ich wieder alle bei mir ins Auto und brachte sie ins Tierheim, wo sie erstmal blieben und zu Kräften kamen. Meistens nahm ich auch ein oder zwei Hunde mit, die ich selbst gut vermittelte oder selber behielt. In meiner Wohnung befanden sich manchmal fünf Hunde, mir machte das aber nichts aus, denn über jede Seele, die ich retten konnte, freute ich mich sehr und diese armen Wesen dankten es einem auf eine Art, zu der kein Mensch fähig ist. Mir standen immer nette Menschen zur Seite, die so fühlten und dachten wie ich selber. Auch Jungs aus meiner Sportschule Mocambo Gym halfen mir oft, wenn es darum ging, irgendwo ein paar arme Seelen zu holen.

Am liebsten hätte ich alle behalten, um ihnen ein gutes Leben zu geben, doch mir fehlten einfach die Kapazitäten. Ein eigenes Tierheim war und ist mein Wunsch, eine Arche Noah für alle geschundenen Kreaturen, die dort ein schönes Leben hätten. Diesen Wunsch trage ich in meinem Herzen und werde immer versuchen, dieses Projekt zu realisieren. Der liebe Gott weiß von meinem Herzenswunsch und mal sehen, was er noch für mich parat hat.

Ich besuchte auch oft meine Großeltern, die auf einem kleinen Dorf lebten, ich war ja als Kind dort aufgewachsen und liebte das Haus und den riesigen Garten. Mein Opa war ein sehr starker und fleißiger Mann, der immer an irgendetwas arbeitete, meine Oma hatte einen wunderbaren Gemüsegarten, der sehr viel Einsatz verlangte. Die beiden säten und ernteten, ich half immer mit, wenn die Kartoffeln reif waren, sie auszugraben und aufzusammeln. Das war immer eine Menge Arbeit, aber es war schön und es gefiel mir gut. Zu meinem Opa hatte ich eine ganz eigene, enge Beziehung, die Werte, die dieser Mann in seinem Herzen trug, waren ganz besonders und ich lernte sehr viel von ihm. Wenn ich ehrlich bin, habe ich auch alles an Werten und Stärke von ihm übernommen, denn er zeigte mir, was Rückgrat bedeutete.

Mit meiner Frau Susi führte ich eine gute Beziehung, wir kamen ordentlich miteinander klar, auch wenn wir sehr unterschiedlich waren. Man muss vielleicht erwähnen, dass sie den ganzen Tag im Club arbeitete und ich auch viel auf Achse war, so konnten wir uns nicht gegenseitig auf den Piss gehen und es gab wenig Ärger. Mit dem Geld klappte es ganz gut und wir hatten unser Auskommen. Wir fuhren öfters in Urlaub, den wir häufig spontan angingen. Ich hatte ja noch Bewährung und musste mich einmal im Monat bei meinem Bewährungshelfer melden, den kannte ich noch von früher und er war echt in Ordnung. Er ließ mir meine Ruhe und ging mir nicht auf den Senkel, denn das konnte ich gar nicht ausstehen. Die Berichte, die er für das Gericht verfasste, waren gut und ich war froh, wenn endlich die Bewährungszeit herum war, denn es bestand immer die Gefahr, dass mir das Gericht die Bewährung widerrufen konnte, wenn ich mir etwas zuschulden kommen ließ. Für mich bestand immer Gefahr an der Tür, durch meinen Job als Portier hatte ich es ständig mit Gewalt und Polizei zutun. Die meisten Leute hatten keine Eier, sie machten erst auf dicke Hose und suchten den Streit – aber wenn es dann was auf die Ohren gab, riefen sie nach der Polizei. Ständig bestand wieder die Gefahr, dass mich so ein Penner anzeigte, ich hatte deshalb immer gute Leute als Zeugen und einen guten Anwalt zur Seite, so konnte ich mich vor großem Schaden schützen.

Ich wurde aber von der Behörde schwer überwacht, ständig fuhren Bullenautos vor meiner Bude vorbei, hielten an und fuhren wieder weiter, ich denke, das war so eine Art Psychoterror, um mich zu provozieren. Dieser Zustand hielt sehr lange an und die Spannungen wurden immer größer, es folgten Hausdurchsuchungen in meiner Abwesenheit und schikanöse Fahrzeugkontrollen, man versuchte mich mit aller Gewalt fertig zu machen. So einen Bullshit ließ ich mir natürlich nicht gefallen und machte der Behörde ganz klare Ansagen. Es wurde aber immer wilder, und wenn man mich kontrollierte, dann mit einer ganzen Armada. Ich hatte für mich schon die Gewissheit, dass es in einer schweren körperlichen Kollision enden würde. Scheiß-Nummer, dachte ich mir, denn eigentlich hatte ich keinen Schub mehr auf neue Anzeigen oder vielleicht sogar Knast.

Ich reiste mal wieder zu meinem Kollegen ins Allgäu, um mit meiner Frau ein paar Tage auszuspannen. Wir fuhren erst zum Oktoberfest, das wir uns mal anschauen wollten, und dann zu meinem Bekannten. Als wir bei ihm klingeln wollten, stürzten sich viele vermummte Gestalten auf uns, ich dachte nur: Was soll die Scheiße nun wieder? Ich musste mich hinlegen und man hielt mir mehrere Waffen an den Schädel und einer von dieser Truppe stellte mir seinen Stiefel in den Nacken. Man fesselte mich an Händen und Füßen, ich bekam einen Sack über den Kopf und wurde in ein Auto verfrachtet. Die Fahrt dauerte nicht lange und ging zur dortigen Polizeiwache. Man sperrte mich gefesselt in eine Zelle und nahm mir nur den Sack vom Kopf. Ich fragte die Burschen vom SEK: „Was soll die Aktion?“ Aber ich bekam darauf nur die Antwort: „Die Kripo kommt gleich.“ Na, tolle Sache!, dachte ich mir. So verblieb ich mehrere Stunden in der Zelle, ohne dass jemand kam, ich wurde langsam sauer und dachte mir: So kann das nicht laufen! Ich wusste ja nicht mal, warum die Aktion stattgefunden hatte. Ich rief nach den Cops und trat gegen die Tür, bis jemand kam. Dem Sheriff war die ganze Sache auch nicht geheuer und er meinte, ich würde gleich wieder freigelassen. Ich sagte ihm, er solle sich beeilen, denn sonst würde ich die Tür heraustreten. Ich hatte echt einen Megahals und wusste nicht, was diese verfickte Aktion sollte. Es dauerte nicht mehr lange und es kamen drei Cops, die mir die Fuß- und Handschellen abnahmen, sie baten wohl darum, ich sollte nicht ausflippen, denn das SEK sei schon weg und man wollte jetzt auch keinen Stress mit mir. Als ich aus der Zelle raus war, fragte ich sie, was eigentlich der ganze Aufwand sollte. Man teilte mir mit, man hätte die Information gehabt, dass ich große Mengen Kokain ins Allgäu bringen würde. Ich sagte: „Das ist absoluter Quatsch.“ Und sie sollten mir bitte sagen, welcher Penner so was behaupten würde. Das sei vertraulich, bekam ich zu hören, ich sagte: „Mal sehen.“ Vielleicht bekam ich heraus, wer solch einen Dreck erzählt hatte, und ging mit diesen Worten zu meinem Auto.

Am nächsten Tag sprach ich mit meinem Kollegen in Ruhe über diese Sache und fragte ihn, ob er was wüsste. Er gestand mir, mit kleinen Mengen Koks Geschäfte gemacht zu haben, aber wusste auch nicht, was die Aktion sollte. Ich sagte ihm, dass ihn wohl jemand verpfiffen hatte und man offensichtlich dachte, ich sei der Großhändler, der Umstand, dass ich nahe an der holländischen Grenze wohnte, passte dabei bestimmt gut in das Schema. Meinen Kollegen machte ich richtig zur Sau, was der Scheiß überhaupt sollte und warum er den Dreck verkaufte, er meinte, das würde viel Kohle bringen. „Das mag vielleicht stimmen“, sagte ich, „aber es bringt auch sehr viel Ärger oder sogar Knast ein.“ Ich legte ihm sehr nahe, damit sofort zu stoppen, denn sonst wollte ich nicht mehr kommen. Auf so einen Mist hatte ich absolut keinen Bock.

Ob er damit aufhörte, vermag ich nicht zu sagen, aber ich sah niemals mehr bei ihm Behörde und solch eine Aktion wiederholte sich auch nicht.

Meine Leidenschaft war das Bergsteigen, das ich schon mit jungen Jahren begonnen hatte, es war einfach wunderschön, in der Bergwelt zu wandern und zu klettern. Ich glaube, dass ich in einem früheren Leben bestimmt ein Bergbauer oder so etwas Ähnliches gewesen war. Viel Zeit verbrachte ich in der wunderbaren Bergwelt, mein Kollege hatte darauf wenig Bock, aber meine Frau fand es immer schön, Touren zu unternehmen. Als wir wieder zurück waren, kaufte ich mir eine gebrauchte Harley, die ich selber reparierte und umbaute, das Motorrad war in der Anschaffung nicht zu teuer, aber die ganzen Teile, die ich verbaute, um den Hobel wieder zum Laufen zu bringen, schon. So ein Bock war wohl schön, aber ich ärgerte mich über die Technik, die nicht besser war als die von einem Trecker, aber Preise hatte wie bei einem Ferrari. Die Harley hatte ich komplett zerlegt und wieder zusammengebaut, ich war schon sehr stolz auf mich, denn so einfach ging es natürlich auch nicht, ich hatte mir Zeit gelassen und war in guten sechs Wochen damit fertig geworden. Nach der ganzen Arbeit warf ich sie an und knatterte eine Runde, der Sound war schon prächtig, das musste man einfach sagen, und ich fühlte mich gut auf dem Hobel.

Der Ärger mit der Behörde wurde indes weniger, ein Oberguru von der Behörde hatte sich bei mir gemeldet und mit mir gesprochen. Die Polizei hatte sich wohl ganz oben über mich beschwert und mein Verhalten kritisiert. Ich jedoch erklärte dem leitenden Beamten meine Sichtweise und sagte ihm auch, dass die Polizei immer wieder Zusammenstöße provoziere. Er war sehr nett und versprach mir, die Sache zu klären. Ich sollte von meiner Seite gleichfalls Ruhe geben, das konnte ich ihm zusagen, denn ich wollte ebenso meinen Frieden, immerhin ging dieser ganze Psychoterror arg an die Substanz. Es wirkte, und wirklich: Von heute auf morgen war Ruhe und ich konnte wieder atmen. Man muss wissen: Auf Dauer hat die Behörde immer den längeren Arm. Ich habe viele Sachen mitgemacht und weiß eins ganz genau: Irgendwann muss man das Ruder herumreißen, denn sonst verschwindet man auf ganz ganz lang im Knast.

So hörte dieser Stress auf und das Leben wurde ruhiger und angenehmer. Beim Sport lief es gut, ich holte einen Titel nach dem anderen und war wirklich bestens drauf, auch beim Training gab es nicht wirklich viele, die mir Contra bieten konnten. Damals war ich natürlich sehr viel unterwegs und Susi bekam mich kaum zu Gesicht, es gab Spannungen und sie beschwerte sich darüber. Sie hatte Recht, aber für mich waren mein Training und meine Wettkämpfe das Wichtigste. Meine Wettkämpfe fanden auf dem ganzen Globus statt, somit war ich natürlich viel unterwegs. Man muss das Eisen schmieden, solange es noch heiß ist, und nach diesem Grundsatz lebte ich. Sicherlich war das alles sehr egoistisch, aber ich hatte keine andere Wahl, denn die Zeit war mein schlimmster Feind.

Zu dem Zeitpunkt wurde ich World-Champion im Free-Fight und Vale-Tudo und freute mich natürlich riesig über diese Erfolge. Endlich war ich da, wo ich hinwollte. Für alle anderen Dinge hatte ich kaum mehr Muße und das sollte sich rächen. Doch ehrlich gesagt: Ich hatte auch keine Power mehr, das harte Training mehrmals am Tag und das über Jahre hinweg forderte natürlich seinen Preis. Mein Leben drehte sich nur um Essen, Schlafen und Trainieren, andere Dinge fanden da keinen Platz. Mir war aber schon klar, dass es auf Dauer nicht so weitergehen konnte, doch diese Gedanken verdrängte ich natürlich immer, denn sie waren unangenehm. Meine Frau Susi suchte oft das Gespräch mit mir, um mit mir über diesen Zustand zu reden, meistens funktionierte das aber kaum, denn wir bekamen relativ schnell Stress miteinander und es endete in Schreierei. Das sollte mir eigentlich schon zu denken gegeben haben, aber ich ignorierte einfach die Vorzeichen und dachte, es würde immer so weitergehen. Es dauerte auch nicht mehr lange und Susi sagte mir: „Auf so ein Leben habe ich keinen Bock mehr."

Eine echte Überraschung war es nicht gerade für mich, aber ich dachte: Was soll ich jetzt noch machen? Das Kind war in den Brunnen gefallen, so sagt man es ja.

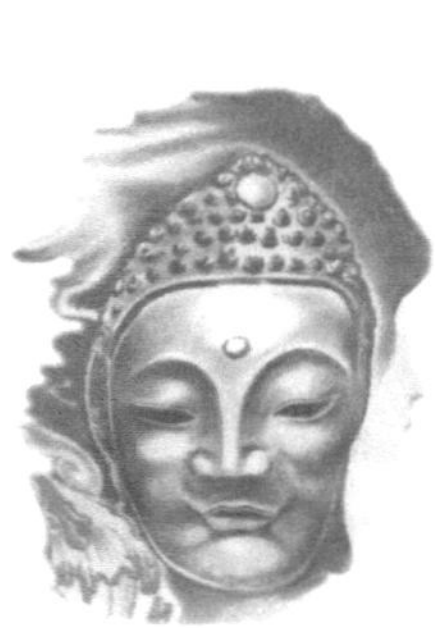

5.2. Ende einer Ehe

Ich akzeptierte Susis Entschluss, denn ich kümmerte mich kaum mehr um unsere Beziehung. Wenn ich ehrlich bin, so wusste ich wohl, dass dieser Tag kommen musste. Wir hatten jedoch keinen Zoff miteinander, sondern klärten die Angelegenheit sehr vernünftig ohne Stress und Action. Ich half ihr, eine neue Wohnung zu finden und machte außerdem den ganzen Umzug. Von unseren Hunden nahm sie einen mit und wir verabredeten, dass wir untereinander immer zusammen mit den Tieren Gassi gehen wollten, denn die Vierbeiner kannten sich ja schon ewig und sollten unter unserer Trennung nicht leiden. Nun saß ich alleine in meiner Wohnung, das war schon ein Scheiß-Gefühl, aber da musste ich jetzt durch, dachte ich mir und biss die Zähne zusammen. In Susis neuer Wohnung war natürlich viel zu tun, bis alles mal fertig war. Ich machte jede Menge, wie es meine Zeit zuließ. Sie lebte nun gute dreißig Kilometer entfernt und so konnte ich auch nicht immer mal eben schnell zu ihr, wenn irgendwas anstand.

Die erste Zeit nach einer Trennung ist natürlich die härteste Etappe, die man durchzuhalten hat. Dann wird mit der Zeit alles besser, ich fragte mich im Nachhinein, ob ich mehr hätte kämpfen sollen für den Erhalt unserer Beziehung. Wie ich mitbekam, hatte Susi bald wieder einen neuen Freund. Ich hegte aber keinen Groll, denn wir kamen weiterhin super miteinander aus, vielleicht sogar besser als zuvor, denn wir sahen uns ja nicht oft. Mit dem Typen sprach ich ein paar Worte und sagte ihm: „Behandle meine Ex gut, sonst haben wir ein Problem." Diese Ansage verstand er wohl sehr gut, denn ich hörte keine Klagen. Wir wollten uns auch offiziell scheiden lassen und ich veranlasste alles über meinen Anwalt und sie über ihren. Da wir uns einig waren und es keine Differenzen gab, ging unser Scheidungstermin schnell durch. Die Sache bei Gericht wurde rasch angenommen und der Scheidungstermin selber dauerte vielleicht eine halbe Stunde, wenn überhaupt. Wir wurden geschieden und damit war die Sache gegessen. So fix ging das und ich fragte mich: Wo waren all die Jahre geblieben?

Ich lebte weiter in unserer alten Wohnung und hatte mich aber schnell an den Zustand gewöhnt, alleine zu sein. So saß ich in der Bude mit meinen Hunden und genoss die Zeit der Ruhe. Die Tiere waren schnell an die neue Situation angepasst, es ist schwierig zu beschreiben, ob sie irgendwelche Probleme mit der Sache hatten, ich denke nicht, denn sie waren immer gut drauf. In den nächsten Monaten kaufte ich mir einige neue Einrichtungsgegenstände, die Susi mitgenommen hatte, meine Wohnung sah gut aus und ich war zufrieden. Ich nahm mir auch vor, mit keiner neuen festen Beziehung zu beginnen, wollte einfach meine Ruhe und wild rumficken, ohne mich dabei auf irgendwas einzulassen.

Neue Frauen lernte ich wenig kennen, denn ich hatte keine Zeit, in Discos oder Kneipen zu gehen; wenn ich dicke Eier hatte, ging ich in einen Club. Im Rotlicht fühlte ich mich richtig zu Hause, denn damit war ich quasi aufgewachsen. Mit den Frauen kam ich bestens zurecht, denn wir sprachen die gleiche Sprache. In meinem Job an der Tür lief auch nicht immer alles rund, es gab oftmals in den Läden, in denen ich nun arbeitete, große Probleme, an fast keinem Abend ging es ruhig zur Sache. Meine Arbeitskollegen waren okay, es gab wohl immer mal jemanden mit einer Profilneurose, doch daran hatte ich mich schon gewöhnt und trat solchen Burschen gleich gewaltig auf die Füße, denn ich wollte sie sofort richtig einstielen. In meiner Truppe hatte ich auch immer einen aus meiner Sportschule dabei, das heißt einen Jungen, den ich selber von der Pike aufgebaut hatte und dem ich vertraute. Dieser Junge sollte immer dafür sorgen, dass ich bei einer Boxerei einen freien Rücken hatte, denn ich wollte verhindern, dass ich von hinten ein Messer in den Rücken bekam oder so ein Wichser „from behind“ auf mich schoss.

Durch die vielen Jahre an der Tür musste ich aufgrund meiner Erfahrung zu solchen Maßnahmen greifen, denn es hatte schon mehrere Vorfälle dieser Art gegeben, die ich glücklicherweise und mit Gottes Hilfe gemeistert bekam. Auf eine permanente Fortsetzung hatte ich aber keinen Bock. Bei den Leuten war bekannt, dass, wenn es zur Auseinandersetzung kam, sie körperlich keinerlei Chance gegen mich hatten – und deswegen musste ich immer mit so linken Aktionen rechnen. Man hatte auf mich geschossen und ich wurde schon öfters mit Messern angegriffen, deshalb hatte ich keinen Hunger auf weitere schwule Aktionen. Okay, sicherlich war das kein perfekter Schutz, den gab es auch nicht wirklich, aber ich fühlte mich während der Arbeit besser, und nur darauf kam es an.

Es war eigentlich immer das gleiche Ritual bei den Türstehern, viele von ihnen mussten und wollten sich fett in Szene setzen, was mir immer auf den Sack ging. Ein guter Mann erzählt nicht gleich zu Beginn, was er denn für eine Granate ist und was er nicht schon alles gestemmt hat. Solche Typen waren mir gleich unsympathisch, ich ließ sie das auch fühlen, denn auf solche Maulhelden konnte ich gerne verzichten. Am liebsten waren mir normale Jungs, die boxten oder was Ähnliches taten, aber keine Bodybuilder-Typen, denn diese provozierten alleine schon durch ihr Aussehen. Wie oft hatte ich bei einem Zwischenfall schon gesehen, dass sich solche Boys selber im Wege waren oder eine ganz schlechte Kondition hatten, weil sie zu viel Masse und Gewicht mitbrachten. Ein großes Manko war auch der oft nicht vorhandene Mut, das Rückgrat oder das Herz. Die Eier muss man einfach mitbringen, erst dann hat man eine gute Grundlage. Es ist ähnlich wie beim Boxen, so was kann man nicht lernen, das muss man in den Genen haben.

Ich arbeitete zu dieser Zeit in verschiedenen Läden und musste deshalb auch immer wieder mit neuen Typen zusammenwirken, ich sprach mit meinem Kollegen, für den ich tätig war, denn ich wollte nicht auf Dauer nur dorthin, wo es brannte, sondern gerne wieder eine feste Tür. Wenn man wie ich Sondereinsatzleiter war, so gehörte es zu den Aufgaben, überall dort schnell zu sein, wo es mächtige Probleme gab. Ich nahm dann immer mehrere Leute von mir mit, denn da wusste ich: Die Jungs funktionieren blind. Wir wurden oft mit Baseballschlägern, Knüppeln, Messern oder Schlagringen angegriffen. Das war schon ein gefährlicher Job, aber da fühlte ich mich zu Hause und konnte fast alles in einem vernünftigen Rahmen geregelt bekommen. Unsere Verletzungen waren natürlich umfangreich und ein dickes Gesicht gab es hier und da auch. Aber ich nahm das immer sportlich, denn nur so konnte man vernünftig mit dieser extremen Art der Gewalt umgehen.

Ein größeres Problem war die permanente Angst, dass diese Leute zur Polizei rannten und eine Anzeige tätigten, ich konnte und kann solche Menschen nicht verstehen, die erst einen auf dicke Hose machen und dann zur Behörde rennen, wenn es verreißt und sie ein paar auf die Ohren bekommen. Was für eine Mentalität steckt hinter so einem Charakter? Ich habe mir oft diese Frage gestellt. Wenn es Ärger gab, wurden diese Personen im Vorfeld immer verwarnt, aber das wurde meistens ignoriert, man dachte vermutlich: Was will dieser Arsch von Türsteher schon machen? Durch solche Typen wird der Ruf der Türsteher natürlich extrem beschädigt, denn sie waren der Auffassung, sie hätten selber niemals mit Ärger begonnen, sondern es waren immer die Doormen. Diese Stressmaker meinten natürlich, sie könnten dem Portier eins aufs Maul hauen und alles wäre gut, also gab es bei so einem Zwischenfall immer eine körperliche Auseinandersetzung. Wenn der Stressmaker dann plötzlich merkte: Oh, dieser Typ ist zu gut drauf und ich schaffe es nicht, ihm aufs Maul zu schlagen!, und gab es obendrein dann selbst ein paar Schellen, war das Geschrei groß und es ertönte sofort der Ruf nach der Polizei und einer Anzeige. Ich kann es schon nicht mehr hören und zählen, so oft habe ich es vernommen, nach fast jeder Auseinandersetzung wurde dann die Behörde gerufen. Ich fand es meist lächerlich, aber im Zeitalter des Handys ist die Behörde schnell informiert und es ist ihre Pflicht, zu kommen und den Vorfall aufzunehmen und gegebenenfalls eine Anzeige zu fertigen. Es war auch nicht möglich, mit den Stressmakern zu sprechen, denn sie waren entweder besoffen oder hatten Drogen drin, eine Kommunikation war nicht realisierbar, denn sie wollten immer wieder einen auf Konfrontation machen. Ich freute mich stets, wenn einer von diesen Arschlöchern sich dann mit den Bullen ebenfalls noch anlegte und er schließlich eine Acht auf den Rücken bekam und mit in PG musste, wo er dann in die Ausnüchterungszelle kam. Doch wie oft war es so, dass wir, die Türsteher, als billige Schläger hingestellt wurden und die Cops auch meist gegen uns waren. Solche Situationen passierten sehr häufig und man brauchte dann gute Zeugen und einen echt starken Anwalt, der sich dieser Sache dann annahm und schon im Vorfeld versuchte, das Ding zu kippen. Es gab gelegentlich Schüsse auf die Tür von irgendwelchen Wichsern, die keine Eier hatten und aus dem fahrenden Auto herausschossen. Das wurde, ohne jetzt rassistisch wirken zu wollen, meist von Ausländern gemacht, und ich fragte mich dann immer, wo diese Leute ihre Eier hatten. Ich halte nichts von dieser Art der Auseinandersetzung, wenn man Stress will oder ihn sucht, dann soll man aber auch vernünftig fighten und nicht zu solchen Mitteln greifen.

Ich bin noch ein Junge der alten Schule und habe es gelernt, gerade zu sein; es gibt die ungeschriebenen Gesetze, die jeder gute Junge mit Eiern beachten sollte, und da sollte es keine Ausnahme geben. Es kam schon öfters vor, dass Freunde von mir an der Tür angeschossen oder gar erschossen wurden. Für was, müsste man da immer fragen, warum mussten diese Männer ihr Leben lassen? Meinen Leuten lehrte ich immer, sich anständig und mit Respekt an der Tür zu verhalten, man kann jemandem, den man nicht hereinlassen möchte, das natürlich vernünftig verkaufen, ohne ihn zu beleidigen und zu diskriminieren. Leider können das heute die wenigsten Türsteher und nehmen sich viel zu wichtig. Einfach aber ein paar Gänge zurückschalten wäre sehr angebracht, und man sollte lernen, nichts persönlich zu nehmen – ich weiß, das ist schwer, denn ich selber schaffe es manchmal auch nicht. Ich denke, es kommt immer auf die Form der Beleidigung an, man muss solchen Leuten schon zeigen, wo die Deadline ist, sonst hört das nie auf und ein Nichtreagieren wird sofort als Schwäche bewertet.

Es passierten schlimme Sachen in dieser Zeit. Ich erinnere mich noch an einen Laden in Holland, in dem ich arbeitete, dort verkehrten viele Engländer, die aus der Umgebung kamen, denn es gab in Grenznähe eine riesige englische Kaserne mit über zehntausend Mann. So passierte es, dass die IRA vor der Diskothek in Holland ein Fahrzeug mit Sprengstoff präparierte und der Wagen explodierte, als die Zündung betätigt wurde. Die Explosion tötete sofort die vier Insassen des Autos und verletzte noch einige andere schwer, die sich auf dem Parkplatz aufhielten. Es war, als hätte der Krieg begonnen, von allen Läden und Häusern waren die Scheiben draußen und viele Autos und Fassaden waren durch Splitter übel zugerichtet. Wir ließen keinen raus, ich schaute mir die Sache an und verständigte sofort die Polizei. Viele Anwohner wollten aus ihren Häusern, aber ich rief zu ihnen rüber, dass sie im Haus bleiben sollten, denn man wusste nicht, ob es noch mehr Explosionen geben würde. Es war ein fürchterlicher Anblick, von den menschlichen Körpern konnte man nur noch Fetzen erkennen, die an den Hauswänden hingen oder klebten. Die Behörde kam schnell mit einem Riesenaufgebot, inklusive der Militärpolizei und dem Geheimdienst, es wurde alles abgeriegelt und keiner wurde weggelassen. Jeder wurde vernommen und seine Daten aufgenommen, diese ganze Aktion dauerte viele Stunden.

Ich hörte von einem Offizier, dass in Roermond auch ein Auto in die Luft geflogen sei – mit zwei Toten. Die beiden Getöteten waren keine Engländer, sondern Australier, die in Holland Urlaub machten, Australien hatte die gleichen Kennzeichen wie England und deshalb dachte man, es seien Engländer und jagte den Wagen in die Luft. Das alles war schon eine heftige Nummer und das Fernsehen berichtete darüber, ich fand die ganze Angelegenheit nur sehr traurig und fragte mich: Womit hatten die jungen Männer das verdient? Es dauerte Monate, bis die Schäden beseitigt waren, und wir kontrollierten jetzt zusätzlich den Parkplatz und hatten einen Teleskopspiegel bekommen, um unter die Autos zu schauen und die Radkästen abzusuchen. Ich kannte solche Techniken von der Legion und wusste: Es war nur ein bedingter Schutz. Für diesen Kontrollgang hatte ich für mich und meinen Kollegen Splitterschutzwesten besorgt. Bei einer Detonation, die in unmittelbarer Nähe stattfand, konnten diese Westen allerdings nicht großartig schützen, aber auf Distanz halfen sie schon gut. Ich hatte mit der Behörde gesprochen, aber sie meinten, es wäre unwahrscheinlich, dass es dort noch einmal zu einem Anschlag kommen würde. Seit dieser Geschichte war der Laden so gut wie tot, kein Gast traute sich mehr hin und den Engländern war es vom Militär aus verboten, dort noch zu verkehren. So dauerte es auch nicht allzu lange und der Besitzer schloss den Laden, weil es einfach keinen Sinn mehr machte. Wenn es Verletzte oder Tote in einem Laden gibt, dann kann man die Bude zunageln, denn der Ruf ist total im Arsch und es bleiben die Gäste weg, das hatte ich schon öfters erlebt.

Für uns hieß es, wieder in einem neuen Laden zu beginnen; ich arbeitete danach in einigen Casinos, die auch schon mehrere Male ausgeraubt worden waren und in denen bereits ein Doorman einen Bauchschuss abbekommen, aber glücklicherweise überlebt hatte. So richtig lecker fühlte ich mich dort nicht und trug auch eine kugelsichere Weste, aber das war, wie gesagt, nur bedingter Schutz. Doch der Lohn war sehr gut und für solche Sachen gab es eben nur wenige Männer, die das machen konnten und wollten. In so einer Notsituation wurde natürlich mit Geld gelockt, bis man einen guten Mann hatte, eigentlich könnte man den Job in so einer Situation gleich Himmelsfahrtskommando nennen, denn es war brutal gefährlich. Bei jedem Gast, der hereinkam, war ich angespannt und beobachtete ihn genau, ob und was er tat. Ich hatte keinen Hunger, ebenfalls angeschossen zu werden oder dass sogar noch etwas Schlimmeres passierte. Die Tatsache, dass ich auch allein arbeiten musste, war schon Scheiße genug, es war ja außerdem nicht erlaubt, sich zu bewaffnen, denn sonst hätte man vielleicht eine Chance gehabt. Zum Glück passierte nichts und nach ein paar Wochen konnte ich wieder ein neues Casino übernehmen und ein ganz normaler Doorman stieg dann bei meinem Job ein. Es ging von einem Laden in den anderen und ich dachte mir: Auf ewig willst du diese gefährliche Scheiße nicht machen. Ich nahm mir vor, mit meinem Kollegen zu sprechen und ihm ganz klar zu sagen, dass ich diesen Job nicht länger unter diesen Umständen erledigen wollte.

Ein paar Tage später fuhr ich zu ihm und erklärte ihm die ganze Situation und er sagte mir: „Ralf, du hast sowieso von allen am längsten durchgehalten und ich habe mich schon die ganze Zeit gefragt, ob du das bis ins Rentenalter hinein machen willst.“

Nun war die Sache geklärt und ich war aus der Nummer raus und dachte mir: Das war eine schlaue und weise Entscheidung! Denn anders hätte es keinen Sinn gemacht und vielleicht wäre ich mal richtig zu Schaden gekommen. Ich hörte jetzt dort auf und suchte mir einen neuen Job an einer Tür in Deutschland. In Germany war das Klima etwas härter, die Gäste und ein paar meiner Arbeitskollegen zugleich aggressiver. Es war schon eine Umstellung, jetzt wieder mit ein paar Mann zu arbeiten und auch für diese mitverantwortlich zu sein. Das war ein Kriterium, bei dem ich dachte: Da muss unter den Jungs aber alles passen, sonst verrutscht die Sache total.

Der Laden, an dem wir standen, war bekannt für seine Schlägereien und ich dachte mir: Was für eine Scheiße! Ich wusste gleich, dass es dann wieder schnell und heftig Ärger mit der Polizei geben würde. Meine Arbeitskollegen hatten nicht die meiste Ahnung von dem Job und ich zeigte ihnen, wie man es besser machen konnte. Für mich war eines klar: Nur im Team hatten wir optimale Möglichkeiten, ein gutes Ding zu machen, Alleingänge brachten uns nicht weiter und bedeuteten nur sehr viel Arbeit. Es gab übrigens ein ungeschriebenes Gesetz, dass man an der Tür niemals alleine arbeiten sollte, denn man hatte keine Rückendeckung und bei einem Incident auch keinerlei

Schutz von hinten, das war eine sehr gefährliche Kiste. Viele Doormen hielten sich aber nicht daran und meinten, sie könnten alles selber stemmen, das war natürlich totaler Quatsch. Ich bezeichne mich schon als erfahrenen Mann, aber verzichte nie auf Unterstützung, denn die Arbeit bleibt sehr risikovoll. Ein kleiner Fehler kann fatale Folgen haben und im extremen Fall tödlich enden. Es gab fast jeden Abend Schwierigkeiten und das ging schon gewaltig an die Nerven. Nach der Arbeit wurde es immer spät und ich konnte tagsüber nie so richtig schlafen, das war schon ein Problem, denn Schlaf ist mit das Wichtigste, um sich wieder zu regenerieren. Ich schlief vielleicht drei oder vier Stunden und stand dann wieder auf und machte auf ruhig. Nach dem Mittagessen pennte ich auch noch etwas, oder besser gesagt: Ich versuchte es. Am Abend war ich natürlich nicht gerade ausgeruht, aber was sollte ich machen? Die Zähne zusammenbeißen und versuchen, aus der Lage das Beste zu machen. Es gab viele Situationen, in denen man direkt durchstarten musste, das war manchmal gar nicht so einfach; man war kalt und müde und musste losstarten wie bei einem Hundert-Meter-Lauf. In den meisten Fällen war eine Boxerei im Gange und man musste mit vollem Speed da hinein springen. Viele meiner Kollegen verletzten sich, indem sie sich Zerrungen oder Muskelrisse zuzogen – man ist kein bisschen aufgewärmt und wird sofort in einem Zweikampf hart gefordert.

In Holland hatte man wenigstens die Gewissheit, dass die Gäste keine Waffen oder andere gefährliche Utensilien mit in die Diskothek nehmen konnten: Am Eingang standen wie am Flughafen Metalldetektoren und jeder musste da durch. Sie mussten auch weiterhin alles aus ihren Taschen räumen und wurden scharf kontrolliert, das war eine sehr gute Maßnahme, denn so konnten die Stressmaker nur maximal ihre Fäuste, Füße oder ein Glas nehmen. In Deutschland sind die Detektoren nicht gerne gesehen und es gibt viel zu wenige von ihnen; ich habe mit etlichen Besitzern über die Geräte gesprochen, aber sie wollen sie nicht, denn sie sagen, ihre Gäste würden dadurch abgeschreckt. Das ist das dümmste Argument, das ich je gehört habe. So ein Gerät ist toll, rettet und schützt Leben. Es ist außerdem nicht gigantisch teuer und man hat die Möglichkeit, das Material von der Steuer abzusetzen. Ich ärgerte mich immer über solche Aussagen, denn sie waren nicht fundamentiert und meine Leute oder auch andere in dem Job könnten es viel viel sicherer haben, wenn man mal umdenken würde. Manchmal hatte ich so das Gefühl, man nahm die Arbeit der Doormen nicht so richtig ernst, man könnte sie vielleicht als notwendiges Übel umschreiben. Wie oft habe ich erlebt, dass man sehr abwertend über diesen Job gesprochen hat; das ist sehr traurig und schade, denn diese Menschen leisten eine gute Arbeit.

Für meinen Kollegen fuhr ich am Wochenende immer zu den unterschiedlichsten Läden und malochte mal hier, mal dort, in fast allen Lokalen brannte die Luft. Zu dieser Zeit lernte ich einen Holländer kennen, der auch für meinen Kollegen arbeitete, am Anfang hielt ich nicht so viel von ihm, aber später wurde er mein bester Freund. Wir arbeiteten in einem Laden im Münsterland, Martin und ich wurden dorthin geschickt, weil es sehr viele Schlägereien gab und die Behörde sich auch nicht großartig dafür interessierte. Der Betreiber hatte jedoch die Auflage vom Ordnungsamt bekommen, schnellstens dafür zu sorgen, dass der Stress ein Ende hatte, sonst wollte man ihm die Konzession entziehen. Nun stand ich mit Martin in dem Laden und wir machten uns bekannt, er hatte von mir schon viel gehört, aber ich kannte ihn gar nicht. Ich sagte ihm: „Wir müssen hier einen guten Job machen, sonst ist der Laden zu."

Er sagte: „Ja, da hast du Recht und wir werden schauen, dass alles passt."

Mit dem Betreiber unterhielten wir uns auch und fragten ihn, wo denn hier das Problem liegen würde und warum es so viele Boxereien gab. Er sagte, die Türsteher hätten nichts gemacht und Angst gehabt, sich durchzusetzen.

Ich muss sagen, so eine Aussage hatte ich schon oft gehört, wenn etwas verrutschte, waren immer die Türsteher Schuld, einer musste ja herhalten und so waren es eben die Jungens von der Security. Traurig, aber wahr. Nach der Aussage des Betreibers hatte es sich wohl herumgesprochen, dass die Türsteher nichts taugten und sämtliche Subkulturen seien deswegen in seinem Laden erschienen und hätten sich breit gemacht. Ich sagte zu Martin: „Jetzt liegt es an uns, die Sache wieder in den Griff zu bekommen."

Mir war klar, dass dies auf die Schnelle eine fast unlösbare Aufgabe war, denn wir hatten keine Chance, mit zwei Leuten den ganzen Laden mal eben so fix sauber zu machen. Wir hätten es schon schaffen können, aber dann hätte es Anzeigen für uns gehagelt und der Betreiber hätte seine Konzession verloren, also mussten wir anders vorgehen. Unsere Strategie war, alle Typen schon an der Tür zu verwarnen und ihnen eine klare Ansage zu machen – sollte der eine oder andere doch noch Probleme machen, dann wollten wir ihn entfernen. So standen wir kurz vor Öffnung des Ladens vorne im Eingangsbereich und tranken einen Kaffee und unterhielten uns noch über alle möglichen Dinge. Dann wurde es Zeit und wir öffneten die Tür. Es dauerte nicht allzu lange und die Leute kamen kleckerweise, bis um elf ging das so durch, dem einen oder anderen mussten wir eine klare Ansage machen. Die Stunden zogen dahin und kaum etwas passierte, wir wurden dann spät in der Nacht in den Laden gerufen, weil ein Typ eine Boxerei begonnen hatte. Ich schnappte mir das Arschgesicht gleich, es war ein großer, schwerer Kerl, der sehr aggressiv war, mit Reden ging da nichts, und er bekam von mir erstmal eine kräftige Schelle zum Wachwerden. Nach diesem Backentango griff ich ihn und drückte ihn nach vorne, er war stark und hielt dagegen, ich ließ ihn drücken und sprang dann schnell zur Seite. Der Typ fiel beinahe hin und ich griff ihn von hinten und hob ihn hoch und schleppte ihn zur Tür. Der Bursche wog bestimmt hundertvierzig Kilo und ich musste gut schnauben. Als wir vor der Tür waren, ließ ich ihn los und stieß ihn von mir weg, er drehte sich schnell um und hatte die Absicht, mich anzugreifen, ich knallte ihm eine Faust in die Leber und er ging in die Knie, weil er keine Luft mehr bekam. Nach kurzer Zeit kam er wieder hoch und ich sagte ihm: „Mach einfach den Sittich und lass dich hier nicht mehr blicken."

Er schimpfte noch etwas und ging dann davon. An diesem Abend war alles ganz ruhig, denn alle hatten mitbekommen, wie schnell und souverän ich die Sache geregelt hatte.

Später erzählten mir Gäste, dass der Typ, den ich rausgeworfen hatte, der schlimmste Schläger der Stadt war und alle Angst vor ihm hatten, denn viele hatte er schon ins

Krankenhaus geprügelt. Diese Aktion sprach sich schnell herum, denn in der nächsten Zeit passierte fast nichts mehr in dem Laden und Martin und ich hatten mal ein bisschen Ruhe. Ich freundete mich mit Martin langsam an und er gefiel mir von seiner Art, er war ein Kraftsportler, der vom Body gut aussah, er war einiges kleiner als ich und hatte eine Glatze. Für mich mussten nicht alle Kämpfer sein, aber wenigstens Herz sollten sie haben. Martin hatte Herz und stand immer hinter mir bei Palaver oder ich hinter ihm.

Nach ein paar Wochen wurden wir wieder abgezogen und jeder bekam eine neue Aufgabe in irgendeiner Diskothek, in der die Luft brannte. Ich hatte aber keinen Bock, immer nur meine Eier zu riskieren, denn die Leute waren aggressiv und kamen mit Messern und Pistolen und ich hatte immer nur meinen Schwanz in der Hand – es war mir vom Gesetz her nicht erlaubt eine Waffe zu tragen. Mit meinem Kollegen, dem die Firma gehörte, redete ich mal in Ruhe und sagte ihm, ich wollte eine feste Tür haben und nicht immer durch die Lande fahren müssen. Er sagte:

„Okay, Ralf, ist kein Problem, ich habe dich nur immer überall hingeschickt, denn du bist der Einzige, der diese Probleme geregelt bekommt."

„Danke für die Blumen, mein Freund", erwiderte ich, „hier und da kann ich noch mal fahren, wenn es nötig ist und die anderen Burschen es nicht geregelt bekommen, aber nicht mehr regelmäßig."

Er sagte: „Gut, ich verstehe, aber wen soll ich jetzt schicken, wenn der Busch brennt?"

„Das ist nicht mein Problem", erwiderte ich, „darüber musst du dir jetzt mal Gedanken machen."

Am nächsten Samstag machte ich einen Laden, der auch einen sehr schlechten Ruf hatte, aber hier sollte ich für fest arbeiten. Das Publikum, das dort verkehrte, war Hardcore und es knallte am ersten Abend gleich ein paar Mal und ich musste richtig ran, denn die Stressmaker waren übelst drauf. Der Vorteil bei so einer Geschichte ist, dass alle anderen mitbekommen, wie fit man ist und gleich wissen: Mit dem Mann macht man keinen Spaß. Dieser Respekt an der Tür ist wichtig zum Überleben. Es dauerte ein paar Wochen und ich hatte mir einen guten Namen gemacht, in dieser Zeit hatte ich heftige Auseinandersetzungen und ich muss sagen, die Jungs hatten schon gut was zu bieten, die Boxereien waren nicht ohne und ich musste mich ordentlich ins Zeug legen. Was ich den Burschen wohl hoch anrechnen muss, ist die Tatsache, dass keiner von denen zur Polizei lief oder sonst versuchte, mir ne Lampe zu bauen. Solch ein Verhalten findet man nicht oft und sie hatten meine Hochachtung dafür.

In dem Laden gab es viele verrückte Leute, die in anderen Kneipen oder Diskotheken Hausverbot hatten, aber hier willkommen waren, von diesem Publikum lebte mein Kollege. Des Weiteren war der Ausländeranteil auch extrem hoch, was schnell auch ein Garant für Ärger werden kann. Beim Einlass machte ich den bekannten Figuren schon eine Ansage, damit sie den Ball flach hielten. Der Schuppen hatte ein weiteres gravierendes Problem. Die Beleuchtung während des Betriebes war der Horror, es war absolut dunkel und man konnte nur sehr wenig sehen. Wenn es Ärger gab, sprang ich einfach in den Haufen von Leuten rein und schnappte mir den Nächstbesten und drückte ihn zur Seite. Es gab fast nie die Situation, dass nur zwei Leute alleine Stress miteinander hatten, meistens waren es immer mehrere Typen, die sich boxen wollten. Auch war über dem Laden noch eine Kneipe, nach der ich zu schauen hatte, dort gab es ebenfalls oft Probleme, denn es hielten sich immer viele Gäste dort auf. Wenn ich morgens gegen neun oder zehn fertig mit meiner Arbeit war, dann hatte ich die Schnauze gestrichen voll und war froh, wenn ich mich in mein Auto setzen und nach Hause fahren konnte. Die Fahrt dauerte eine gute Stunde und ich musste hart kämpfen, dass mir nicht die Augen zufielen. Ja, das verlangte mir schon viel ab, aber was sollte ich machen, das war mein Job, mit dem ich meine Brötchen verdiente.

Das Geld, die Marie, die ich dort verdiente, war schon in Ordnung und ich bekam auch manchmal etwas Trinkgeld, immer nach Laune der Gäste. Es gab allerdings Situationen, in denen Gäste die Behörde riefen und eine Anzeige machen wollten. Das kam zum Glück selten vor und wenn es passierte, bekam ich die ganze Sache relativ schnell in den Griff. Es ist dann immer sehr wichtig, dass man viele neutrale Zeugen hat, die beim Eintreffen der Behörde sofort hinter einem stehen und wenn nötig eine gute Aussage machen. In diesem Laden arbeitete ich sehr lange und mein Freund verdiente eine Riesen-Marie mit der Diskothek. Mich freute das, denn ich dachte mir, vielleicht legt er seine Kohle gut an und schafft sich dadurch eine vernünftige, solide Grundlage für später. Doch leider war das Gegenteil der Fall und er verlebte und verprasste die Kohle. Ich sprach einige Male mit ihm darüber, aber er gab es nicht zu und dann kam für mich der Moment, wo es mich auch nicht mehr interessierte.

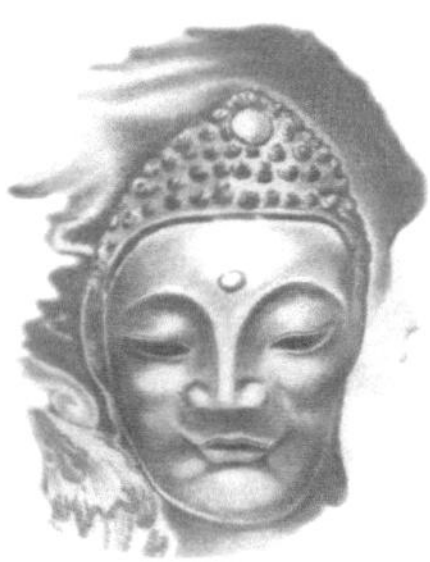

5.3. Bodyguard

Ein anderer Bekannter von mir, den ich nicht so gut kannte, sprach mich mal im Boxstudio an, ob ich Zeit für ihn hätte und ob wir uns mal unterhalten könnten. Ich sagte zu und dachte mir schon: Warum kommt er jetzt? Vor Jahren hatte ich ihn schon mal angesprochen, ob ich ihm helfen könnte in seiner Sicherheitsfirma, doch seit damals hatte ich nichts mehr von ihm gehört. Ich hatte auch in den vielen Jahren gelernt, immer zwischen den Zeilen zu lesen, denn die wenigsten Menschen waren gerade und besaßen Rückgrat. Also vereinbarte ich mit meinem Bekannten R. einen Termin und war schon auf das gespannt, was er mir zu erzählen hatte. Für mich war ganz klar, dass er etwas von mir wollte. Zum besagten Treffen fuhr ich zu ihm in seine Firma und er wartete da bereits auf mich. Wie schon erwähnt, war der Kontakt von beiden Seiten noch etwas reserviert, denn wir kannten uns nur flüchtig. Wir tranken Kaffee und redeten über viele Dinge, übers Boxen und über den Job, und er beklagte sich über die meisten Türsteher, dass sie Wichser seien und nur Kohle schnappen wollten und nichts dafür taten. Dann kamen wir zum Thema und er fragte mich, ob ich für ihn arbeiten wollte. Ich fragte ihn natürlich nach der Art des Jobs und er meinte, ich sollte als Bodyguard auf ihn aufpassen und mit ihm überall herumfahren und die Türen kontrollieren. Das hörte sich nicht schlecht an und die Kohle, die er mir bot, war auch gut. „Wir probieren es mal", sagte ich zu ihm, denn ich wollte mir erstmal alles anschauen und dann entscheiden, ob mir die Tätigkeit gefiel.

Wir verabredeten den nächsten Freitag, da wollten wir zusammen die erste Fahrt unternehmen. Ich dachte mir schon: Warum kommt er jetzt und bietet mir so viel Kohle?, denn er war ja als Egoist bekannt. Die ganze Sache war schon sehr merkwürdig und ich würde auf meinen Arsch gut aufpassen müssen, das war mir schon klar, doch eigentlich machte mich die neue Aufgabe nicht nervös, denn ich war es ja gewohnt, in extremen Situationen zu funktionieren. Am Freitag fuhr ich wie abgesprochen zu ihm in seine Firma und ließ mein Auto dort stehen. Wir sprangen in seine neue S-Klasse und ich fuhr den Wagen. Ich sagte ihm bei der Abfahrt, dass ich es nicht tolerieren würde, wenn irgendwelche Waffen an Bord seien, denn die lehnte ich kategorisch ab. Er sagte, dass er sauber sei, und so fuhren wir los. In dieser Nacht fuhren wir mehrere Groß-Diskotheken im Ruhrgebiet ab und kontrollierten die Türsteher und sprachen mit den Betriebsleitern, ob sie mit dem Personal zufrieden waren. Es wurde reichlich gequatscht und alles passte soweit, ich redete mit R. viel im Auto und erhielt darüber auch einen gesamten Überblick über die Firma und die damit verbundenen Probleme. Die Schwierigkeiten, in denen er steckte, waren nicht von schlechten Eltern und ich dachte mir, es war da schon höchste Eisenbahn, damit was verändert wurde und das etwas passierte. Es gab da einige Leute, von denen er sich große Summen Geld geliehen hatte und das aber nicht gerne zurückzahlen wollte. Ich selber hatte damit kein moralisches Problem, denn ich war ein Söldner und meine Schmerzgrenze somit hoch angesiedelt. Er bezahlte mich und so versuchte ich, im Rahmen meiner Möglichkeiten, ihm zu helfen. Es fanden mehrere Treffen mit den Personen statt und es wurde vereinbart, dass er mehr Zeit bekam, um das Geld zurückzuzahlen. Die Jungs wunderten sich natürlich, dass ich plötzlich dabei war und ich erklärte ihnen meine Funktion und dass ich auf den Arsch von R. aufpassen würde und dass, wenn ihm was zustoßen sollte, sie mit mir große Probleme bekommen würden. Ich erklärte ihnen aber auch, dass der Job mein Brot sei und sie sagten mir, dass sie aus Respekt zu mir die Sache nicht weiter verfolgen würden. Sie baten nur darum, dass, wenn ich mit der Arbeit stoppen würde, ich sie gleich informieren sollte, dieses sagte ich ihnen zu und damit war die Sache erstmal vom Tisch. Mein Kollege hatte dadurch natürlich Ruhe, bedankte sich bei mir und sagte: „Es wäre viel besser gewesen, dich schon viel früher ins Boot zu holen." Mein Einfluss war schon mächtig und das merkte er jetzt auch und freute sich natürlich darüber. Ich sagte ihm aber ganz klar: „Komm jetzt nicht auf die Idee, weitere Baustellen zu schaffen." Denn ich hatte keinen Nerv, immer wieder solche Probleme zu bereinigen.

Man muss dazu erwähnen, dass die Leute, um die es da ging, schon Personen waren, die zur ersten Garnitur gehörten und vor nichts Halt machten. Es hatte jetzt wohl geklappt, da die Jungs mich kannten und keinen Stress für so ein bisschen Marie mit mir haben wollten, aber es war keine Garantie, dass andere genauso dachten und handelten, es war auch möglich, dass eine andere Delegation voll auf Krawall gebürstet war und das ganze Programm fahren würde. Bei solchen Auseinandersetzungen musste man immer davon ausgehen, dass es sehr gefährlich werden konnte und eben von der Waffe Gebrauch gemacht wurde. Solche Konflikte wollte ich verhindern, denn es gab keine Gewinner, entweder Friedhof oder Knast bis zum Abwinken. Diese Gedanken teilte ich meinem Kollegen mit, damit er ganz klar verstand, was ging und was nicht, ich wollte, dass er sich absolut darüber im Klaren war, dass solche Geschichten nicht funktionierten. Nach dieser Story war ich gleich der wichtigste Mann in der Firma und wurde mit allen möglichen Aufgaben betraut, die sonst keiner so richtig stemmen konnte. Es sprach sich herum, dass ich jetzt für die Firma arbeitete und es kamen viele neue Läden dazu, denn man wusste, ich machte ein gutes Ding und stand meinen Mann in jeder Situation. Das brachte R. einen guten Namen und natürlich sehr viel mehr Geld in seine Kasse. Meine Bezahlung war gut und ich sah im Moment keinen Grund, mit ihm zu sprechen, damit ich mehr bekam.

Wir waren sehr viel unterwegs und unsere Einsatzgebiete verliefen durch ganz Deutschland bis nach Österreich hinein und in die Schweiz. Die Fahrten waren schon sehr anstrengend, denn ich fuhr in der Regel alleine, während mein Kollege hinten oder neben mir vorne saß. Wir unterhielten uns die meiste Zeit, sodass ich bei den Mammutfahrten immer etwas Ablenkung hatte. Es gab natürlich gerade im süddeutschen Raum viele Probleme mit schlimmen Auseinandersetzungen, die ich zu regeln hatte, mir war oftmals schon klar, dass diese Nummern sehr gefährlich waren, aber was sollte ich machen, für diese Geschichten war ich zuständig. Es gab dort unten andere Firmen, die versuchten, uns aus dem Rennen zu drücken, die Mittel waren diesen

Leuten egal, das ging von Drohungen bis zu einem Stürmen der Tür. Unsere Türsteher waren sicherlich gute Jungens, aber mit so einer Situation natürlich überfordert. Sie versuchten selbstredend im Kampf ihr Bestes zu geben, aber gegen viele gute Angreifer hatten sie keine Chance. Ich war alleine nur froh, dass es nicht zu Schießereien kam, denn dann wäre die Geschichte sicherlich aus dem Ruder gelaufen. So hatte ich die Möglichkeit, herauszufinden, welche Abteilung hinter diesen Aktionen stand und mit ihnen in Kontakt zu treten. Ich fuhr dann zu den entsprechenden Leuten, die solche Angriffe befohlen hatten, und sprach mit ihnen, in den meisten Fällen funktionierte die Kommunikation und man fand Wege und Möglichkeiten, dass es nicht mehr zu solchen Aktionen kam. Bei derartigen Gesprächen ist es wichtig, ein guter Diplomat und Politiker zu sein, sicherlich sollte man einen guten Namen mitbringen, aber man musste vielmehr die nötige Sensibilität haben, um sich auf die Menschen einzulassen. Mit roher Gewalt wäre man da nicht weitergekommen, denn dann wären auf beiden Seiten Männer gefallen für nichts. Ich fühlte mich oftmals nicht sicher in meiner Haut, denn solche Besuche waren schon sehr riskant. Die Leute waren dafür bekannt, dass sie bis zum Äußersten gingen und hatten das auch oft genug schon unter Beweis gestellt. Mein Vorteil aber war, dass sie auch von mir wussten, dass ich bis zum Letzten ging und noch einen Schritt weiter, das war wie im Kalten Krieg zwischen Russland und den USA. Ich war mir natürlich nicht sicher, ob der R. das begreifen wollte, zu mir sagte er: „Kein Problem, Bruder, so was passiert nie mehr."

Aber ich glaube, das war nur eine Aussage, um mich zu beruhigen.

Ich war mittlerweile auch oft in der Woche im Stuttgarter Raum, einige Diskotheken hatten ebenfalls während der Woche auf und ich arbeitete die Türsteher ein oder versuchte, Probleme zu entschärfen, die es wie Sand am Meer gab. Es fanden sehr viele Schlägereien statt und man drohte gleich mit Schießen oder dass man mit etlichen Leuten wiederkommen würde, um den Laden und die Security platt zu machen. Solche Äußerungen waren immer ernst zu nehmen, denn es war schon häufig zu Überfällen auf andere Discos gekommen. Ich packte dann immer zwei Autos von guten Männern voll, fuhr dort vor und wir positionierten uns an den neuralgischen Stellen und warteten auf die Troublemaker. Meine Truppe nannte ich die „Sondereingreiftruppe", in dieser Abteilung waren viele gute Jungens, die bei mir trainierten, bei ihnen wusste ich, sie gehen für niemanden zur Seite und mein Rücken war in einem Gefecht gedeckt. Wir waren schon eine gute Truppe und alleine diese Manpower führte dazu, dass die meisten keinen Hunger mehr auf Stress hatten. Wenn es dann mal zu einer Auseinandersetzung kam, knallte ich gleich den mit dem größten Maul weg und meine Mannschaft gab den anderen was auf die Birne, so war das Palaver schnell beendet und es kehrte Ruhe ein. Es sprach sich rasch herum, dass man von unseren Türen weg zu bleiben hatte, hier lief keine Übernahme oder Schutzgeld, es war wichtig, dass man ein Exempel statuierte, damit nicht noch andere Zecken kamen und versuchten, auf diesen Zug aufzuspringen. Ich erzählte meinem Kollegen auch immer, er sollte die Türsteher gut behandeln und bezahlen, denn sie riskierten ihr Leben für ihn und die Firma. Der Job des Doorman ist sowieso total unterbezahlt.

Mir fällt bis auf Holland kein Land ein, in dem ich sagen könnte, der Kurs an der Türe passt. Es ist generell viel zu wenig, es gab und gibt zu viele Firmen, die sich alle ficken und unterbieten, das ist absolut eine Schande, denn es kann nicht sein, dass Männer für ein paar Euro in der Stunde ihre Gesundheit und sogar ihr Leben riskieren.

Mein Kollege war da keine Ausnahme und er trieb es sehr bunt, was die Bezahlung betraf. Er hätte das aber gar nicht zu machen brauchen, denn er bekam sehr gutes Geld pro Mann und pro Stunde, da spielte wahrscheinlich die maßlose Gier eine sehr große Rolle. Er lebte immer auf großem Fuße, fuhr die dicksten Autos und hatte stets eine tolle Bude. Diese extreme kapitalistische Einstellung machte ihn auch zu einem absoluten Egoisten und das Geld wurde zum wichtigsten Bestandteil seines Lebens. Für ihn waren seine Mitarbeiter nur ein Mittel zum Zweck, um noch mehr Geld zu verdienen. Sie vernünftig zu behandeln, kam ihm nicht in den Sinn. Wie oft habe ich mit ihm geschimpft deswegen, aber es blieb nichts hängen, am nächsten Tag war er wieder genauso unterwegs. Ich hatte auch mitbekommen, dass er fast alle Löhne immer in bar auszahlte und wunderte mich, warum er das so machte, denn viel bequemer und besser war die ganz normale Überweisung. Am Ende des Monats musste ich zu ihm kommen und er sagte: „Ich mach dann mal die Abrechnung mit dem Buchhalter bei mir im Keller.“ Ich fragte ihn: „Warum denn ausgerechnet bei dir im Keller?“ Denn das war in meinen Augen schon sehr merkwürdig. Er sagte, es wäre viel Bargeld da und er würde niemandem trauen.

So geschah es dann auch, der Buchhalter ging mit ihm zur Bank und dann wurden im Keller die Umschläge gepackt. Ich saß oben im Wohnzimmer und passte auf, dass niemand ins Haus kam, selbst seine Freundin durfte in dieser Zeit nicht in den Keller. Es dauerte fast den ganzen Tag, dann waren sie fertig und wir fuhren gleich los, die Löhne verteilen. Der Buchhalter fuhr einen großen Bezirk ab und R. und ich besorgten den Rest, wir hatten sicherlich so um die zehn bis fünfzehn Läden zu machen. Da ich dabei war, als die Gelder an die Türsteher übergeben wurden, bemerkte ich, dass viele sauer reagierten und sagten, die Abrechnung würde nicht passen und es sei zu wenig Geld im Umschlag. Ich konnte mir das nicht erklären und nahm das so zur Kenntnis, R. sagte ganz locker: „He, da müsst ihr euch beim Buchhalter beschweren, denn er macht die Abrechnung.“

Jetzt ging mir ein Licht auf und ich fragte ihn später, was das sollte und er meinte, die Jungs verdienten genug und sollten sich nicht so anstellen, die hätten sich nicht ordnungsgemäß an den Arbeitsvertrag gehalten und deswegen gäbe es Abzüge. Er erklärte mir, dass er das immer so machen würde und die paar Euros würden den Männern nicht wehtun, aber es würde seine Tasche gut füllen. Ich sagte ihm ganz klar, dass dies eine ganz linke Nummer wäre und wenn er das mir bei getan hätte, dann gäbe es was auf die Nase. Er sagte: „Du wirst immer deine Kohle bekommen und so was würde ich bei dir niemals machen. Aber was jucken mich die anderen.“

Was für eine linke Nummer und das noch mit System, denn ich fragte den Buchhalter und der sagte, das würde er schon immer so erledigen.

In mir gärte es, ich war stinksauer und sagte ihm meine Meinung: „Du darfst deine

Männer nicht so behandeln und bescheißen, sie riskieren ihr Leben für dich und deine Firma."

Er versprach mir, das nicht mehr zu machen und ich glaube, danach passte es über eine lange Strecke. Mein Kollege hatte auch noch Tote in der Abrechnung, diese Leute waren nur auf dem Papier da, aber arbeiteten nicht bei ihm, die hatten was für ihre Rente und er fuhr den Lohn von denen ein. Diese Personen hatte er natürlich vom Lohn hoch angesetzt, damit er sich genug davon auf Tasche tat. Ja, so war er halt, er sorgte auf jeden Fall vor für die schlechten Zeiten, die mal kommen konnten, sein Netzwerk war gut organisiert und sein Einkommen sehr hoch. Sein Egoismus war sprichwörtlich und ging mir oft auf den Sack, wenn wir unterwegs waren und was essen gingen, kam es selten vor, dass er mein Food mit bezahlte. Erst nachdem ich ihm auf die Füße getreten habe, sagte er: „Kein Problem, ich bezahle das eben."

In dieser Zeit machte ich auch noch einige Umzüge für ihn, er hatte zwei oder drei Frauen, die im Club arbeiteten und gutes Geld verdienten und die zogen genauso wie er gerne um. Seine Infrastruktur war perfekt und straff und er hatte den ganzen Tag nichts anderes zu tun, als zu schauen, dass seine Einnahmequellen nicht versiegten. Es kam auch mal vor, dass er mich am Wochenende nicht brauchte und dann machte ich mal frei oder ging in Holland bei meinem Kollegen Martin arbeiten. Der freute sich immer sehr, wenn er mich sah und wir hatten immer viel zu erzählen. Bei gewissen Fahrten nahm ich Martin gelegentlich mit und wir fuhren quer durch die Republik und kontrollierten die Türsteher und bereinigten Probleme, wenn welche da waren. Mein Training absolvierte ich in der Woche und bekam ein gutes Angebot, in Österreich zu kämpfen und für diese Gala auch das Match-Making zu machen. Ich hatte viele und gute Fighter, die sich natürlich freuten, dort zu kämpfen. Ich bereitete mich hart und intensiv vor und schonte auch meine Jungens nicht, denn jeder wusste, bei mir wird trainiert bis zum Umfallen. Es waren noch einige Wochen Zeit und die nutzte ich. Mein Trainingszustand war eigentlich immer sehr gut, aber um gegen Top-Leute zu kämpfen, bedarf es noch einiges mehr, man musste bereit sein, durch die Hölle zu gehen und alles zu geben – ich war immer dazu bereit, und ich glaube, darin lag auch mein Erfolg.

Die Veranstaltung kam immer näher und am besagten Tag fuhren wir mit fünf Autos los, ich war guter Dinge und dachte mir: Das wird eine super Geschichte. Es war eine sehr lange Fahrt und wir kamen irgendwann so gegen fünf Uhr morgens an, die meisten Kameraden schliefen im Auto, denn was sollten sie auch anderes machen bei der langen Fahrt. Ich kam das erste Mal so weit runter nach Österreich, Graz lag auf der anderen Seite der Alpen, fast schon an der Grenze zum früheren Jugoslawien. Es war noch dunkel, als wir dort eintrafen, und was ich sofort bemerkte, waren die vielen roten Lichter, die zu Clubs oder Bars gehörten. Ich dachte, das kann doch fast gar nicht sein, denn so viele Freier konnte es gar nicht geben. Wir fuhren auf eine Tankstelle und ich rief die Jungens an, die uns gebucht hatten und sagte ihnen, wir seien da und wie es jetzt weitergehen sollte. Sie wollten sofort jemanden schicken, der uns dann abholen sollte, damit wir gleich ins Hotel kamen, denn wir waren alle kaputt wie

Sau. Ich weckte alle auf und wir standen neben den Autos und warteten auf unseren Kontaktmann. Die Luft war sehr warm, selbst noch um diese Uhrzeit. Das Klima war sehr mild und angenehm, der Tag würde sicherlich sehr heiß werden, ich hatte mir die Wetterberichte angeschaut. Es dauerte vielleicht eine gute Viertelstunde und ein Auto kam sehr schnell angebraust und stoppte neben uns. Der Fahrer stieg gleich aus und stellte sich vor und sagte, wir könnten ihm hinterherfahren, er würde uns zum Hotel bringen. Wir sprangen alle in unsere Autos und los ging die Reise.

Der Weg war nicht besonders weit und wir standen dann vor dem Hotel und checkten gleich zügig ein, um dann sofort schlafen zu gehen. Ich erhielt meinen Zimmerschlüssel und verabschiedete mich schnell von meinen Freunden und ging auf mein Zimmer. Dort angekommen duschte ich rasch und warf mich dann ins Bett, denn ich war echt im Arsch. Es dauerte auch nicht lange und ich schlief ein und pennte bis gegen Mittag. Dann wurde ich wach und stand auf, von meinen Kollegen war noch niemand zu sehen und ich dachte mir: Komm, geh mal in die Stadt und schaue sie dir an! Als ich durch die Tür vom Hotel nach draußen trat, schlug mir eine Hitze entgegen, die ich so nicht erwartet hatte. Der Schweiß stand mir gleich auf der Stirn und ich schlenderte gemütlich die Straße entlang Richtung Fluss. Die Stadt erschien mir sehr schön und ich ging über eine Brücke in die Altstadt, dort gab es eine Menge alter Gebäude, die mir sehr gut gefielen. In einem Café setzte ich mich hin und bestellte mir ein Frühstück, sicherlich etwas zu spät, aber ich hatte darauf jetzt einfach richtig Bock. Die Sonne brannte heiß und ich dachte mir, beim Fight ist diese Hitze natürlich nicht so gut, aber das würden wir schon alles überstehen. Ich verspeiste mein Essen und schlenderte dann gemütlich zum Hotel zurück. Als ich dort ankam, waren die meisten schon aufgestanden und saßen vorne im Hotel. Ich sprach mit ihnen und rief dann den Veranstalter an und sagte ihm, er könnte vorbeikommen, denn ich wollte in Ruhe mit ihm über die Veranstaltung reden. Er sagte mir, in der nächsten Stunde würde er da sein und dann könnten wir in Ruhe reden. Ich setzte mich unten ins Foyer und bestellte mir etwas zu trinken, die Klimaanlage lief auf vollen Touren und schaffte eine angenehme Temperatur. Es gesellten sich einige von meinen Jungs zu mir an den Tisch und wir redeten über die Veranstaltung, die ja am Abend stattfinden sollte – ich hatte ein gutes Gefühl, was die Wettkämpfe betraf.

Wir saßen schon eine ganze Zeit und dann erschien der Veranstalter, ich kannte ihn nicht persönlich, sondern nur vom Telefon. Jetzt in natura machte er einen guten Eindruck auf mich und wir besprachen alles in Ruhe. Die Location lag oben auf einem Berg und ich freute mich schon darauf, sie zu sehen. Gerd – so hieß der Organisator – erzählte mir, dass die Kasematten noch aus der Römerzeit stammten und dass dort die Kampfgala stattfinden sollte. Eine schöne Sache, denn ich sah uns Fighter immer als „Gladiatoren der Neuzeit“. Wir stellten das Match-Making zusammen und besprachen dann die Reihenfolge der Kämpfe, das alles beanspruchte seine Zeit, und als wir fertig waren, ging ich noch auf mein Zimmer und legte mich ein paar Stunden aufs Ohr. Der Fahrdienst holte uns um halb acht ab und brachte uns zum Schlossdienst. Es war noch sehr heiß und die Fahrt führte einen Holperweg hinauf. Oben angekommen hatte man einen herrlichen Blick über die ganze Stadt, es war ein wunderschöner Ort und ich spürte die Begeisterung in mir, an so einem Platz kämpfen zu dürfen. Wir gingen alle zusammen zu dem Ring und schauten uns alles genau an. Es war eine Open-Air-Veranstaltung, bei der der ganze Innenraum überdacht war, denn, wie ich hörte, gab es sehr viele und schnelle Unwetter hier. Die ersten Zuschauer waren schon eingetroffen und staunten auch über die wunderschöne Location. Unsere Umkleidekabinen waren im unteren Bereich und wir suchten unsere Kabinen auf, um uns warm zu machen und umzuziehen. Ich war als Vorletzter dran und hatte noch genügend Zeit, viele von meinen Boys zu coachen. Meine Kämpfer waren alle gut drauf und ich hatte sehr viel Zeit, Blut und Schweiß in ihr Training gesteckt. Die Veranstaltung begann, denn ich hörte die Ansage vom Moderator, dann ging alles schnell und der erste Kämpfer musste in den Ring. Meine Boys machten ein gutes Ding und die meisten gewannen, ich freute mich sehr, denn ich wusste, ich hatte alles richtig getan.

Dann wurde ich aufgerufen und ging in den Ring, die Kulisse war fantastisch und überall saßen die Leute bis ganz dicht an den Ring heran. Mein Gegner war ein Kämpfer aus Holland, der schon viele gute Fights gemacht hatte. Er war nicht der Super-Stand-Kämpfer, aber dafür eine absolute Granate am Boden. Der Fight begann und ich attackierte ihn mit harten Tritten und Schlägen. Er steckte das gut weg und ging über in den Nahkampf. Ich merkte schon, dass er sein Handwerk verstand und versuchte, seinem Angriff gut zu entgehen und ihn selbst zu greifen. Diesen Gedanken hatte ich noch nicht zu Ende gedacht, da setzte er einen tollen Subplex an und warf mich damit zu Boden. Das war gut gemacht, musste ich mir eingestehen, aber ich war auch ein sehr starker und guter Bodenkämpfer. Auf dem Boden ging es eine ganze Zeit hin und her, und ich war mir nicht sicher, ob ich ihn besiegen konnte, denn er war ein starker Kämpfer. Nach guten fünf Minuten hatte ich ihn endlich zur Aufgabe gezwungen. Nach dem Kampf sprach ich ihm meinen größten Respekt aus, denn ich hatte selten gegen so einen erfahrenen und starken Mann gekämpft. Ich freute mich über den Sieg und wir feierten bis lange in die Nacht, dann ging ich in mein Hotel und duschte, um danach gleich im Bett zu verschwinden. Die restliche Zeit der Nacht schlief ich prima und stand zum Frühstück auf, um mir richtig den Bauch voll zu schlagen. Das Essen war bestens und ich fühlte mich danach stark wie ein Bär.

An der Rezeption hatte ich ein Mädchen kennengelernt und wir hatten die Telefonnummern ausgetauscht. Ich fand sie sehr nett und dachte mir: Mal schauen, was das so noch wird! Gegen Mittag versammelten wir uns alle und dann ging die Fahrt zurück nach Deutschland. Ich überlegte, wie viele Stunden wir wohl brauchen würden und vermutete, mindestens zehn würden es wohl werden. Es klappte alles hervorragend mit der Fahrt und wir kamen super gut durch, gegen Mitternacht war ich daheim und freute mich auf mein Bett. Es gibt doch nichts Schöneres, als in seinem eigenen Bett zu liegen. Ich ruhte mich die nächsten Tage aus und trainierte nicht ganz so viel wie sonst, denn die nötige Zeit der Erholung ist auch sehr wichtig.

Einige Wochen später fuhr ich wieder nach Österreich, um das Mädchen zu besuchen, wir hatten die ganze Zeit über telefoniert und unseren Kontakt ausgebaut. Ich freute mich auf den Besuch, da ich mit ihr zusammen und meinem Kollegen gleich weiterfahren wollte ans Mittelmeer, das war von dort aus nicht mehr sehr weit. Die Fahrt ging flott, denn mein Kollege fuhr immer sehr zügig und die Straßen waren frei. Dort angekommen pennten wir die erste Nacht in ihrer kleinen Wohnung und fuhren am nächsten Morgen zeitig los, um nicht so spät in Slowenien anzukommen. Das Wetter war prächtig und wir sprangen gleich in die Fluten, als wir dort eintrafen. Es war ein toller Abend und das Meer war wie ein Spiegel, keine Welle huschte über das Wasser. Nach dem Bad hielten wir schnell Ausschau nach einem Hotel. In der Nähe waren sehr viele Herbergen, wir suchten uns eine gute aus und checkten dort ein. Ich nahm mit V. ein Doppelzimmer und mein Kollege schlief in einem Zimmer für sich alleine. Wir trugen unser bisschen Gepäck allein und gingen auf unsere Zimmer. Ich zog mich gleich nackt aus und stieg unter die Dusche, V. legte sich ins Bett und schaute etwas fern. Nach der Dusche sprang ich nackt ins Bett, wir beide fickten eine gute Runde und redeten danach noch sehr viel über alle möglichen Dinge. Die Frau gefiel mir unglaublich gut und ich freute mich, dass es bei ihr genauso war. Es war erst gegen Morgen, als wir beide einschliefen. Am nächsten Morgen, nach nur ein paar Stunden Schlaf, standen wir auf und frühstückten zusammen, mein Kollege Markus hatte auch gut geschlafen. Wir gingen danach noch schwimmen und fuhren bald in Richtung Österreich zurück. Mein Kollege musste bald wieder arbeiten und es war schon ein gewaltiges Stück zurückzufahren. Ich wollte aber nicht nur die Autobahn entlangfahren und so ging die Reise durch die wunderschöne Natur von Slowenien, die Wälder und die Berge waren einfach nur toll. Nach ein paar Stunden Fahrt erreichten wir wieder Graz und ich brachte V. wieder zurück nach Hause. Wir schliefen noch eine Nacht dort und fuhren dann am nächsten Morgen zurück in Richtung Heimat.

Die Fahrt verlief prima und wir waren nach guten neun Stunden zu Hause, ich verabschiedete mich von Markus und er ließ mich vor meiner Wohnung raus. Ich schloss gerade die Haustüre auf, da wurde ich schon von meinen Hunden ganz wild begrüßt, ein Kollege hatte sich um sie gekümmert. Es war eine Riesenfreude, denn ich liebte meine Hunde auch über alles. Sie bekamen alle ein Leckerli und knabberten glückselig daran, es war eine Freude, ihnen dabei zuzuschauen. Ich schaute meine Post durch und haute mich danach unter die Dusche, denn ich war sehr verschwitzt nach der langen Fahrt. Das Wasser schoss über meinen Körper und ich hatte seit langer Zeit mal wieder das Gefühl der inneren Ruhe in mir. Nach dem Duschen ging ich noch mit meinen Kleinen ein Ründchen spazieren, denn das Wetter war so prächtig. Ich setzte mich auf eine Bank und schaute mir die herrliche Natur an. Als ich so dort saß und meine Hunde über die Wiese rannten, kam mir plötzlich in den Sinn, dass ich mit meinem Vater auch immer sehr lange Waldspaziergänge gemacht hatte. Im Vorfeld kam bei mir damals nie so richtige Freude auf, aber im Wald war meine schlechte Laune wie weggefegt gewesen und ich fühlte mich pudelwohl. Diese Zeit war lange her, aber was sagt man: Die Erinnerung stirbt zum Schluss. Ich saß noch eine ganze Weile dort und träumte vor mich hin. Meine Hunde waren mittlerweile auch müde geworden und ich leinte sie an, denn ich musste wieder über eine Straße zurück zu meiner Wohnung. Wir gingen langsam zurück und ich fühlte mich einfach gut. Solche Momente der innerlichen Freude gab es nicht oft in meinem Leben, das Leben forderte jeden Tag seinen Tribut und mir war das Lachen schon lange vergangen.

Am nächsten Tag besuchte ich meinen Opa und freute mich schon darauf, ihn zu sehen, vor diesem Menschen hatte ich die größte Achtung und Wertschätzung. Für mich ist es mit Worten schwer zu beschreiben, was mein Opa für mich bedeutete. In meinem ganzen Leben habe ich nie mehr wieder solch einen Mann oder Menschen kennengelernt. Meine Oma war erst vor ein paar Monaten gestorben und seitdem lebte er ganz allein mit zwei Hunden in seinem Haus. Meine Großeltern hatten mich aufgezogen, meine Mutter hatte sich ja nie um mich gekümmert. Zu meiner Oma hatte ich nie so eine intensive Beziehung, denn sie schimpfte immer sehr viel mit mir, ich glaube aber, sie meinte es nicht böse, sondern gut mit mir. So saß ich bei Opa in der Küche und redete mit ihm über alles Mögliche, er erzählte mir viel von früher und über seine Kindheit in Ostpreußen, das war für mich immer total interessant, denn ich stellte mir das alles stets bildlich vor. Als Oma noch lebte, war ich mal in Kaliningrad, dem früheren Königsberg, gewesen und hatte mir das alte Ostpreußen angeschaut, eine tolle Landschaft, die leider nicht mehr zu Deutschland gehörte. Nun, bei meinem Besuch sprangen die beiden Hunde auch im Haus und Garten herum, sie waren für meinen Opa wie seine Kinder und führten ein Leben wie Gott in Frankreich. Es war einfach herrlich zu sehen, wie wohl sie sich fühlten.

Ich blieb einige Stunden und nahm dann wieder den Weg nach Hause, dort ging ich mit meinen Hunden Gassi, packte schließlich meine Trainingssachen und fuhr zum Boxen. Das Training war hart und wir machten viele Sparringsrunden, mir dröhnte danach der Schädel, denn ich hatte um die zwanzig Runden geboxt und mir dabei immer wieder frische Leute genommen, um so guten Gegendruck zu haben. Nach dem Training duschte ich in Ruhe und ging noch einen Happen essen. Mit meiner neuen Freundin V. schrieb ich von Deutschland nach Österreich den ganzen Tag über SMS und am Abend telefonierten wir. Es lief ganz gut, aber manchmal stritten wir uns heftig über ganz banale Dinge, die nichts bedeuteten. Über das Telefon wurde eben aus einer Mücke ein Elefant. Es kam oft vor, dass ich nach solch einem Gespräch schlecht drauf war und auch nur langsam in den Schlaf fand. Das waren eben die Nachteile einer Fernbeziehung. Ich konnte das dann nicht mit meiner Freundin klären, denn das war auf die Entfernung nicht möglich. So musste ich oft auf die Zähne beißen und meinen Ärger herunterschlucken. Daher war mir klar, dass ich regelmäßig zu ihr musste, damit das alles nicht aus dem Ruder lief. Und ich freute mich auch schon auf das nächste Wiedersehen mit V. Zum Glück konnte ich mir meine Zeit gut einteilen und fuhr, so oft es möglich war, zu ihr runter, das war immer eine sehr lange Strecke.

Meistens machte ich mich nach dem Training auf den Weg und reiste in die Nacht hinein. Um nicht einzuschlafen, hatte ich immer die Heizung aus und das Fenster ein Stück offen, auch im Winter. Ich hatte mir stets einige Dosen Red-Bull geholt und kippte sie weg, das Zeug schmeckte ätzend, aber ich blieb wach und konnte die ganze Nacht durchtouren. Unterwegs sah ich oft schwere Unfälle und dachte mir: Da möchtest du nicht enden, denn die lange Fahrerei war schon gefährlich. In den frühen Morgenstunden kam ich meistens an, total kaputt und überdreht, aber froh, bei meiner Freundin zu sein. Ich brauchte dann erstmal ein paar Stunden, um herunterzukommen, denn die Dosen Red-Bull peppten richtig auf. Ich haute mich endlich ins Bett und schlief eine längere Zeit, danach oder davor wurde gut gefickt – so war die Welt wieder in Ordnung und es gab auch keine Probleme. Die Tage in Graz vergingen immer viel zu schnell und ich wusste, dass es jetzt bald wieder zurück ging, keine schöne Vorstellung für uns beide, denn die Entfernung war schon gewaltig. Es bestand aber keine andere Möglichkeit und so mussten wir in den sauren Apfel beißen. Es gibt viel schlimmere Dinge, dachte ich mir, so tröstete ich mich selber. Die Fahrt zurück ging wieder zügig und ich dachte wenigstens an meine Hunde. Was die sich wieder freuen würden, wenn ich zurück war. Im Rückblick war es eine schwere Zeit für uns beide, aber es formte uns und machte uns auch stark.

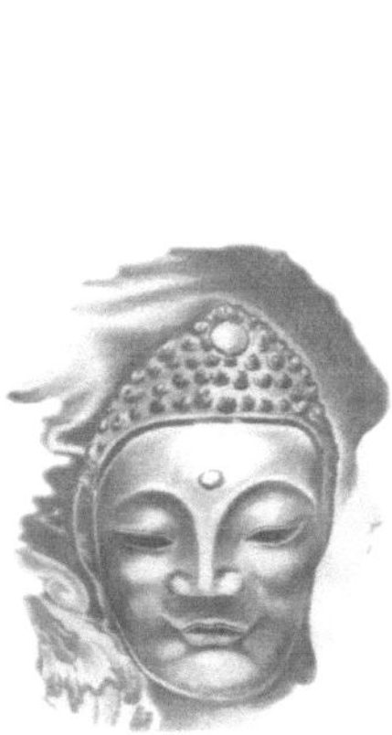

5.4. Opas Tod

Zu dieser Zeit fuhr ich mit meinem Opa öfters zum Krankenhaus, wo er regelmäßig untersucht wurde. Man hatte bei den Routineuntersuchungen festgestellt, dass seine Hauptschlagader im Bauch sehr geweitet war. Der Professor erklärte uns, dass sei eine Sache, die durch harte körperliche Belastung entstanden sei, mein Opa hatte immer gearbeitet wie ein Tier und dadurch sei diese Geschichte gekommen. Der Doc meinte, das sei sehr gefährlich, denn wenn die Hauptschlagader platzen würde, hätte mein Opa keine Chancen und würde innerlich verbluten. Ich bekam einen großen Schrecken und wusste gar nicht, wie ich damit umgehen sollte. Wir sprachen sehr lange mit dem Doc und er meinte, eine Operation sei wohl das Beste. Es sollte dann ein Implantat eingesetzt werden, er sagte aber auch gleich, dass er das hier im Krankenhaus nicht machen könne, da musste man dann in eine Spezialklinik. Mir war gar nicht gut bei dem Gedanken an solch eine Operation, denn ich hatte genug Erfahrung, um zu wissen, dass ein Eingriff dieser Art immer sehr gefährlich war. Ich sprach oft mit meinem Opa darüber, aber er sah das alles sehr locker, er sagte immer: „Jung, das wird schon alles passen und wenn nicht, dann ist es auch nicht schlimm.“ Er sagte: „Bring mich vernünftig unter die Erde und kümmere dich um die Hunde.“

Ich glaube, mein Großvater hat im Ersten und Zweiten Weltkrieg so viel Elend und Tod gesehen, dass es für ihn nicht weiter tragisch war, selbst zu sterben. Opa wurde im Zweiten Weltkrieg an der russischen Front schwer verletzt und ging danach für viele Jahre in russische Kriegsgefangenschaft. Für mich hatte mein Großvater eine Größe, an die ich niemals herankommen werde. Wie oft habe ich mich gefragt, wenn ich bis zum Hals in der Scheiße hing: Was würde mein Opa jetzt wohl tun? Solche Vergleiche sind natürlich sehr schwer zu ziehen, aber ich machte es und kam mir oft wie ein kleiner Jammerlappen vor. Was hatte ich schon für Probleme oder was bedeutete meine Angst in manchen Situationen? Das war lächerlich im Vergleich zu dem, was die Soldaten beider Seiten in Russland im Krieg erlebten, wenn sie ihn denn überlebten. Es war jedoch sehr schwer, mir Mut durch solche Vergleiche zuzusprechen. Ich erinnere mich, wie oft ich im Knast der Verzweiflung nahe war, aber da halfen mir leider solche Gedanken nicht.

Mein Opa und ich kamen zu dem Schluss, dass eine Operation wohl das Beste sei. Wir fuhren also nach Mühlheim zur Klinik, besprachen dort alle Einzelheiten und machten mehrere Termine zur Untersuchung. Nach einigen Wochen war alles abgeschlossen und der Termin für die Operation stand fest. Ich brachte Opa an dem besagten Termin zur Klinik und ging mit ihm auf seine Station. Ich umarmte ihn und dachte mir: Hoffentlich klappt das hier alles. Am Ende des Flurs drehte ich mich noch einmal um und winkte Opa, er winkte zurück und lachte dabei. Diese Situation hat sich in mir eingebrannt und ich werde sie nie mehr vergessen. Der Weg zu meinem Auto war schwer und ich überlegte mir, ob ich wohl das Richtige getan hatte. Mein Gefühl war nicht gerade gut. Ich fuhr zurück zu mir und holte eine Bekannte ab, mit der ich nach Stuttgart fuhr – ein Freund von mir hatte dort eine Boxbude und ich half ihm öfters und boxte bei ihm. Da ich selber mein Leben lang als Amateur und Profi boxte, war das immer ein gutes Training für mich, und ich konnte dadurch auch immer ein bisschen Geld verdienen. Das Geschäft war sehr hart, denn das Meiste waren reale Boxkämpfe. Die Rundendauer war zwar nur sehr kurz, doch in dieser Zeit musste man alles geben. Da man immer kalt in den Ring musste, war das Verletzungsrisiko dementsprechend groß.

Während der Fahrt dorthin sprach ich mit meiner Bekannten Anneliese und erzählte ihr, was mit Opa los war. Sie kannte ihn auch und sprach mir Mut zu. In Stuttgart fuhren wir zu unserem Hotel und bezogen unser Zimmer. Da ich abends noch boxen musste, liefen wir zu der Kirmes, wo das Geschäft stand. Mein Zustand war nicht gerade erbaulich und ich dachte mir: Was für eine Scheiße! Meine Konzentration war nicht eben sonderlich, aber ich zog die Vorstellungen durch. Als wir endlich fertig waren, suchte ich eine Telefonzelle und rief in der Klinik an. Dort wurde mir gesagt, es sei angeblich alles in Ordnung und mein Opa noch auf der Intensivstation. Mit dieser Aussage gab ich mich nicht zufrieden und verlangte den diensthabenden Arzt zu sprechen, er sagte mir aber so ungefähr das Gleiche. Die ganze Nacht machte ich fast kein Auge zu, denn ich hatte ein sehr schlechtes Gefühl. Ich redete mit Anneliese noch eine ganze Zeit, dann fielen mir schließlich doch die Augen zu und ich schlief unruhig ein paar Stunden. Am nächsten Morgen rief ich gleich wieder im Krankenhaus an und man sagte mir, der Zustand sei unverändert. Mein Bauchgefühl sagte mir etwas anderes, aber was konnte ich in dem Moment machen? Mit meinem Kollegen hatte ich schon gesprochen, dass ich gleich Montagfrüh wieder nach Hause fahren würde, um sofort Opa zu besuchen und zu schauen, wie es ihm ging.

Am Abend hatte ich wieder meine Vorstellungen und rief danach erneut an. Diesmal hatte ich jemand anderes an der Strippe und fragte nach dem Befinden meines Großvaters. Die Krankenschwester sagte, sie könnte mir nichts sagen und überreichte mich einer Ärztin. Diese fragte mich, wer ich sei und sagte mir dann, mein Opa wäre vor ein paar Minuten gestorben. Ich fiel in ein bodenloses Loch. Meine Stimme versagte und ich konnte erst nichts hervorbringen. Ich fragte sie dann, wie das denn passieren konnte und sie erklärte mir, dass die Operation sehr lang gedauert und mein Opa dadurch zu viel Eigenblut verloren hätte. Die Infusionen halfen nicht mehr, da das Fremdblut in solchen Mengen vom Körper nicht mehr angenommen wurde und ein massives Organversagen mit einem Herzinfarkt noch dazu kam.

Nach dem Telefonat war ich wie betäubt und setzte mich zunächst auf eine Bank und atmete tief durch – der wichtigste Mensch in meinem Leben war nicht mehr da, diese Tatsache musste ich erstmal verarbeiten. Ich ging wie in Trance zu meinem Hotel zurück und sprach mit Anneliese darüber. Dass sie da war, half mir schon ungemein, denn es ist wichtig, in solchen Momenten jemanden zum Reden zu haben. In dieser Nacht fand ich keinen Schlaf, woraufhin Anneliese eine große Menge Baldrian in ein Glas Wasser schüttete, das ich dann trank. Es dauerte noch einige Zeit, dann wurde ich müde und fiel doch noch in einen tiefen unruhigen Schlaf. Der nächste Morgen war natürlich nicht schön, ich fühlte mich total kaputt und wusste nicht, wie ich mit dieser Situation fertig werden sollte. Der Tod war für mich nicht fremd, doch dass mein Opa so schnell verstarb, damit hatte ich nicht gerechnet. An diesem Abend erledigte ich noch wie in Trance ein paar Vorstellungen, machte mich dann früh vom Acker und ging in mein Hotel. Dort duschte ich mich und packte schon all meine Sachen, damit ich mit Anneliese in aller Frühe los konnte. Wir sprachen noch lange über meinen Opa und dass jetzt eine harte Zeit anbrechen würde. Auch in der folgenden Nacht schlief ich sehr schlecht und warf mich von einer Seite auf die andere und wurde immer wieder wach. Als es endlich hell wurde, war ich froh und sprang gleich aus den Federn, um mich zu waschen und anzuziehen. Wir beide waren schnell fertig, packten unsere Taschen in das Auto und los ging die Reise.

Ich fuhr zügig, denn ich wollte meinen Opa im Krankenhaus noch sehen und mich von ihm verabschieden. Man hatte mir zwar davon abgeraten, denn es wäre kein schöner Anblick, wie man sagte. Mir war das aber egal, ich wollte meinen Großvater noch einmal sehen, denn er war der wichtigste Mensch in meinem Leben gewesen. Nach gut vier Stunden Fahrt kamen wir am Krankenhaus an und ich sagte zu Anneliese, sie sollte bitte warten, denn diesen Weg wollte ich alleine gehe. Ich meldete mich vorne an und erklärte, warum ich da sei, man sagte mir, ich solle ein paar Minuten warten und würde dann geholt werden. Es dauerte auch nicht lange und jemand kam und führte mich durch dunkle Gänge zu dem Leichenaufbewahrungsraum.

Als wir dort waren, erklärte ich, dass ich jetzt alleine sein wollte. Vorsichtig machte ich die Türe auf und ging hinein.

Mein Opa lag auf einem Wagen und war zugedeckt und nur sein Kopf war frei. Ich wurde sehr traurig und heulte und schrie mir die Seele aus dem Leib. Ich streichelte sein Gesicht, das ganz kalt war und sprach mit ihm. Meine Traurigkeit war sehr stark und mir ging es elendig. Wenn ich heute daran denke, weiß ich nicht, wie lange ich dort war, aber es muss schon eine ganze Zeit gewesen sein. Zum Abschied küsste ich ihn auf die Stirn und sagte zu ihm: „Lieber Großvater, irgendwann sehen wir uns wieder."

Mit tiefer Trauer verließ ich den Raum und ging zurück zu meinem Auto, mit Anneliese sprach ich über das, was ich gesehen hatte. Es tat gut, jetzt zu reden, damit alles heraus konnte, was mich so sehr belastete. Wir fuhren dann in Richtung Heimat, die Fahrt dauerte auch nicht sehr lange, in einer guten Stunde waren wir zu Hause. Anneliese fragte mich, ob ich noch mit zur ihr kommen wollte, und das machte ich dann auch; langsam wurde mein Kopf wieder klar und ich konnte denken. Jetzt musste viel geregelt werden, denn Opa war ja nicht mehr da. Ich telefonierte mit meinem Vater und mit einigen anderen Leuten wegen der Beerdigung, es waren viele administrative Dinge zu regeln, danach stand mir gar nicht der Kopf, aber es musste getan werden.

Mit meiner Freundin V. in Österreich hatte ich darüber ebenfalls sehr lange am Telefon gesprochen, sie wollte auch gleich angereist kommen, aber ich wollte das nicht, denn in solchen Situationen war ich lieber alleine und setzte mich mit dem

Schmerz auseinander. Ich hatte es nie anders gelernt, denn wenn ich ehrlich bin, war ich größtenteils immer nur solo gewesen und hatte Übung darin, meine Sachen alleine zu stemmen. Mein Vater war schon in der Zeit, wo ich noch in Stuttgart war, in das Haus von meinem Großvater gegangen und hatte alles durchsucht und dabei auch einige Testamente gefunden und andere Papiere. Das gleiche war auch nach dem Tod von meiner Oma passiert, da hatten mein Vater und seine Schwester auch alles durchwühlt und Geld und andere Sachen an sich genommen. Diese Angelegenheit hätte man zusammen machen sollen, ich fand es nicht gut, dass sie alles in meiner Abwesenheit durchsucht hatten. Meinem Vater sagte ich auch, dass ich das nicht gut gefunden hatte. Er versuchte natürlich sich herauszureden, aber ich hatte dazu meine eigene Meinung.

Das Haus sollte ausgeräumt werden und das übernahm ich, es war viel Arbeit und ich machte das zusammen mit einem Kollegen, draußen an der Straße türmte sich ein Riesenberg und ich rief bei der Stadt an, damit die es abholen kamen. Als der Termin heranrückte, war ich selber vor Ort und schmiss alles mit in die Müllpresse. Ich hatte nämlich die Idee, dass die Burschen faul sein und die Hälfte liegen lassen könnten. Als wir fertig waren, bedankte ich mich noch und gab ihnen einen Fünfziger als kleines Dankeschön. Um die beiden Hunde sorgte ich mich auch weiter, meine Tante wohnte nur fünfhundert Meter weg von Opas Haus, aber sie kümmerte sich in keiner Form um die Tiere oder um das Haus. Aber wenn es etwas zu erben gab, dann war sie immer schnell da. Sie und ihre Familie mochten mich von Anfang an nicht, denn ich war für sie immer der Bösewicht. Ihr Mann war ein Schließer im Knast und mochte mich schon als Kind nicht. Am Anfang verstand ich diese Ablehnung nicht, denn ich hatte ihnen ja nichts getan, im Laufe der Jahre merkte ich aber, dass beide von Natur aus nicht korrekt waren. Ich habe immer wieder versucht, mit ihnen gut auszukommen, denn ich dachte, sie seien Familie und da musst du alles geben, um miteinander gut klarzukommen. Es funktionierte aber nicht, eines Tages ist mir der Sack geplatzt und ich sagte ihnen: „Ich will mit euch nichts mehr zu tun haben! Redet mich nie mehr an!"

Bei der Aussage ist es dann allerdings geblieben und ich habe mit ihnen nicht mehr gesprochen und werde das auch nicht mehr tun, denn mit solchen Menschen will ich mich nicht umgeben. Sie sollen mal schön ruhig weiter in ihrer kleinen Welt leben. Sie haben sich, solange ich denken kann, nur negativ gegenüber meiner Person verhalten.

Ich schaute nach dem Garten und entkernte das Haus komplett, übernehmen wollte ich es nicht und auch keiner von den anderen. Die finanzielle Belastung jeden Monat erschien mir einfach zu hoch und ich hätte meinen Vater und meine Tante und Onkel ausbezahlen müssen, allein dieser Gedanke nervte mich schon. Wir suchten einen Makler und das Haus wurde dann verkauft, das tat mir schon in der Seele weh, denn ich hatte in diesem Gebäude einen Großteil meiner Jugend verbracht. Ich muss indes sagen, dass die Leute, die es dann übernahmen, super nett waren und das Haus gut in Schuss hielten. Dieser ganze Prozess dauerte wohl eine ganze Zeit, aber ich war froh, dass es alles seinen vernünftigen Gang ging. Das war das Wichtigste, denn Opas Erbe sollte nicht abgerissen werden. Die Hunde konnte ich bei mir leider nicht aufnehmen, da ich schon vier Tiere hatte. Ich sprach aber mit einem Kollegen über sie und dort konnten sie dann unterkommen. Mir war es nur sehr wichtig, dass es ihnen gut ging, denn sie hatten immer ein gutes Leben bei meinem Opa gehabt. Ich fuhr sie mit meinem Auto zu meinem Kollegen, er wohnte auch nicht weit weg, und so konnte ich die Hunde immer, wenn ich wollte, besuchen. Bei einem anderen Kollegen im Allgäu ließ ich eine schöne Urnengrabplatte machen, dort hatte ich auch den Grabstein für meine Oma anfertigen lassen. Als der Stein bereit war, holte ich ihn ab, ich hatte schon die Urne von meinem Opa auf dem Grab meiner Oma eingraben lassen, den Stein grub ich jetzt auch noch über der Urne ein. Das gesamte Grab sah wirklich schön aus und ich war froh, dass jetzt alles erledigt war – diese ganze Geschichte war mir schon hart an die Substanz gegangen. Mit meiner Freundin hatte ich ebenso viel darüber geredet und war auch nochmal zu ihr runter gefahren, sie hatte mich bei der ganzen Angelegenheit sehr unterstützt und ich war unheimlich dankbar dafür.

Nach dieser ganzen Geschichte mit meinem Opa fühlte ich mich wieder besser und begann sofort wieder sehr intensiv mit meinem Training. Ich hatte ja nicht wirklich damit aufgehört, ich hatte nur nicht mehr so intensiv trainiert, denn danach stand mir nicht der Kopf. Meine Kollegen vom MC besuchte ich auch wieder, denn man hatte schon angefragt, warum ich nicht mehr kommen würde, als Vollmember hatte man ja auch seine Pflichten. Die Männer waren alle okay und ich fühlte mich da gut aufgehoben, wir waren eine gute Truppe und hatten einen schönen alten Bauernhof; dort wohnte ein Member und die gesamte Scheune hatten wir uns ausgebaut als Clubhaus. Dort feierten wir regelmäßig große Partys, denn der nächste Nachbar war weit entfernt, die Zeit war sehr schön und wir waren viel unterwegs. Wir hatten einen guten Draht zu Rot-Weiß Stuttgart aufgebaut und fuhren oft dort runter, denn wir wollten auch mal zu dieser Abteilung gehören. Dieser Mythos stand immer im Raum, ich kannte einige ganz alte Member von meinen Besuchen bei Partys im norddeutschen Raum. Wir fuhren regelmäßig nach Stuttgart, aber die ganze Arie blieb schwammig und nach einem Jahr stellten wir die Besuche ein, denn es war nicht abzusehen, ob wir mal ein Prospect-Charter hätten aufmachen können.

Die Freeway-Riders hatten mit uns Kontakt aufgenommen und so wurden wir nach einigen Monaten in den Club aufgenommen. Das war ein gutes Gefühl, denn die Jungs waren echt in Ordnung – ich kannte ja einige schon von früher her und die waren schon lange in dem MC. Wir trafen uns oft mit anderen Chaptern und fuhren zu verschiedenen Partys, die FR waren schon ein großer Club mit vielen Members. Auf den Partys war immer viel los und die Stimmung war gut, mir gefielen auch die Ausfahrten super, es war ein prima Gefühl mit hunderten von Mopeds durch die Gegend zu brettern. Der Geräuschpegel war mächtig und die Leute drehten sich alle um und schauten gespannt zu, wie wir vorüber fuhren. Auf unserem Clubbauernhof schmissen wir außerdem immer wilde Partys mit Live-Musik und jede Menge Alkohol. Ich selber trank aber kein bisschen, denn ich mochte keinen Alk, und ich muss sagen, dass ich auch ohne Sprit meinen Spaß haben konnte. Ich hatte mir übrigens günstig ein Motorrad gekauft und baute es komplett um, ich schraubte gerne, denn das war eine meiner großen Leidenschaften. Meine Kollegen halfen mir hier und da und besorgten Teile, die ich benötigte, der Hobel war bald fertig, sah super aus und hatte richtig Power.

An den Wochenenden trafen wir uns immer auf unserem Bauernhof und führten viele Arbeiten durch, es war dort sehr viel zu tun, bis wir alles so hatten, wie wir es wollten. Mir gefiel der Hof sehr gut, oft holte ich mir einen Stuhl und setzte mich gemütlich in die Sonne und genoss dann die Wärme und Ruhe nach getaner Arbeit. Wir hatten dort auch einen alten Trecker mit Frontlader, es musste ringsherum viel aufgefüllt werden und so bestellten wir reichlich Mutterboden, der per Lkw angeliefert wurde. Ich schwang mich dann auf den Trecker und planierte alles, das machte mir echt Bock und so saß ich oftmals stundenlang auf dem Trecker und schob den Boden auseinander und verfüllte die Vertiefungen.

Hier und da mussten wir uns auch mal etwas grade machen, aber das war kein Problem, wir hatten einen guten Namen und fuhren bei den Stressmakern mit zwanzig Mann vor, aber dann war schnell Ruhe. Sicherlich kam es ab und an vor, dass wir Schellen verteilen mussten, aber dann war danach sofort alles geklärt. Wir hatten alles gut im Griff und es war eine tolle Zeit, die Kollegen waren auch echt in Ordnung und es war eine gute Bruderschaft, die ich danach nie mehr in einer solchen Form gefunden habe.

Ich verbrachte wieder viel Zeit bei meinem Freund Roel in Holland. Er war ein guter Kerl und mein Tätowierer, ich saß fast jede Woche bei ihm und ließ mir meinen ganzen Body zustechen. Die Schmerzen waren mitunter schon heftig, denn es kam vor, dass wir sechs oder sieben Stunden an einem Stück tätowierten. Das war schon prall, manchmal steckte ich mir ein Handtuch in den Mund und biss feste darauf, damit ich die Pinnen besser ertragen konnte. Roel war mit Abstand einer der besten Tätowierer, die ich kannte, seine Arbeiten waren und sind einfach nur toll. Da wir Freunde waren, kosteten mich die ganzen Tattoos nichts, hätte ich sie alle bezahlen müssen, dann wären das schon Kosten wie für einen Ferrari gewesen. Es dauerte viele Jahre, bis Roel mich komplett dicht gestochen hatte, ich würde es heute wieder genauso machen, aber heute keine einzelnen Tattoos, sondern ein komplettes von Kopf bis Fuß. Es war damals natürlich immer so, dass die Leute blöde schauten, wenn ich am Strand lag oder ins Schwimmbad ging, ich fragte sie dann immer sehr direkt, ob sie ein Problem hätten, aber keiner hatte eins und so war die Sache geklärt. Die gesellschaftliche Anerkennung wird wahrscheinlich noch lange auf sich warten lassen, denn Leute mit Tattoos sind immer noch kriminell oder asozial, diese Vorurteile sind natürlich in keinem Punkt richtig, aber wen interessiert das schon. Ein Umdenken wird irgendwann mal stattfinden, aber das wird sicherlich noch dauern, so lange werden ich und viele meiner Kollegen immer wieder gegen solche Diskriminierungen zu kämpfen haben. In Holland war die Mentalität viel lockerer, was etliche Dinge betraf, „leben und leben lassen“ hieß dort die Devise und sie funktionierte sehr gut. Man kann natürlich nicht sagen, dass alles in Ordnung war, die Drogenpolitik war ein Witz, in Holland konnte man alles kaufen, was man an Stoff wollte. Ich habe mir über dreißig Jahre dieses Treiben angeschaut und muss sagen, dass ich persönlich glaube, dass nicht mal die Politik ein wirkliches Interesse daran hat, dem Drogenhandel einen Riegel vorzuschieben.

Mein Kollege Roel wohnte in Arnheim in dem Viertel, in dem so viele Drogen umgeschlagen wurden wie in Amsterdam. Wenn ich Roel besuchte, sah ich den ganzen Tag nur Autos mit ausländischen Kennzeichen herumfahren und wusste, jeder von den Jungens dort hatte seine Karre voll Drogen. Die Polizei schnappte mal hier und da einen für die Statistik, aber wirklich mehr passierte nicht, dieser ganze Handel mit Suchtmitteln machte die Holländer natürlich sehr reich. Wie oft habe ich auch gesehen, dass Coffeeshops, in denen man Softdrugs kaufen konnte, vom Staat zugemacht wurden und ein paar Tage später ein neuer Türke oder Marokkaner wieder eine Genehmigung dafür hatte. Was da an Geld umgesetzt wurde, konnte man sich gar nicht vorstellen, es waren gigantische Summen. Ich kannte viele Leute, natürlich waren da auch Dealer darunter. Trotzdem war ich gerne in diesem Land, denn ich hatte mit den Scheiß-Drogen nichts am Kopf und es ging mir am Arsch vorbei, die lockere Art der Holländer gefiel mir indes.

Ein guter Freund von mir, es war der Bruder einer ehemaligen Freundin, hatte in Holland auch mit seiner Drogen- und Dealerkarriere begonnen und lebte auf sehr großem Fuße. Ich konnte quasi zuschauen, wie er immer tiefer in die Scheiße geriet, und dachte mir: Den muss ich echt im Keller einsperren, damit er wieder normal wird. Leider kam ich nicht mehr dazu, denn eines Nachts stand die Mordkommission um drei vor meiner Türe und fragte mich, ob ich eben mal fünf Minuten Zeit für sie hätte. Ich machte auf und sie kamen zu mir hoch und fragten mich, ob ich wüsste, wo mein Kollege Patrick war. Ich fragte erstmal zurück: „Was ist denn überhaupt los?“ Und sie sagten mir, es hätte eine Schießerei gegeben, bei der Patrick mit dabei gewesen wäre, und ein Mensch sei dabei zu Tode gekommen. Ich dachte mir: Was für eine Scheiße!, und sagte ihnen, im Moment wüsste ich nicht, wo er sei, das entsprach außerdem der Wahrheit. Sie baten mich darum, ich sollte mit ihm reden, damit er selber zur Polizei käme und damit sie keinen Haftbefehl herausgeben müssten. Ich sagte: „Ich werde mein Bestes tun.“ Als sie weg waren, überlegte ich mir, wo ich ihn am nächsten Tag finden konnte, denn so was duldete keinen Aufschub. Ich hatte noch erfahren, dass Patrick oder sein Bruder nicht geschossen hatte, sondern ein Holländer. Ich schlief die restlichen Stunden in dieser Nacht unruhig und stand schon sehr früh auf, um ihn zu suchen. Bei seiner Freundin war er nicht, aber sie sagte mir, wo er untergetaucht war, dort fuhr ich hin und traf ihn auch an. Wir redeten sehr lange und ich meinte zu ihm, er müsste auf dem schnellsten Wege zur Behörde, um die Sache dort zu klären, ich hatte das Gefühl, dass er auch so dachte und so verabredeten wir, dass er am nächsten Tage dorthin fuhr, egal, was es für Konsequenzen haben würde. Sicherlich bestand die Gefahr, dass man ihn in den Schrank steckte, aber dieses Risiko musste er eingehen, den Sittich zu machen bei so einem Delikt hat wenig Sinn, denn es geht gleich ein internationaler Haftbefehl heraus und wenn sie ihn dann schnappen würden, hätte er ganz schlechte Karten.

Am nächsten Tag stellte er sich auch mit seinem Bruder und beide setzte man fest, denn durch diese Aktion war so viel Dreck aufgewirbelt worden, dass die Behörde gar nicht anders konnte. Beide Brüder und ein Kollege von ihnen, dem durch die Brust geschossen wurde, der es aber überlebte, wurden in U-Haft genommen. Ich besuchte Patrick und seinen Bruder, sie saßen wegen der Tätertrennung in verschiedenen Gefängnissen. Beiden ging es nicht sonderlich, denn die Behörde drehte nun alles auf links, ich konnte mir gut vorstellen, dass bei der Vielzahl von Drogendelikten sicherlich eine saftige Strafe dabei herum kam, es ging hier auch nicht um kleine Mengen, sondern um riesige Drogengeschäfte. So kam es dann auch und Patrick holte sich einen Zehner ab, das war natürlich sehr heftig und er fühlte sich richtig Scheiße. Seine ganzen Kollegen und Käufer der Drogen hatten alle Schuld auf ihn geladen und Patrick extrem belastet, mein Freund hatte natürlich zu den ganzen Sachen keine Aussage gemacht. Ich sagte ihm beim Besuch, als er mir das alles erzählte, er sollte sich nicht von diesen Idioten belasten lassen und alles auf seine Kappe nehmen, es standen noch ein paar Sachen offen und ich legte ihm nahe, einen Deal mit dem Staatsanwalt zu machen, damit er nicht für alles alleine zur Verantwortung gezogen würde, denn alle anderen hatten ihn richtig angeschissen.

Patrick wollte sowieso nach seiner Entlassung nicht weiter in Deutschland leben und auswandern, denn er war woanders geboren und besaß auch eine ausländische Staatsbürgerschaft. Ich hielt das für eine gute Idee, so konnte er woanders neu beginnen und sich eine stabile Existenz aufbauen. Hier in Deutschland war es natürlich nach so einer Kelle viel schwerer. Meinen Vorschlag setzte er wohl in die Tat um und kam dadurch in eine bessere Situation, er musste zwar ein paar Jahre abmachen, aber erhielt relativ schnell Urlaub, und eines Tages hörte ich, er sei gut im Ausland angekommen. Meine ehemalige Freundin Birgit war auch mitgegangen. Wenn ich seine ganze Situation so betrachtete, war das, glaube ich, in jeder Hinsicht weise und klug. Einige Monate später rief er mich an und sagte: „Es geht mir gut und wenn du Bock hast, schmeiß alles hin und komm gleich."

Ein netter Vorschlag und wer weiß, vielleicht setze ich ihn irgendwann mal in die Tat um.

Der Hohn war bei diesem Verfahren, dass der Holländer mit einem Freispruch aus dem Gerichtssaal ging, obwohl er einen Menschen erschossen, einem durch die Lunge geschossen und gezielt versucht hatte, zwei weitere darüber hinaus zu erschießen. Dieser Holländer hatte Patrick auch um eine große Menge beschissen. Patrick hatte ihn nach dem Verfahren unter Gewaltandrohung nach Deutschland verschleppt, um zu erfahren, was mit seinen Drogen und seinem Geld passiert war. Kurze Zeit später hörte ich wieder, man hatte den Holländer mit einigen Kilos Koks geschnappt. Manche Leute lernen es nie, jeder kriegt das, was er verdient.

5.5. Training, Training, Training

Ich bereitete mich wieder intensiv auf Wettkämpfe vor und mein Trainingsprogramm war sehr hart. Ich fühlte mich auch echt fit und ging immer sehr gut vorbereitet in die Kämpfe. Die Arbeit an der Türe war sehr hart, ich war oft mit meinem Kollegen R. unterwegs, es gab fast überall Probleme und die mussten wir versuchen, zu lösen. Der Job verlangte mir jede Menge ab, denn die Delegationen, mit denen es Stress gab, waren nicht zu unterschätzen. Es waren hochgefährliche Leute, die immer bewaffnet bis an die Zähne waren. Die Fahrten waren immer sehr anstrengend, lange Strecken und immer zu Zeiten, wo andere schliefen. Der R. machte es sich einfach, denn er pennte immer ausgiebig und lange und war bei den Touren sehr gut ausgeruht. In Singen und Schwenningen gab es ständig sehr viel Stress mit Ausländern und ich musste versuchen, diese Probleme in den Griff zu bekommen. Ich fuhr also in die Lokale, in denen die Jungs sich aufhielten, und sprach mit ihnen über die Probleme und Streitigkeiten. Da ich einen guten Namen hatte, kam ich mit ihnen die meiste Zeit gut aus und wir bekamen den Stein des Anstoßes oftmals aus dem Weg.

Ich würde lügen, wenn ich sagen würde, alles passte immer, sicherlich kam es auch zu wilden Streitigkeiten, die dann eben ausgeboxt wurden, und dann waren hier ebenfalls die Fronten geklärt. Es war aber ganz wichtig, eine schlaue und vernünftige Politik zu machen, denn nur so konnte man verhindern, dass es zu schlimmen Eskalationen kam. Keiner hatte gerne eine Schießerei, denn dadurch wurden Menschen verletzt oder sogar getötet und auf der anderen Seite war die Diskothek wirtschaftlich total im Arsch, nach so einem Vorfall konnte man den Laden am besten zumauern. In meinen vielen Jahren hatte ich leider öfters solche Vorfälle mitbekommen und immer war es der gleiche Ablauf: Der Schuppen war stigmatisiert und es kamen kaum mehr Gäste, das heißt, die paar Besucher brachten längst nicht genug Geld in den Laden, um wenigstens die Unkosten zu decken. Das konnte kein Inhaber lange durchstehen und so wurde schnell geschlossen und es wurde versucht, den Laden rasch zu verkaufen. Selbst ein neuer Besitzer hatte keine Chance, das Ruder herumzureißen, es war der Wurm drin und den bekam man nicht mehr raus. An den Türen, die ich betreute, kam es wohl öfters zu Boxereien, aber es wurde nicht geschossen. Darauf bin ich schon sehr stolz, denn bei fünfzig Läden, die ich unter meiner Obhut hatte, war das eine super Bilanz. R. war sehr froh, dass er mich hatte, denn seit ich für ihn tätig war, hatte er wieder die Möglichkeit, am gesellschaftlichen Leben teilzunehmen. In vielerlei Hinsicht konnte ich seine Einstellung und sein Verhalten nicht verstehen und schimpfte oft mit ihm, ich glaube, dass er sich davon viel anzog, denn ich war für ihn schon eine Respektsperson. Für mich war das auch ein guter Job, schließlich verdiente ich Geld damit und kam sehr viel herum.

Wir machten auch für einige Profiboxer die Sicherheit und bewachten sie in der Kabine und auf dem Weg zum Ring. Nach dem Kampf gab's das gleiche Programm, egal, ob er gewonnen oder verloren hatte. Diese Arbeit war prima, denn ich boxte ja selber als Profi und wusste, wie wichtig vor dem Kampf eine optimale Betreuung war. Und wir machten unseren Job super gut, denn ich konnte exakt auf die Bedürfnisse der Boxer eingehen. R. fühlte sich bei den Live-Kämpfen natürlich auch hervorragend, denn seine Person war dann fett im Fernsehen, mir persönlich war das nicht so wichtig, denn ich hatte schon genug mit dem Fernsehen gemacht und brauchte diese Art von Werbung nicht unbedingt, mir war es viel wichtiger, gute Arbeit zu leisten. Sicherlich war es ein gutes Gefühl, sich später in der Glotze zu sehen, wir waren jahrelang bei vielen Boxkämpfen dabei, es war eine schöne Zeit.

Mich verband auch eine sehr tiefe Freundschaft zu der Familie Arslan, begonnen hatte diese Freundschaft dadurch, dass ich für die Familie Arslan, die einige Diskotheken hatte, die Sicherheit an der Türe stellte. Einer der Brüder boxte auch schon sehr lange mit super Erfolg und so kam es, dass ich von damals an bis heute bei jedem Kampf als sein Bodyguard dabei war und bin. Firat ist ein sehr netter Mensch und ich achte an ihm seine Gradlinigkeit. Er ist in vielen Dingen so ähnlich wie ich und ich glaube, deshalb verstehen wir uns auch so super. Bei all seinen Kämpfen war ich mit in seiner Ecke und fieberte mit. Alles, was er erreicht hat, gönne ich ihm von ganzem Herzen, denn er hat es sich hart erarbeitet. Das ganze Team von ihm bestand nur aus sehr guten Freunden und ich glaube, wir alle haben ihm sehr viel Kraft gegeben. Sicherlich steht man im Ring ganz alleine da, aber es hilft schon ungemein, wenn man weiß, es sind Menschen in der Ecke, die wirklich zu einem halten. Da ich selber schon hunderte Kämpfe in den ganzen Jahren ausgetragen habe, weiß ich genau, wovon ich rede, sicherlich bekommt man Routine, aber eine gewisse Grundspannung bleibt immer. Diese Nervosität ist aber auch sehr wichtig, denn man braucht sie, um einen guten Fight zu machen. Kommt mal der Moment, in dem man kein Feuer mehr in sich spürt, dann ist der Hunger nicht mehr da und es ist Zeit zu stoppen, denn sonst wird man zur Lachnummer.

In der Firma von meinem Kollegen gab es oft Probleme mit Türstehern, die meinten, dass sie nicht alles an Geld bekommen hatten, ich redete dann mit ihnen und beruhigte sie wieder. Ich konnte die Jungens häufig sehr gut verstehen, denn ich hatte ja schon erwähnt, dass es oft dazu kam, dass aus irgendwelchen Gründen nicht der volle Lohn ausbezahlt wurde. Das war nicht korrekt und wie oft habe ich mit R. diesbezüglich geschimpft. Viele gute Türsteher machten auch nach einer gewissen Zeit den Sittich, denn auf so eine Abzocke hatten sie keinen Bock, es waren außerdem sehr viele Verfahren beim Arbeitsgericht anhängig. Von diesen Prozessen verlor R. fast alle und musste eine Riesenkohle nachzahlen, ich verstand bei der ganzen Geschichte nicht den Sinn, denn er zahlte zu neunzig Prozent drauf.

Wenn ich mit R. nicht auf Tour war, arbeitete ich bei meinem Kollegen Martin in Holland, er hatte einen Job als Einsatzleiter in einer der größten Diskotheken in Holland. Der Laden war riesig und wir waren oft mit zehn Mann im Einsatz, ich stand immer draußen und hatte den gefährlichsten Job, an mir musste erstmal jeder vorbei. Es kam öfters vor, dass ich Jungens abgewiesen habe, entweder hatten sie Hausverbot wegen Schlägereien oder es gab andere Dinge, die nicht toleriert wurden. Andere Gründe waren, wenn ich sie nicht kannte oder wenn sie in zu großen Gruppen kamen, das war meistens der Fall bei Ausländern, dann ließ ich sie ebenfalls nicht herein. Das war von der Betriebsleitung so gewünscht und es gab mit besagten Leuten auch meistens Stress, das lehrte uns unsere Erfahrung. Es kam dadurch natürlich oft zu Ärger, aber meistens erst, wenn sie im Auto saßen oder wenn sie schon ein Stück weg waren, dann wurden Flaschen geworfen oder Messer und Pistolen gezogen und beleidigt, was das Zeug hielt. Diese Leute hatten für mich keine Eier, denn so was ging gar nicht und ich wurde wieder in meinem Verhalten bestätigt, dass ich sie abgewiesen hatte. Es wurde auch mal im Vorbeifahren aus dem Auto heraus geschossen, doch glücklicherweise passierte nichts, solche Aktionen sind einfach das Letzte, diese Wichser, die so was machen, haben für mich keine Eier. Die Polizei wurde dann angerufen und der Vorfall musste gemeldet werden, so verlangte es das Gesetz, ich war ja live vor Ort dabei. Doch obwohl die Personen bekannt waren und das Autokennzeichen vorlag, passierte so gut wie nichts, traurig aber wahr. Ich konnte das einfach nicht verstehen, wenn ich oder einer meiner Kollegen Stress hatte und mal zugreifen oder zuschlagen musste in Notwehr, wurde immer ein Riesenfass aufgemacht, das war absolut ungerecht, denn wir handelten nur in Abwehr.

Wie viel Anzeigen wegen Körperverletzung habe ich schon in meinem Leben bekommen, ich kann sie gar nicht mehr zählen und jedes Mal wollte man mir auf die Fresse schlagen oder griff mich an. Als die Schläger dann merkten: Oh, jetzt gibt es für mich was auf den Kopf!, kam fast jedes Mal die gleiche Nummer: „Ich zeige dich an!“ Ich kann diese Worte nicht mehr hören, das ist für mich wie ein rotes Tuch. Ich frage mich oft, haben diese Menschen keine Ehre oder Selbstachtung? Wie kann man erst versuchen, einen Menschen schwer zu verletzen und dann, wenn man merkt: Der kann ja was!, sucht man den Schutz der Behörde. Für mich sind da die Politik und die Gesetzgebung gefragt, etwas zu verändern. Es kann nicht sein, dass von Volltrunkenen Anzeigen aufgenommen werden und nur der subjektive Sachverhalt gehört wird. In Baden-Württemberg hatte ich mit der Behörde in den Städten, in denen wir die Sicherheit machten, eine gute Absprache, sie akzeptierten meinen Vorschlag, von Leuten, die unter Alkohol oder Drogen standen, keine Anzeige aufzunehmen – sondern sie sagten ihnen: Wenn ihr nüchtern seid, könnt ihr morgen wiederkommen! – und man staune: Keiner kam mehr wieder, um eine Anzeige zu stellen.

So sollte das überall eingeführt werden, dann hätten wir Ruhe und nicht immer solche Spinner, die in ihrem Wahn zur Behörde rennen und sagen: Ich möchte eine Anzeige machen! Wenn ich besoffen Auto fahre, bin ich meine Fleppe los, aber stinkbesoffen eine Anzeige machen, das geht! Die Leute sind doch unzurechnungsfähig im Sinne des Gesetzes. Man sollte ihnen gleich Blut abnehmen und sie anzeigen wegen Irreführung der Justiz, dann hätte diese Scheiße endlich ein Ende. Ich hoffe nur, dass sich diesbezüglich mal was verändert, denn so kann es auf keinen Fall weitergehen. Der Doorman ist immer der Arsch, entweder steht er mit einem Fuß im Knast oder auf dem Friedhof – und das mit einer Bezahlung, die mehr als schlecht ist. Auch die

Kooperation mit der Behörde läuft oftmals nicht gut, der Türsteher hat fast immer die Arschkarte, wenn es Anzeigen gibt, diese Vorverurteilung ist nicht korrekt. Sicherlich gibt es auch schwarze Schafe in unserer Zunft, aber deshalb darf man nicht pauschal jeden Türsteher verurteilen und ihn als Schläger oder asozial beschimpfen.

Der Job an der Türe verlangte mir schon sehr viel ab und ich brauchte öfters mal eine Auszeit, damit ich mich etwas regenerieren konnte. Ich hatte eine Bekannte in Portugal und ich beschloss, sie mit meiner Freundin und einem guten Freund zu besuchen. Wir packten ein paar Sachen und fuhren los. Meine Freundin V. fuhr mit dem Zug nach Paris, so brauchte sie nicht extra zu mir kommen, denn ich musste eh über Paris fahren und holte sie dort vom Bahnhof ab. Gegen sechzehn Uhr holten wir sie vom Nordbahnhof ab und fuhren dann weiter Richtung Spanien. In der Nacht pennten wir draußen im Schlafsack und auf ein paar Decken, es war irgendwo in den Pyrenäen. Viel geschlafen haben wir nicht, denn auf diesem Rastplatz kamen und fuhren die Lkws. Schon früh am Morgen ging die Reise weiter, Alex und ich wechselten uns ab, die ersten Stunden fuhr ich und dann war er wieder dran. V. machte es sich auf dem Rücksitz gemütlich, sie war die Lady und wir chauffierten sie. Wir mussten bis runter in den Süden Portugals, das war schon eine tierische Strecke zu fahren; gegen Spätnachmittag kamen wir in dem kleinen Ort an und suchten das Haus von meiner Bekannten.

Die Adresse war etwas schwer zu finden, denn dort war nichts so wie in Deutschland und die Uhren liefen viel, viel langsamer. Nach einiger Sucherei waren wir da, an einem wunderbaren Platz, das muss ich schon sagen. Es sprangen auch einige Hunde dort herum und das gefiel mir schon sehr gut. Meine Bekannte Tina kam und ließ uns herein, wir schauten uns das Häuschen an, es war nicht sehr groß, aber schön eingerichtet, nicht so, wie wir das kennen, sondern eher spartanisch und einfach. Wir tranken erstmal was und dann zeigte uns Tina ihren großen Garten, er war terrassenförmig angelegt und es standen Apfelsinen- und Zitronenbäume dort, der Garten war wirklich schön. Ich konnte mit meiner Freundin und meinem Kollegen unten schlafen und Tina hatte oben noch ein Zimmer, in dem sie pennte. Wir schliefen alle sehr gut, es war sehr warm und die Luft roch fantastisch.

Am nächsten Morgen schliefen wir aus, denn durch die lange Fahrt waren wir sehr kaputt. Die Sonne knallte schon, als wir aufstanden, und wir sprangen erstmal unter die Dusche. Tina hatte schon ein Frühstück vorbereitet und wir saßen draußen in der Sonne und ließen es uns schmecken. Das Dorf, in dem meine Bekannte wohnte, lag fast an der Algarve auf einem Höhenzug, ich denke so um die neunhundert Meter hoch, deswegen war es hier auch nicht ganz so heiß, denn oft blies vom Atlantik eine frische Brise herüber. Das kleine Tal, in dem sie wohnte, war einfach schön, die kleine Straße ging an ihrem Haus noch ein paar Meter vorbei und endete dann vor einem Bach. Es wohnten auch nur wenige Menschen hier und es war super ruhig, ausgenommen die Vögel und die Grillen, die ihre Musik machten. Der Garten blühte in hunderttausend Farben und es wuchsen Pflanzen dort, die hatte ich zuvor noch nie gesehen. Es war ein tolles Panorama, ich genoss die Wärme und Ruhe und dachte mir:

So lässt es sich wohl leben.

Ich wollte mir das kleine Dorf mal in Ruhe anschauen, denn im Dunkeln hatte ich nicht allzu viel gesehen, Tina sagte mir, es gäbe dort auch einen Barbier, der noch richtig mit Rasiermesser rasieren würde. Dort wollte ich hin, denn mein Gesichtsteppich musste wieder runter, die kleinen Gassen gefielen mir gut und ich merkte: Der Begriff Stress war den Menschen hier völlig unbekannt. Die Kirche schaute ich mir außerdem an und betete dort in aller Bedachtsamkeit, es war ein schönes Fleckchen hier. Den Barbier fand ich ohne Probleme und er verpasste mir eine super Rasur, ich dachte: Schade, dass es so was in Deutschland nicht mehr gibt. Nach der Rasur fühlte ich mich frisch und ging gemütlich zurück, der Weg war nicht weit, aber alles war hier sehr trocken und staubig – jetzt wusste ich, warum es hier so schnell anfing, zu brennen. Meine Freundin lag schon in der Sonne und war am Bräunen, ich haute mich dazu und fragte danach alle, ob wir nicht ans Meer fahren wollten, denn ich hatte Lust, mich ins Wasser zu schmeißen, und außerdem war die Algarve ein wunderschönes Plätzchen.

Wir schwangen uns ins Auto und fuhren Richtung Meer, es dauerte nicht lange, vielleicht eine Stunde, dann waren wir da, ein Parkplatz war auch schnell gefunden und so besuchten wir eine der tollen Buchten. Links und rechts waren Felsen und zum Meer führte ein schmaler Korridor, der nach oben auch durch Felsen versperrt war, es blieb nur eine kleine Öffnung, durch die man heraus schwimmen konnte. Ich hüpfte gleich ins Wasser und glitt durch diese Öffnung, als ich da durch war, sah ich das offene Meer und schwamm weit hinaus, es war herrlich, das Wasser war warm und der Wellengang hielt sich in Grenzen. Mein Kollege und meine Freundin kamen hinterher und so schwammen wir bestimmt eine gute halbe Stunde und genossen die fantastische Natur; später lagen wir wieder im Sand und ruhten uns aus. Gegen vier oder fünf gingen wir wieder zu unserem Wagen und fuhren zurück, wir wollten noch was essen, suchten uns ein schönes Restaurant und pickten dort etwas. Am Abend saßen wir wieder draußen auf der Veranda bei meiner Bekannten und tranken ein Gläschen Limettenlikör, den konnte man mit Eis gut trinken. So zogen die Stunden dahin und der Mond ging auf, ich hatte das Gefühl, ich könnte ihn greifen, so nah sah er aus, auch der Sternenhimmel war hier viel heller und intensiver. Irgendwann gingen wir schlafen und ich fühlte mich sehr gut. Ich beneidete Tina um ihr Leben hier, denn wenn man sich mal an dieses ruhige Tempo angepasst hatte, dann konnte man leben und starb sicherlich nicht am Stress. Ich dachte, hier zu leben wäre nicht das Schlechteste, aber wovon hier auf Dauer existieren?

Am nächsten Tag fuhren wir zur Atlantikküste, dort war das Klima viel härter, die Wellen waren mächtig und das Wasser auch etwas frischer – wir sprangen trotzdem in die Fluten und schwammen ein ganzes Stück. Danach lagen wir faul im Sand und ließen uns die Sonne auf die Plauze scheinen. Die Zeit ging schnell vorbei und wir fuhren wieder zurück zu Tinas Haus oder besser gesagt Finca. Am Abend grillten wir und sprachen über alles Mögliche, am nächsten Tag wollten wir wieder zurückfahren, denn der Ritt war auch mächtig lang, wir wollten ja komplett an der spanischen Küste hochfahren, um uns alles anzuschauen. Wir frühstückten noch in Ruhe und dann verabschiedeten wir uns und machten uns auf den Weg, es waren ein paar tolle Tage gewesen, die man nicht oft in so einer Form erleben kann. Der Tag wurde sehr heiß, aber wir hatten alle Fenster auf und fuhren gemütlich dahin, die Natur war sehr schön und oft hielten wir an und machten Fotos. Es dauerte nur ein paar Stunden und wir waren schon in Spanien, fuhren bis kurz vor Gibraltar und dann die Küstenautobahn hoch: Wir schauten uns die ganze Costa del Sol an. Leider hatten wir nicht genügend Zeit, denn ich wäre gerne überall ein paar Tage geblieben, so hielten wir nur kurz an und stiegen rasch ins Wasser, um dann weiter zu fahren, denn wir hatten noch eine lange Reise vor uns. Kurz vor der französischen Grenze wurde das Wetter wieder schlechter, in Frankreich selber hatten wir wieder ab Lyon Regen und die Temperatur lag im Keller. Ich war nicht unbedingt ein Sonnenanbeter, aber die paar schönen Tage hatten auch mir sehr gut gefallen, mit dem Regen konnte ich mich aber ebenso gut arrangieren, denn den kannte ich ja. Als wir zu Hause ankamen, war es mitten in der Nacht und wir setzten Alex ab und fuhren dann zu uns nach Hause. Die Begrüßung durch die Vierbeiner war super und wir warfen uns gleich in das Bett. Meine Freundin blieb noch ein paar Tage bei mir und fuhr dann zurück nach Österreich, weil die Uni wieder begann. Sie nahm den Zug zurück und das war fast eine halbe Weltreise. Wir sprachen darüber, was wir machen sollten, wenn sie mit ihrem Studium fertig war, ob ich dann nach Austria umziehen sollte oder sie zu mir kam. Wir hatten da noch keine endgültige Regelung getroffen, es war ja auch noch Zeit. Ich für meinen Teil konnte mir ein Leben dort schon gut vorstellen, aber wovon wollte ich meine Existenz bestreiten, das erschien mir schon ein großes Problem.

Ich fuhr einige Monate später wieder runter zu ihr, denn sie hatte ein paar Tage frei. Wir hatten uns überlegt, mal eine kleine Reise über den Balkan zu machen, wir fuhren erst zu meinem Kollegen nach Ungarn, er hatte dort ein wunderschönes Haus mitten in einem Weinberg. Er war zu dieser Zeit eh dort, denn er baute sein Haus komplett um. Wir besuchten ihn und gingen am Abend noch im Balaton schwimmen, das Wasser war herrlich und wir redeten noch lange. Spät am Abend fuhren wir weiter Richtung rumänische Grenze, mitten in der Puszta suchten wir uns ein Hotel, wo wir ein paar Stunden schliefen, am nächsten Morgen ging es früh weiter. Kurz nach der Grenze hielten mich rumänische Bullen an und zeigten mir eine Videoaufzeichnung und sagten mir, ich sei zu schnell gefahren. Ich dachte, die wollten einen Spaß machen, aber so sah es dann doch wohl nicht aus. Die neueste Überwachungsanlage hatten sie, aber einen Wagen, der bald auseinander brach: was für ein Hohn!

Zum Glück konnte ich noch handeln und die Sache hatte sich damit schnell erledigt. Es gab dort in Rumänien keine Autobahn und wir fuhren nur Landstraße, wir wollten nach Bran und uns das Schloss von Graf Dracula anschauen. Es war eine ewige Fahrerei, denn bis dort waren es bestimmt sechshundert Kilometer. Spät am Abend kamen wir dort an und suchten uns eine Pension zum Schlafen – die Gegend dort war sehr schön und gefiel mir sofort. Die Leute in der Pension waren auch sehr nett, nur mir gefiel nicht, dass ein Hund draußen an einer sehr kurzen Kette hing. Ich hatte auch schon gemerkt, dass die Menschen keinen Bezug zu Tieren hatten.

In dieser Nacht schliefen wir gut, obwohl ich mir so dachte: Vielleicht springt heute Nacht ein Vampir durchs Fenster! Mit dem Gedanken döste ich weg. Am nächsten Morgen frühstückten wir gut und fuhren weiter nach Brasov, um uns die Stadt anzuschauen. Es war eine alte Stadt, aber die Armut war sehr groß, zu meinem Entsetzen sah ich auf der Straße und am Straßenrand Hunde, die totgefahren waren und dort einfach herumlagen, ohne dass es jemanden interessierte. In der Stadt und am Wegesrand sah ich auch total viele Hunde sitzen oder herumlaufen, manche bis auf die Knochen abgemagert. Ich hatte viele Berichte über Rumänien gesehen, aber dass es so schlimm war, konnte ich fast nicht glauben. Die Tränen stiegen mir in die Augen, meine Freundin war auch geschockt, ich sagte zu ihr: „Das kann ja gar nicht wahr sein, ich fühle mich wie in einem schlechten Traum."

Ich fuhr zu einem großen Supermarkt und kaufte dort in Mengen Hundefutter und Würste, den ganzen Vormittag verbrachten wir damit, arme Hunde zu füttern, diese armen Seelen hatten so furchtbare Angst. In mir kochte auch die Wut auf diese Menschen, aber ich dachte mir: Die haben ja selber nichts zu fressen! – Die ganze Situation war schon sehr heftig. Gegen Mittag fuhren wir nach Bran zurück und wollten uns das Schloss anschauen, mir war gar nicht mehr danach zumute, aber wir machten es trotzdem.

Auf dem Weg dorthin sah meine Freundin einen kleinen Hund an einem Flussufer liegen, er war ganz weiß und lag dort auf einem Fetzen Stoff. Wir dachten, er gehört jemandem, aber weit und breit war niemand zu sehen. Wir gingen also weiter Richtung Schloss und schauten uns dort alles an. Es bleibt nun mal offen, ob Dracula dort wirklich gelebt hatte oder ob es nur für die Touristen so gemacht war. Als wir wieder zurückkamen, lag der arme kleine Hund immer noch da und ich sagte zu meiner Freundin: „Dem müssen wir helfen, den nehmen wir mit, denn hier geht der ja kaputt." Ich näherte mich dem Fellbüschel und schnappte ihn, er knurrte und biss mir mit seinen spitzen Milchzähnen ein wenig in den Arm, doch er war so ein süßer Kerl. In einer zweiten Kiste mit Abfall lag noch ein Hündchen, ganz jung und klein, den nahm ich auch noch mit und wir fuhren zu einem Tierarzt, um ein Mittel gegen Würmer und Flöhe zu holen – denn beide hatten davon reichlich. Der kleine Kerl saß voll von Flöhen und Maden, er hatte hinten am Bein eine offene Stelle, wo schon die Maden dran saßen. Der Wichser von Tierarzt besprühte ihn jedoch viel zu oft mit dem Mittel „Frontline" und der arme Kerl starb dadurch. Selten in meinem Leben war ich so traurig und habe so viel geweint. Meiner Freundin ging es auch so und wir suchten ein ruhiges Plätzchen an dem Fluss, der durch Bran floss, und begruben ihn dort. Ich hätte es nicht zulassen dürfen, dass er so viel von diesem Scheißmittel nahm, aber ich war dumm und habe es nicht gewusst. Der liebe Gott und der arme Kerl mögen mir verzeihen.

Dieses schreckliche Ereignis verfolgt mich noch bis heute, wie konnte ich nur so doof sein, ich hätte dieses arme Hündchen retten müssen und habe jämmerlich versagt. Ich hoffe, er hat nicht viel gelitten und seine Seele ist im Hundehimmel oder wurde schnell wiedergeboren. Dem anderen Hund ging es besser, er versteckte sich nur unter dem Bett und hatte Angst. Wir fuhren mit ihm zum staatlichen Veterinär, um die nötigen Ausfuhrpapiere zu bekommen, vorher hatten wir ihn beim Tierarzt komplett impfen lassen. Wir bezahlten unsere Gebühren und konnten dann wieder fahren, ich meine mich zu erinnern, dass den Hund niemand sehen wollte, Hauptsache, die Marie stimmte und dann war alles gut. Wir fuhren von Brasov Richtung bulgarische Grenze, denn wir wollten ein Stück durch dieses Land touren, um dann über Serbien weiter nach Kroatien zu reisen. Wir kauften ein Ticket für die Fähre und fuhren damit über die Donau. Auf der anderen Seite war die Zollstation und wir mussten halten und warten. Der Zöllner kam und nahm unsere Papiere mit und wir standen dort mit unserem Wagen bei fast vierzig Grad im Schatten. Alle anderen Personen waren schon lange durch den Zoll durch, nur wir standen immer noch da und nichts bewegte sich. Mir platzte der Sack und ich ging in die Station und fragte dort, warum wir nicht weiter könnten und warum niemand kam. Unsere Konversation war untereinander nicht besonders gut und ich fragte immer wieder, wo das Problem war, der Beamte sagte, wir könnten nicht einreisen, da der Fahrzeughalter nicht dabei war. So einen Schwachsinn hatte ich noch nie gehört und sagte dem Typen, ich hätte mir den Wagen geliehen und die Halterin wusste auch, dass ich eine Balkantour unternahm. Der Zöllner verlangte eine Bescheinigung, dass ich das Fahrzeug benutzen durfte, so ein Papier hatte ich natürlich nicht dabei und konnte auch keines so flott beschaffen, fern der Heimat. Das Fax oder Telefon ließen sie mich auch nicht benutzen, wie sollte ich an diese Vollmacht kommen, unmöglich unter diesen Umständen. Fakt war: Wir durften nicht nach Bulgarien, weil der Beamte meinte, ich wollte das Auto dort verkaufen. Ich beschimpfte ihn vor lauter Wut, aber das half mir auch nicht weiter, dann wedelte ich mit einem Hundert-Euro-Schein herum, aber alles half nichts, wir mussten wieder mit der nächsten Fähre zurück. Was für ein Dreck, dachte ich mir, meine Freundin war auch stinksauer. Zum Glück funktionierte die Klimaanlage von meinem Auto sehr gut, denn sonst hätte man die Hitze gar nicht ertragen können, ich drehte und wir fuhren in Richtung Fluss und Fähre zurück.

Es dauerte noch eine ganze Weile bis die fucking Fähre wieder erschien, ich kaufte ein weiteres Ticket und es ging zurück nach Rumänien; meine Laune war echt mies und ich dachte mir: Was für eine Scheiß-Sache! Am anderen Ende angekommen fuhren wir in Richtung Serbien, an einer großen Staumauer war die Grenze und es dauerte ewig, bis wir über den Staudamm bis zur serbischen Grenze fahren durften. Dort kam ein Grenzer an und sammelte unsere Ausweise ein und sagte zu mir, ich sollte mir ein T-Shirt anziehen, ich sagte ihm in Englisch, dass ich das nicht machen würde und auch nicht wüsste, warum ich bei der Hitze noch ein Shirt anziehen sollte. Es dauerte auch hier eine ganze Zeit und dann kam ein Offizier mit viel Lametta und sagte mir, mit dem Personalausweis käme ich nicht nach Serbien rein. Ich meinte zu ihm: „Das kann nicht sein, denn ich habe mich beim Konsulat erkundigt."

Der Goldfasan sagte zu mir: „Ja, das war auch bis vor ein paar Tagen noch so, dass diese Regelung mit Personalausweis bestand, aber jetzt nicht mehr, nun benötigt man einen Reisepass." Und den hatte ich nicht mit. Wir redeten sehr lange, doch sein Entschluss stand fest und ich konnte auch hier wieder zurückfahren. Ich dachte, ich bin in einem schlechten Film. Ich war so wütend, dass ich vor Adrenalin zitterte, ich schlug gegen das Lenkrad und fuhr zurück, so was hatte ich noch nie erlebt. Am anderen Ende war wieder die rumänische Grenze, aber diesmal kamen wir rasch durch. Wir beschlossen, ein Stück wieder zurück nach Ungarn zu fahren, von dort nach Kroatien und dann weiter in den Süden, sicherlich war das ein Riesenumweg, aber was sollte ich machen? Am Spätnachmittag kamen wir an die kroatische Grenze, die Grenzer waren sehr freundlich und ließen uns so passieren. Warum nicht gleich so?, dachte ich mir. Nun ging es immer weiter über Bosnien bis unten nach Mostar, es dauerte noch viele Stunden, bis wir da ankamen, das Land war sehr schön und das Wetter war super.

Unserem kleinen Wolf ging es auch nicht schlecht, er lag hinter dem Sitz am Boden und schlief viel, es war so ein süßer Kerl und ich glaube, er merkte, dass wir ihm nichts Böses wollten. Am Abend suchten wir uns immer schöne kleine Hotels, in die wir mit Hund durften, meine Freundin war auch sehr tierlieb und wir kümmerten uns sehr gut um den kleinen Kerl. Wir nannten ihn Pablo, der Name passte sehr gut zu ihm, denn er war schon sehr ausgefallen. Seine Vorfahren kannten bestimmt den Grafen Dracula, denn er lebte ja bekanntlich in Bran. Wir schauten uns alles in Mostar an, natürlich die berühmte Brücke, die man damals gerade wieder aufzubauen begann. Nach unserer Besichtigung ging es weiter nach Dubrovnik, das Wetter war einfach nur toll und es war sehr heiß. Unterwegs fanden wir ein schönes Plätzchen zum Baden und sprangen logischerweise gleich in die Fluten. Pablo mochte das Wasser nicht so gerne, er lag unter einem Baum und schaute sich alles aus sicherer Entfernung an. Das Wasser war sehr warm und super klar, man konnte bis auf den Grund schauen, ich dachte: Hier möchtest du wohl mal gerne tauchen!, denn das erschien mir hier ein perfektes Gewässer dazu. Nach dem Schwimmen legten wir uns auch noch etwas in die Sonne und fuhren danach weiter. An Dubrovnik fuhren wir bald vorbei, ich hielt auf einer Anhöhe an und wir gingen ein kurzes Stück in die Altstadt. Die Gebäude waren schön und es herrschte reger Betrieb, wir blieben nicht zu lange, denn es war sehr heiß und Pablo saß ja im Auto. Bei diesen Temperaturen konnte ein Auto in kürzester Zeit zu einem Backofen werden, schnell startete ich den Motor und machte die Klimaanlage an, damit es gleich wieder kühl im Auto wurde.

Es ging über eine Riesenbrücke weiter in Richtung Split, die Fahrt an der Küste entlang war einfach super schön, die Natur und das Meer waren optisch ein absoluter Leckerbissen. Ich fuhr dann weiter in das Landesinnere und wir kamen nach Herzegovina. Wir wollten noch nach Medugorje, um dort zu beten; am späten Nachmittag kamen wir dort an und suchten uns eine Pension, wo wir schlafen konnten. Pablo ließen wir in dem Zimmer und begaben uns ins Zentrum, dort war sehr viel los und wir nahmen gleich an einem Gottesdienst teil, der gerade begann. Die Kirche war voller Leute, denn ich glaube, es waren sehr viele Wallfahrer dort, auf dem Hinweg hatte ich sehr viele Busse gesehen. Nach der Messe stiegen wir auf den Berg, auf dem die Marienerscheinung stattgefunden haben soll, es war ein längerer Anstieg und auch dort waren sehr viele Menschen unterwegs, obwohl es schon dämmerte. Nach dem Abstieg hatten wir Hunger und Durst und setzten uns in ein Lokal. Das Food war gut, wir kauften noch ein paar Andenken und gingen zurück zu unserer Pension. Unser kleiner Freund freute sich schon und kam angewackelt, es gab jetzt natürlich für ihn was zu essen und dann eine Runde Gassi.

Am nächsten Morgen ging es weiter nach Slowenien, die Fahrt war ein Traum und am späten Nachmittag kamen wir dort an und entschieden uns, die letzten Kilometer bis Graz auch noch weiter zu fahren. In Graz war es wieder heiß und sehr drückend. Ich blieb noch ein paar Tage und fuhr dann zurück nach Deutschland; meinem kleinen Kerl ging es ganz gut und ich war froh, dass er sich besser fühlte. Dieser Zustand hielt aber nicht sehr lange an, denn schon bald, wenn er aufstand, schrie er jedes Mal ganz laut. Ich glaubte erst, er hätte sich irgendwo gestoßen, aber es wurde nicht besser, sondern immer schlimmer. Mich bedrückte der ganze Zustand und ich ging zu meinem Doc, der ihn komplett untersuchte und mir dann sagte, dass sich Bakterien zwischen den Rückengelenken festgesetzt hatten und anfingen, an einigen Stellen die Bandscheiben aufzufressen. Das war ein mächtiger Schock und er machte mir nicht gerade viel Hoffnung, ich glaube, er sah nicht unbedingt große Chancen, um ihm zu helfen.

Das war natürlich eine miese Nachricht, aber ich wollte alles tun, um ihm zu helfen, und deswegen suchte ich mir einen Spezialisten und fand ihn in Holland. Ich lud Pablo ein und fuhr mit ihm dorthin und sprach mit dem Doc; der Mann machte mir einen kompetenten Eindruck und so sprachen wir über Pablos Problem. Der Doc schrieb mir Tabletten auf und sagte mir, das könnte wohl sehr lange dauern, bis die Bakterien erledigt wären, ich bedankte mich, fuhr gleich heim und fing mit der Tablettentherapie an. Schon nach ein paar Tagen konnte Pablo ohne Schmerzen und Piepen aufstehen, die Tabletten waren super und dadurch wurde er auch wieder ganz gesund. Meine Freundin V. nahm die ganze Sache ebenfalls übel mit, und für sie war es bestimmt fast noch schlimmer als bei mir, denn sie sah Pablo ja in Österreich nicht und konnte ihn weder drücken noch streicheln.

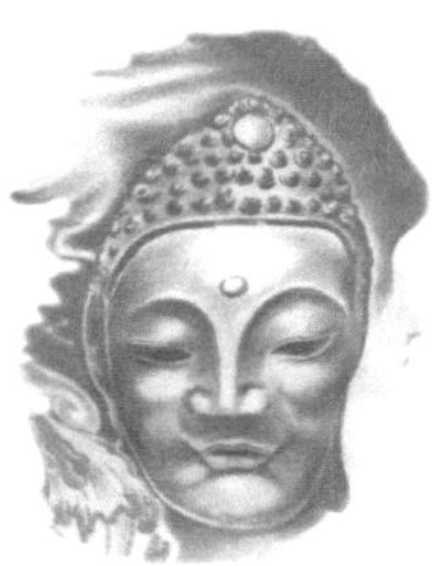

5.6. Inkasso

Mit meinem Freund R. war ich immer noch viel unterwegs, aber ich hatte das Gefühl, er wollte die Firma an die Wand fahren. Ein Bekannter von mir starb in jenen Tagen, es war eine große Beerdigung von ihm in Hagen, ich fuhr mit ein paar weiteren Kollegen dorthin und erwies ihm die letzte Ehre. Für mich war hier mit Medenbach einer der letzten großen deutschen Milieugrößen gegangen. Alles, was Rang und Namen hatte, war dort, der ganze Friedhof war voll und auch die Behörde war sehr stark vertreten, aber hielt sich dezent zurück. Ab und zu hörte man einen Hubschrauber kreisen, aber sonst sah man von den Cops niemanden. Christian Anders war gleichfalls ein guter Freund von Medenbach gewesen und sang an seinem Grab „Es fährt ein Zug nach nirgendwo". Nach der Beerdigung saßen wir noch bei ihm im Club und redeten miteinander, die Rot-Weiße Abteilung war auch da und Frank redete mit einigen Jungs. Nach ungefähr zwei Stunden machte ich wieder den Sittich, denn ich war nie ein Freund von Suff und Lunch nach einer Beerdigung, so brachte ich meine Kollegen weg und fuhr dann wieder heim.

Zuhause ging ich mit meinen Hunden eine große Runde spazieren, das Wetter war schön und ich atmete tief durch, ich dachte noch mal über die Beerdigung nach und fand es gut, dass fast tausend Leute bei seinem letzten Gang gekommen waren. Am Abend fuhr ich wieder zum Boxen und gab richtig Gas, das Training war stets sehr hart, denn ich machte immer sehr viel Sparring und das mit guten, starken Jungens, die mich richtig forderten. Für mich war das Training immer sehr wichtig, denn ich musste meine Energie loswerden und konnte sie so gut kanalisieren – Sport war und ist ein sehr wichtiger Bestandteil meines Lebens. Solange ich denken kann, hat er mich total stark beeinflusst. Es standen wieder Wettkämpfe an und ich erhöhte mein Trainingspensum, die Gegner wurden immer besser und ich war ja auch nicht mehr der Jüngste. Ich habe bei mir erst relativ spät gemerkt, dass mit dem Alter die Power und der Biss ein wenig schwinden, durch meine große Routine konnte ich fast jeden Gegner besiegen. Für mich war wichtig, dass ich wusste: Irgendwann ist Schluss mit dem Fighten. Ich wollte weder schwer verletzt werden noch als Lachnummer verkommen. Es war mir wichtig, einen würdigen Abgang zu schaffen. Das war sicherlich nicht einfach, denn ich hatte viele Kollegen, die nach einer Karriere als Boxer in ein tiefes Loch fielen und nicht mehr wussten, was sie tun sollten und wofür sie da waren.

Ich hatte früh damit begonnen, mir eine Inkasso- und Sicherheitsfirma aufzubauen, das war ebenfalls sehr viel Arbeit, aber es klappte gut und ich schaffte mir so eine solide Plattform. Ich hatte außerdem Kollegen, die mich für Security-Jobs buchten, ich war oft bei großen Konzerten oder Veranstaltungen im Einsatz. Einer meiner Kollegen namens Hüpper, auch besser bekannt als Rocker-Klaus, veranstaltete schon seit Jahren die Ibiza-Bike-Week. Er fragte mich, ob ich mal mit wollte, und so flog ich mit meiner Freundin nach Ibiza. Wir waren in der Nähe des Flughafens auf einer Finca untergebracht, es war dort gemütlich und bis zum Strand brauchten wir auch nicht lange zu gehen. Das Wetter war toll und wir liefen fast jeden Tag ans Wasser. Ich hatte für die Tage dort ein Moped bekommen und ich fuhr mit meiner Freundin durch die Gegend. Die Insel war sehr schön und überall, wo es uns gefiel, da hielten wir an – man musste sich wirklich Zeit nehmen, dann entdeckte man die wirklich schönen Plätze dieser Insel. Ich hatte dort auch die Möglichkeit bekommen, nachts in einer großen Bar die Türe zu machen, das brachte noch etwas Knete und ich arbeitete gerne mit den Jungens zusammen. Es gab für die Tage natürlich ein gutes Programm, das auf die Biker abgestimmt war, jeden Abend lief Live-Musik, die den Leuten und mir sehr gut gefiel. Die Stimmung war toll und es gab fast nie Probleme untereinander, es wurde viel gesoffen und bei der Hitze hatte der ein oder andere wohl am nächsten Tag eine dicke Birne und Kopfschmerzen.

Am vorletzten Tag gab es die obligatorische Inselrundfahrt, es war super, bei so herrlichem Wetter mit den Mopeds über die Insel zu fahren, unsere Kolonne war sehr lang. Das Schöne war, dass sogar spanische Polizisten als Gast mitfuhren und keiner sich beschwerte, wenn mal ohne Helm gefahren wurde – ich kann nur jedem empfehlen, mal die Bike-Week mitzumachen, das ist noch echt ein Original. Wir hielten an mehreren Lokalen an und aßen dort etwas und weiter ging die Fahrt. Spät am Abend hatten wir fast die ganze Insel umrundet und es wurde gefeiert. Ich trank keinen Alkohol, weil er mir noch nie schmeckte, und haute mit V. kurz nach Mitternacht ab, wir fuhren mit unserem Moped zurück zu unserer Finca und gingen dann schlafen. Am nächsten Morgen gingen wir noch eine Runde schwimmen, denn wir hatten genügend Zeit, unser Flieger startete erst am Abend. Später packten wir unsere Sachen, wurden dann abgeholt und zum Flughafen gebracht, wir verabschiedeten uns und checkten ein. Als wir abhoben, ging die Sonne am Horizont unter und glühte wie ein Feuerball. In Deutschland war es auch sehr warm, aber es herrschte hier eine extrem hohe Luftfeuchtigkeit und man schwitzte an einem Stück, in Spanien war es zwar heißer, aber die Luft viel trockener. Der Körper musste sich daran erstmal wieder gewöhnen, so gingen wir viel schwimmen, denn dort, wo ich lebte, gab es extrem viele Seen. Das Wasser war herrlich und fast genauso warm wie das Mittelmeer.

Fast jeden Tag kamen auch Anfragen von Fernsehsendern wegen Reportagen, ich war ja kein Unbekannter, ob wegen dem Free Fight oder mit Security und Inkasso: Ich hatte schon ausgefallene Hobbys. Die Reportagen gefielen mir gut, denn dort durfte ich zeigen, was ich konnte, für mich war das eine gute Geschichte, denn so hatte ich prima Werbung. Es gab auch Reportagen, die ich nicht mochte, denn reißerische Nummern wollte ich nicht. Es war wichtig, klar und deutlich mit den Verantwortlichen vom Sender zu sprechen, damit die genau wussten, wo die Deadline war. Eine Werbung um jeden Preis wollte ich nicht, denn das würde mir nur schaden und das wollte ich vermeiden. Ich hatte viele Beispiele gesehen, wo Leute verrissen wurden, bei mir sollte das nicht passieren. Das Fernsehen hätte am liebsten gehabt, wenn ich in Rambo-Manier beim Schuldner durch die Tür gegangen wäre, das hieß bei denen Action um jeden Preis, aber auf solch einen Scheiß hatte ich keinen Bock, denn das hatte nichts mit meiner Arbeit als Inkasso-Unternehmer zu tun. Das Gleiche gilt für die Türe: Der Sender hätte das wohl gut gefunden, wenn ich einen Störenfried gleich zusammengelegt hätte, das TV hätte super Bilder gehabt, ich aber eine fette Anzeige am Arsch.

Außerdem war es wichtig, immer gerade und ehrlich zu bleiben, und dazu gehörte eben nicht, bei Leuten die Türe einzutreten oder einen Stressmaker zu verprügeln; das ist alles unrealistisch und ich würde niemals für eine Einschaltquote von meinen Prinzipien abweichen. Ich glaube, dass viele Drehs nicht zustande kamen, weil ich eben nicht diesen Weg beschritt und denen am Telefon schon ganz klar sagte, was ich mache und was nicht. Wilde Reißer-Storys gehörten eben nicht dazu, denn sie sind nicht das, was ich wirklich gerne mache – ich habe ein Berufsethos und bin sehr altmodisch, was das betrifft. Für authentische Drehs war und bin ich immer zu haben, denn sie zeigen die Realität, wie sie wirklich ist. Ich stehe gegenüber mir und anderen Personen in der Verantwortung, und was wäre ich für ein Mensch, wenn ich mir selber untreu werden würde? Man wird jeden Tag vom Staat und der Politik schon genug verarscht, so muss ich nicht auch noch auf den Zug aufspringen und mich instrumentalisieren lassen.

Zu dieser Zeit begann ich auch, in verschiedenen Fernsehformaten als Schauspieler tätig zu werden. Ich hatte mich vor den Angeboten, die von den Fernsehsendern kamen, von verschiedenen Castingagenturen casten lassen. Dort entdeckte man, dass ich über gute schauspielerische Fähigkeiten verfügte. Am Anfang waren es noch kleinere Rollen, aber in den vielen Jahren schaffte ich auch in diesem Bereich passable Leistungen und spielte in sehr bekannten Fernsehfilmen und sogar einigen Hollywood-Produktionen mit. In der deutschen Serienlandschaft habe ich bei sehr vielen Formaten – von „Alarm für Cobra 11“ über „Lenßen und Partner“ bis hin zu diversen Gerichtsshows mitgewirkt. Im deutschen Hauptabendprogramm war ich mit abendfüllenden Filmen u.a. mit dem deutschen Schauspieler Richy Müller vertreten. An internationalen Produktionen habe ich an der Seite von Michael Paré, Dolph Lundgren („Schwerter des Königs“) oder Natassia Malthe hauptsächlich in Fantasie- und Actionfilmen mitgespielt. Die Arbeit als Schauspieler ging mir immer sehr leicht und locker von der Hand, denn meine Bretter, auf denen ich gelernt hatte, waren mein Leben – meine Vergangenheit. Ich hoffe, auch in Zukunft an sehr vielen guten Produktionen mitwirken zu können. So wie im Dreh „Lavendelkönigin“ mit Dieter Pfaff für ARD/WDR und die Serie „Bloch“ unter der Regie von Michael Verhoeven. Das sind alles so tolle Erlebnisse, dass sie detailliert gar keinen Platz mehr in diesen ersten Lebenserinnerungen finden. Dazu will ich gern in einem zweiten Buch mehr erzählen. Auch beispielsweise zu meiner Serie „Harte Hunde – Tierretter in Rumänien“ auf „hundekatzmaus“ bei VOX, bei der weniger mein schauspielerisches Talent, sondern mehr meine gelebte Tierliebe zum Tragen kommt.

Meine große Freude galt dem Bergsteigen, ich plante natürlich meine Touren sehr gut im Vorfeld, schon bei dieser Beschäftigung war eine riesige Vorfreude in mir. Ich glaube, dass ich in einem früheren Leben mal ein Bergsteiger oder Ähnliches war, denn sonst hätte ich wahrscheinlich nicht diese magische Verbindung zu den Bergen. V. und ich wollten nach Lourdes fahren und danach eine schöne Tour durch die Pyrenäen machen, wir hatten schon viel gehört über diese tolle Landschaft und ich hatte schon einiges davon gesehen. Immer, wenn ich nach Spanien fuhr, musste ich die Autobahn nehmen, von der aus ich nicht allzu viel sah – aber das, was ich sah, war schon sehr schön. In den Semesterferien kam meine Freundin zu mir und wir fuhren in Richtung Frankreich los. Wir schafften die Strecke bis kurz vor Lourdes in einem Tag, dort angekommen suchten wir uns ein kleines Hotel und schliefen dort. Der nächste Morgen war nicht sehr schön, es regnete und die Temperatur war nicht gerade das, was man im Sommer erwartete, doch egal, das konnte uns nicht abschrecken. Wir fuhren die letzten Kilometer bis Lourdes und parkten dann dort unser Auto – es waren schon viele Leute da, aber es hielt sich noch in Grenzen. Das Gelände war sehr weitläufig, und so fiel es nicht auf, selbst wenn einige tausend Leute da waren. Es war ein sehr schöner Ort mit einer besonderen Ausstrahlung, ich konnte solche Dinge schon immer sehr gut aufnehmen, das lag vielleicht daran, dass ich vom Sternzeichen Skorpion bin und deshalb eh eine sehr spirituelle Ader habe.

Wir schauten uns alles in Ruhe an und gingen danach noch in einen Gottesdienst, die Kirche war wunderschön und überall waren Platten des Dankes in die Wände eingearbeitet – von Menschen, die hier gebetet hatten und deren Gebete erhört wurden. Und es waren viele Wunder geschehen, das konnte man an der Menge der Steinplatten sehen. Die Kirche war sehr voll und der Gottesdienst in Französisch, die Messe war schon beeindruckend, wir empfingen auch das heilige Abendmahl und ich betete an dem Ort, an dem Bernadette ihre Erscheinungen der Muttergottes hatte. Es war bewegend und die Tränen standen mir in den Augen, nach dem Gottesdienst gingen wir noch ein wenig in den kleinen Ort und kauften einige Andenken für uns und unsere Angehörigen. Da es schon Mittag war, suchten wir uns ein Restaurant und speisten dort etwas; der Regen hatte aufgehört und wir gingen zu unserem Auto, um jetzt in die Berge zu fahren.

Wir wollten einen Dreitausender machen und hatten uns einen ausgesucht, wir fuhren sehr lange auf der Straße, auf der jedes Jahr die Tour de France stattfand und erreichten auch den höchsten Punkt dieses harten Rennens. Ich bin selbst ein sehr harter Mensch, doch fragte ich mich oft, wie Menschen sowas aushalten können. Wochenlang im Sattel und jeden Tag fast zweihundert Kilometer oder mehr und das in Zeiten, die ich mit einem Moped wahrscheinlich nicht fahren könnte. Ich fuhr auch viel Fahrrad, aber bei mir bestand ein Trainingspensum aus fünfzig bis sechzig Kilometern, vielleicht auch mal hundert, dann reichte es mir aber. Diese Jungens leisteten Unvorstellbares, wir sitzen im Auto und fahren mal eben schnell zweihundert Kilometer. Wir haben gar keine Vorstellung mehr von Raum und Zeit.

Wenn ich daran denke, was frühere Bergsteiger alles geleistet hatten, kann ich mich vor Demut auch nur verbeugen, sie fuhren mit alten Fahrrädern quer durch die Alpen und erklommen die schwierigsten Wände. Ich reiste immer bequem an und schlief in Hotels oder Berghütten und dachte nach einer Besteigung: Das war ja nicht schlecht. Doch was war das gegenüber der Leistung von solchen Männern? Wenn ich ehrlich bin, war es eigentlich nur ein Spaziergang. Wir fuhren noch einige Zeit, bis wir in der Nähe des Berges waren, ich glaube er hieß Pic du Midi. Das Auto stellten wir auf einem Parkplatz ab und zogen unsere Bergstiefel an, den Rucksack mit etwas Proviant packte ich mir auf den Rücken und dann stapften wir los. Die Natur war herrlich und die Berge gewaltig, das Panorama gefiel mir sehr gut und ich atmete tief durch, ich dachte bei mir selbst: Schön, dass du sowas erleben darfst. Der Weg war lang und steil, es ging über sehr viel Schotter, hier gab es kaum Gras oder kleine Büsche, geschweige denn Bäume. Wir hielten unterwegs kurz an und machten eine Brotzeit, wir hatten frisches Brot und Ziegenkäse gekauft, der sehr gut schmeckte. Unser Tempo war stramm, denn wir waren spät aufgebrochen und wollten im Hellen auch noch zurückkommen, wir brauchten wohl einige Stunden bis zum Gipfel.

Dort angekommen zogen wir uns trockene Unterhemden an und ruhten uns dann aus, oben wehte ein kräftiger Wind und wir setzten uns in den Windschatten. Es waren nicht sehr viele Menschen mit uns am Gipfel, das Wetter war nicht gerade der Hit, denn immer wieder gab es einen kleinen Schauer. Wir blieben eine gute halbe Stunde und dann ging es wieder an den Abstieg, den gleichen Weg nahmen wir zurück und unser Tempo war gut. An einem großen Geröllfeld dachte ich mir: Da gehst du quer durch, um Zeit und Weg zu sparen. Das war aber keine gute Idee, denn das riesige Steinfeld war sehr steil und die Platten alle sehr lose, ich kam schwer ins Rutschen und dachte mir nur: Hoffentlich fängt nicht ein größeres Stück an zu rutschen und löst damit eine Steinlawine aus, die mich dann sicherlich begraben hätte. Als ich da endlich durch war, dankte ich dem lieben Gott und machte mir Vorwürfe über meinen Leichtsinn. Man lernt immer wieder dazu, aber so eine Scheiße würde ich nie mehr machen, schwor ich mir.

Als wir am Parkplatz ankamen, war es schon spät, noch nicht dunkel, aber das Wetter hatte sich verschlechtert und es regnete an einem Stück; wir zogen unsere nassen Sachen aus und suchten uns dann ein Hotel. Wir fuhren vielleicht eine gute halbe Stunde und fanden dann ein Hotel, das uns sehr gut gefiel. Schnell checkten wir ein und bezogen gleich unser Zimmer, wir waren beide total kaputt und müde. Wir sprangen unter die Dusche und dann ging es ins Bett, das Zimmer war nicht groß und das Bett nahm den meisten Platz ein, obwohl es von normaler Größe war. Die Decke zogen wir uns über beide Ohren und hörten dem Regen zu, wie er aufs Dach und gegen die Fenster prasselte. Dieses Geräusch werde ich nie vergessen und es dauerte nicht lange und wir beide schliefen ein. In dieser Nacht ruhte ich einfach toll, am nächsten Morgen frühstückten wir und fuhren wieder zurück in Richtung Heimat. Ich fuhr diesmal quer durch Frankreich und viel über die Rue National, so konnten wir uns eine Menge anschauen und ließen uns Zeit auf der Rückreise. Das Wetter wurde wieder besser und die Sonne brannte. Mir fiel ein Buch ein, das ich mal vor Jahren gelesen hatte, es hieß „Staatsfeind Nummer Eins“ und handelte von Jack Mesrine. Der war Franzose, hatte ein sehr wildes Leben gelebt und wurde 1979 in Paris von einem Spezialkommando der Polizei erschossen. Damals hatte ich das schon als kleiner Bub im Radio gehört, was geschehen war, und fand es traurig, dass ein Mensch so ein Ende gefunden hatte. Nun fuhr ich durch dieses Land, in dem dieser Mann gelebt hatte. Seine Geradlinigkeit war schon beachtlich, er lebte sein Leben in vollen Zügen und mit einer harten Konsequenz. Unsere Fahrt ging zügig vorwärts und gut ausgeruht kamen wir daheim an.

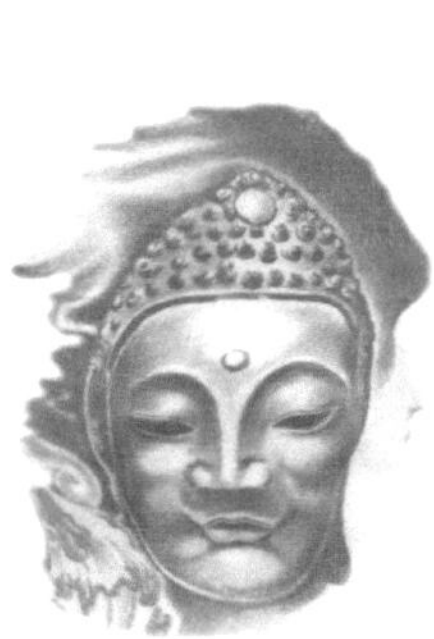

6. Unruhezustände

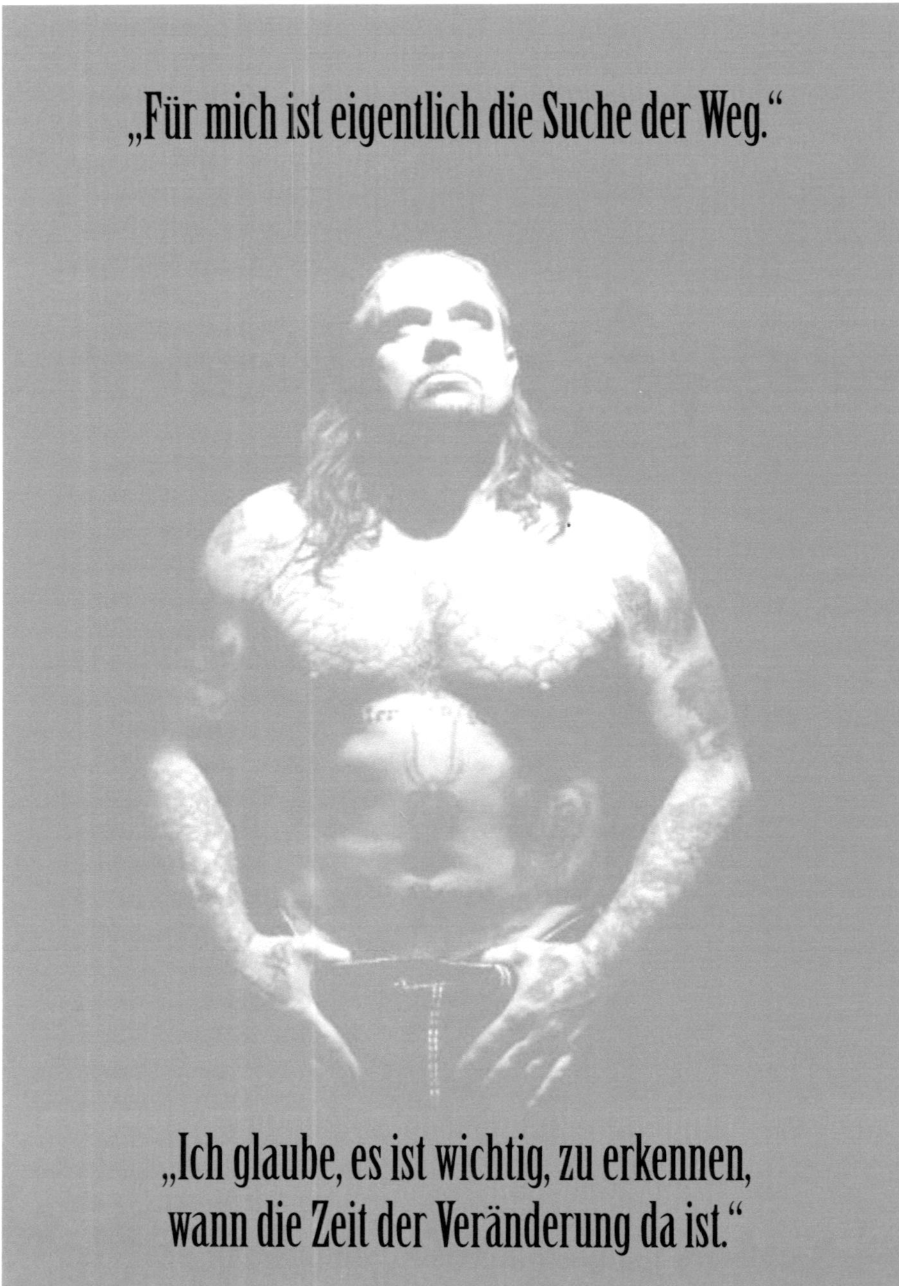

6.1. Reise nach Jerusalem

Mit meiner Freundin bereitete ich eine Reise nach Israel vor, denn wir wollten zur Geburtskirche Jesu Christi und zu allen anderen heiligen Plätzen, wo er gelebt hat. Die Vorbereitungen dauerten schon einige Zeit, denn es war die Ära der Intifada und das Auswärtige Amt warnte vor Reisen nach Israel. Für mich war das aber kein Grund, die Reise abzusagen, mich zog es immer dorthin, wo es Spannungen oder Ärger und Stress gab, mir lag das irgendwie im Blut. Als wir alles geregelt hatten, flog ich nach Wien und traf da meine Freundin, von dort ging es nach Tel Aviv. Die Flugzeit von Wien aus lag ungefähr bei guten dreieinhalb Stunden. Die Sicherheitsvorkehrungen waren heftig, wir wurden bis auf die Unterhose beim Einchecken gefilzt, man hatte wohl mächtige Angst vor Anschlägen. Im Flugzeug waren wir die einzigen Touristen und alle anderen Passagiere waren Juden; der Flug verlief ruhig und nach den besagten Stunden landeten wir in Israel. Am Flughafen wurden wir auch noch ein paar Mal kontrolliert und nach dem Ziel unserer Reise befragt, das ging mir schon auf den Sack, aber was konnte ich letztlich dagegen machen? Wir überstanden die Kontrollen, konnten aus dem Airport heraus und liefen zu unserem Autovermieter, um den gemieteten Wagen abzuholen. Ein Mitarbeiter erklärte uns sehr genau, dass wir außerordentlich aufpassen und gewisse Regionen meiden sollten, diese ganze Unterweisung dauerte auch noch eine ganze Weile und dann erst konnten wir los. Es war Februar und in Wien hatte es noch geschneit beim Abflug, aber hier war es sehr warm und die Sonne schien. Wir fuhren in nördlicher Richtung aus Tel Aviv heraus. Ich hatte mir überlegt, dass wir eben an der David Mirza School vorbeifahren würden und ich dort mal eben hereinschauen wollte. Vor gut zehn Jahren hatte ich dort eine Personenschutzausbildung gemacht, das Diplom hatte mich viel Geld gekostet und wirklich etwas gelernt hatte ich dabei nicht, doch es war trotzdem eine gute Geschichte gewesen. Wir kamen nach einigem Suchen an der Adresse an, aber die Schule schien es dort nicht mehr zu geben, es hingen noch einige Aufkleber an der Türe und an der Scheibe, aber das war es auch. Schade, dachte ich, hätte mal gerne gesehen, was heute so angeboten wurde.

Nun ging die Reise weiter und wir wollten erstmal was essen, die Juden hatten ja dabei extrem strenge Rituale. Wir fanden an der Uferstraße ein Restaurant und suchten uns dort einen Tisch. Das Food war gut und die Atmosphäre auch, die Juden waren sehr nett. Währenddessen überlegten wir, wo wir schlafen konnten und fragten die Bedienung. Sie sagte uns, direkt ein Stückchen weiter gäbe es ein Kibbuz, in dem wir pennen könnten. Die Adresse suchten wir auf und mieteten uns dort für eine Nacht ein, das Zimmer sah ganz vernünftig aus, ein bisschen spartanisch, aber trotzdem schön. Ich sprang gleich unter die Dusche und setzte mich dann auf den kleinen Balkon, die Luft roch sehr gut, irgendwie nach Frühling, so hatte ich den Eindruck. Es war in dem kompletten Kibbuz sehr ruhig, denn es war jetzt keine Reisezeit in Israel, mir kam das sehr entgegen, schließlich stand ich nicht auf Lärm und viele Leute. Es war kaum zu glauben, dass es hier einen Kriegszustand gab, aber das war die Realität. Unsere erste Nacht schliefen wir sehr gut, am Morgen gingen wir frühstücken und dann schlenderten wir zum Auto. Dort angekommen suchte ich das ganze Auto nach einem Sprengsatz ab, denn ich hatte keine Lust, weggesprengt zu werden. Alles war sauber und so fuhren wir los in Richtung Norden, denn wir wollten das ganze Land bereisen. Nun am Tag sah man das Militär überall, an jeder Bushaltestelle standen schwer bewaffnete Soldaten und fuhren auch in jedem Bus mit, es passierte ja oft, dass Busse Angriffsziele wurden, die man dann hochsprengte. Es gab viele Straßensperren und reichlich Kontrollen, man sah an jeder Ecke eine Kamera, denn es wurde alles überwacht. Wir fuhren bis fast an die libanesische Grenze und bogen dann rechts ab, wir schauten uns auch Haifa an, eine sehr alte Stadt, in der man noch den Hauch der Ewigkeit spürte. Von da aus ging es weiter in die Golanhöhen und dort schneite es tatsächlich, ich hatte mir aber schon alles im Internet über dieses Gebirge angeschaut, es war fast dreitausend Meter hoch und im Winter konnte man dort prima Ski fahren.

Jetzt zur Zeit der politischen Unruhen war dort nichts los, man sah nur die Kopten, die dort lebten und das schon sehr lange, und natürlich war das Militär stark vertreten. Der Libanon und Jordanien beschuldigten Israel, ihnen das Wasser abzugraben, quasi zu stehlen, in einem Gebiet, in dem es ansonsten sehr trocken ist, bedeutete das Wasser natürlich Überleben. Wir schauten uns die Gegend an, hier standen sehr viele Pinienbäume und es grünte überall, es war ein feines Plätzchen. Ich fuhr von da aus in Richtung Nazareth, um dort auch den heiligen See Genezareth zu sehen und in ihm zu baden. Man muss wissen: Das Land Israel ist nicht sehr groß und die Entfernungen sind auch nicht so gewaltig. Am Nachmittag erreichten wir den See und ich nahm ein kurzes Bad in ihm, wohl mehr aus spirituellen Gründen, denn es war noch sehr frisch. Es war schon ein besonderes Erlebnis, an dem See zu stehen, über den Jesus gegangen ist, der See war sehr schön und natürlich groß, wir machten viele Fotos und fuhren dann nach Nazareth. Die Fahrt dauerte nicht allzu lange. Dann schauten wir uns die Stadt und die heiligen Plätze an, es lebten dort viele Araber und Palästinenser. Mir ging es manchmal auf den Sack, dass die Jungs sehr penetrant waren und einem irgendwelchen nachgemachten Trödel verkaufen wollten. Ich sprach da mal ein Machtwort und sie ließen uns in Ruhe – mich erinnerte das an Tunesien, dort in der Altstadt im Basar ging es auch so ab, man musste schon sehr aggressiv werden, bevor da wieder Ruhe einkehrte. In einem Restaurant aßen wir etwas und liefen wieder zum Auto zurück, dort checkte ich erneut den Wagen nach Sprengsätzen, er war sauber und wir fuhren in der Dämmerung in Richtung Jerusalem.

Es war schon beeindruckend, sich der Heiligen Stadt zu nähern und sie im Dunkeln leuchten zu sehen. Als wir dort ankamen, suchten wir uns ein großes Hotel in der Nähe der Altstadt und ich konnte das Auto in einer bewachten Tiefgarage parken – das war mir lieb, denn hier knallte es fast jeden Tag. Am Abend spazierten wir noch etwas durch die Stadt und liefen bis zur Altstadt, die Mauern sahen schon gewaltig aus und ich stellte mir vor, was hier vor zweitausend Jahren passiert war. Es ging dann zurück ins Hotel und wir legten uns schlafen, denn es war schon Mitternacht, die Betten waren gut und im Hotel herrschte auch Ruhe. Wir hatten unser Zimmer im zwölften Stock und damit einen genialen Rundblick. Die Nacht verlief ruhig, obwohl man dauernd die Sirenen von Polizeiautos hörte; am nächsten Morgen frühstückten wir ordentlich und machten uns dann auf den Weg in die Altstadt. Es gab verschiedene Tore dort hinein, die aber am Abend geschlossen und am Morgen wieder aufgesperrt wurden, wir entschieden uns für das Damaskustor. In der Altstadt waren sehr viele Leute unterwegs und die schmalen Gassen waren von Händlern voll, es gab überall Geschäfte und man konnte dort fast alles erwerben. Die Händler waren dort auch nicht so penetrant und wir kamen gut durch – wir kauften uns da einige Sachen wie T-Shirts.

Wir gelangten zur Gedächtniskirche und konnten dort ohne Warten hinein, wie ich schon erwähnte, es waren keine Touristen da und so hatten wir Platz und Zeit genug, uns alles anzuschauen. Ich berührte das Stück Felsen in der Kirche, auf der das Kreuz gestanden haben soll, das war der Fels Golgatha. Mir standen die Tränen in den Augen: Was hatten die Menschen hier nur getan? Man sagt, Jesus ist für unsere Sünden gestorben, das sehe ich aber völlig anders: Wir Menschen haben uns vor Gott schuldig gemacht, indem wir seinen Sohn ans Kreuz schlugen. Wir sind so schuldig, wie man es nur sein kann, mich sollte es nicht wundern, wenn Gott uns Kreaturen für immer von diesem Planeten wegfegt, verdient hätten wir es tausend Mal. In tiefer Demut betete ich an der Stelle, wo sein Leichnam gelegen hatte, die Tränen liefen mir die Wangen herunter und ich spürte eine sehr tiefe Traurigkeit in mir. Als wir fertig waren, gingen wir wieder raus in die helle Sonne und es dauerte eine ganze Zeit, bis wir wieder besser drauf waren – der Besuch der Kirche war sehr ergreifend gewesen. Wir liefen noch ein ganzes Stück über die Via Dolorosa, hier wurde Jesus geschlagen, gedemütigt und er hatte gewusst: Am Ende dieses Weges erwartet ihn der Tod. Mein Kopf und mein Herz konnten das alles nicht verstehen, wie konnten damals die Menschen so etwas tun? Gerade die Römer und die Juden hatten sich mit dieser Sünde für immer sehr schwer beladen.

Unser Weg führte uns zum Tempelberg, aber wir wurden von der Polizei nicht hereingelassen, da es um die Mittagszeit herum war und die Moslems beteten. So warteten wir eine ganze Zeit und gingen dann hinein. Die al-Aqsa-Moschee glänzte golden und wir liefen dort hin, um sie uns anzuschauen. Ein paar Schritte hatten wir hineingetan, als einige Moslems uns den Weg versperrten und sagten, wir könnten hier nicht herein, ich wusste nicht, was der Scheiß sollte und schob mich einfach durch und konnte einen Blick nach innen erhaschen. Es gab nun dort etwas Unruhe und einige andere Männer waren noch dazugekommen, man wollte mich anfassen, aber ich stieß ihre Hände weg und ging wieder in Richtung Ausgang. Sie folgten mir und ich fragte sie, was denn das für ein Scheiß-Benehmen war, denn ich hatte nichts davon gehört, dass man die Moschee nicht anschauen dürfte. Ein Araber, der Englisch konnte, sagte mir, das hätte mit der Intifada zu tun und deswegen dürften nur Moslems in die Moschee. Ich sagte ihm: „Das kann ich aber nun gar nicht verstehen, denn ich habe doch keinen Krieg mit ihnen." Da ich ja alles kurz gesehen hatte, sagte ich: „Alles klar."

Und ging mit meiner Freundin weiter über den Tempelberg, um mir alles anzuschauen. Es war insgesamt sehr groß und beeindruckend, es war so, als wenn die Zeit stehen geblieben wäre.

Als wir alles gesehen hatten, bewegten wir uns erneut Richtung Ausgang und holten unsere deponierten Sachen wieder ab, ich hatte vergessen zu erwähnen, dass wir beim Betreten des Tempelbergs sehr scharf kontrolliert wurden und unsere Tüten mit Einkäufen einschließen mussten. Die Altstadt war wirklich sehr schön, wir kauften noch Obst ein, denn das sah super lecker aus, dann suchten wir uns ein Lokal und aßen dort zu Mittag. In den Gassen roch es wunderbar, wie in Tausendundeiner Nacht, es gab dort keine Autos, es war ja auch alles viel zu eng. Die Waren wurden mit Karren hereingeschoben und als Bremse hatten die Jungens hinten einen großen Autoreifen an einer Kette befestigt, auf den sie sich draufstellten, wenn es bergab ging. Das alles war sehr interessant und ich hatte das Gefühl, dass gleich Aladin auf dem Teppich angeschwebt kommen würde. Man darf aber den Terror nicht vergessen, der überall um einen herumlungerte, diese Spannungen waren schon extrem zu spüren und die Angst ging mit um. Die Stadt selber war modern gebaut und fügte sich nicht gerade harmonisch ein, ich denke sie wurde schnell und zweckmäßig errichtet und da hatte man wohl kein Auge dafür, ob sich Alt- und Neubauten passend einfügten. Wir schauten noch an der Klagemauer vorbei: Beim Eingang wurde man schon tierisch gefilzt und musste alles abgeben und einschließen. Die paar Treppen waren wir schnell heruntergegangen und dann standen wir auf einem großen Platz und liefen Richtung Klagemauer. Es waren sehr viele Juden hier und wir mussten uns anstellen und warten. Wir hatten schon einen kleinen Zettel mit unseren Wünschen aufgeschrieben und als V. und ich an der Mauer standen, beteten wir und stecken unsere Zettel in eine der großen Fugen, die in der Mauer überall waren und schon überquollen vor lauter Papierschnipseln.

Danach setzen wir uns auf eine der großen Terrassen in die Sonne und schauten uns von hier oben alles in Ruhe an. Neben uns saßen zwei junge Juden und redeten, bei dem einen konnte ich sehen, als der Wind seine Jacke zur Seite blies, dass er in einem Holster eine Pistole trug. Mich interessierte dieser Umstand, denn der Bursche war noch extrem jung. Ich fragte ihn in Englisch, warum er eine Waffe tragen würde, und er sagte mir: „Das ist in Israel fast normal, denn durch den dauernden Krieg muss man sich schützen."

Ich fragte ihn weiter: „Führt das nicht zu Problemen, wenn jeder normale Bürger seine eigene Kanone hat?" Es könnte und würde doch sicherlich passieren, dass Leute durchdrehen und herumballern würden. „Sicherlich", meinte er, „das kommt schon vor, aber der Staat toleriert das."

Ich dachte mir: Das war wohl eine gewagte Aussage! Aber andersherum passierte in einem Land, wo Waffen verboten waren, genauso viel. Ich erinnerte mich an Deutschland und wie oft ich schon selber mit bewaffneten Leuten Probleme hatte, der Schwarzmarkt war riesig und man konnte für kleines Geld alles bekommen, von der kleinen Pistole bis zum Sturmgewehr. Seit der Balkankrieg ein offizielles Ende gefunden hat, kommen die ganzen Waffen wieder zurück nach Deutschland, vor dem Krieg war es genau anders herum, da wurde von den Jugos alles aufgekauft, was schoss und es wurden fantastische Preise dafür bezahlt.

Nach dem Besuch der Klagemauer ging es wieder zum Auto zurück und wir fuhren aus der Stadt heraus und schauten uns die gewaltige alte Stadtmauer von Jerusalem an. Überall an der Mauer waren Friedhöfe und ich dachte mir erst: Warum denn überall hier und nicht ein paar Meter entfernt? Die Erklärung war sehr einfach und ein Jude hat sie mir später gegeben: Jerusalem ist die Heilige Stadt und jeder Jude möchte so nah wie möglich an ihr begraben werden und deshalb überall diese vielen Friedhöfe direkt an der Mauer. Man muss schon sagen: So ganz unrecht hatte der Jude nicht, denn wenn man etwas sensibel war für spirituelle Dinge, konnte man schon den Hauch der Ewigkeit spüren, den diese Stadt ausstrahlte. Es war bereits später Nachmittag und es ging zurück zu unserem Hotel, dort speisten wir dann in einem Lokal zu Abend und spazierten anschließend noch etwas durch die Gassen. Am nächsten Morgen fragte ich den Hotelmanager, wie wir am besten nach Bethlehem kämen und welchen Grenzübergang wir nehmen sollten, denn wir wollten in die Geburtskirche des Herrn. Der Manager schaute mich ganz verwirrt mit großen Augen an und sagte mir: „Das ist nicht möglich und viel zu gefährlich.“ Dieser Mann kannte meinen Willen nicht, denn für mich gab es das Wort „unmöglich“ nicht. Ich sagte ihm, er sollte mir ein Taxi bestellen, das uns zur nächstmöglichen Grenze bringen würde, die offen war, von wo wir dann Richtung Palästina passieren konnten. Das war gar nicht so einfach, denn viele Taxifahrer weigerten sich, auch nur in die Nähe der Grenze zu fahren, da es immer wieder vorkam, dass Heckenschützen ihre Fahrzeuge ins Visier nahmen. Doch schließlich klappte es und ein Unerschrockener setzte uns in der Nähe des Checkpoints ab; wir stiegen aus und liefen über die Straße Richtung Kontrollstation.

Auf einmal kam ein ganzer Trupp von Soldaten aus der Station anmarschiert und alle zielten mit ihren M 16 auf uns und sie riefen, wir sollten stehen bleiben und die Hände ganz weit über unseren Kopf strecken. Ich dachte mir: Was soll diese Scheiße? und sagte meiner Freundin: „Es ist wohl besser, wenn wir jetzt dieser Aufforderung nachkommen. Die Typen sehen alle sehr nervös aus.“

Ich hatte keine Lust, hier als Schweizer Käse zu enden. Also machten wir, was befohlen wurde, ich hatte wohl einen Hals, denn mir fehlte das Verständnis für so eine Aktion, wir hatten nichts getan und deshalb begriff ich dieses Verhalten nicht. Es dauerte nicht lange und der Trupp war bei uns, wir wurden erstmal auf der Straße durchsucht, wobei mindestens drei Soldaten ständig ihre Sturmgewehre auf uns hielten. Wir sollten mitkommen und so ging es zu dieser Station, dort wurden wir noch mal gründlich durchsucht und unsere Papiere gecheckt, man fragte, wo wir hinwollten und ich erklärte ihnen: „Ins Westjordanland.“ Nun fragte ich, warum man so einen Aufstand gemacht hätte, einer der Offiziere sagte mir, dass man auf der Straße gar nicht laufen dürfte, die wären nur für die Fahrzeuge und an der Seite gebe es einen überdachten Weg für die Fußgänger. Er fragte mich: „Hat Ihnen der Taxifahrer nichts gesagt, denn die wissen das alle.“

Ich sagte: „Nein, denn sonst hätten wir auch den anderen Weg genommen.“

Es sei nicht schlau, zu dieser angespannten Zeit nach Bethlehem zu gehen, denn es sei dort sehr gefährlich, meinte er, und wir sollten Geld und Kreditkarten mal bei ihm lassen.

„Ihr kommt ja eh nicht wieder“, sagte er ganz trocken und ich weiß bis heute nicht: War das ein Scherz oder wirklich ehrlich gemeint?

Nach einer ganzen Zeit konnten wir passieren und liefen jetzt durch diesen Tunnel, der Weg ging ein paar Mal ums Eck, damit er besseren Schutz bot vor Schüssen. An der anderen Seite kamen wir heraus und waren in Bethlehem, wir mussten ein ganzes Stück laufen, dieser Puffer war wohl extra so geschaffen worden, dann standen einige Taxis da und ein Fahrer mit Palästinenserschal kam auf uns zu und begrüßte uns in Englisch. Ich fragte ihn, ob er uns hier alles einen Tag lang zeigen könnte und er sagte in gebrochenem Englisch, es würde ihn freuen, so sprangen wir in sein Auto und los ging die Fahrt. Die Stadt war sehr heruntergekommen und an jeder Straßenecke gab es Checkpoints mit schwer bewaffneten Palästinensern, wir konnten aber überall so durch und unser Fahrer sagte uns, er hieße Obama. Oje, dachte ich mir, jetzt kann ja nichts mehr verrutschen. Obama meinte, er würde uns gerne ein ganz altes Kloster in der Wüste zeigen, das dort schon ewig war und von Orthodoxen geführt wurde, es hieß Santa Sava. Wir sagten: „Okay, fahren wir dorthin und schauen es uns an!“ Ich hatte im Rückspiegel wohl bemerkt, dass uns ein blauer Peugeot schon die ganze Zeit folgte. Schnell überlegte ich mir, was ich machen konnte, wenn die uns umlegen oder kidnappen wollten, mal ganz ehrlich, mitten in der Wüste, allein und ohne Waffe hatte ich wohl nicht viele Chancen. Ich wollte mich aber, wenn es dazu kam, nicht kampflos ergeben, ich sagte Obama, er sollte hier mal an der Seite des Weges anhalten, denn ich wollte ein paar Fotos machen, meine Chancen waren besser, wenn ich außerhalb des Wagens war. Meiner Freundin sagte ich, was los sei, sie sollte sich aber nicht umsehen.

Dass Obama Deutsch verstand, glaubte ich nicht und ich wusste auch nicht, ob er dazu gehörte oder auch nicht, die ganze Geschichte könnte sich ebenso als völlig harmlos herausstellen. Obama hielt an und ich sprang gleich aus dem Auto und stellte mich hinter den Wagen und beobachtete das andere Fahrzeug. Es kam zügig heran und fuhr auch flott an uns vorbei, ich konnte noch einige Gewehre im Auto bei den Männern erkennen. Wir hatten aber keine Last von den Boys, am Kloster trafen wir sie wieder und ich weiß bis heute nicht, was sich hinter dieser Aktion verbarg. Das Kloster war sehr schön, aber Frauen durften dort nicht hinein, V. ärgerte sich mächtig und ich versuchte noch, mit dem Abt zu sprechen, aber es bestand keine Chance. Ich sagte: „Warte dann hier, ich gehe hinein und werde schöne Fotos machen und beeile mich. Wenn irgendwas ist, dann rufst du ganz laut.“

Ich ging durch eine alte, dicke Türe ins Kloster, es war teilweise sogar in den Felsen gebaut, es war wunderschön und hinter dem Kloster gab es einen tiefen Canyon, durch den ein Fluss floss. Mir wurde von dem Abt, der mich begleitete, erklärt, dass in den Höhlen, die man auf der anderen Seite der Felsschlucht sehen konnte, lange Zeit Eremiten gelebt hätten. Der ganze Ort war schon sehr mystisch und ich konnte mir gut vorstellen, dass man hier weit weg von der Zivilisation gut zu sich selber finden konnte oder Gott näher war als vielleicht in einer Großstadt. Ich fragte ihn in Englisch, wie viele Mönche hier noch lebten, und er meinte traurig und sehr nachdenklich: „Nur noch sechs, alle gehören sie dem griechisch-orthodoxen Glauben an."

Durch die Intifada sei alles sehr schwer geworden. Ich fragte ihn weiter, ob er nicht Angst hätte, hier als Christ ganz allein unter Moslems zu leben und dann noch während des Krieges. Er sagte mir, dass dieses Kloster schon sehr, sehr alt sei und dass die Palästinenser dieses akzeptieren würden und in Ruhe ließen – dieser Mann hatte sehr viel Mut und Gottvertrauen. Wir gingen weiter durch dieses beeindruckende Kloster und er zeigte mir auch die Krypta, dort wurden verstorbene Brüder aus dem Kloster beigesetzt und fanden ihre letzte Ruhestätte. Die Kirche selber war wunderbar verziert mit sehr alten Gemälden und der Abt sagte mir, es müsste viel restauriert werden, doch zurzeit könnte man nicht arbeiten wegen der Intifada. Nach einer guten halben Stunde waren wir durch und er bot mir noch ein Glas Wasser, Oliven und ein Stück Brot an, das ich gerne annahm. Ich bedankte mich und gab ihm noch eine Spende. Ich ging dann gleich Richtung Ausgang und wurde durch eine dicke Türe herausgelassen.

Meiner Freundin erzählte ich, wie toll die Besichtigung gewesen war, ich durfte im Kloster leider keine Fotos machen, hatte aber vom Abt einen Bildband gekauft und präsentierte ihn V. Obama fragte mich, wie es gewesen sei, und ich sagte zu ihm, dass es ganz toll war und ich mich bei ihm dafür bedanken würde, dass er mir diesen Ort und dieses Kloster gezeigt hätte. Er sagte, er würde uns noch zu vielen heiligen Orten bringen, so stiegen wir in das Auto und weiter ging die Fahrt Richtung Hebron. Ich fragte ihn, ob das dort keine Probleme gäbe wegen dem Krieg, aber er erklärte, es sei kein Problem. Er meinte, Israel würde immer für alles die Palästinenser beschuldigen, aber so sei es in Wirklichkeit nicht. Er wollte uns einen ganz alten Palast von Herodes zeigen, den man vor noch nicht so langer Zeit gefunden und ausgegraben hatte, wir waren schon echt gespannt auf diesen Palast. Die Fahrt dauerte eine gute Stunde und wir waren da, hier war auch alles Wüste, aber nicht nur aus Sand, sondern sie bestand auch viel aus Steinen und Felsen, kleinen Hügeln, konnte man wohl sagen, und in einem dieser Hügel war der Palast verborgen. Es war also nicht so wie in Tausendundeiner Nacht, sondern mehr ein Labyrinth von Gängen und Höhlen, die in den Fels geschlagen waren. Es war beeindruckend und ich überlegte mir, was hier wohl vor zweitausend Jahren abgegangen war. Es war sehr staubig in diesen Gängen, die sich quer durch den Felsen zogen, ich dachte mir, hier spielt Zeit wohl keine große Rolle, an dem ganzen Bauwerk war nichts beschädigt oder sonst verändert.

Nach dieser Fahrt sagte uns Obama, wir würden jetzt zur Milchgrotte fahren, dort hätte Maria damals Jesus gesäugt, diese Grotte war in der Nähe von Bethlehem. Er erzählte uns noch viele Dinge auf der Fahrt dorthin, dieser Mann war mir sehr sympathisch geworden und ich fühlte auch keine Anspannung mehr in mir. Die Grotte lag in einem weißen Fels geschlagen und Obama sagte, dass Maria beim Säugen einen Milchtropfen verloren hätte und deswegen sei die Grotte so schneeweiß. Wir kauften einen kleinen Beutel mit pulverisiertem Gestein aus dieser Grotte, man sagte uns, wenn man ein Kind haben wollte, aber die Schwangerschaft nicht klappte, sollte die

Frau etwas von dem Pulver in ein Glas tun, es dann mit Wasser vermischt trinken und zur Muttergottes beten, dann würde es klappen mit dem Kinderwunsch. Am Eingang zur Milchgrotte gab es eine Ecke und dort hingen sehr viele Dankschreiben von Eltern, die eine Karte oder einen Brief gesendet hatten und sich für das Pulver bedankten, denn ihr Kinderwunsch war erhört worden.

Außer uns gab es echt keine Touristen, die das Heilige Land besuchten, für uns war es prima, denn ich hasste es, lange irgendwo zu stehen und zu warten. Jetzt ging es zur Geburtskirche von Jesus, hier musste man normalerweise acht bis zehn Stunden warten, wir hatten aber niemanden vor uns und konnten gleich in diese alte, einfache Kirche. Wir schauten uns alles in Ruhe an und ich kniete und betete und war sehr ergriffen, hier sein zu dürfen. Wir machten wunderbare Bilder und kauften draußen an einigen Shops diverse Andenken. Obama trank bei seinen Landsleuten Tee und rief uns herüber und fragte uns, ob wir auch gerne einen Tee trinken wollten, wir bejahten und bekamen einen leckeren Chai. Einige Zeit saßen wir so da und Obama fragte V. und mich, ob er uns einladen dürfte, bei sich zu Hause zu essen, das war eine große Ehre für uns und so fuhren wir zu seinem Haus. Wir lernten seine Frau und seine Kinder kennen, die alle sehr gut erzogen und nett waren, seine Frau kochte Hühnchen mit Reis und wir aßen mit großem Hunger. Ich kann nur mit Abstand sagen, dass diese Menschen sehr, sehr nett waren und ich mir wünschen würde, wenn es davon auch in unserer Gesellschaft mehr geben würde. Nach dem Essen tranken wir noch Tee und Obama erzählte uns, dass er und seine Familie seit der Intifada kaum mehr satt würden, er hatte früher viele Touristen, denen er alles zeigte und die er mit seinem Taxi durch die Westbank fuhr. Seit dem Krieg war alles weggebrochen, es gab keine Touristen mehr, denn niemand traute sich zu den Palästinensern, es gab auch sonst keine Arbeit, denn man lebte hier im Westjordanland total isoliert. Ich dachte mir, das ist ein gewaltiges Problem, das man wahrscheinlich nur politisch lösen konnte, doch wer wollte das tun? Die Politiker von beiden Seiten bekamen die Probleme nicht in den Griff, im Gegenteil, es wurde immer schlimmer.

Es war schon Abend geworden und wir bedankten uns bei Obama und seiner Familie und ich sagte zu ihm, wir müssten wieder zurück an die Grenze, denn die Checkpoints hatten nicht lange offen und ich wollte am selben Tag noch zurück nach Israel. Wir stiegen in seinen Wagen und er brachte uns an die Grenze, ich gab ihm einen guten Betrag, damit er und seine Familie ein paar Wochen klar kamen, wir umarmten uns und wir gingen in Richtung Übergang. Jetzt liefen wir nicht mehr über die Straße zum Checkpoint, sondern an der Seite entlang und dann durch den Tunnel, ich drehte mich noch mal herum und sah, dass Obama immer noch dort stand und ich winkte ihm ein letztes Mal. Im Kontrollzentrum wurden wir befragt und extrem gefilzt, man hatte wohl gesehen, dass wir von einem Palästinenser gebracht wurden und deshalb wollte man offensichtlich auf Nummer sicher gehen, dass wir keine Waffen oder Sprengstoff schmuggeln würden. Ich dachte mir: Traurig solch eine Aktion!, aber andererseits konnte ich die Soldaten auch sehr gut verstehen. In diesem Land passierte so viel Gewalt und man wollte versuchen, diese einzudämmen. Als alles fertig war, konnten wir

Richtung Israel gehen und schnappten uns auf halber Wegstrecke zum Hotel ein Taxi und ließen uns dorthin bringen. V. und ich redeten an diesem Abend noch viel über diesen Wahnsinn, der schon über fünfzig Jahre andauerte, sicherlich mal stärker und mal schwächer, aber kontinuierlich. Es wurde spät und dann schliefen wir endlich ein, am nächsten Morgen checkten wir aus, denn wir wollten noch den gesamten Süden bereisen.

Ich fuhr also in Richtung der Festung Masada, die Fahrt ging quer durch die Wüste, unterwegs sahen wir Kamelkarawanen, es sah alles so friedlich aus. Wie konnte es nur sein, dass dieser Krieg hier tobte? Als wir in Masada ankamen, parkten wir das Auto und liefen über Treppen den Felsen hoch, man konnte vorne noch die riesige Rampe sehen, die die Römer gebaut hatten, um die Festung zu stürmen. Als wir oben ankamen, konnten wir über die ganze Anlage blicken, sie war schon recht groß und viele Gebäude waren noch erhalten – wir liefen einmal komplett durch diese Festung und schauten uns alles an. Ich ging nahe an die Felskante und sah, dass es dort viele hundert Meter steil herunter ging, deshalb hatten die Römer diese riesige Rampe auch gebaut, denn vorher war jede Eroberung fehlgeschlagen. Diese Festung war der Stolz der Juden, denn die Römer hatten viele Jahre vergeblich versucht, sie einzunehmen, als sie es dann nach vielen Anläufen über die Rampe schafften, gab es den kollektiven Selbstmord. Die Juden wollten lieber tot sein, als den Römern lebendig in die Hände zu fallen, sie brachten sich gegenseitig am letzten Abend vor dem Sturm um, am nächsten Morgen fanden die Römer nur noch die Leichen. Dieser geschichtsträchtige Platz war schon etwas Besonderes, man konnte es spüren, dass hier schlimme Sachen passiert waren.

Wir blieben einige Stunden und fuhren dann zu einer Oase und buchten dort eine Safari durch die Wüste, es war ein tolles Erlebnis. Mit dem Jeep ging es über Stock und Stein, jetzt im Februar konnte man es von der Temperatur her gut aushalten, und eine kräftige Vegetation war zu erblicken. Es gab Pflanzen und Tiere, die sonst nirgendwo auf der Welt lebten, es war schon ein irres Gefühl, sich das alles anschauen zu können. Der Boden war halb sandig, halb steinig und es staubte beim Fahren kaum, der Wagen zog überall gut durch und nach etwa drei Stunden waren wir wieder zurück. Wir aßen etwas in der Oase, dort war für Touristen ein kleines Restaurant geöffnet, das hatten wir aber komplett für uns alleine, denn, wie ich schon erwähnte, gab es wegen der Intifada keinen Tourismus.

Nach dem Essen stiegen wir wieder in das Auto und weiter ging die Reise in Richtung Elat, das war der südlichste Punkt von Israel, direkt am Roten Meer. Unterwegs sahen wir sehr viele große Plantagen, auf denen Obst angebaut wurde, es schien hier anscheinend gut zu wachsen, denn sonst würde man das wohl kaum praktizieren. Diese großen Plantagen wurden viel mit Wasser bespritzt und wahrscheinlich war es nur deshalb möglich, hier etwas anzubauen – das meiste, was ich sah, waren Zitrusfrüchte. Ich konnte bis auf die andere Seite des Tales schauen, dort verlief die Grenze und auf der anderen Seite war Jordanien, es war aber generell verboten, mit einem Mietauto über die Grenze zu fahren. Bald darauf erreichten wir Elat, es war schon später Abend, und wir suchten uns ein gemütliches Hotel. Wir fanden eines, das ein bisschen abseits lag und checkten ein. Hier war es viel wärmer und vor dem Hotel gab es einen Pool, ich sprang gleich ins Wasser und schwamm ein paar Runden; die Wassertemperatur war gut zu ertragen, für die Einheimischen wahrscheinlich viel zu kalt, aber für mich war es in Ordnung. Wir saßen draußen noch einige Zeit im Dunkeln und schauten auf die Meeresbucht hinaus, die man auch schon von hier sehen konnte, die Lichter der Stadt funkelten und ein leichter warmer Wind blies um unsere Köpfe. Es ging dann bald ins Bett, denn der Tag war wie die anderen auch sehr lang gewesen – wir schliefen schnell ein, schließlich forderte die Müdigkeit ihren Tribut. Der Morgen war sehr schön und wir frühstückten draußen auf der Veranda vom Hotel, die Sonne schien mächtig und es waren gute zwanzig Grad. Nach dem Frühstück packten wir unsere Sachen und fuhren nach Elat hinein, die Stadt war nicht gerade klein und die Bucht hier oben vom Roten Meer auch sehr mächtig.

Wir fuhren Richtung ägyptische Grenze und suchten uns auf dem Weg dorthin einen schönen Platz in der Sonne, wir parkten den Wagen und legten uns auf unsere Handtücher. Mich hielt es aber nicht lange dort und ich ging eine Runde schwimmen, das Wasser war kristallklar, mich ärgerte nur, dass ich keine Taucherbrille dabei hatte, denn dann hätte es sehr viel mehr zu sehen gegeben. Schon mit bloßem Auge konnte ich die Korallen und auch einige Fische erkennen. Als ich genug hatte, legte ich mich wieder zu meiner Freundin und wir faulenzten in der Sonne und genossen die Zeit. Es vergingen einige Stunden und wir fuhren Richtung Hafen, hier, so hatten wir gelesen, gab es die Möglichkeit, mit einem Unterseeboot zu fahren, das buchten wir dann auch und machten eine schöne Rundfahrt durch einen Teil der großen Bucht. Das U-Boot war so umgebaut, dass es riesige Scheiben hatte, durch die man nach draußen schauen konnte, das war einfach toll und wir konnten gar nicht genug sehen. Die Fahrt dauerte eine gute halbe Stunde und es ging dann wieder zurück in den Hafen zum Dock, wo wir alle wieder ausstiegen. Wir bedankten uns für diese geile Journey und liefen zurück zum Auto.

Um die Mittagszeit fuhren wir zurück Richtung Norden und wollten uns das Tote Meer noch anschauen, man muss immer vor Augen haben, dass ganz Israel nicht besonders groß ist und die Entfernungen, wenn man davon überhaupt sprechen kann, sind schnell zurück gelegt. Das Tote Meer war gewaltig, die Salzkrusten schwammen teilweise sogar auf dem Wasser und viel davon konnte man auch am Ufer sehen. An einem Badeort hielten wir an und ich wollte wissen, ob das Wasser einen Menschen wirklich tragen konnte, sodass er ohne zu schwimmen nicht untergehen würde. Ich zog meine Klamotten aus und stieg in das Wasser, das war schon sehr frisch, aber davon ließ ich mich nicht abhalten und auch nicht davon, dass ich ganz alleine hier badete. Es war wirklich so, wie ich das schon oft im Fernsehen gesehen hatte: Das Wasser trug einen ohne Probleme. Man durfte nur kein Salzwasser schlucken oder in die Augen bekommen, denn das hätte fürchterlich gebrannt, so war es im Reiseführer zu lesen. Nach dem Bad suchte ich eine Dusche am Strand auf und duschte mich gründlich ab, denn das Salz hätte sonst später sicherlich fürchterlich gejuckt; ich trocknete mich danach ab und zog mich wieder an.

Bis zu unserem Abflug hatten wir noch zwei Tage Zeit, ich wollte gerne noch in den Gazastreifen fahren, aber die Übergänge waren alle aufgrund des Krieges gesperrt. Wir fuhren aber in Richtung Gaza und ziemlich nah an der Grenze entlang, man konnte überall die Einschläge der Granaten sehen, die von der Hisbollah abgefeuert worden waren. In Be'er Scheva machten wir Halt und suchten uns ein Hotel, ich ging am Abend noch etwas in dem Gym trainieren, das zum Hotel gehörte. Dort trainierten auch viele externe Leute und ich kam mit einem alten Militär ins Gespräch, er sah schlimm im Gesicht aus, denn er hatte damals im Jom-Kippur-Krieg diese Verletzung davongetragen. Er sagte mir, dass es heute alles Scheiße wäre und die Politik keine Ahnung von den wirklichen Problemen hätte und was noch schlimmer sei, sie hätte auch keinen blanken Schimmer davon, wie man die Probleme lösen könnte. Der Mann war mir sehr sympathisch und wir trainierten und sprachen eine ganze Zeit miteinander; ich verabschiedete mich dann und ging wieder in mein Zimmer. Ich duschte und danach spazierten wir noch eine Runde, an der Rezeption sagte man uns, wenn wir eine Sirene hören würden, sollten wir sofort in einen der kleinen Schutzräume gehen, die sich an jeder Straßenecke befanden. Es gab tatsächlich unzählige Betoncontainer, in die man flüchten konnte, wenn es einen Raketenangriff gab, und das geschah jeden Tag ein paar Mal. Wir hatten Glück und es kamen keine Raketen geflogen, ich überlegte mir, wie man sich wohl fühlen musste, wenn man hier lebte und es jederzeit passieren konnte, dass es Explosionen und Einschläge gab. Wie fühlte man sich wohl unter ständiger Lebensgefahr?

Später im Hotel gab es eine traurige Nachricht im Fernsehen: In Jerusalem hatte sich ein Selbstmordattentäter vor dem Damaskustor in einem Bus in die Luft gesprengt und es waren bestimmt zwanzig Menschen dabei gestorben. Ich sagte zu V.: „Was für ein Wahnsinn, vor zwei Tagen waren wir genau an diesem Platz, es hätte uns und jeden anderen auch erwischen können."

Man steckt in seinem persönlichen Schicksal drin, wenn die Uhr abgelaufen ist, dann hat man keine Möglichkeit mehr, das zu verändern. Wir redeten noch ausgiebig an diesem Abend über die Probleme in diesem Land. Wie lange sollte dieser Konflikt denn noch gehen, damit es in Israel ruhig werden würde? Ich persönlich glaube, das wird nie passieren, denn zu viel Blut ist auf beiden Seiten geflossen, das kann man nicht vergessen.

Am nächsten Tag fuhren wir wieder in Richtung Tel Aviv und brachten das Auto zurück, der Mann schaute sich den Wagen genau an, denn er befürchtete wohl irgendwelche Schäden. Ich sagte ihm, es wäre alles in Ordnung und kein Araber hätte uns in das Auto getreten. Nachdem wir dort alles unterschrieben hatten, gingen wir noch etwas spazieren, denn unsere Maschine startete erst am späten Nachmittag. Die Sonne schien und es war warm wie bei uns im Frühling; ich hatte das Wetter in Österreich im Fernsehen mitbekommen, dort hatte es geschneit – ja, so war das Leben! Wir setzten uns in ein Café und genossen die schönen letzten Stunden, die Wärme tat gut und ich dachte: Zuhause musst du dich wieder dick anziehen. Nach einer guten Stunde gingen wir ins Terminal und checkten ein, es war der gleiche Ablauf wie bei der Einreise, wir gingen danach gleich zu unserem Gate und warteten dort auf unser Flugzeug. Das Gate wurde pünktlich geöffnet und wir stiegen in den Flieger. Der Rückflug war sehr turbulent und dauerte eine Stunde länger als erwartet.

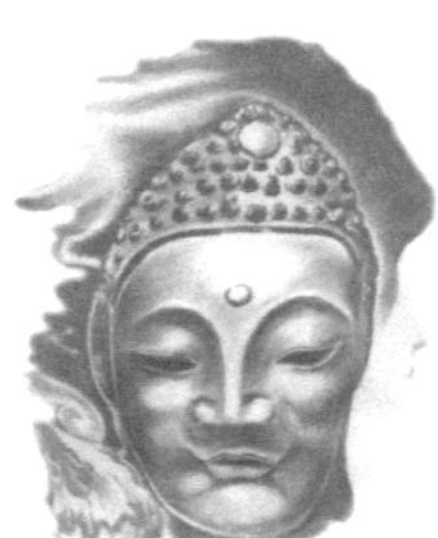

6.2. Auf nach Sankt Petersburg

Wir waren froh, in Wien heil zu landen, wir schnappten unseren Wagen, den wir dort geparkt hatten und fuhren nach Graz. Das Wetter war trüb und kalt, es hatte etwas Neuschnee gegeben, der Körper musste sich jetzt wieder sehr schnell umstellen. Als wir in Graz ankamen, war es schon spät und wir packten nur noch die Sachen aus und legten uns aufs Ohr. Ich schlief nicht sonderlich gut in dieser Nacht, ich denke es war die Umstellung und die Wohnung meiner Freundin lag nach vorne raus zu der Hauptstraße und da war immer Verkehrslärm durch die Autos, aber auch durch die Straßenbahn. Als ich aufstand, fühlte ich mich nicht ausgeruht, sondern eher kaputt, meine Freundin machte ein Frühstück für uns und nachdem ich etwas gegessen hatte, ging es mir auch schon wieder besser.

Meine Kollegen aus Graz hatten mich schon angerufen und mich gebeten, zu ihnen in die Sportschule zu kommen, ich fuhr natürlich gleich zu ihnen herüber. Im Studio gab ich Training und danach redeten wir. Sie wollten eine neue große Veranstaltung machen und baten mich darum, die nötigen Kämpfer zu besorgen. Des Weiteren hatte Gerd eine Einladung zu einem Wettkampf in Sankt Petersburg bekommen und fragte mich: „Kannst du nicht mitkommen und mich betreuen?“ Ich freute mich und sagte: „Das ist gar kein Problem.“ Ich erklärte ihm aber, er sollte in der Zwischenzeit sehr hart trainieren, denn die Russen waren sehr gute und harte Kämpfer; er meinte zu mir: „Das verspreche ich dir.“ Wir fuhren nach dem Training noch in ein nettes Restaurant und speisten dort, ich verabschiedete mich dann später von meinen Kollegen und fuhr zu meiner Freundin zurück, die schon auf mich wartete und sich freute, dass ich wieder da war und wir die letzten paar Stunden noch gemeinsam verbringen konnten.

Als ich wieder bei mir zuhause war, kümmerte ich mich gleich um mein Visum, denn ich wusste aus Erfahrung, bei den Russen dauerte die Erstellung immer ein bisschen länger. Ich rief die Botschaft der Russischen Förderation an und fuhr mit meiner Einladung, die ich hatte, zu ihnen, dort wartete ich auch noch einige Stunden, aber dann war das Visum in meiner Tasche. Meine eigentliche Aufgabe war es, Gerd und Thomas zu betreuen, aber es konnte auch sein, dass ich dort kämpfen konnte, denn es war eigentlich immer so, dass Kämpfer ausfielen oder absprangen. Für diesen Fall zog ich in den kommenden Wochen mein Trainingspensum extrem an und meine Sparringspartner fragten mich, ob ich verrückt sei, denn ich trat und schlug sehr hart auf sie ein. Ich erklärte ihnen die Situation und danach verstanden sie mich. In meiner Laufbahn hatte ich schon mehrfach mit Russen trainiert und gekämpft und wusste deshalb, dass ich alles geben musste, um da im Käfig zu bestehen.

Die Zwischenzeit ging schnell vorbei und ich fuhr wieder nach Graz herunter, denn unser Flug startete für uns alle zusammen von Wien aus. Ich verbrachte noch zwei Tage mit V. und dann fuhren wir mit zwei Autos nach Wien und checkten dort ein, der

Flug dauerte gute zwei Stunden und wir landeten dann sicher in Sankt Petersburg. Dort fuhren wir mit einem Taxi zum Hotel Moskwa, das war ein riesiger Kasten, direkt an einem großen Fluss. Die Zimmer waren gut und ich schaute mir das Hotel und die Umgebung mal etwas genauer an. Als ich draußen die Hauptstraße entlang ging, sah ich aber auch die Schattenseite: Hier saßen oder lagen sehr viele Menschen im Suff herum, sie waren total heruntergekommen und völlig verdreckt. Von diesen Leuten bettelten auch viele, wahrscheinlich um sich von dem erbettelten Geld neuen Alkohol zu kaufen. Ich hatte außerdem gehört, dass die Stadt heftige Probleme mit den vielen Drogenabhängigen hatte. Ja, diese Scheiß-Drogen machten nirgendwo halt, egal ob hier in Russland oder in Amsterdam – ich hatte auch schon sehr viele Bekannte durch das Gift verloren und ich wusste natürlich, dass ein richtiger Junkie fast niemals absolut clean wird. Ich ging so gute zwei Stunden in der Stadt spazieren und lief dann wieder zurück zum Hotel, dort saßen meine Kollegen schon unten im Foyer. Wir redeten kurz und gingen dann im Hotelrestaurant etwas essen, die Speisekarte war international und es gab fast alles. Wir bestellten und aßen dann in aller Ruhe, die Speisen waren gut und reichlich. Nach dem Mahl setzten wir uns draußen auf die Veranda und tranken etwas, es war Spätsommer, aber es war noch sehr warm. Ich dachte mir: In ein paar Monaten wird es hier wohl lausig kalt sein. An dem Abend wurden wir nicht alt und die meisten Jungs gingen früh zu Bett, die Zimmer waren groß und gut eingerichtet, ich duschte und warf mich dann ins Bett, nach nur kurzer Zeit fielen mir die Augen zu und ich schlief ein.

Am nächsten Morgen gab es ein ordentliches Frühstück und danach wurden wir abgeholt und fuhren zum Training in den Red Devils Sportclub. Die Sportschule war sehr gut ausgerüstet, aber lag in einem Hinterhof, der sehr verkommen wirkte. Dort trainierten wir einige Stunden Kraft und Technik, ich sah wohl, dass uns die Russen genau beobachteten und dachte mir: Die wollen nur sehen, ob wir was können. Wir ließen uns aber nichts anmerken und trainierten weiter; ich versuchte Gerd auf seinen Kampf einzustellen, ich wusste: Sein Gegner war ein harter Brocken. Der Hauptkampf wurde durch Ian Freeman und einen sehr bekannten Russen bestritten, dessen Name mir aber partout nicht einfällt. Ian selbst war ein guter und sehr bekannter Fighter. Er trainierte auch mit uns und es ging locker zur Sache. Nach dem Training fuhr man uns zur Arena, dort, wo die Gala stattfinden sollte, es war die Eissporthalle von Sankt Petersburg. Die Halle war echt gewaltig und wir schauten uns alles an, der Cage war schon aufgebaut und wir begutachteten ihn, ich versuchte mir vorzustellen, wie es sein würde, wenn hier zwanzigtausend oder mehr Menschen waren: eine super Kulisse. Wir blieben noch einige Zeit da und fuhren dann zurück ins Hotel, ein paar von uns gingen unten im Casino zocken, doch mir war die Kohle dafür zu schade und ich entschied mich für die Sporthalle mit Schwimmbad neben dem Hotel. Dort schwamm ich eine gute halbe Stunde und machte danach noch leichtes Krafttraining. Ich sah, dass es dort auch die Möglichkeit zur Massage gab und organisierte mir einen Termin. Das Warten dauerte nicht lange und nach knapp einer halben Stunde war ich dran, ich wurde von einer Russin massiert und muss sagen: Die Frau verstand ihr Handwerk.

Sie konnte echt super massieren und knetete mich gut durch, ich glaube, dass ich umgerechnet für ein paar Euros eine klasse Massage bekam. Als sie fertig war, gab ich ihr noch etwas Geld dazu, denn ich wusste, dass die Menschen hier nicht gerade reich waren. Ich bedankte mich und holte mir draußen an einem Kiosk was zu trinken, die Luft war noch echt warm und es war auf der Straße entsprechend sehr viel los. An einem Denkmal setzte ich mich auf eine Bank und genoss diesen herrlichen Abend, ich fühlte mich gut und freute mich, da zu sein. Nach einer guten halben Stunde ging ich wieder Richtung Hotel und suchte mein Zimmer auf. Ich duschte mich und legte mich noch etwas aufs Bett und schaute mir ein wenig russisches Fernsehen an, ich verstand nicht viel, aber dafür konnte ich mir die Bilder anschauen, auch mal ein interessantes Erlebnis. Gegen zehn machte ich den Kasten und das Licht aus, um dann zu schlafen.

Ich wachte relativ früh auf, duschte mich und rasierte meinen Bart ab, denn ich wollte heute bei der Cage Fight Gala gut aussehen – als ich fertig war, zog ich mich an und ging frühstücken. Ein paar von meinen Kollegen waren schon da und ich setzte mich zu ihnen und wir redeten über den Kampfabend, der ja kurz bevor stand. Wir sollten alle gegen sechzehn Uhr abgeholt werden und man wollte uns dann gleich in die Halle fahren, Gerd hatte ich bis jetzt überhaupt nicht gesehen und ich fragte die anderen, ob sie wüssten, was er machte; niemand hatte eine Ahnung und so ließ ich ihm seine Ruhe. Ich ging noch etwas spazieren und fuhr eine Runde mit der Straßenbahn, um mir die Stadt anzuschauen, die City war schon gewaltig und die Fahrt ein pures Abenteuer. Ich hatte oft das Gefühl, dass die Tram gleich aus den Schienen springen würde, so schaukelte sie. Die Schienen waren krumm und total verbogen, ein Wunder, dass hier nichts passierte, das war grobe russische Baukunst Na ja, mich regte es nicht sonderlich auf, denn ich dachte mir: Wenn die bei der geringen Fahrtgeschwindigkeit aus den Gleisen springt, kann nicht viel passieren. Die Reise dauerte ungefähr zwei Stunden, dann hatte ich schon sehr viel vom Zentrum und den umliegenden Stadtteilen gesehen; ich stieg schließlich in der Nähe vom Hotel aus der Straßenbahn und ging in einem Restaurant etwas essen, denn es war schon ein Uhr. Ich ließ es mir richtig schmecken und haute mir die Plauze voll, denn so, wie es aussah, brauchte ich doch nicht zu kämpfen – mir war das auch lieber, schließlich bereitete ich mich im normalen Fall monatelang auf einen Top Fight vor und hier würde ich nur mit siebzig bis achtzig Prozent Leistung in den Cage steigen. Nach dem Mahl ging ich ins Hotel und legte mich noch etwas aufs Ohr, ich hatte ja gut zwei Stunden Zeit bis zur Abfahrt.

Gegen halb vier stand ich wieder auf und zog jetzt meinen Trainingsanzug an und packte meine Trainertasche. Als ich mit allem fertig war, ging ich ins Foyer und traf dort meine Kollegen. Der Fahrdienst holte uns mit mehreren Fahrzeugen ab und die Fahrt dauerte nur einige Minuten. In der Halle waren schon viele Zuschauer, die kräftig Krach machten. Wir wurden zu unseren Kabinen gebracht und ich sagte zu Gerd, dass ich mal zum Matchmaker gehen wollte, um dort zu erfahren, wann unser Kampf stattfinden würde. Für mich und Gerd war diese Info wichtig, damit wir uns rechtzeitig warm machen konnten, es fanden eine Menge Kämpfe statt und Gerd und Tommy waren in der Mitte dran. Mit dieser Info ging ich wieder zurück zur Kabine und sagte es dort den Jungs. Ich fragte mich, wie Tommy den Kampf bestreiten wollte, denn er konnte nur boxen und sein Gegner konnte alles sehr gut. Na, was soll es, dachte ich mir, er ist alt genug, um zu wissen, was er macht. Gerd war prima drauf, obwohl ich ehrlich nicht wusste, wie er den Russen bekämpfen wollte.

Die Zeit verging wie Kaugummi und ich grappelte ein bisschen mit Gerd, um ihn aufzuwärmen, danach machte ich mit ihm noch Fuß- und Faustkombinationen an der Pratze. Der Kampf vor uns wurde aufgerufen und ich sagte zu Gerd: „Jetzt sind wir gleich dran." Wir packten alles zusammen und gingen schon in Warteposition, ich hatte Gerd eine dicke Trainingsjacke angezogen, damit er auf Temperatur blieb. Dann waren wir dran und trabten zum Cage, es war eine tolle Atmosphäre und die Halle war ausverkauft, das hieß: Gute zwanzigtausend Menschen waren jetzt da, es war ein Hexenkessel. Der Käfig war hell erleuchtet und ich brachte Gerd hinein in den Cage, wir hatten alles im Vorfeld besprochen und jeder wusste, was er zu tun hatte. Der Moderator rief seinen Gegner auf und die Menschen brüllten vor Vergnügen, der Russe sah kräftig aus und ich wusste von Videos, dass er ein guter Allroundkämpfer war. Ich ging aus dem Ring und dann wurde die Türe hinter mir geschlossen, der Referee gab ein paar Anweisungen auf Englisch und dann begann der Kampf. Der Russe setzte Gerd mächtig mit Kicks und Schlägen unter Druck, sodass dieser auf dem Rückwärtsgang war und bald mit dem Rücken an der Cagewand stand. Sofort versuchte der Russe einen Take Down und bekam Gerd auch zu Boden, nun wurde es sehr eng für Gerd, denn der Russe schlug sehr hart auf ihn ein. Michi, Gerds Bruder, warf kurz danach das Handtuch, denn Gerd hatte keine Chance mehr, aus dieser Situation herauszukommen, der Referee brach den Kampf sofort ab, als das Handtuch im Cage landete. Das Publikum tobte wie verrückt und der Gewinner wurde gefeiert, das war wieder der Sieg Ost über West, doch lassen wir die Politik mal einfach außen vor.

Ich ging mit Gerd zurück in die Kabine und wir redeten dort noch über den Fight, kurz danach war Tommy dran und ich lief mit ihm zum Käfig. Tommy hatte mir im Vorfeld gesagt, er machte den Kampf nur für die Kohle, ich wusste deshalb, dass Tommy selber stoppen würde, wenn er meinte, es sei genug. Ich wusste, Tommy konnte nur boxen, der Fight begann und der Russe verbrachte Tommy gleich auf die Matte und setzte blitzschnell einen Armhebel an, der Kampf war somit sehr schnell vorbei. Danach hockte ich mich in die Nähe vom Cage, denn dort waren für uns Plätze reserviert, ich wollte mir den Hauptkampf von Ian Freeman anschauen, es wurde ein sehr kurzer Kampf, denn der Russe verpasste Ian einen Haken ans Kinn und dieser ging daraufhin gleich Knock-out. Ja, so kann es gehen, dachte ich mir und lief zu meinen Kollegen zurück, wir fuhren danach mit dem Fahrdienst gleich zum Hotel, denn auf die Afterparty hatten wir keinen Bock, außerdem startete unser Flieger auch sehr früh. Ich war schnell auf meinem Zimmer und packte alle meine Sachen, damit ich morgens zügig los konnte, ich sprang dann ins Bett und schlief schnell ein. Am Morgen ging es früh zum Airport und gegen Mittag waren wir wieder in Wien. Ich hatte Achtung vor Gerd und Tommy, die ihre Sache ganz gut gemacht hatten.

Gegen Spätnachmittag war ich wieder in Graz bei meiner Freundin und erzählte ihr alles, die Eindrücke waren schon super und ich war happy, dass ich dort mit dabei gewesen war. Wir stiegen früh ins Bett und fickten eine gute Runde, dann schauten wir noch fern und es wurde sehr spät, bevor wir einschliefen. In aller Frühe ging es wieder raus, denn ich hatte noch eine lange Fahrt vor mir, die Strecke fuhr ich aber diesmal sehr schnell in guten neun Stunden. Ich war froh, am Abend erneut daheim zu sein und in meinem Bett zu schlafen, meine Hunde waren auch wieder glücklich, dass ich da war. Am nächsten Morgen schlief ich etwas länger und wachte gut ausgeruht auf, ich schnappte meine Hunde und ging mit ihnen spazieren, es war ein wunderschöner Tag. Die Sonne schien und es war schon sehr warm am Morgen. Mir kam die Idee, dass es gar nicht schlecht wäre, mal eine Runde schwimmen zu gehen, also schnappte ich mir ein Handtuch und fuhr zu einem Baggersee. Schnell hatte ich die Klamotten aus und sprang in das Wasser, es fühlte sich super an und ich schwamm sehr weit hinaus. Im Schwimmen war ich auch sehr gut und ich drehte eine Riesenrunde – als ich aus dem Wasser kam, legte ich mich noch schön in die Sonne und ließ mich bräunen. Gegen Mittag fuhr ich etwas essen und abends ging es zum Training, ich machte sehr hartes Sparring und merkte, was das bei der Hitze für Kraft kostete. Nach dem Training fuhr ich noch mal zum See und ging schwimmen, das kühlte mich etwas ab. Bei mir zu Hause machte ich mir erstmal einige Eiweißdrinks, denn ich hatte Durst wie Sau, dann legte ich mich etwas ab und schaute noch fern.

Am Wochenende arbeitete ich wieder in Holland an der Türe, der Job war nicht schlecht, doch seit mein Freund Martin gestorben war, fand ich es dort nicht mehr prickelnd. Auch die anderen Türsteher waren fast alle neu und ich mochte sie nicht besonders. Sie waren anderen Leuten gegenüber sehr arrogant, hatten aber in Wirklichkeit keine Eier, ich stand alleine draußen vor der Türe, denn dazu hatten die anderen keinen Bock. Sie wussten, dort draußen war es am gefährlichsten, man hatte dort schon paar Mal auf uns geschossen, zum Glück hatte der liebe Gott gut aufgepasst und es war nichts passiert – so was kann aber auch ganz schnell verrutschen. Die Stunden waren lang, aber ich hatte mich daran schon gewöhnt, gegen vier Uhr war Zapfenstreich und es dauerte noch gut eine Stunde, bis die Tausende von Gästen draußen waren und wir dann endlich Feierabend hatten. Als ich schließlich im Auto saß, bekreuzigte ich mich und sprach ein Gebet, mein Rücken war reiner Schmerz, denn durch das lange Stehen waren die Muskeln total verspannt und ich atmete tief durch, als ich den Sitz im Rücken spürte. Ich startete den Motor und dann ging die Fahrt los in Richtung Heimat; es dauerte eine gute Stunde, die ich unterwegs war, in Holland durfte man nur achtzig Kilometer in der Stunde fahren und so dauerte alles halt ein bisschen länger. Es kam oft vor, dass ich unterwegs hart kämpfen musste, um nicht einzuschlafen. Ich ließ das Fenster oft minutenlang unten, auch im Winter, und fuhr ohne Heizung, so verhinderte ich ein Abnippeln hinter dem Lenkrad.

Als ich dann zu Hause ankam, ließ ich meine Hunde noch raus und ging dann schlafen. Doch ich konnte noch so kaputt sein – schlafen konnte ich nicht lange, meistens dauerte das nur drei bis vier Stunden und dann stand ich wieder auf. Ich habe oft darüber nachgedacht, aber nie habe ich herausgefunden, warum ich nicht den ganzen

Tag über pennen kann. Ich sprang unter die Dusche und machte mich dann auf den Weg zum Training, Samstag stand auch immer Sparring auf dem Programm – dass ich so wenig geschlafen hatte, merkte ich sofort an meiner Kondition. Nach dem Training ging es zum Mittagessen und dann wieder nach Hause. Dort legte ich mich noch einige Stunden aufs Sofa und schaute fern, zwischendrin schlief ich mal ein.

Mein Dienst an der Tür begann um neun Uhr, aber ich war immer früher da, denn ich hasste es, meine Arbeit gestresst zu beginnen. Ich trank vorher noch einen Kaffee und sprach kurz mit dem Betreiber der Diskothek, ob es irgendwelche Neuigkeiten gab, die für mich wichtig waren. Diese Besprechung war schon sehr wichtig, denn in dem Laden traten weltweit bekannte Sänger und Künstler auf und ich hatte die Aufgabe, auf deren Arsch sehr gut aufzupassen – einen Fehler konnte ich mir nicht erlauben. Der Laden war aber sehr sicher, denn die Leute mussten durch einen Metalldetektor und wurden danach bei Auffälligkeiten zusätzlich noch von Hand durchsucht. Dieser Abend ging auch relativ ruhig vorbei, es gab ein paar Boxereien, aber die gehörten zum normalen Programm; ich kassierte gegen fünf Uhr meine Marie und freute mich auf mein Bett. Den Sonntag ruhte ich mich nur aus und schaute fern, die ganze Nachtarbeit ging schon mächtig in die Knochen, sicherlich machte ich das schon viele Jahre, doch die Natur hat die Nacht geschaffen zum Schlafen.

Der Montag begann ruhig und gegen Mittag fuhr ich nach Sievernich, das ist eine kleine Gemeinde in der Eifel. In diesem kleinen Dörflein gab es eine Kirche, zu der ich immer fuhr: Vor Jahren hatte ich im Fernsehen mal einen Bericht über die Marienerscheinungen hier gesehen und es war wie ein Wink Gottes, sodass ich gleich recherchierte und mich dann auf den Weg dorthin machte. Als ich das erste Mal dort war, spürte ich gleich die unheimlich schöne Ausstrahlung dieser Kirche. Der Gottesdienst mit Rosenkranzgebet in diesen Mauern war schon etwas ganz Besonderes und ich fühlte mich dort sehr berührt. An diesem ersten Abend dort lernte ich auch Manuela kennen, die mich mit ihren Aussagen sehr zum Nachdenken brachte. Meine langjährige Bekannte Anneliese begleitete mich an diesem Tag nach Sievernich und wir hörten die Botschaft, die Manuela uns mitteilte. Es waren sehr viele Menschen an diesem Abend dort und sie wollten sich alle persönlich von Manuela verabschieden und deshalb gab es eine lange Menschenschlange. Als ich endlich an der Reihe war, sagte Manuela zu mir: „Schön, dass du gekommen bist und du weißt ja, was ich damit meine.“ Ich war wie vor den Kopf gestoßen und konnte gar nicht so schnell mit einer Frage, was sie damit wohl meinte, antworten, es war ein mächtiges Gedränge hinter mir und deshalb verzichtete ich darauf, sie danach zu fragen, was sie wohl mit dieser Aussage bezweckte. Später im Auto sprach ich mit Anneliese darüber und nahm mir vor, Manuela beim nächsten Mal danach zu fragen, die ganze Fahrt zurück unterhielten wir uns über das Erlebte.

Es entwickelte sich zwischen Manuela und mir eine Freundschaft und ich wurde für viele Jahre ihr Bodyguard, denn es gab viele verrückte Leute, die sie als Spinnerin abtaten und ihr Schaden zufügen wollten. Ich fragte sie auch bei einem der nächsten monatlichen Besuche, was sie mit ihrer Aussage gemeint hätte, und sie sagte mir viele

Dinge aus meiner Vergangenheit, die sie gar nicht wissen konnte, und fügte dann noch hinzu, dass Gott wollte, dass ich zu diesem Ort gefunden habe. Es gab noch einen zweiten netten Kerl, der mit mir zusammen auf Manuela aufpasste, er hieß Jürgen und kam aus Rheinberg. Ich verstand mich von vornherein sehr gut mit ihm und freute mich immer, ihn dort einmal im Monat zu sehen, es war eine schöne Zeit, in der ich viel Spiritualität erfuhr. Ebenso lernte ich Toni kennen, ich sagte immer Toni Montana zu ihm, angelehnt an den Film „Scarface". Dieser Toni hatte aber sicherlich nichts mit dem anderen Toni zutun, das war nur ein Joke von mir. Ich freundete mich mit Toni an und er erzählte mir, dass er immer Wallfahrten nach Italien organisierte, ich hakte nach und wollte wissen, was das genau für Reisen waren und wo genau es in Italien hinging. Er sagte mir, es ginge immer nach Manduria, was ganz unten im Stiefel lag, Toni erzählte mir von dieser schönen Gegend und von den Gnaden, die man dort erfahren konnte. Im ersten Moment konnte ich nicht so viel damit anfangen und dachte, der erzählt mir ja wilde Geschichten. Wir blieben in Kontakt und es kam der Tag, wo ich zu ihm sagte: „Ich komme beim nächsten Mal mit nach Italien." Er freute sich und meinte zu mir: „Das würde mir wirklich sehr gefallen."

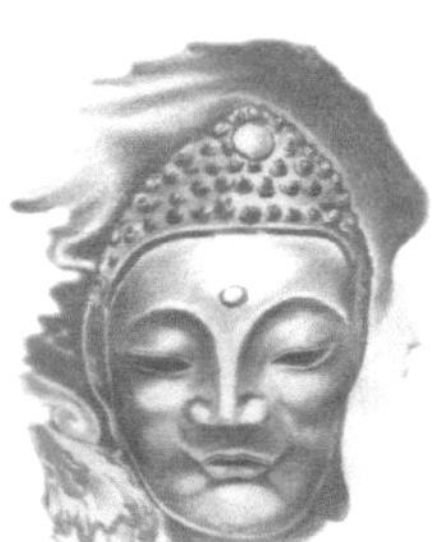

6.3. Kreuzweg auf Knien

So vergingen ein paar Wochen, es wurde wieder der erste Montag im Monat, ich traf Toni wieder und wir besprachen alle Einzelheiten für die Reise. Es sollte die Woche drauf schon losgehen und ich freute mich riesig, denn ich fühlte, das würde was Besonderes werden. Toni sagte, dass wir in der Eifel abfliegen würden. Er gab mir noch eine Broschüre, die ich mir später zu Hause in aller Ruhe anschaute und durchlas, danach betrachtete ich mir die Gegend im Internet, es war schon ein schönes Fleckchen Erde. Am Tag der Abreise fuhr ich schon zeitig in Richtung Flughafen, der war früher ein ehemaliger Militärflughafen der Amerikaner gewesen. Für mein Auto suchte ich einen Parkplatz und lief dann zum Terminal. Dort erwarteten mich bereits Toni mit seinem Bruder und einigen anderen Pilgern, ich begrüßte alle herzlich und wir gingen zusammen zu unserem Gate und warteten auf das Flugzeug. Ich redete noch eine ganze Weile mit Toni, bis das Kommando zum Borden kam, es ging dann hinein in den Flieger und jeder suchte sich einen Platz, denn es gab hier keine Reservierungen. Ich setzte mich schnell an den Notausgang, denn hier hatte ich am meisten Platz, die normalen Sitze waren nicht mein Ding.

Der Flug war ruhig und als wir landeten, schien dort die Sonne. Der Flughafen war nicht sehr groß und wir sammelten uns und liefen zusammen nach draußen, wo Toni bei einer Autovermietfirma einen kleinen Bus für uns bestellt hatte, denn wir waren neun Personen. Ich holte mit Toni das Fahrzeug und dann ging es mit der Gruppe nach Manduria, wir mussten über einhundert Kilometer fahren, bis wir da waren, die Fahrt dauerte über eine Stunde. Man muss sagen: Mein Kollege drückte auch hart auf das Gas und mir brach dabei der Schweiß aus. Ich sagte zu Montana, dass er etwas lockerer fahren sollte, denn wir wollten alle heil ankommen. Er sagte zu mir: „Ich passe schon auf.“ Aber das beruhigte mich nicht wirklich, ich sprach ein Gebet in Gedanken, dass wir gesund ankommen sollten. Als wir Manduria erreichten, war es später Nachmittag, Tonis Haus war einfach toll, ein riesiger Bungalow, der sicherlich noch nicht alt war. Wir gingen in das Gebäude und ich muss sagen, es war ein schönes Ambiente. Hinter dem Haus sah ich noch einige Wohncontainer, ich fragte Toni, wofür die denn dort stehen würden und er meinte: „Manchmal kommen sehr viele Pilger von Deutschland hier mit hin und die müssen ja irgendwo vernünftig schlafen.“

Es war wohl diesmal genug Platz im Haus, aber ich sagte Toni, ich wollte meine Ruhe haben und er gab mir den Schlüssel von einem Container. Ich schloss ihn auf, brachte meine Sachen dort rein und sprang dann unter die Dusche, denn es war warm. Die Dusche befand sich mit in dem doppelten Wohn- und Schlafcontainer, es gab dort nur Etagenbetten, das heißt, eine Person schlief unten und die andere oben. Mir gefiel so ein Container gut, denn wenn man keinen Bock mehr hatte auf Zivilisation, konnte man sich so einen Container überall hinstellen. Ich ging noch etwas nach draußen, denn der Abend war sehr schön, überall hörte man die Grillen zirpen und die Luft roch angenehm. Es gab einige Stühle und ich setzte mich und schaute in den Himmel, hier im Süden konnte man die Sterne noch intensiver sehen und es kam mir so vor, als wenn ich nur nach ihnen zu greifen bräuchte und hätte dann schon einen in der Hand. So saß ich eine ganze Weile und lauschte in den Abend hinein. Die Zeit verging schnell und ich wurde langsam müde, ich stand auf und ging in den Container und suchte mir ein Bett aus. Ich hatte ja genug zur Auswahl, es waren zwölf Betten da und ich schwang mich in eins.

Es dauerte nicht lange und ich schlief ein und pennte prächtig, es war sehr ruhig und ich wachte ungestört auf. Es war erst halb sieben, aber mir fiel ein, dass Toni gegen sieben Uhr einen Gottesdienst vorne im Haus abhalten wollte, also machte ich meine Morgentoilette und ging dann rüber. Toni Montana hatte schon alles am Hausaltar vorbereitet und ein älterer Pfarrer, der mitgefahren war, hielt den Gottesdienst ab, es gefiel mir sehr gut, denn es waren nicht allzu viele Leute da und so hatte das einen familiären Charakter. Nach dem Gottesdienst wurde gut gefrühstückt und danach liefen wir zu einem Grundstück, das auch Toni mit gehörte, dort gab es einen Kreuzweg und einen Garten, der Gethsemane hieß. Dieser Name war aus der Bibel nachempfunden, in Anlehnung an den Garten, wo Jesus seine letzten Stunden verbrachte und das letzte Abendmahl zelebrierte. In diesem Garten befand sich auch eine kleine Kapelle, die Toni mir zeigte, sie war schön eingerichtet und es gab viele Dankesbriefe an Deborah, das war eine Frau, die auch Marienerscheinungen hatte.

Nach einiger Zeit gingen wir zum Kreuzweg zurück und Toni und ich machten den Kreuzweg auf den Knien, das war eine heftige Sache, der Weg war zwar mit Steinplatten gepflastert, aber darauf lagen überall kleine spitze Steinchen. Vor jeder Station wurde gebetet, und als wir am Ende des Weges ankamen, waren meine Füße und Knie komplett durchgescheuert und blutig, ich hatte die ganze Zeit meine Zähne echt zusammenbeißen müssen, aber aufgeben war für mich nicht drin. Außerdem dachte ich mir: Was sind das für Schmerzchen im Verhältnis zu den Schmerzen und dem Leid, die Jesus hatte ertragen müssen! Toni sagte mir auch, dass man viel Gnade erfahren würde, wenn man auf Knien den Kreuzweg zurücklegte. Ich war jedoch sehr froh, als wir den Weg geschafft hatten und ich wieder aufstehen konnte, Toni war besser dran, denn er war viel leichter als ich und hatte darin wahrscheinlich auch mehr Übung, denn er war fast jeden Monat einmal mit neuen Pilgern hier in Manduria. Ich fühlte mich nach dieser Übung sehr gut, obwohl meine Haut in Fetzen herunterhing, alles blutete und sehr brannte. Mit Toni gingen wir zu der kleinen Kapelle und dort beteten wir noch mit einigen anderen Pilgern und Einheimischen. Gegen Mittag liefen wir zu unserem Haus, es lag nur ein paar Meter von der Kapelle und dem Kreuzweg entfernt. Die Wunden versorgte ich erstmal mit Alkohol, es brannte wie Feuer, aber da musste ich durch, denn ich hatte keinen Bock auf eine fette Infektion. Zum Schluss schmierte ich noch dick Salbe auf die offenen Stellen, mehr konnte ich nicht tun, und ich hoffte, das würde reichen.

Einige Frauen waren bereits dabei, das Mittagessen vorzubereiten und ich verspürte auch schon einen mächtigen Appetit. Es wurde einfach gekocht, an diesem Tag gab es Nudeln mit Gulasch und Salat, ein gutes Essen, denn ich war und bin ein Liebhaber von Hausmannskost. Ich verspeiste zwei Portionen und half nach dem Essen beim Abspülen, danach legte ich mich etwas in die Sonne – Toni hatte ein paar Liegen da und eine davon schnappte ich mir. Die Sonne hier ganz unten tief im Süden war schon sehr heftig und aggressiv, ich hatte natürlich keinen Sonnenschutz dabei und verbrannte mir auch gleich sehr anständig das Fell. Toni wollte noch eine kurze Ausfahrt machen und wir sprangen alle in den Bus, die Reise ging zu einem kleinen Ort, an den Namen kann ich mich inzwischen aber nicht mehr erinnern. In diesem Ort gab es eine kleine Kirche mit einem Heiligtum, dort sollte sich ein Tuch befinden, das die Gesichtszüge Jesu darstellte. Ich hatte schon von dem Leichentuch in Turin gehört, aber das hier war mir neu oder ich konnte mich nicht daran erinnern, schon einmal von diesem Tuch gehört zu haben.

Die Kirche war wirklich beeindruckend, nicht sehr groß, aber sehr schön eingerichtet; hinter Panzerglas konnten wir uns das Tuch anschauen, man konnte jedoch nicht allzu viel erkennen. Als wir alles gesehen hatten, gingen wir wieder hinaus in den Sonnenschein und liefen gemütlich zu unserem Bus zurück. Während der Fahrt dachte ich für mich über dieses Tuch nach, mir kam das schon alles sehr merkwürdig vor, aber ich hatte viel zu viel Ehrfurcht, um das infrage zu stellen. Am Abend joggte ich noch etwas und sah vieles von der kleinen Stadt. Es gab hier sehr viele Ausgrabungsstellen, denn an diesem Ort war eine Garnisonsstadt von den Römern gewesen, die Luft roch herrlich und es war sehr warm. Als ich wieder am Haus ankam, duschte ich erstmal ausgiebig, denn ich klebte vom Schweiß. Wir saßen noch lange draußen und redeten über alles Mögliche, so vergingen die Stunden und es war schon längst dunkel, als wir zu Bett gingen. In den Wohncontainern stand auch die Hitze und ich machte die Fenster und Türen erstmal sehr weit auf, damit wenigstens ein bisschen durchgelüftet wurde.

Am nächsten Morgen wollten wir zum Kloster, in dem Pater Pius gelebt und gebetet hatte, es war faszinierend und ich schaute mir alles in Ruhe an. Die Räume, in denen er gelebt hatte, waren noch genau so erhalten, als wäre die Zeit stehengeblieben, Toni war schon oft hier gewesen und erklärte mir alles. Als ich mit der Besichtigung fast zu Ende war, kam ich an dem Kreuz vorbei, unter dem Pater Pius seine Stigmata bekommen hatte. Ich blieb stehen und kniete vor diesem Kreuz und betete, die Ausstrahlung in der Nähe dieses Kreuzes war so stark, dass mir plötzlich die Tränen in die Augen schossen. Dieses Erlebnis werde ich nie vergessen, es war schon gewaltig und wühlte mich richtig auf. Es mag sein, dass ich ein sensibler Mensch bin und auf solche Dinge vielleicht empfindlicher reagiere, aber trotzdem glaube ich, dass dieses Kreuz etwas Spirituelles darstellt. Nach meinem Gebet unter dem Kreuz lief ich noch ein paar Minuten und kam dann zum Ausgang, draußen schien grell die Sonne und blendete meine Augen. Alle anderen waren schon da und so fuhren wir noch einen großen Berg hinauf zu der Grotte von Monte Sant' Angelo – dieser Platz war auch sehr schön und außergewöhnlich. Am Ende in dieser Grotte gab es einen Altar, dort nahmen wir an einem Gottesdienst teil; ich verstand nun, dass es Toni immer wieder hierhin zog, sicherlich verdiente er mit den Pilgerreisen auch sein Geld, doch ich bin mir sicher, das war längst nicht alles.

Ich für meinen Teil kann nur sagen, dass ich immer meinen Glauben zu Gott hatte. Wenn ich ehrlich bin, hatte ich früher nur gebetet, wenn ich bis zum Hals in der Scheiße steckte. Das war sicherlich nicht in Ordnung, aber in meiner Sturm- und Drangzeit gab es nur für sehr wenige Dinge Platz, ich schäme mich deswegen nicht, aber ich bin älter und, so hoffe ich, auch weiser geworden. Der tägliche Kampf gegen seine eigenen Dämonen ist eine harte Geschichte, ich kämpfe diesen Kampf schon sehr lange. Ich glaube, früher war mir das nie so richtig bewusst oder ich habe es nicht zugelassen, wahrscheinlich aus Angst vor der direkten persönlichen Auseinandersetzung. Das war Feigheit und Dummheit, den Schädel voll verrückter Ideen, die nur nach Stress schrien. Wie oft hätte ich das Ruder herumreißen können und müssen und habe es nicht getan. Es war eine schwierige Zeit und ich hatte das Gefühl, keiner konnte mir was, aber wie naiv war ich nur? Ich denke, es gab große Defizite in meiner Persönlichkeit oder besser gesagt: Hatte ich überhaupt eine? Wie oft fanden sinnlose Auseinandersetzungen statt, bei denen ich immer voll mit drinsteckte. Sich selbst zu erkennen und zu wissen, man steht am Abgrund, das ist eine schwere Aufgabe. Das Leben ist oftmals geprägt von sinnloser Gewalt, sicherlich auch ein Mittel zum Zweck, eine Hilflosigkeit, da ich nie gelernt hatte, meine Probleme anders zu bewältigen. Für mich war Gewalt die einzige Form, mir Respekt zu verschaffen. Wenn ich mal so überlege, habe ich schon von frühen Kindesbeinen an gelernt, mich durch Schläge durchzusetzen. Mein Vater hat mich so oft schwer verprügelt und so kannte ich ja beide Seiten und meinte: Ich habe die Schläge gut weggesteckt, so können das andere auch. Man kann eigentlich sagen, in mir tobte der Krieg, immer wild und brutal ging ich durch das Leben, ich war schneller, härter und stärker als die meisten und trug selber kaum Verletzungen davon.

Wenn ich heute zurückdenke, bin ich sicherlich nicht stolz darauf, aber es ist ein Teil von meinem Leben gewesen und das verleugne ich nicht, es ist Vergangenheit, die zu mir gehört und mich auch zu dem gemacht hat, was ich heute bin. Ich glaube, jeder Mensch hat ein Schicksal, das ihn von der Geburt bis hin zum Tode begleitet, dieser Kampf war für mich vielleicht aber auch notwendig, um zu überleben. Ich habe sehr oft und intensiv darüber nachgedacht, ohne den Kampf würde es mich heute wahrscheinlich nicht mehr geben, es war ein Schutzmechanismus, der über mich wachte. Von meiner Seite habe ich oft an die Menschen gedacht, die ich geschlagen habe. Wie sind sie damit umgegangen? Manche haben mich angezeigt und andere haben es so stehen gelassen. Mein Verhalten war auch oft sehr reaktionsbedingt, das soll jetzt keine Entschuldigung sein, denn viele Auseinandersetzungen begannen nicht durch mich; ich habe aber im Laufe der Zeit gelernt, besser mit solchen Dingen umzugehen. Was ich wohl sehr deutlich merke, ist, dass die Zeit sich zum Negativen hin massiv verändert, es gibt kaum mehr Moral oder Respekt. Die Gewaltbereitschaft ist extrem gestiegen, viele junge Menschen haben ihre Weg verloren und leben ohne Perspektive. Die Gesellschaft verzeiht nicht, das habe ich schon so oft erfahren müssen, wenn man einmal richtig übel aufgefallen ist, bekommt man diese Stigmatisierung kaum mehr weg. In diesem Überwachungsstaat lebt es sich nicht gerade einfach, ich habe nie eine reelle Chance bekommen, nein, ich habe sie mir selber genommen und für alles, was ich habe, gekämpft wie ein Löwe.

Die Gesellschaft ist gnadenlos, es wird nicht wirklich verziehen oder vergeben oder vergessen – okay, das ist nicht immer gleich zu durchschauen. Wie oft habe ich im Knast daran gedacht, ein besseres Leben zu beginnen, sicherlich habe ich das geschafft, aber nur deshalb, weil ich ein Fighter bin, denn sonst wäre ich schon lange platt gewesen. Ich glaube, dass diese Zeit heute viel gemeiner und brutaler ist, als das schlimmste Mittelalter, früher gab es Gewalt in einer klaren, harten und tödlichen Form, aber sie war sichtbar und gewissermaßen ehrlich. Wie oft erlebte ich Angriffe aus dem Hinterhalt, wie sie linker nicht mehr sein können, es gibt kein ehrliches Feindbild mehr, jeder kann dir ohne Vorwarnung eine Kugel verpassen oder dir ein Messer in den Rücken stechen. In den vielen Jahren an der Front habe ich Pferde kotzen sehen, für mich stellte sich auch immer die Frage, wenn ich an der Türe arbeitete: Wem kann ich vertrauen? Wenn ich ganz ehrlich bin, gab es nur wenige Männer, die hinter mir standen, es ist traurig, dass viele Boys überhaupt keine Eier mehr haben, ich bin noch ein Junge der alten Schule und darauf auch sehr stolz. Es gab Momente in meinem Leben, da dachte ich, es ist alles nur ein schrecklicher Traum, gleich machst du die Augen auf und alles ist gut. Die Fähigkeit, in extremen Situationen zu bestehen, das ist wirkliche Stärke: Dort seinen Mann zu stehen, auch unter dem Risiko, sein Leben zu verlieren.

Wenn ich so was schreibe, muss ich immer an meinen Opa denken, der mir jeden Tag vorlebte, wie ein Mann zu leben. Vieles habe ich erst sehr viel später verstanden und auch heute noch erinnere ich mich an viele Dinge und erst jetzt begreife ich. Dieser Mensch war etwas ganz Besonderes und ich möchte, dass er wenigstens ein bisschen stolz auf mich ist; die Werte und das Rückgrat, das er hatte, werde ich nie haben, aber ein bisschen davon kann ich schon mein Eigen nennen. Wenn ich im Alter noch so gut drauf bin wie er und auch ein wenig so leben kann wie er, dann wäre es toll. Die Frage nach menschlicher Größe habe ich mir oft gestellt: Wie sieht sie aus, wie kann ich sie definieren, gibt es sie auch für mich oder ist sie nur für ganz bestimmte Menschen gedacht? Für mich ist eigentlich die Suche der Weg, ich erfahre manchmal in sehr kurzen Zeitabständen gewaltige Veränderungen, es ist schwer, sie zu erkennen und noch viel heftiger, sie umzusetzen. Ich glaube, da spielt die persönliche Kraft und Erfahrung auch eine große Rolle. Die meiste Zeit stehe ich immer unter Spannung, das körperliche Loslassen geht mir total ab. Oft habe ich mit meiner Freundin über viele Dinge gesprochen, die mich innerlich sehr bewegten, sie hat mir geholfen und Mut gemacht, immer weiter diesen Kampf zu führen.

Es stellt sich sicherlich dabei die Frage: Ist es das, was man als Leben beschreibt? Da muss es doch noch so viel mehr geben. Diese Frage beschäftigte mich sehr häufig und ich wollte wissen, woher ich komme und wohin ich gehe. Mit dieser Materie habe ich mich oft auseinandergesetzt und nach Antworten gesucht.

Ich verschlang viel Lektüre und fand einen Reinkarnationstherapeuten und machte mit ihm einen Termin aus für eine Sitzung. Da ich an der holländischen Grenze lebe, suchte ich mir einen Therapeuten in Holland. Der Termin war schnell gemacht und ich überlegte, was da wohl alles auf mich zukäme, die Neugierde packte mich richtig und ich konnte es kaum mehr aushalten, dort aufzuschlagen. Die Zeit verging relativ rasch und ich fuhr am besagten Tag nach Holland, genau gesagt nach Nijmegen, das befindet sich nur zwanzig Kilometer von mir und ist die älteste Stadt Hollands. Ich fand die Adresse des Therapeuten sehr schnell und klingelte bei ihm, es dauerte nicht lange und die Türe wurde von einem Mann so um die fünfzig Jahre geöffnet; ich stellte mich vor und er sagte: „Komm‘ rein.“ Wir gingen in den ersten Stock und ich dachte mir: Mal sehen, was jetzt passiert! Er trat mit mir in ein kleines Zimmer und fragte mich sehr viele Dinge, die er dann aufschrieb, mir war nicht ganz klar, warum er die ganzen Infos brauchte. Ich hatte viel über Reinkarnation gelesen und dachte: Er versucht mich jetzt zu hypnotisieren! Das passierte aber nicht und er erklärte mir noch die andere Form der Rückführung. Wenn ich ehrlich bin, war ich schon sehr skeptisch, ob das überhaupt klappen kann.

Um mit der Rückführung zu beginnen, sollte ich mich auf eine Matratze legen, die Augen schließen und mich entspannen. Die Befragung seinerseits begann und ich sollte immer sofort antworten und ihm den ersten Gedanken präsentieren, der mir nach seiner Frage in den Kopf schoss. Ich glaube, die ganze Sitzung dauerte wohl gute zwei Stunden und er sagte, es hätte gut funktioniert; für mich kam heraus, dass ich schon mal als Ritter vor über tausend Jahre gelebt und für das Gute gekämpft hatte. Bei einem Turnier wurde ich Sieger und konnte das Böse in Gestalt eines schwarzen Ritters besiegen, dieser schoss mir aber später von hinten einen Pfeil in den Rücken. Von meinem Magnetiseur wusste ich, dass ich eine sehr alte Seele besitze und schon oftmals gelebt hatte. Ich bedankte mich für die Sitzung und ging zu meinem Auto und dachte während der Fahrt nach Hause noch mal über alles nach. Für mich war es nicht erstaunlich, gehört zu haben, dass ich schon mal als Ritter gelebt hatte, es war eine Bestätigung meines Denkens und Lebens.

6.4. Immer auf Achse

Ich erinnere mich zugleich an die Fahrten nach Polen. Dieses herrliche Land habe ich dadurch auch erst richtig lieben und kennen gelernt, die Natur dort hat mich immer fasziniert, die riesigen Wälder und die vielen Seen und Flüsse. Ich wollte nach Masuren, auf der Karte schaute ich mir die Gegend an und stellte fest, dass mein Opa dort in der Nähe geboren wurde. Seit Jahren wollte ich schon immer mal dorthin und überlegte mir, eine große Reise zu machen, denn ich wollte bei dieser Fahrt außerdem die Nordkarpaten besuchen und dort den höchsten Berg, die Gerlachspitze, besteigen. Mit meinem Kollegen fuhr ich über Prag weiter Richtung Osten, die Fahrt ging fast durch die gesamte Slowakei, das Panorama war schön, aber man sah noch überall die Armut. Die Straßen waren oftmals auch nicht die besten und so fuhren wir gemütlich in Richtung Karpaten – am zweiten Tage um die Mittagszeit kamen wir in der kleinen Stadt an, die wir als Ausgangspunkt für unsere Tour nehmen wollten. Das Wetter war gut und wir erkundigten uns beim Touristenbüro, wo wir am besten sehr nahe am Berg in einem Hotel oder einer Pension übernachten könnten. Man fragte mich gleich, ob ich die Gerlachspitze besteigen wollte, und ich sagte natürlich: „Ja." Mir erklärte dann eine junge Frau, das wäre ohne Bergführer nicht erlaubt, ich sagte sofort: „Soll das ein Witz sein?" Aber es war keiner, denn die Nordkarpaten liegen alle in einem riesigen Naturschutzgebiet.

Jetzt überlegte ich mit meinem Kollegen, was man am besten tun konnte: Ohne Führer war es wahrscheinlich blöde, denn es war uns schon mitgeteilt worden, dass es eine hohe Geldstrafe geben würde, wenn man ohne Guide kletterte. In einem kleinen Ort fuhren wir zum Touristenbüro, die sagten uns, wir sollten zum Bergführerbüro, was wir dann auch machten. Dort sprach ich in Englisch mit einem Guide und er sagte uns, es sei kein Problem, uns zu führen. Er erläuterte uns dann, wo wir am besten in einem kleineren Hotel im Naturschutzgebiet übernachten konnten, und wir verabredeten uns schließlich für den nächsten Morgen dort. Mit unserem Auto ging es zu einem Parkplatz, dort mussten wir es stehenlassen, denn von hier ging es nur noch per pedes weiter. Unsere Rucksäcke waren schnell gepackt und dann marschierten wir los. Es war ein Weg von einigen Kilometern, die Natur war wunderbar, alles war grün und saftig und neben unserem Weg floss ein kleiner Bach. Es ging über Stufen und Wurzeln langsam bergan, der Weg wurde viel benutzt, das konnte man schon sehen, es waren auch an diesem Spätnachmittag immer noch Leute unterwegs, die meisten kamen uns aber entgegen. Nach gut neunzig Minuten Marsch kamen wir an dem Hotel an, es war wohl schon sehr alt, aber man hatte es immer wieder modernisiert. Das Panorama war gewaltig, man sah von hier oben sehr viele Gipfel, darunter auch die Gerlachspitze, die direkt vor uns aufragte, hier war alles noch richtig wildromantisch. Einige Meter weiter von uns weg stürzte sich ein kleiner Wasserfall in die Tiefe; hier oben vernahm man nicht sehr viel, die Vögel zwitscherten und man hörte den Wind in den Baumwipfeln.

Es war schon später und man merkte hier sofort, dass es kalt wurde, wenn die Sonne nicht mehr schien, dieses Gebirge war ja auch bekannt für sein raues Klima.

Wir gingen ins Hotel und dann wurde eingecheckt, es gab hier keine drei Sterne oder Ähnliches, es war einfach und schlicht eingerichtet. Auch die Zimmer waren in Ordnung, wir waren Naturfreunde, die zum Klettern da waren und da spielte Komfort keine Rolle. Ich zog meine verschwitzten Sachen aus und nahm erstmal eine Dusche, es war ein Genuss und auf Berghütten ein Luxus. Die Zeit verging schnell und ich legte mich ins Bett und machte die Augen zu und schlief auch bald ein. Die Nacht war kurz, denn am nächsten Morgen mussten wir früh raus, immerhin hatten wir uns ja mit dem Bergführer verabredet. Schnell packten wir den Rucksack, frühstückten noch rasch und dann starteten wir. Der Guide war schon da und wir begrüßten ihn, mein Kollege hatte noch nicht so viel Erfahrung im Klettern wie ich, deswegen stieg ich vor und Jürgen und der Guide folgten. Es waren an diesem Morgen einige auf dem Wege zur Gerlachspitze und ich folgte ihnen, denn der Jürgen und der Guide waren schon sehr weit abgefallen und ich wollte nur hoch. Sicherlich bin ich mit hundertzwanzig Kilo keine Gazelle, aber ich war zäh und für mein Gewicht auch relativ flott; nach einer halben Stunde konnte ich meinen Kollegen nicht mehr sehen und schloss mich einer anderen Gruppe an, die ebenso zum Gipfel stieg. Es zogen dichte Wolken auf und Nebel verschlechterte die Sicht, manchmal konnte ich nur fünf Meter weit sehen, es gab auch keinen ausgetretenen Weg zur Orientierung, das machte alles noch viel schwieriger.

An der Gruppe blieb ich dran, denn der Führer schien den Weg zu kennen, es waren insgesamt an diesem Morgen gute tausend Höhenmeter, die geklettert werden mussten, das war schon eine Herausforderung und bei diesen Umständen recht heftig. Der Fels war außerdem nass und rutschig, einige Passagen hätte man besser mit Seil machen können, aber ich hatte keins dabei und allein hätte ich damit auch nichts machen können. Also stieg ich den anderen hinterher und wurde irgendwann von dem Führer dieser Truppe gefragt, ob ich keinen Bergführer hätte. Ich sagte: „Doch habe ich, aber der ist mir zu langsam und deshalb klettere ich hinter euch her, weil ich den Weg ja nicht kenne.“ Mich interessierte auch nicht, ob es denen gefiel oder nicht, sie waren auf dem Weg zum Gipfel und ich gleichfalls, ich bin ein ausdauernder Sportler und abhängen konnten sie mich eh nicht. Es ging noch so ein ganzes Stück weiter und irgendwann standen wir am Berggipfel: Es war dort oben sehr frisch, denn der Gipfel hing in den Wolken, ich schätze, es waren so um die null Grad. Ich zog mir mein nasses Shirt aus und ein trockenes an und darüber streifte ich mir noch eine Jacke, denn jetzt, als ich abkühlte, wurde es auch sehr frisch. Ich hatte immer trockene Sachen dabei, denn Klettern ist sehr anstrengend und man schwitzt dabei schon extrem.

Ich blieb eine ganze Zeit am Gipfel und machte einige Fotos, der Nebel und die Wolken waren sehr mächtig geworden und man konnte kaum mehr etwas sehen, also klebte ich mich wieder an die Gruppe, die sich inzwischen an den Abstieg machte; keiner fragte mich mehr irgendetwas, es war so, als wenn ich von vornherein dabei gewesen wäre. Mein Kollege war immer noch nicht zu sehen, er machte mit unserem Führer wohl eine ganz ruhige Nummer, ich fand es nicht dramatisch, denn ich kam alleine gut zurecht, außerdem hatte mein Kollege auch nicht so viel Ahnung vom Klettern wie ich und die Sicherheit ist und bleibt immer der wichtigste Aspekt. Als wir einige hundert Meter abgestiegen waren, wurde das Wetter außerdem wieder etwas besser und man konnte die herrliche Berglandschaft sehen. Unter uns befand sich ein kleiner See, zu dem kletterte ich herunter, denn das war mein Weg, ich hatte nämlich viele Leute gesehen, die genau diesen Pfad gegangen waren. Ich musste wohl noch ein ganzes Stück klettern, bevor ich den See erreichte, es führte eine sehr steile Rinne hinunter und ich dachte: Shit, jetzt fehlt dir das Seil und der zweite Mann zum Sichern! Die Gruppe hatte ich schon lange überholt, als ich wusste, wie es herunterging, und jetzt kämpfte ich mich durch diese Passage – es war sehr gefährlich, denn nirgendwo gab es sicheren Halt und der Fels war nass. Vorsichtig kämpfte ich mich durch, wenn ich hier abrutschte, dann ging es gut bergab, wie heißt es im Bergsteigerjargon: Man hat viel Luft unter dem Arsch. Ich ließ mir Zeit und kämpfte mich langsam herunter, am Ende musste ich noch über einige steile Leitern klettern, aber dann war ich unten.

Ich betete und bedankte mich dafür, dass ich heil herunter gekommen war. Am See machte ich eine Pause und genoss die herrliche Natur, auf dem Wasser schwammen einige Enten, Fische konnte ich keine sehen. Nach einiger Zeit stand ich auf und ging weiter in Richtung Hotel, von meinem Kollegen hörte und sah ich nichts, am Hotel wollte ich auf ihn warten. Der Weg zog sich ewig in die Länge und ich packte ihn ruhig an, am Ende sah ich dann endlich das Objekt und machte dort erstmal lange Pause und bestellte mir was Gutes zum Essen und Trinken. Ich war schon lange fertig mit dem Essen und hatte mich draußen etwas in die Sonne gelegt, um ein Nickerchen zu machen, da erst kam mein Kollege mit unserem Guide, ich sagte zu ihm: „Mann, was habt ihr lange gebraucht!“ Er meinte, das sei für ihn schon eine sehr schwere Tour gewesen, denn er hatte nicht gerade viel Erfahrung im Klettern, die Bergbegehung hatte ihm aber super gefallen und das freute mich.

Während ich noch ausruhte, aß mein Kollege auch etwas und als er damit fertig war, begannen wir den langen Weg zurück zu unserem Auto. Nach gut sieben Kilometern erreichten wir den Wagen, nun war es schon ziemlich spät geworden und ich sagte zu Jürgen: „Komm‘, lass uns eine Pension oder ein Hotel suchen, wo wir schlafen können.“ In dem Dorf, wo wir unser Auto abgestellt hatten, gab es nicht viele Möglichkeiten, ich fragte in einem großen Gebäude nach, denn es sah mir aus wie ein Hotel. Mir wurde aber dort mitgeteilt, dass es eine Kurklinik sei, die Chefin sagte jedoch, wir könnten gerne ein Doppelzimmer haben, das nahm ich natürlich sofort und buchte Sauna und Massage noch dazu. Die Preise waren wirklich absolut billig und wir speisten dort auch noch eine Kleinigkeit, später am Abend saßen wir lange auf dem Balkon und genossen den herrlichen Abend; die Luft war so gut, später erfuhr ich, dass die ganze Gegend ein Luftkurort war. Als es richtig dunkel war, gingen wir schlafen und ich schlief wie ein Stein.

Am nächsten Morgen fuhren wir Richtung Ukraine und bogen ganz am Ende der Slowakei nach Polen ab, die Fahrt war einfach nur herrlich. Es gab so viel zu sehen, dass wir oft anhielten und von dieser schönen Gegend Fotos machten. Bis Masuren war es ein langes Stück, das es in sich hatte, die Straßen waren in einem sehr schlechten Zustand und ich musste oft aufpassen, dass ich mit der Ölwanne nicht aufsetzte. Die Spurrillen waren brutal und ich habe auch noch kein Land gesehen, wo es am Straßenrand so viele Kreuze gab, die Leute dort fahren einen schnellen und gefährlichen Reifen. Spät am Abend trafen wir in Masuren ein, in Gizycko, es war eine Kreisstadt mit deutschen Wurzeln, gleich am Anfang, wenn man in die Stadt hereinfährt, liegt an der rechten Seite eine riesige, alte, ehemalige deutsche Festung. In der Stadt selber gibt es zudem auch noch eine große polnische Kaserne, die früher auch mal in deutscher Hand war, ansonsten war es sehr ruhig in der City. Wir bestellten uns was Leckeres und zu später Stunde wurde noch richtig gespeist, das ist eigentlich nicht meine Art, aber das Essen war einfach viel zu gut. Nach der leckeren Speisung saßen wir noch lange draußen zusammen und unterhielten uns.

Mich überkamen oftmals dann auch so Gedanken, ob es nicht besser wäre, irgendwo anders neu zu beginnen, das hieße, sich alles neu aufzubauen. Die Nacht rückte heran und wir legten uns ins Bett, denn am anderen Morgen wollten wir wieder zurückfahren. Frühmorgens standen wir zeitig auf und fuhren wieder Richtung Heimat, die Fahrt war sehr lang, aber, wie sagt man so schön: Augen zu und durch. Es war schon weit nach Mitternacht, als ich den Niederrhein erreichte, meinen Kollegen Jürgen setzte ich bei ihm zu Hause ab und fuhr dann selber gleich heim. Als ich mich endlich geduscht hatte und im Bett lag, da ging es mir prima und ich schlief kaputt, aber zufrieden ein. Am nächsten Morgen begann ich sofort wieder mein Kraft- und Lauftraining, es tat gut, sich wieder richtig auszupowern.

Das Wochenende nahte und ich arbeitete ein weiteres Mal in Holland an der Türe, es gab in dieser Nacht erneut Stress mit einigen Gästen und ich fand es immer völlig daneben, dass ich von draußen erst immer einen Riesensprint machen musste, bevor ich am Ort des Geschehens war. Im Laden befanden sich oftmals drei oder vier Leute, die es aber nicht geregelt bekamen, dort die Streithähne zu trennen und die Stressmaker nach draußen zu bringen und mit Hausverbot zu belegen. Ich musste dann immer wie ein Verrückter nach drinnen laufen, um das Problem zu regeln, das ging mir tierisch auf den Sack und ich sagte ihnen, dass sie diese Aufgabe doch wohl alleine in den Griff kriegen würden. Wenn es bei mir draußen an der Türe knallte, dann kam auch keiner von denen und half mir, es gab oft richtig Action bei mir an der Türe, von der Schlägerei bis zum Waffengebrauch war alles dabei. Nach jeder Schicht war ich froh, dass alles passte und dass ich heil und gesund nach Hause fahren konnte. Die Fahrt zurück dauerte auch gut eine Stunde und oft nickte ich vor Müdigkeit fast weg; später lag ich meistens kaum im Bett und schon fielen mir die Augen zu und ich schlief auf der Stelle ein.

Das Geld, das ich dort verdiente, war auch nicht angemessen, denn für diesen gefährlichen Job sollte es viel mehr Kohle geben, aber keiner bezahlte vernünftig. Meine Freundin ließ mich dann immer in Ruhe schlafen, aber ich konnte nie lange pennen, meistens war ich gegen Mittag schon wieder auf und legte mich später aufs Sofa, um noch den Rest des Tages Fernsehen zu schauen. Diese Arbeit schlauchte ganz schön, aber ich war zäh und hatte auch die richtige Einstellung für diesen Job, ich glaube, dass man diese Arbeit nur bis zu einem gewissen Punkt lernen kann, den Rest muss man einfach mitbringen. In der nächsten Woche standen wieder reichlich Trainingseinheiten auf dem Programm und auch das zog mächtig Energie, meine Ernährung hatte ich natürlich ebenfalls gut angepasst, denn sonst wäre ich in die Knie gegangen.

Beim Sparring hatte ich nur starke, schwere Jungens, die mir ordentlich zusetzten. Meine Form war immer sehr gut, und so hatte ich auch die Möglichkeit, entsprechende Leistung zu bringen, für mich war das Kämpfen zu einer richtigen Leidenschaft geworden. Manchmal war ich aber so platt nach dem Training, dass ich zu Hause fast nicht mehr aus dem Auto kam, ich verlangte meinem Körper sehr viel ab und hatte auch oft Verletzungen. In Holland trainierte ich mit den besten Jungens zusammen und wir waren eine gute Truppe, das Sparring war brutal hart, aber wir waren alle Kollegen und behandelten uns untereinander mit dem nötigen Respekt, denn nur so kann es funktionieren. Unter uns gab es auch nie richtigen Stress und wir brauchten überhaupt keine Aggressionen, um miteinander zu fighten – wenn man die richtige Einstellung dazu hat, dann wird man Profi und macht dann nur noch seinen Job, das können viele Menschen nicht verstehen. Für mich war die Kämpferei immer so, als wenn ein Maurer seine Arbeit tut, wie schon gesagt: Das zu lernen erfordert viele Jahre, aber es klappt, wenn man es wirklich will.

Ich möchte an dieser Stelle auch mal mit den Vorurteilen gegen Boxer und andere Kampfsportler aufräumen: Wir sind keine dummen Schläger oder Gewalt liebende Menschen. Wenn ich überlege, wie lange ich trainiere und wie sehr ich all meine Zeit und Kraft investiert habe, um ein guter Boxer und Ringer zu werden! Deswegen verletzt es mich ja auch und macht mich böse, wenn Menschen, die keine Ahnung haben, das behaupten. Ich spreche hier sicherlich für alle leidenschaftlichen Kampfsportler, jeder der meint, wir würden uns nur die Eier schaukeln, den lade ich gerne mal zu einem Training ein und er kann dann sehen, was wir machen und es außerdem erspüren. In den vielen Jahren habe ich nur wenige Arschlöcher kennengelernt, die versucht haben, sich in unserem Sport zu etablieren, diese hielten es aber nicht lange aus, denn das Training und der Leistungsdruck waren für sie einfach zu hoch. Spätestens beim ersten Sparring gingen sie in die Knie und man sah sie danach auch nie wieder, solche Blender haben es bei uns nie lange ausgehalten und sollen letztlich da bleiben, wo sie herkommen.

Ich wurde von einem Freund aus Holland angerufen und gefragt, ob ich nicht spontan einspringen könnte, einen Welttitelfight im Thaiboxen zu machen, am Sonntagmittag wurde ich angerufen und sollte vier Stunden später kämpfen. Mir wurde gesagt, dass ich in zwei Stunden bei der Gala sein sollte. Ich sagte zu und packte meine Sachen und machte mich gleich auf den Weg. Ich wusste, dass ich in Holland kaum eine Chance hatte, zu gewinnen, doch egal, ich machte es für meinen Kollegen. Ich nahm einen guten Freund mit, der mich coachte, es war eine sehr große Boxgala und ich hatte noch reichlich Zeit, mein Kampf kam fast zum Schluss; ich zog mich um und bandagierte meine Hände. Da ich auch ein sehr guter Thaiboxer bin, machte ich mir nicht zu viele Gedanken, für so einen Titelkampf müsste ich mich normalerweise sechs bis acht Wochen knallhart vorbereiten, aber diese Möglichkeit hatte ich nicht, musste also versuchen, das Beste draus zu machen und zu geben.

Mein Gegner war ein absoluter Spitzenmann, das war mir klar; mein Ziel war, über die Zeit zu kommen und einen guten Kampf zu liefern – ich wusste, was ich nehmen konnte und glaubte, das würde reichen. Dann war es soweit, wir beide wurden zum Ring gerufen, erst ich und dann Jan; als er hinein lief, wurden viele seiner Kämpfe gezeigt und da folgte ein Knock-out dem nächsten. Ich sah mir die Videos kurz an und dachte: Junge, der schlägt eine gute Kelle! Also „gut Deckung halten" war die Devise. Der Kampfrichter rief uns beide zur Mitte und sagte seinen Spruch und dann wurde der Kampf freigegeben. Wie ich mir schon dachte, machte Jan sofort Druck und versuchte, mich k.o. zu schlagen oder zu treten, ich gab mein Bestes und hielt sehr gut dagegen. Meine Attacken waren ausgezeichnet und ich landete prima Treffer, Jan bekam das gleich zu spüren und passte seinerseits auf. Der Kampf war extrem hart und ich musste ganz übel einstecken, Jan gewann den Kampf verdient und bedankte sich bei mir, dass ich so schnell eingesprungen war. Mein Bein war brutal angeschwollen, sodass ich fast vier Wochen Probleme hatte, vernünftig zu laufen, mein Gesicht war ebenfalls angeschwollen und ich hatte eine heftige Platzwunde unter dem Jochbein. Ich verließ den Ring mit einem riesigen Pokal und war mehr als zufrieden mit meiner Leistung, ohne Vorbereitung hatte ich ein gutes Ding abgeliefert. Ich und mein Kollege, wir fuhren nach Hause, und ich legte mich gleich auf das Sofa und kühlte erstmal mein Bein und Gesicht, am Abend fuhr ich noch eben zum Krankenhaus und ließ meine Platzwunde nähen. Nach dem Kampf machte ich auch ein paar Tage Trainingspause, denn ich konnte mich fast gar nicht bewegen, diese Ruhe tat mir außerdem mal gut, so konnte mein Körper neue Kraft schöpfen und ich mich erholen.

Nach vier Tagen machte ich wieder Sandsack- und Pratzentraining, mehr ging nicht, denn das Bein konnte ich kaum bewegen und es spannte extrem durch den mächtigen Bluterguss. Die nächsten Kämpfe, die wieder anstanden, waren Free Fights, mir fiel es sowieso leicht, im Stand oder auch am Boden zu kämpfen, ich hatte eine sehr solide Ausbildung im Boxen und auch im Ringen genossen. Mein Potenzial war richtig gut und ich beherrschte die meisten Gegner, ich muss jedoch sagen, dass die Kämpfe selber häufig nur halb so schlimm wie das Sparring waren. Mein ganzes Leben hatte ich zu dieser Zeit auf den Hochleistungssport ausgerichtet, viel mehr konnte ich auch nicht machen, denn ich trainierte mitunter dreimal am Tag. Dieser Alltag prägte über viele, viele Jahre meinen Lebensweg, mich hat das geformt und zu einem starken und mutigen Menschen gemacht. Ich glaube, dass ich ohne den Leistungssport ein völlig anderer Mensch geworden wäre, ob besser oder schlechter, vermag ich nicht zu sagen, aber auf jeden Fall ganz anders. Diese Zähigkeit, die ich durch das Kämpfen erlangt habe, hilft mir auch ungemein im Leben, im Alltag gibt es viele Situationen, die manchmal schwer zu stemmen sind, da merke ich dann meinen Biss, selbst wenn ich dann denke, es geht nicht mehr, raffe ich mich auf und erinnere mich an meine unzähligen Kämpfe und denke: Was ist los mit dir, du schlapper Sack, lässt dich von so einer Kleinigkeit herunterziehen! Es half und hilft mir immer, wenn ich so denke. Denn ich stehe immer wieder auf, egal wie oft ich falle, die Grundeinstellung ist wichtig, denn sie gibt einem die nötige Motivation, weiter zu machen und sich nicht dem Schmerz oder dem Leid hinzugeben. Meine Gradlinigkeit und Ehrlichkeit sind auch für mich ein wichtiger Bestandteil geworden, denn ohne diese elementaren Dinge wäre ich nur ein hohler Mensch. Immer das Richtige zu tun im richtigen Moment, ist oft sehr schwer, und ich fragte mich häufig: Wann ist der richtige Zeitpunkt, um zu reagieren? Wenn ich ehrlich bin, wusste ich es nie so recht, vieles war oft eine Bauchreaktion.

Ich befand mich vielfach in sehr gefährlichen Situationen und habe sie überlebt, es standen Männer vor mir mit gezogenen Pistolen und wollten mich erschießen. In solchen Momenten habe ich eine sehr gute Fähigkeit entwickelt, um zu überleben: Es ist wichtig, die Spannung, die Bedrohung aus der Situation zu nehmen. Wenn jetzt Leute meinen, da kann man den Hero spielen, dann haben sie überhaupt keine Ahnung. Es ist wichtig, mit den Menschen zu reden, wenn die Möglichkeit besteht, es ist auch überhaupt keine Schande, wenn man zu dem Angreifer ruhig sagt: „Komm‘ mein Freund, alles klar, ich gehe und du hast gewonnen, denn jetzt hast du die besseren Argumente.“

Man sollte alles tun, um zu verhindern, dass der andere nicht etwa den Finger krumm macht: Eine Schussverletzung ist immer sehr böse, und wenn man überlebt, dann meistens als Krüppel. Mal ehrlich: Was hat man denn gewonnen, wenn man schwer verletzt überlebt oder auf dem Friedhof landet, ist das eine Nummer, die es sich lohnt, zu erstreben? Ich denke nicht. Das Leben ist eine wunderbare Sache und man sollte damit nicht leichtfertig umgehen, es zeugt nicht von Größe, wenn ich den anderen weiter provoziere und ihn fast dazu nötige, von der Schusswaffe Gebrauch zu machen. Bin ich ein harter Kerl, wenn ich verblutend in der Gosse liege? Was ist da Heldenhaftes dran? Ich gebe zu, in jungen Jahren habe ich darüber auch mal anders gedacht. Ich glaube aber, es kommt die Zeit, wo man anfängt, über viele Dinge nachzudenken und die Wertigkeit ist dann auch eine andere. Hätte ich dem jungen, dummen Kerl Ralf, der ich früher mal war, nur sagen können: Mache nicht so einen Blödsinn, dann bleibt dir viel Schmerz und Elend erspart! Aber was sage ich denn da, es gab Menschen, die mir helfen wollten, doch denen habe ich in den Arsch getreten und sie ausgelacht, denn ich wusste ja alles besser. Nichts habe ich gewusst. Die Rechnung habe ich auch bekommen, und ich dachte, es bringt mich um. Ich glaube aber, dass ich durch den ganzen Schmerz auch der geworden bin, der ich bin. Sicherlich muss ich noch sehr viel lernen, aber ich spüre, dass es mich heute erfüllt und glücklich macht, wenn ich versuche, mit mir und meiner Umwelt ganz anders umzugehen.

Der Anfang ist gemacht und ich werde versuchen, weiter diesen Weg zu gehen, denn ich spüre, er ist richtig und es gibt mir ein Gefühl der inneren Zufriedenheit. Dass es viele Situationen gibt, die mich sehr unsicher machen, das erübrigt sich wohl zu sagen, denn vieles ist für mich völlig neu und ich weiß überhaupt nicht so recht mit diesen Dingen umzugehen. Da waren so viele Sachen, mit denen ich früher anders umging und nicht lange fackelte, und zu neunzig Prozent endete das in einer wilden Schlägerei; komischerweise fühlte ich mich nach so einer Boxerei nie wirklich gut und bereute mein Tun und Handeln. Ich denke, dass mich das Elend und der Schmerz geläutert haben, denn dadurch sind mir die Augen geöffnet worden und ich habe begriffen, dass Gewalt nicht das Maß aller Dinge ist. Wenn ich mal so richtig nachdenke, war mein Verhalten oft nur reagierend, der totale Aggressor bin ich so nie gewesen, das soll keine Entschuldigung sein, aber eine Feststellung von meiner Seite.

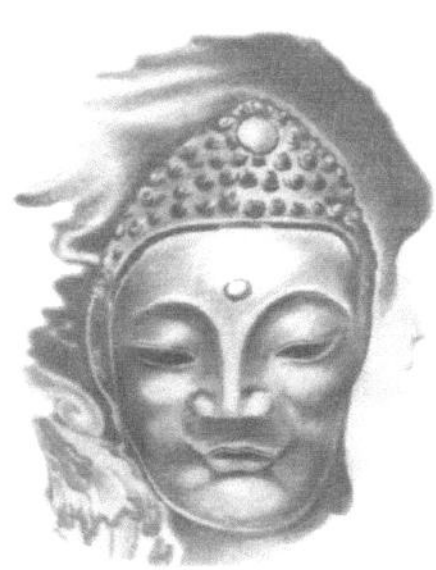

6.5. Tough Guy

Eines Tages sah ich einen Bericht über ein hartes Rennen in England, den Tough Guy, hier und da hatte ich schon mal davon gehört und war fasziniert von dieser Veranstaltung. Meiner Freundin sagte ich, sie möge mal im Internet nachschauen, um mehr Informationen zu bekommen, das tat sie und wir schauten uns gemeinsam die ganzen Berichte und die Seite selber an. Ich fand es super, denn diese ganze Geschichte spielte sich nur im sportlichen Rahmen ab. Finanzielle Hintergründe gab es nicht. Und der ganze Gewinn ging in die Tierhilfe, das machte die Veranstaltung noch sympathischer für mich und ich wusste, dass ich da mitlaufen wollte, koste es, was es wolle. Mit einem meiner Kollegen besprach ich die ganze Sache und wir einigten uns darauf, im Januar mitzumachen. Das Lauf- und Krafttraining wurde extrem angezogen, denn das Rennen galt als das härteste der Welt. Mein Pensum lag am Anfang bei zwanzig bis dreißig Kilometer Lauftraining die Woche und ich steigerte es bis auf fast sechzig Kilometer die Woche. Der eine oder andere Läufer wird sagen, das ist nicht sehr viel. Objektiv ist das sicherlich in Ordnung, aber für mich mit fast hundertzwanzig Kilo eine mehr als gute Leistung. Ich kenne niemanden, der mit so einem Gewicht so lange Strecken läuft, mein Trainingszustand wurde immer besser und ich fühlte mich super fit. Zu meinem normalen Lauftraining ging ich noch Boxen und machte viel Krafttraining, mein Kollege Jürgen war auch gut durchtrainiert und wir absolvierten einige Trainingsläufe weit über die dreißig Kilometer.

Meine Freundin buchte in der Zwischenzeit für uns eine Pension zum schlafen und den Flug, ich wollte dort noch etwas Ruhe haben und wir flogen ein paar Tage früher nach England. In London holten wir unseren Wagen von der Autovermietung und ich setzte mich ans Steuer und los ging die Fahrt – da ich schon öfters in England gewesen war, kannte ich den Linksverkehr. Es war eigentlich gar nicht so schlimm, man durfte nur nicht nachlassen, voll konzentriert zu fahren, denn sonst konnte sich die Routine einstellen und man nahm plötzlich gewohnheitsmäßig die andere Straßenseite, was fatale Folgen gehabt hätte. Nach mehreren Stunden Fahrt kamen wir in der Ortschaft an, wo V. für uns ein Apartment gebucht hatte, die Räumlichkeiten waren prima und die Menschen auch. Wir schleppten unsere Sachen in die Bude und gingen erstmal etwas essen, denn ich hatte großen Appetit. Als wir fertig waren, bezahlte ich und machte meinen beiden Kollegen den Vorschlag, mal zum Veranstaltungsgelände zu fahren und uns alles anzuschauen. Die Fahrt dauerte gerade mal gute zehn Minuten, dann erreichten wir den großen Bauernhof, auf dessen riesigen Ländereien das Rennen stattfinden sollte.

Ich holte als Erstes unsere Startnummern vorne im Büro ab und fragte die Frau, die mir die Unterlagen gegeben hatte, ob ich mir mit meinen Kollegen mal das Veranstaltungsgelände anschauen dürfte. Sie sagte, das wäre überhaupt kein Problem und erklärte mir, wie ich laufen musste, damit ich dort auch ankam. Wir gingen zusammen zum Renngelände mit seinen vielen Schikanen und dem riesigen Areal, man konnte gar nicht bis ans Ende des Grundstückes schauen, denn so brutal groß war es. Wir liefen nur die Stellen ab, wo die Barrieren aufgebaut waren, das war schon mehr als heftig. Mein Kollege blieb vor Betonröhren stehen, die hießen Vietkong-Röhren, wir schauten alle drei in diese dunklen engen Röhren, die auch noch gegen den Berg liefen und deren Ende man nicht sehen konnte. Ich kroch in eine Röhre ein ganzes Stück hinein und fühlte schon etwas Beklemmung, die Luft war schlecht und die Dunkelheit tat ihren Rest, des Weiteren waren sie so eng, dass ich fast stecken blieb und ich fragte mich, was passieren würde, wenn hier am übernächsten Morgen tausende Fighter durch die Röhren krochen. Wie wäre es, wenn vor mir einer Panik kriegen würde oder nicht mehr weiter könnte, hinter mir wäre alles voll und nach vorne könnte ich auch nicht weiter, das war echt ein Alptraum für mich. Dieser Gedanke war natürlich nicht gerade motivierend für mich, besser gesagt für mich und meinen Kollegen. Ich musste meinen Freund bald in die Röhre prügeln, denn er hatte schon so tierische Bedenken in die Röhre zu klettern, ich sagte ihm: „Ab übermorgen musst du da sowieso durch." Nach langem Zureden rutschte er ein Stück in die Röhre, aber kam schnell wieder heraus. „Beim Rennen musst du aber ganz da durch", sagte ich zu ihm. Ehrlich gesagt hatte ich meine größten Bedenken, ob er wirklich beim Wettkampf da durchkriechen würde, aber es war nicht meine Sache und somit auch nicht mein Problem.

Als wir alles gesehen hatten, gingen wir wieder zum Auto zurück und fuhren in unsere Unterkunft. Da wir schon lange nichts mehr gegessen hatten, kaufte ich mit Horst etwas im Supermarkt ein. In dem Apartment gab es auch eine kleine Küche und wir machten uns was zu Essen, am frühen Abend gingen wir noch etwas in der kleinen Stadt spazieren und blieben in einem kleinen Pub, um etwas zu trinken, weil ich den Wettkampf in aller Ruhe durchsprechen wollte. In dem Lokal war einiges los und wir setzten uns an einen Tisch in einer Ecke, dort war es nicht so laut und wir konnten quatschen. Mein Bekannter, der Horst, war nur dabei, um jede Menge Fotos von mir und Jürgen zu machen, damit wir später das alles mit Bildern untermalen konnten, wir wollten eine große Reportage über dieses außergewöhnliche Event machen. Am nächsten Tag ruhten wir gut aus, denn der Run wurde sehr hart, das war uns schon klar, deshalb: Früh schlafen gehen und gut essen – das war unsere Devise. Ich schlief tief und fest und wachte sehr ausgeruht auf, wir frühstückten zusammen, ich aß Vollkornbrot mit Käse und haute mir einen Eiweißshake und einen Teller Müsli rein. Bevor wir losfuhren, kaufte ich noch schnell ein Kilo Bananen und dann ging es zum Veranstaltungsgelände. Als wir dort ankamen, mussten wir erstmal nach einem Parkplatz suchen, denn überall standen Autos, sie alle waren gekommen, um bei dem Tough Guy mitzumachen. Wir hatten ja bereits unsere Startnummern abgeholt und darüber war ich schon froh, denn jetzt standen hunderte Läufer in der Schlange und warteten. Auf dem ganzen Gelände waren Tausende von Sportlern, wie ich später erfuhr, waren es runde zehntausend, das war schon eine Hausnummer und ich dachte mir: Das ist der helle Wahnsinn. Wir suchten uns einen vernünftigen Startplatz und ich erinnerte meinen Kollegen Jürgen noch einmal daran, nicht zu schnell beim Start loszurennen, denn sonst wäre er viel zu schnell am Ende und würde es nicht schaffen, ins Ziel zu kommen.

Der Startschuss fiel und sämtliche Läufer setzten sich in Bewegung, es war schon wahnsinnig, so viele Menschen bei so einem Event zu sehen – wir ließen uns ziemlich zurückfallen und rannten unser Tempo. Manche Teilnehmer waren maskiert oder lustig verkleidet, andere rannten halbnackt mit und das bei minus sechs Grad, ich fragte mich: Wie lange wollen die aushalten? – und ich sollte Recht behalten. Ich musste meinen Kollegen Jürgen immer wieder dazu ermahnen, nicht so schnell zu laufen, denn er hatte keine blasse Idee, was da noch alles auf uns zukommen sollte. Nach einem sehr langen Stück tauchte die erste super schwere Schikane auf, sie hieß „die Anakonda", denn es ging hundert Mal einen Berg rauf und dann wieder herunter, hier gaben schon sehr viele auf oder mussten mit schlimmen Verletzungen stoppen. Mir half hierbei meine Erfahrung weiter, wir hatten unsere Kräfte gut eingeteilt und deshalb war es zwar hart, aber nicht unmöglich, diese Aufgabe zu meistern. Der Boden war manchmal so matschig, dass man aufpassen musste, nicht ständig auszurutschen. Nach dieser harten Prüfung mussten wir wieder ewig lange durch Wasser, Morast und Frost laufen. Nach und nach holten wir sehr viele wieder ein, die ihr Pulver verschossen hatten, jetzt ging meine Strategie auf: Am zweiten Hindernis hatten wir wieder eine sehr gute Platzierung. Ich kletterte vor und mein Kollege hinterher, wir beide waren dreckig und nass und froren wie ein paar Kesselflicker, ich trieb uns voran und so kämpften wir uns weiter nach vorne; ich sah, dass immer mehr völlig kaputt liegen blieben. Als ich an einem Hindernis herunterkletterte, fasste ich an der Seite nach einer Leine, die dort hing, um mich festzuhalten, ich bekam plötzlich einen elektrischen Schlag verpasst, dass ich dachte, mich tritt ein Pferd. Das war aber extra so gewollt, man sollte sich an dem Seil nicht festhalten, auch wenn es noch so verführerisch aussah, in diesem Seil gab es ein dünnes Metallkabel, das unter Strom stand. Da wir alle sehr nass waren, kann man sich gut vorstellen, was das für ein Stromschlag war, ich griff nie mehr zu einem Seil, was irgendwo verlockend herunterbaumelte.

Wir mussten noch zig Mal ins kalte Wasser springen, um zu tauchen oder zu schwimmen, auf dem Wasser befand sich eine Eisschicht. Als ich unter einigen verschiedenen Flößen hindurch getaucht war und dann wieder ans Land ging, konnte ich kein Wort mehr sprechen: Ein Fernsehteam wollte mit mir ein Interview machen, aber ich konnte nicht sprechen, solche Schmerzen hatte ich in meinem Kopf. Ob ich wollte oder nicht, ich bekam kein Wort heraus, alles war wie gelähmt, ich wunderte mich darüber, denn so etwas hatte ich noch nie mitgemacht, mein Kopf und mein Hirn schmerzten so fürchterlich, selbst der stärkste Migräneanfall war gar nichts dagegen. Ich rannte schnell weiter, damit mein Kopf wieder zügig auf Betriebstemperatur kam, nach einigen Minuten hatte sich in meinem Schädel wieder alles beruhigt und ich war sehr froh darüber. Meinem Kollegen war es nicht besser ergangen. Nun mussten wir über Wassergräben springen oder sie durchschwimmen, dann gab es sehr viele hohe Hindernisse, die wir überklettern mussten, manche fast an die zwanzig Meter hoch. Die Klamotten waren nass und schwer, die Schuhe voller Schlamm, so mussten wir auch noch höllisch aufpassen, dass wir nicht abschmierten mit den dreckigen Schuhen. Des Weiteren mussten wir uns über einige große Gewässer an einem Seil herüber hangeln, ich hatte das alles gut bei der Legion gelernt, hier war nur leider das Problem, dass hundert Mann gleichzeitig über das Seil gelangen wollten. Die Trosse schaukelte und wurde hin und her gerissen, ich hatte es unter größten Anstrengungen geschafft, über die Hälfte der Seillänge zu bewältigen, da wurde die Vibration so stark, dass ich mich nicht mehr halten konnte und in den See fiel. Das Wasser umschlang mich eiskalt, das Gewässer war tief und so musste ich schwimmen und kam wieder völlig durchgefroren aus dem Wasser. Scheiße!, dachte ich mir und biss nun extra noch mehr die Zähne zusammen. Kurz nach diesem kalten Bad kam eine Strecke, da sackte man bis an die Hüften in Schlamm ein, einige Jungs kamen aus eigener Kraft nicht mehr da raus und die Hilfs-Teams mussten ran. Sehr viele Läufer verloren in diesem Schlamm die Schuhe oder nur einen und rannten barfuß weiter.

Zum Schluss kamen dann die Röhren, es war ein brutales Gedränge, viele kletterten dort auch nicht durch – aus Panik; für sie alle war das Rennen somit gelaufen. Ich kroch sehr zügig durch die Röhre, als ich durch war, gab ich noch einmal richtig Gas und überholte auch noch viele. Kurz vor dem Ziel mussten wir alle einen steilen Erdhügel hoch, der extrem glatt und matschig war. Ich nahm alle Kraft noch einmal zusammen und flog den Hügel hoch, auch hier scheiterten sehr viele, denn es war richtig schwer, nach oben zu kommen, vor allen Dingen waren vor uns schon Tausende diesen Hügel hochgerannt. Als ich den Hügel an der anderen Seite wieder herunter rannte, konnte ich das Ziel schon sehen, auf diesen letzten Metern gab ich noch mal Vollgas und überholte etliche.

Nach dem Zieleinlauf bekam ich eine Aludecke übergehängt und ein Hufeisen aus Messing als Dank und für das Durchkommen. Ich freute mich sehr darüber, denn auf diese Leistung konnte man mehr als stolz sein. Ich hatte von zehntausend Startern Platz dreitausendzwanzig gemacht. Diese Leistung freute mich riesig – mein Freund Jürgen kam ein paar Minuten später ins Ziel als ich, er hatte auch alles gegeben, aber der letzte Hügel hatte ihm richtig zugesetzt. Ich bekam ebenfalls einen Becher mit heißem Tee, wie jeder andere Teilnehmer auch, meine Hände zitterten so sehr, dass ich nicht mal in der Lage war, vernünftig zu trinken – über die Hälfte des Getränkes verschüttete ich. Unser Kollege Horst gratulierte uns und wir gingen in den Pferdestall, wo provisorisch eine Dusche aufgebaut war, das Wasser war auch nicht besonders warm, aber nach der Kälte fühlte es sich gut an. Ich musste mir meine dreckigen und nassen Sachen förmlich vom Körper reißen, denn so hatten sie sich festgesaugt. Nach der Dusche trocknete ich mich ab und zog saubere und trockene Klamotten an. Das war eine Wohltat, so lernt man den Wert vieler kleiner Dinge neu zu schätzen und zu lieben. Wir liefen dann gemeinsam zu unserem Auto und waren froh, diese enorme Leistung gebracht zu haben und ohne Verletzungen ins Ziel gekommen zu sein. In unserer Unterkunft duschten wir beide erst sehr lange, um die Kälte aus den Knochen zu bekommen, denn wir waren total unterkühlt.

Am nächsten Tag ging es zurück nach London und dann ab in den Flieger Richtung

Heimat. Spät am Abend war ich wieder zu Hause und freute mich sehr darüber, auf meinem Sofa zu liegen und mich auszuruhen. Ich war und bin immer ein Mensch, der die absolute, extreme Herausforderung braucht, sonst fehlt mir etwas. Ständig suche ich nach neuer Action, denn sie bringt die nötige Farbe in mein Leben und in meinen Alltag. Es ist auch eine Suche nach sich selbst, das ist mir schon klar, für mich ist da auch mehr der Weg das Ziel, als der Gipfel. Mein Leben ist geprägt durch extreme Ups and Downs, dieses Hin und Her oder Rauf und Runter erhält in mir immer eine gewisse Grundspannung, die ich zum Leben einfach brauche. Ich glaube, es ist wichtig, oftmals mit sich selber hart ins Gericht zu gehen und sich selbstkritisch zu betrachten; wenn ich überlege, wie ich in meiner Jungend war: Ein frecher, unbeugsamer Junge, der die meisten Probleme durch Gewalt löste, da er nie einen anderen Weg kennengelernt hatte. Die Hosen herunterzulassen und vielleicht zu wissen: Man setzt sich dem Hohn und Spott vieler aus, das bezeichne ich als Größe. Ich für meinen Teil tue das in meinem Buch, denn was habe ich zu verlieren, was ich nicht schon mal verloren hatte. Das Wichtige ist, dass man mit sich selbst ins Gericht geht und das auch schonungslos. Was hilft es denn, wenn ich mich selber bescheiße? Wenn andere sich als Hero darstellen, ist das ihr Recht. Aber ich möchte das nicht, denn Lügen sind keine Tugenden, die erstrebenswert sind.

Viele Dinge, die in meiner Vergangenheit passiert sind, tauchen wieder aus dem Dunkel des Vergessens auf, und ich merke, dass ich noch nicht alles gut verarbeitet habe. Gerade Dinge, die in meiner Jugend passiert sind, tauchen wieder auf und beschäftigen meine Rübe. Viele Dinge, die geschehen sind, waren nicht schön und ich wünschte, ich könnte sie verändern, denn heute habe ich mehr Wissen und Erfahrung. Auf der anderen Seite denke ich aber, es ist gut, wie es damals gelaufen ist, denn es hat mich zu dem Menschen gemacht, der ich heute bin, geprägt durch Schmerz und Leid habe ich meinen Weg gefunden. Früher war ich ein völlig anderer Mensch als heute, da liegen Welten dazwischen und ich frage mich: Wie konnte das ein oder andere nur passieren? Mit Wehmut denke ich an Ereignisse zurück, die dadurch, dass sie geschehen sind, mein Leben in die richtige Bahn gelenkt haben. Manchmal waren der Schmerz und das Leid so riesig, dass ich dachte, ich bringe mich um oder ich werde verrückt, doch ist es anders gekommen und ich denke mir, ich habe noch so viele Aufgaben hier auf dieser Welt zu erledigen, dass ich mich darauf auch freue, denn es sind Dinge, die ich mit Herzblut mache.

Auch heute kämpfe ich einen Kampf gegen fast alle, es hat schon einen extrem hohen Preis, etwas Spezielles zu sein und sich in so vielen Dingen von anderen zu unterscheiden. Ich glaube, dass ich wahrscheinlich geboren bin, um gerade den Tieren zu helfen, sie haben keine Lobby und sind dem Menschen hilflos ausgeliefert. Mir ist es auch völlig egal, was andere Menschen darüber denken; nehmen wir zum Beispiel einen Hund: Wenn er ankommt und mit dem Schwanz wedelt, dann ist es ehrlich gemeint und es steckt keine Berechnung dahinter. Ich bin mit Tieren aufgewachsen und habe immer gespürt, wie rein und ehrlich ihre Seelen sind. Ich glaube auch, es ist mit meine Lebensaufgabe, mich um diese Kreaturen zu kümmern. Wenn ich die finanziellen Möglichkeiten hätte, würde ich einen alten Bauernhof kaufen, ihn umbauen, dort eine Arche Noah eröffnen und mich nur noch darum kümmern, dass ich Tieren in Not helfe. Wenn ich mal in die Situation kommen sollte, dass ich über sehr viel Geld verfügen könnte, dann würde ich schnell anfangen, ein wirkliches Zentrum für Tiere zu gründen – für die Tiere wird viel zu wenig gemacht. Diese armen Kreaturen haben keine Lobby und können sich nicht wehren, es macht mich traurig, aber auch zugleich sehr wütend, wenn ich überlege, was der Mensch der Natur und anderen Lebewesen antut. Ich werde nie verstehen können, wie man wehrlosen Tieren so viel Leid zufügen kann, das sind Dinge, die ich nie begreifen werde und will, ich hoffe, dass ich einen Weg finden werde, im Bereich Tierschutz viel mehr zu machen. Es könnte ja sein, dass ich einen guten Sponsor finde, der mir das Geld für den Kauf einer Arche Noah zur Verfügung stellt und ich dann dieses Projekt umsetzen kann. Wie oft war ich schon unterwegs, um Tieren in Not zu helfen, aber das ist alles viel zu wenig.

Ich glaube, dass ich besondere Aufgaben hier zu erledigen habe und eine, nein, die wichtigste wird sein, den Tieren in Not zu helfen. In gewisser Hinsicht glaube ich: Das ist meine Lebensaufgabe. Ich spüre die enorme Leidenschaft und Liebe, die mich beflügelt und mir Kraft gibt – die Zeiten der Kämpfe, ob im Sport oder auf der Straße, sind vorbei. Es ist aber nicht so, dass ich müde bin, nein, im Gegenteil. Ich spüre nun, es geht hin zu anderen Ufern und vielleicht ist es auch so, dass ich das erste Mal empfinde: Da ist etwas, das ich mit hundertprozentiger Leidenschaft tue. Ich möchte damit nicht sagen, dass zum Beispiel der Sport nicht auch wichtig für mich war, aber das auf einer anderen Schiene. In mir brennt ein Feuer für diese armen Geschöpfe und jede Seele, die ich retten kann, ist es wert, allen Schmerz und Leid zu ertragen. Wenn ich sehe, wie unschuldig die Seelen von diesen Tieren sind und wie schrecklich sie von Menschen gequält werden, dann bin ich sehr traurig, aber zugleich auch sehr wütend. Ich weiß, dass der Tierschutz und die Tierrettung mein weiteres Leben maßgeblich beeinflussen werden. Mit voller Hingabe werde ich meine Lebensaufgabe annehmen und das Beste geben.

Meine Kraft, die ich hatte, um im Kampf als Sieger dazustehen, werde ich anders einsetzen, und ich weiß, dass ich mit dieser Energie eine Menge bewirken kann. Sicherlich habe ich mich oft gefragt, warum ich dafür bestimmt bin – die Antwort ist eigentlich nicht schwer. Wie oft habe ich Schläge bekommen als Kind, dass mir fast die Knochen kaputtgeschlagen wurden. Wie oft habe ich später in Kämpfen anderen Menschen sehr große Schmerzen zugefügt oder sie mir. Wenn man weiß, wie Gewalt und Brutalität schmeckt und sein Blut häufig selber geschmeckt hat, das Geräusch kennt, wenn unter Faustschlägen oder Tritten die Kochen splittern, dann kann einem keiner mehr so schnell etwas erzählen. Dieser unendliche Schmerz hat sich sehr, sehr tief in meine Seele gebrannt. Ich bin fest davon überzeugt, dass ich erst diesen Weg gehen musste, um zu erkennen und zu verstehen.

Ich behaupte auch, dass ein Mensch, der ein paar Mal durch die Hölle gegangen ist und dieses übersteht, durch seine Grenzerfahrungen ein besserer Mensch geworden ist, als viele andere, die das von sich behaupten in unserer netten Gesellschaft. Ich kann von mir sagen, dass Schmerz, Leid und Tränen mich über Jahrzehnte geformt haben und ich froh bin, dass es so ist. Immer schon spürte ich den Drang, so zu leben, wie es meinem Naturell entsprach, aber ich war viel zu schwach, um es umzusetzen. Wenn man es so sieht, bin ich vielleicht ein Spätzünder, aber ich habe meine Bestimmung gefunden. Wer kann das schon von sich behaupten? Viele rennen blind durchs Leben und fühlen nicht einmal, dass sie leben, ich habe immer gespürt, dass ich lebe, wenn auch dieses Gefühl oft durch Schmerz geprägt war. Ich glaube, es hat einen sehr hohen Preis, anders zu sein, ich wollte es nicht sein, aber es entwickelte sich einfach so. Oft denke ich, dass ich nicht in diese Zeit gehöre, mit den meisten Menschen habe ich fast keine Gemeinsamkeiten, wenn ich ehrlich bin, liebe ich diese Spezies auch nicht. Als kleiner Junge war ich schon immer ein Außenseiter, ein Einzelgänger, der die Gesellschaft der anderen Kinder mied, denn dort fühlte ich mich nicht wohl. Sicherlich habe ich versucht, mit anderen klarzukommen, aber es war für mich sehr schwer. Es ist komisch, aber nach einer gewissen Zeit kann ich die meisten Menschen nicht mehr sehen, vielleicht habe ich sie durchschaut und erkannt, wie primitiv und oberflächlich sie sind.

Als Alphawolf ist es auch sehr schwer, sich zu integrieren, meine Dominanz stößt bei vielen übel auf, aber ich habe mich nie konditioniert und werde das auch nie machen. Ich bin kein Macho, aber sehr bestimmend und kontrollierend, das sind für mich keine schlechten Eigenschaften. Sicherlich ist es für Menschen in meinem Umfeld nicht einfach, mit mir auszukommen oder mit mir zu leben, aber auf der anderen Seite bin ich ein Mann, auf den man sich immer verlassen kann und der sich in jeder Situation gerade macht. Bei meiner Vergangenheit ist es fast ein Wunder, dass ich noch lebe, nicht verrückt geworden oder gebrochen bin, dafür danke ich Gott dem Herrn und bete jeden Tag, dass er mich beschützen mag auf all meinen Wegen. Manche mögen jetzt denken: Was ist los mit dem Typen, hat der jetzt einen Heiligenschein bekommen? Ja, nennt es so. Ich mache keinen Hehl daraus, dass ich ein sehr gläubiger Mensch bin, früher war es auch so, aber ich betete nur dann, wenn ich mit dem Arsch sehr tief in der Scheiße hing, das ist schon lange nicht mehr so. Ich bete in irgendeiner Form fast jeden Tag und fühle mich sehr gut dabei, meine Seele ist oft sehr schwermütig und meine Nerven liegen blank, weil ich zu viele Federn gelassen habe; mir hilft da immer ein Gebet. Für mich ist wichtig, dass ich offen über alles schreibe und es so darstelle, wie es wirklich gewesen ist. Es gehört viel Mut dazu, so offen zu sein, aber was habe ich zu verlieren? Beleidigt mich oder belacht mich, das ertrage ich in Demut.

Ich war früher auch einmal jung und ein Rebell. Die Welt, so dachte ich, lag mir zu Füßen, aber das war niemals so, ich war zwar jung, aber dumm und sehr naiv. Durch Knast und Ballerburg hatte ich sehr viel Zeit zum Nachdenken und langsam, aber nur sehr langsam begriff ich, was wirklich wichtig war im Leben. Dieser Prozess hat sehr lange gedauert und ich bin mir sicher, dass ich selbst heute noch lerne; also macht euch lustig über mich, aber glaubt mir eines: Irgendwann kommt der Tag, da werdet ihr verstehen, was ich meine. Mich haben verschiedene Menschenschicksale sehr beeindruckt – ein Buch hat mich bis heute nie losgelassen, und das ist „Der Minus-Mann“, ein hartes Buch, das ich das erste Mal im Jugendvollzug Anfang der 1980er Jahre gelesen habe. Das Buch war indiziert, aber im Knast gab es alles, ich habe das Buch an einem Stück gelesen, nachts beim Schein einer selbstgebauten Kerze. Es ist wichtig zu wissen, dass dieses Buch eine Botschaft hatte, die ich damals aber nicht verstand – mir gefiel die Gewalt und der dreckige Sex, beim Lesen stellte ich mir diese geilen Weiber vor und bekam einen Ständer. Als ich älter wurde und dieses Buch wieder las, verstand ich langsam, was der Autor mir sagen wollte, zwischen den Zeilen verstand ich nun, wie kaputt und zerrissen er war. Viele Dinge fielen mir dann nach und nach wie Schuppen von den Augen, ich glaube, man benötigt eine gewisse Reife, um manche Dinge wirklich zu verstehen. Wenn ich zurückdenke, bin ich stolz auf mich, dass ich es doch noch geschafft habe, aus meinem Leben etwas zu machen, damit meine ich nicht Geld und Erfolg, sondern dass ich Gottes Geschenk des Lebens erst heute richtig verstanden habe. Wenn ich den einen oder anderen von euch mit meinen Gedanken oder Zeilen erreiche und ihr über euer Leben nachdenkt und vielleicht etwas für euch verändert, dann habe ich sehr viel erreicht und weiß, dass ich meinen guten Kampf nicht umsonst kämpfe.

Das Leben ist etwas ganz Besonderes, das habe ich begriffen und möchte meinen Teil dazu beitragen, dass sich in den Köpfen der Menschen was verändert, selbst wenn ich nur ein paar von euch erreiche, hat es sich schon gelohnt. Meine Erfahrungen sind vielseitig und darüber bin ich auch froh, so habe ich die Möglichkeit, fast überall mitzureden – es gibt viele Menschen, die sich gerne mit fremden Federn schmücken. Ich habe auch an einige Dinge geglaubt, die mich wie ein Mythos umgaben, aber als ich den Vorhang mal zur Seite schieben konnte, sah die Realität ganz anders aus. Die Hells Angels sind ein Kapitel davon, früher als Biker oder Rocker, nennen wir es mal so, war ich von der Chronik und der Bruderschaft immer sehr angetan, ein Sony Barger war eine Person, die meinen Respekt bekam. Über viele Jahre fuhr ich zu Veranstaltungen durch die ganze Republik und lernte auch dadurch einige gute Old Members kennen. Einige meiner Kollegen spielten auch mit dem Gedanken, einmal Prospect und vielleicht auch später einmal Vollmember zu werden. Dieser Death Head übte immer sehr große Anziehungskraft auf mich aus und ich dachte mir einmal, Member in diesem Club zu sein, das wäre es. In jungen Jahren schon interessierte ich mich für alles, was ich über diesen Club sah oder las, dieser Magnetismus war gewaltig und ich rannte mit Supporter Shirts herum. Dem einen oder anderen Kollegen half ich auch, dort als Prospect einzusteigen, ich wollte wohl auch gerne, aber mir fehlte die Zeit, denn ich trainierte nur von morgens bis abends und ich bin kein Teamplayer.

So vergingen die Jahre und wir düsten oft zum Charter nach Stuttgart, um dort Prospect zu laufen, das scheiterte aber an der Fahrerei, denn es war nicht möglich, jedes Wochenende irgendwo auf eine Party zu fahren oder nach Stuttgart. Wir zogen die ganze Geschichte fast ein Jahr durch und dann mussten wir uns entscheiden, entweder nach Stuttgart zu ziehen oder aufzugeben, denn anders war es nicht möglich. Ein Kollege von uns ging ganz konsequent diesen Weg und ist schon seit vielen Jahren dort Vollmember, wir anderen schlossen uns den Freeway-Riders an, auch ein sehr guter Club, in dem das Bikerleben noch hochgehalten wird, jedenfalls so hoch, wie man es halten kann. Nach einiger Zeit trat ich aber aus, denn ich schaffte es von meiner Zeit her nicht, dem Club gerecht zu werden; ich finde, es ist wichtig, dass man sich integriert und einbringt, aber das konnte ich nicht, denn ich war fast nie da. Zu meinen alten Kollegen hielt ich immer weiterhin Kontakt, und so wurde ich zu einer Party von Rot-Weiß eingeladen, wo ich dann auch hinfuhr.

Die Stimmung dort war prima und ich lernte außerdem die anderen Members kennen – mir wurde gesagt, dass ich gerne als Prospect bei ihnen beginnen könne. An diesem Abend unterhielt ich mich ausgiebig mit fast allen Members, meine Kollegen meinten auch, das wäre eine prima Geschichte für mich, ich sagte: „Das hört sich klasse an, aber ich möchte erstmal in Ruhe darüber nachdenken."

Denn mir war klar: Es würde sich dann vieles verändern. So vergingen die Tage und ich wurde an einem Montag eingeladen, nach der obligatorischen Sitzung rief man mich herein und ich durfte an dem Member-Tisch Platz nehmen. Man fragte mich, ob ich es mir überlegt hätte, ich sagte: „Ja, ich habe es mir überlegt und könnte mir vorstellen unter gewissen Optionen Prospect zu werden."

Für mich war es wichtig, meiner Arbeit und meinem Sport weiter in vollem Umfang nachgehen zu können, wenn man mir das zusagen könnte, wäre ich bereit, diesen Schritt zu gehen. Mir wurde das vom damaligen Präsidenten zugesichert, also wurde ich Prospect und dachte, nun bist du doch in diesem Club, der mich mein Leben begleitete.

Die ersten paar Monate liefen ganz gut, aber dann begann das neue Jahr und mir wurde gesagt, dass ich jetzt alle Zeit in den Club zu stecken hatte, das war mir aber so nicht zugesichert worden und ich sagte: „So waren aber nicht die Absprachen."

Der Präsi betonte, ich hätte das zu befolgen, aber ich sagte ihm: „So läuft das nicht, eine Zusage ist ein Wort, das man nicht bricht."

Es kam zu einer verbalen Auseinandersetzung und ich sagte ihm: „Hier hast du deine Kutte zurück, das ist für mich keine Grundlage."

Es wurde noch von beiden Seiten ein wenig herumgebrüllt, dann war die Sache für mich durch und ich verließ das Charter, man trennte sich als Freunde. Heute bin ich froh über meinen Austritt und dass die ganze Sache so früh ein Ende gefunden hat, ich bin als Teamplayer nicht geboren und hätte in so einer Gemeinschaft wahrscheinlich nie richtig aufgehen können. Man muss gewisse Eigenschaften mitbringen, um sich in so einem Club zurechtzufinden, ich habe sie nicht, denn schon immer war ich der einsame Wolf, der seinen Weg alleine geht, ich glaube, so wird es auch immer bleiben. Ich finde außerdem, dass man heute das richtige Rocker- oder Bikerleben fast in keinem großen MC mehr antrifft, da gibt es inzwischen andere Prioritäten. Schade, dass sich das alles so entwickelt hat und auf allen Seiten der MCs viele unschuldige Menschen ihr Leben gelassen haben. Diese Entwicklung wird sich auch nicht mehr bremsen lassen – ich glaube, dass durch das enorme Wachstum auf allen Seiten die Kontrolle total verloren geht; meine Meinung ist, dass es richtig aus dem Ruder läuft. Menschen werden vernichtet und später wird niemand mehr genau wissen, warum es dazu gekommen ist, oft sind es banale Gründe. Warum werden Kriege geführt? Meistens auch nur aus niederen Beweggründen.

Ich bin für mich selber froh, dass ich in meiner eigenen kleinen Welt lebe und weiß, dass ich in solch eine andere Welt nie mehr rein möchte. Wenn ich in meinem Garten mit meiner Motorsäge meine Holzfiguren säge, bin ich froh und glücklich; wenn ich im Wald spazieren gehe oder meine Hunde streichle, weiß ich: Das ist meine Welt. Ein Krieger muss wissen, wann es Zeit ist, die Streitaxt aus der Hand zu legen und seine alten Knochen am Feuer zu wärmen – ich glaube, es ist wichtig, zu erkennen, wann die Zeit der Veränderung da ist. Ich merke und spüre, dass sich in mir sehr viel verändert und das alles in einem rasenden Tempo – früher haben gewisse Entwicklungen vielleicht Monate, wenn nicht Jahre benötigt, heute braucht so eine Veränderung ein paar Wochen.

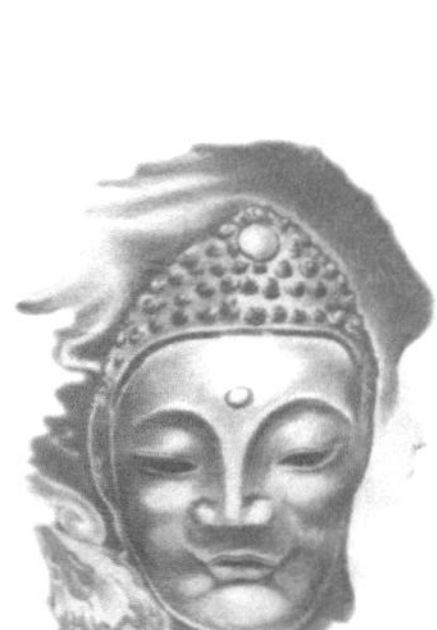

6.6. Mont Blanc

Für mich ist es auch immer wichtig, diverse Zeiten der Ruhe einzulegen, ich merke immer sehr schnell, wenn der Akku leer wird und dann fahre ich meistens in die Natur, in die Berge, zu denen ich schon immer einen besonderen Bezug hatte. Für mich war es bis vor ein paar Jahren noch absolut wichtig, unbedingt den Gipfel des Berges zu erreichen, denn das war für mich der krönende Abschluss. Nun muss ich als erfahrener Kletterer sagen: Ich bin nie ein Mann mit zu großem Risiko gewesen, aber manchmal waren meine Erfahrungen schon grenzwertig.

Ich fuhr mit meinem Kollegen und mit meiner Freundin V. nach Frankreich zum Mont Blanc, dieser Berg zog mich magisch an und ist für mich sehr gewaltig, schön und wild. In Saint Gervais hatten wir uns ein Zimmer gemietet und wollten von dort aus über die normale Route aufsteigen. Am nächsten Morgen fuhren wir mit einer der ersten Zahnbahnen bis ans Ende des Schienennetzes und stiegen dann bis zur Tête-Rousse-Hütte auf, der Aufstieg war sehr anstrengend, denn es ging extrem steil bergan und weiterhin waren wir schwer bepackt, da wir sehr viele Ausrüstungsgegenstände mitschleppten. Außerdem darf man nicht vergessen, dass wir überhaupt nicht akklimatisiert waren und dann von null auf über dreitausend Meter aufstiegen, das war schon eine extreme Belastung. Das letzte Stück mussten wir noch über einen Gletscher marschieren, ich ging ziemlich oberhalb über den Gletscher, denn hier war er fast eben und es lag noch etwas fester Schnee auf dem Eis, weiter unten war er blank und durch die tierische Hitze in diesem Sommer schmolz er auch heftig. Wir verzichteten darauf, die Steigeisen anzuziehen, denn es ging auf diesem Weg entspannt herüber. Als wir auf der Hütte ankamen, war eigentlich sehr wenig los und ich wunderte mich schon darüber – eine Erklärung sollte schnell folgen. Wir gingen zusammen zum Hüttenwirt und sagten ihm, wir wollten heute hier übernachten und morgen weiter zur Goûter aufsteigen, er meinte, das hier mit dem Übernachten sei kein Problem, aber die Goûter-Hütte wäre schon geschlossen und nur noch für den Winterbetrieb offen.

Sofort fragte ich ihn, was denn da los sei, von der Jahreszeit her müsste sie noch offen haben, wir wären extra gekommen, um zum Gipfel zu gelangen, ich sagte ihm auch: „Wir werden trotzdem morgen aufsteigen." Er erklärte mir, dass es in diesem Sommer durch die sehr hohen Temperaturen zur radikalen Eisschmelze gekommen sei und dadurch permanent extremer Steinschlag herrschte. Durch diese gefährlichen Umstände waren schon in der aktuellen Saison so viele Menschen ums Leben gekommen, die Gendarmerie hatte darauf reagiert und sagte jedem Kletterer, er solle nicht aufsteigen, denn es sei zu gefährlich. Es gab im unteren Bereich der Wand das gefürchtete Couloir, das war eine breite Steinschlagrinne, dort kamen manchmal Brocken von der Größe eines Hauses herunter oder kleinere Steine, die wie Kanonenkugeln vorbeischossen.

Wir ließen uns nicht abhalten und stiegen erst gegen Mittag in die Wand ein, da wir den ganzen Vormittag damit verbracht hatten, uns zu überlegen, was das Beste sei: Abstieg oder Aufstieg? Ein Hubschrauber der Gendarmerie stand schon den ganzen Tag dort und niemand war in die Wand gestiegen. Wir packten unsere Sachen und marschierten Richtung Hubschrauber, denn er parkte genau dort, wo wir auch vorbei mussten, um den Aufstieg zu beginnen. Zwei Beamte kamen auf uns zu und einer sagte, wir dürften nicht aufsteigen, ich fragte ihn: „Wo steht das geschrieben?“ Wir sprachen in Englisch und sie merkten schnell, dass sie gerade mich nicht beeindrucken konnten. Ein Flic meinte zu mir, erst gestern hätte man noch einen Toten vom Gletscher geborgen, er hätte keinen Kopf mehr gehabt, in dieser Saison seien schon über siebzig Tote zu beklagen. Wir ließen uns nicht abbringen und er betonte, dann müsste er unsere Personalien aufnehmen für den Fall, dass uns etwas passieren sollte – wir gaben unsere Personalien an und konnten dann mit dem Anstieg beginnen.

Wir kamen zu der Rinne, die man Couloir nannte, das Steilseil hing in Fetzen überall herunter und war an mehreren Stellen gerissen, die dicken Steine hatten es zerfetzt. Der Übergang war sehr steil und glatt, wenn man hier ausrutschte, fiel man über die Felskante einige hundert Meter tief und würde auf dem Gletscher zerschellen. Die andere Variante war, dass man von einem Stein erschlagen würde – super Aussichten. Ich stand als Erster bereit, die Rinne zu passieren, schon am frühen Morgen, wenn noch alles gefroren war, gab es große Probleme, aber jetzt gegen fünfzehn Uhr am Nachmittag war es noch um ein Vielfaches gefährlicher. Mein Körper war angespannt wie eine Bogensehne und ich lauschte, ob ich ein Pfeifen vernehmen konnte. Es war alles ruhig und ich schaute nach oben, die ganze Rinne war gute sechshundert Meter lang. Mit aller Kraft rannte ich los, ich stoppte nicht und schaute auch nicht nach oben, ich hatte meinen schweren und großen Rucksack auf dem Rücken und in dreitausendzweihundert Metern ist die Luft auch sehr dünn. Meine Lungen pfiffen und meine Muskeln brannten, die Strecke hatte ich gut geschafft und stellte mich hinter einen großen Felsen, bei dem ich Deckung hatte. Meine Freundin war als Nächste dran, ich rief ihr herüber, sie solle einen guten Moment abpassen und dann losrennen, ich betete zu Gott, denn ich hatte wirklich Angst, dass irgendwem von uns etwas passieren würde. Sie flitzte los und ich sah, wie hinter ihr ein Stein von der Größe meiner Faust vorbeischoss; als sie bei mir war, griff ich sie schnell und zog sie hinter den Felsen. Nun war mein Kollege dran, er war auch ein starker und erfahrener Kletterer, er kam ebenfalls gut durch und ich bekreuzigte mich, so heftig hatte ich mir das nicht vorgestellt. Uns kamen von oben ein paar Kletterer entgegen und ich fragte sie, was in der Goûter noch so los sei, sie sagten mir auch, die Hütte sei schon geschlossen wegen der vielen Toten und nur das Winterlager sei noch offen.

Wir hatten zwar Proviant mit dabei, aber was machten wir, wenn wir dort ein paar Tage wegen schlechtem Wetter festsitzen würden, das konnte schnell passieren in so einer Höhe. Mir bereitete das schon alles Kopfzerbrechen, denn ich hatte auch Verantwortung zu tragen, wir stiegen weiter auf und die dünne Luft machte uns schon mächtig zu schaffen, weiterhin wurde es plötzlich sehr dunkel und es zog zu. Meine Befürchtungen trafen ein: Es fing plötzlich an zu schneien und wir hingen hier in dieser Steilwand in einer Höhe von fast dreitausendsechshundert Metern; wir stoppten kurz und unterhielten uns. Zu meinem Kollegen und zu meiner Freundin sagte ich, ob es nicht besser wäre, den Rückzug anzutreten, denn wenn ich ehrlich war, hatte ich nicht wirklich ein gutes Gefühl. Wir diskutierten noch ein wenig und einigten uns dann darauf, wieder hinunter zu gehen. Ich fühlte mich nach dieser Entscheidung auch viel besser, denn man darf niemals den Respekt vor den Bergen verlieren. Wir kamen auch gut durch die Rinne und heil an der Tête-Rousse-Hütte wieder an. Der Wirt freute sich und sagte, dieses Jahr sei es viel zu gefährlich wegen der großen Hitze, auch selbst in solch einer Höhe – er lud uns zu einem Glas Wein ein und die Welt war wieder gut.

Ein Jahr später versuchten wir die Besteigung über eine andere Route, aber kamen gleichfalls nur bis knapp viertausend Meter: Diese Tour über die Cosmiques-Hütte war auch in diesem Jahr, wo wir aufstiegen, gefährlich – wegen Lawinen und Gletscherspalten. Ich glaube, man darf nichts erzwingen, sonst geht es komplett verkehrt und man bezahlt mit seinem Leben, wie oft ist das leider schon alles passiert. Für mich ist heute der Weg das Ziel, ich brauchte lange, um das zu begreifen, denn Ehrgeiz am falschen Platz ist tödlich. Gesunde Ambitionen sind gut und eine Tugend für sich, alles aber, was mit Stress und einem zwanghaften Charakter zu tun hat, ist nicht gut und das sollte man meiden oder abstellen. Ich habe früher große Probleme mit Dingen gehabt, die ich nicht schnell oder gar nicht erreichen konnte, für mich musste immer alles passend gemacht werden. Ein „Nein" oder „Es funktioniert nicht": Solche Dinge gab es für mich nicht, ich meinte immer, ich könnte die Welt aus den Angeln heben. Ehrlicherweise haben viele Sachen auch geklappt, die ich auf so eine Manier gestemmt habe. Mit dem Kopf durch die Wand, das ist eine Sache, die nicht erstrebenswert ist; dieses Verständnis ist auch heute bei mir nicht immer vorhanden, ich glaube Druck und Stress machen auf Dauer sehr kaputt. Für mich muss das Rad nicht neu erfunden werden, das habe ich schon lange verstanden, sein Ego etwas zu reduzieren, das ist eine sehr wichtige Sache. Man muss dazu aber erst verstehen, wer man ist und wo man steht, der kritische Umgang mit seiner eigenen Person ist eine Grundvoraussetzung. Wenn mich früher jemand kritisierte, dann ging ich auf die Barrikaden und griff ihn gleich körperlich an, ich glaube, dass es einige Menschen mit ihrer Kritik gar nicht schlecht gemeint haben, doch ich konnte und wollte es nicht hören. In vielen Jahren habe ich mir meine Welt aufgebaut und meinte, ich sei immer der König, alleine durch meine körperliche Überlegenheit meinte ich, dass ich mir alles herausnehmen konnte. So lebte ich viele, viele Jahre und merkte gar nicht, wie arm und isoliert ich in Wirklichkeit existierte – für mich ist es auch heute noch sehr schwer, von dem hohen Ross herunterzusteigen und so zu sein, wie es meiner Seele entspricht. Es ist einfach, die Leiter hochzusteigen, oder besser gesagt, es ist einfacher, herunter jedoch geht es ganz, ganz schwer, denn viele Dinge sind dann notwendigerweise zu verändern, Dinge die früher sehr wichtig waren und meine Persönlichkeit prägten. Dieses Akzeptieren der neuen Werte ist sehr schwer, denn immer wieder greift der Dämon aus der alten Zeit nach meiner Seele und verlangt seinen Tribut. Sich gegen ihn zu stellen und zu kämpfen, das ist wichtig, dieses Schlachtfeld ist brutal und bedeutet sehr viel Kampf, einen

Kampf gegen alte Werte und Normen, gegen persönliche Zwänge und Abhängigkeiten. Ich habe komplett neu begonnen, mich und mein Leben zu ordnen, denn nur so kann es funktionieren – diese Neugeburt kostet sehr viel Kraft. Mit vielen Dingen zu brechen, die einen Jahrzehnte begleitet haben, ist sehr schwer, zu der damaligen Zeit waren diese Dinge für mich aber unheimlich wichtig gewesen, denn sonst hätte ich wahrscheinlich nicht überleben können. In dem Leben, das ich lebte, war es notwendig, gewisse Fähigkeiten zu besitzen, früher waren sie auch nur bedingt konstruktiv.

Oft mache ich mir sehr viele Gedanken über alle möglichen Umstände und frage mich, wie geht es weiter, die Antwort bleibe ich mir meistens schuldig. Viele wilde Sachen sind in meinem Leben passiert, die mich heftig geprägt haben, und meine Seele wurde durch den ganzen Schmerz sehr verletzt, okay, die Wunden sind vernarbt, aber vergessen kann ich sie nicht. Was mir fehlt, ist die Tankstelle, meine Akkus sind ziemlich leer und es wird vieles auch schwerer, je älter man wird. Meine Denkweise und mein Empfinden haben sich in so vielen Bereichen massiv verändert, manchmal denke ich: Was ist das nur für eine Scheiße, die mit mir passiert? Was ist los, werde ich weich und schwach auf die alten Tage, ist es das oder was ist es, was in mir geschieht? Es ist mir auch nicht möglich, dieses Treiben zu bewerten, ist es gut für mich oder ist es schlecht? Es kann auch sein, dass ich lerne, Dinge verstehe, begreife und erfahre, die mir bislang ganz fremd waren. Wie soll ich diese Veränderung einschätzen? Das bereitet mir schon sehr viele Gedanken und schlaflose Nächte, man kann aber vielleicht sagen, dass es sich gut anfühlt. Ich habe auch gelernt, sehr selbstkritisch mit mir und meinen Problemen umzugehen, es ist, als wenn ich neu lernen würde, zu laufen. Da ich ein sehr spiritueller Mensch bin, versuche ich, mein Karma zu verbessern, viel Schuld habe ich auf mich geladen, diese zwingt mich oft in die Knie. Das heißt jetzt nicht, dass ich Dinge unbedingt bereue, aber es heißt schon, dass ich gewisse Sachen anders oder besser gar nicht gemacht hätte. Meine Vergangenheit ist mein Potenzial, was wäre ein Mensch ohne Vergangenheit, er hätte auch keine Zukunft. In dieser Zeit, in der ich heute lebe, ist für einen Mann, wie ich einer bin, sehr wenig Platz, ich kann nicht wirklich sagen, dass ich mich sehr wohl fühle in meiner Haut. Zu lernen, sich selber zu reduzieren auf das, was man wirklich ist – das möchte ich. So viele Dinge sind über Jahrzehnte angelernt und haben mich verseucht. Wie gehen andere Menschen mit mir um und was denken sie, wer ich bin? Mich interessiert das deshalb, weil ich glaube, dass es nur ganz wenige Personen gibt, die mich wirklich kennen. Sicherlich habe ich auch selber dafür gesorgt, dass es so ist, ich habe erst spät gelernt, nach meinen eigenen Idealen zu leben und so zu sein, wie es meinem Naturell entspricht.

Für mich war und ist es immer wichtig, eine gewisse Auszeit zu nehmen, um einfach noch zu spüren, dass ich lebe. Ein sehr schöner und besonderer Platz war für mich Arco am Gardasee, diese tolle Bergwelt und die gewaltige Natur, ein sehr mildes, ja fast schon heißes Klima geben dieser Gegend einen schönen Charme. Das erste Mal fuhr ich Ende der 1980er zum Gardasee, schon damals erfüllte mich dieser tolle See. Am liebsten habe ich die Nebensaison, dann sind nicht so viele Leute dort und man hat seine Ruhe, setzt sich gemütlich in ein beschauliches Café und genießt die Wärme und den angenehmen Geruch. Ich mag den nördlichen Bereich auch viel lieber als den Süden, Ruhe und wenig Stress sind mir persönlich immer sehr wichtig. Als ich das erste Mal im See baden ging, dachte ich: Mensch, ist der kalt!, aber das war nur im ersten Moment so, denn die Luft war sehr heiß und dadurch kam einem das Wasser besonders kühl vor. Im Norden wurde sehr viel gesurft, denn es gab dort einen fantastischen Wind, mir machte es immer Freude, den Surfern bei ihrer Beschäftigung zuzuschauen. Was mir aber am meisten gefiel, das waren die Berge, und dort befanden sich wirklich reichlich von ihnen, man konnte direkt vom See losmarschieren und sehr hoch aufsteigen.

Meine Freundin V. und ich machten öfters so gewaltige Märsche, erst ging es durch den Wald immer sehr steil aufwärts. Am Anfang war es möglich, auf einer schmalen Straße zu marschieren, die später immer enger wurde, und dann ging es auf endlosen Schotterwegen weiter. Es gab unterwegs wohl kaum Hütten, wo man etwas trinken konnte – das war bei fünfunddreißig Grad bitter nötig. Was mir auch gut gefiel, war die Tatsache, dass es nicht viele Menschen gab, die bei dieser Hitze aufstiegen, so hatten wir die schönen Berge fast für uns allein. Nach vielen Stunden und reichlich Kilometern und Höhenmetern konnten wir den Gipfel endlich sehen: es war noch ein gutes Stück zu bewältigen, wir wussten aber, dass die Hütte unterhalb des Gipfels bewirtschaftet war und wir dort unseren Durst löschen konnten. Hier oben auf über zweitausend Metern gab es keine Bäume mehr, Gras wuchs hier reichlich und Kühe und Schafe sah man auch. Der Wind brachte ein wenig Abkühlung, sicherlich war es hier einiges frischer als unten am See, aber trotzdem noch sehr warm. Meine Klamotten waren durchgeschwitzt und ich lief deshalb schon lange in kurzer Hose und nacktem Oberkörper, der schwere Rucksack klebte am Rücken. Nach gut einer Stunde kamen wir an der Hütte an – hier lebten sehr viele Tiere – und wir setzten uns etwas in den Schatten. Wir mussten nicht lange warten und die Hüttenbedienung kam zu uns und wir bestellten etwas zu essen und zu trinken. Ich ließ mir gleich einen Liter frische Buttermilch bringen und kippte sie in ein paar Zügen herunter und ließ die zweite Runde kommen, es gab noch eine leckere Brotzeit mit frischem Käse, danach legten wir uns etwas in die Sonne und ruhten aus. Wir überlegten, ob wir hier auf der Hütte schlafen sollten, denn das war möglich; nach reiflicher Überlegung kamen wir aber zu dem Schluss, dass es besser sei, wieder abzusteigen, denn unser Auto stand unbewacht auf einem kleinen Parkplatz.

Also rafften wir uns auf und begannen den langen, steinigen Abstieg – jetzt bemerkten wir erstmal, wie lang der Weg war, den wir uns heraufgequält hatten. Ich persönlich finde, dass der Abstieg oftmals nicht viel einfacher ist als der Aufstieg, das dauernde Bergab geht tierisch auf die Gelenke und man muss höllisch aufpassen, dass man sich nicht auf den Arsch setzt. Nach einigen Stunden kamen wir am Auto an und fuhren gleich in unsere Pension, um dort schön kalt zu duschen und viel zu trinken. Nach so einer Anstrengung lernt man erstmal die einfachen Dinge des Lebens zu schätzen, wie ein leckeres Essen, eine schöne Dusche und natürlich ein Bett zum Schlafen: einfach herrlich! Am Abend saßen wir noch auf dem Balkon, tranken ein

Gläschen Wein und besprachen unsere Tour für den nächsten Tag. Wir wollten einen Klettersteig machen, der es wohl in sich hatte und auch nicht ungefährlich war. Dieser Steig ging durch eine tiefe Schlucht an den Felswänden entlang und unten floss ein mächtiger Fluss, jetzt im Hochsommer nicht ganz so mächtig, aber im Herbst oder Winter war es undenkbar, hier zu klettern, da die Tritteisen unter Wasser lagen. Selbst jetzt im Sommer war es gefährlich, hier zu klettern, denn wenn es ein Unwetter gab, dann wurde man weggespült. Wir hatten den Wetterbericht gut angeschaut und hatten den Himmel kurz vor dem Einstieg auch noch einmal geprüft. Es war sehr nass in der Klamm und wir mussten bei jedem Tritt aufpassen, dass wir nicht ausrutschten – es waren mehrere Kletterer hier, denn alle nutzten das schöne Wetter, um diese Tour zu erleben. Es staute sich immer wieder ein wenig oder es kamen einem Bergsteiger entgegen, die auf der anderen Seite eingestiegen waren; trotz des Verkehrs war es eine super Tour, die einem mal eine ganz andere Perspektive bot. Nach einer guten Stunde waren wir durch und liefen an der anderen Seite herunter, gleich am Ausstieg lag eine alte Burgruine, die wir uns noch anschauten. Nach dieser schönen Besichtigung ging es weiter auf der Straße herunter, nun sahen wir erstmal, wieviel Höhenmeter wir gestiegen waren in der Klamm. Als wir das Auto erreichten, war die Hitze mächtig und wir fuhren runter zum See, schwimmen. Die anderen Tage unternahmen wir mit dem Mountainbike noch einige schöne Touren am See entlang und fuhren auch über ganz tolle Fahrradwege, die dort extra angelegt worden waren. Unsere Pension lag auch super, wir hatten dort ein großes Apartment für uns alleine, da wir nicht in der Hauptsaison da waren, gab es dort auch noch nicht so viele Touristen, was mir ganz gelegen kam, denn ich wollte bekanntlich immer meine Ruhe und mochte es nicht, durch Krach und viele Menschen genervt zu werden.

Die Zeit verging schnell und wir reisten wieder ab – als wir abfuhren, regnete es in Strömen, das war uns aber egal, denn wir hatten ein paar schöne Tage erlebt und im Auto machte uns der Regen nicht viel aus. Die Fahrt ging natürlich bei diesem Wetter nur schleppend voran und dauerte einige Stunden länger als sonst, denn es gab eine Menge Staus, durch die wir durch mussten. Am Abend kamen wir endlich daheim an und luden unsere Sachen aus, ich ging gleich eine große Runde mit unseren Hunden spazieren, die sich natürlich freuten, dass wir wieder zurück waren. Ich sah ihnen gerne zu, wie sie über die Wiesen und Felder sprangen und sich über jede Kleinigkeit freuten, das waren besondere Fähigkeiten, die ich leider nicht besaß oder die mir im Laufe der ganzen Jahre verlorengegangen waren. Nach dem Spaziergang schaute ich mir die Post an, es war wieder ein Brief von der Behörde darunter, auf den ich schon wartete: Es war eine Vorladung als Beschuldigter wegen Körperverletzung. Ich wusste, dass ich eine Vorladung bekommen würde, aber hatte das für ein paar Tage aus meinem Kopf gelöscht und jetzt war sie da. Was mich dabei am meisten ärgerte, war die Tatsache, dass ich mich nur verteidigt hatte, und trotzdem wurde ich angezeigt. Durch meinen Job als Doorman hatte ich oft Handgreiflichkeiten oder Boxereien – ich reagierte nur im Rahmen einer Selbstverteidigung. Die Leute fingen mit Trouble an, aber wenn sie merkten, sie konnten mir nicht eins auf die Fresse schlagen, dann hagelte es eine Anzeige: Was für ein Armutszeugnis! Wie oft habe ich mich gefragt, ob diese Menschen keine Eier oder Rückgrat haben, ich glaube jedoch, dass es sich nie verbessern wird; meine persönliche Einschätzung sieht so aus, dass es immer schlimmer werden wird mit der Gewalt gegen Türsteher und dadurch die Anzeigen auch zunehmen werden. Die Spirale der Gewalt hat allgemein auch so extrem zugenommen, dass ich manchmal grüble, wie man da gegensteuern kann – mir fehlen einfach die Möglichkeiten dazu, denn ich denke, das ist ein gesellschaftliches Problem.

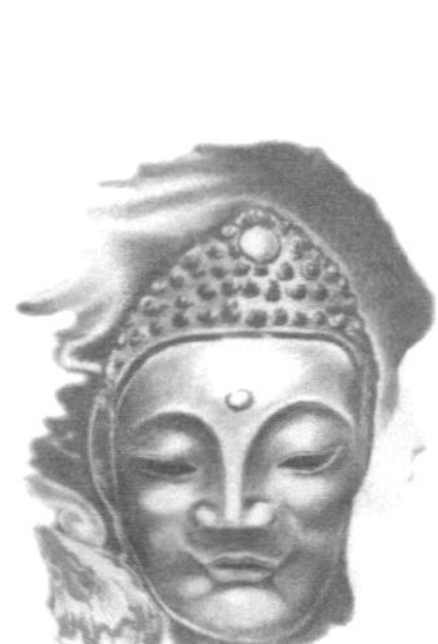

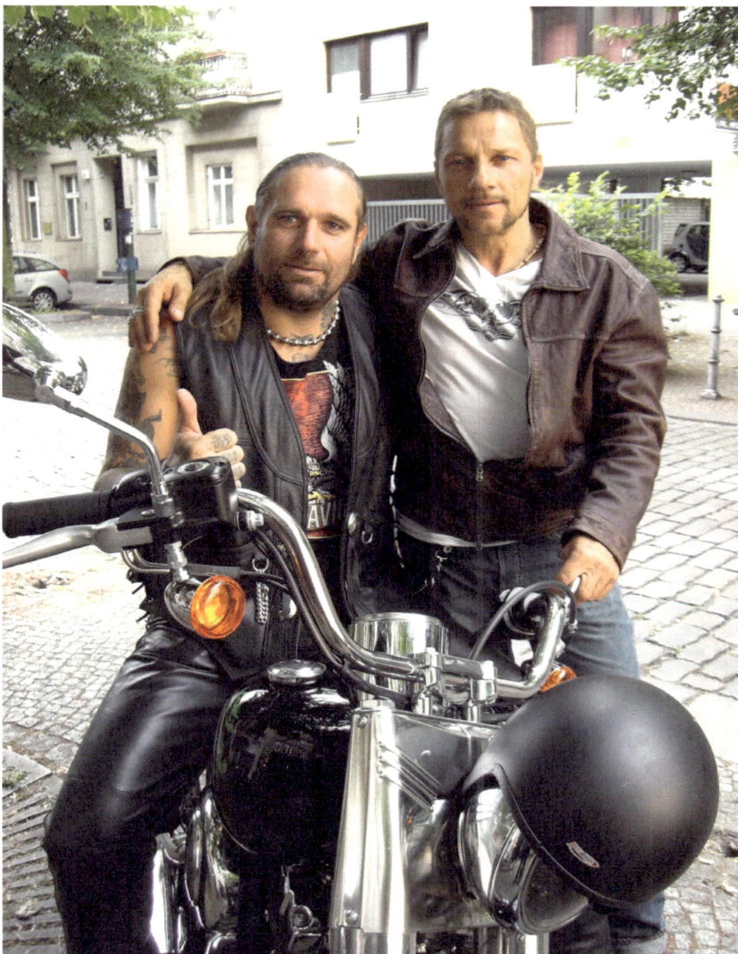

7. Was noch gesagt werden sollte

„Wie schön wäre es, wenn die Attribute Respekt und Freundschaft noch wirklich was bedeuten würden.“

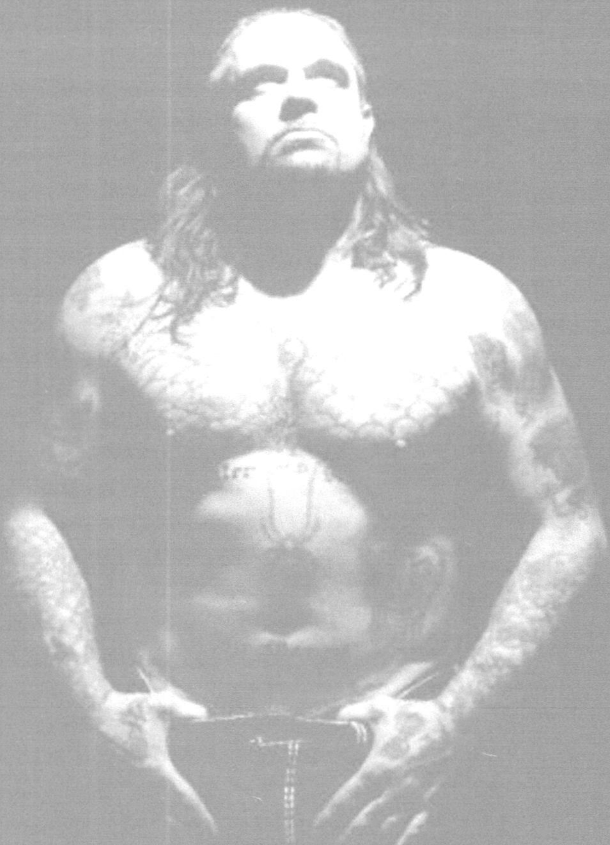

„Ich glaube, dass ich wahrscheinlich geboren bin, um gerade den Tieren zu helfen, sie haben keine Lobby.“

7.1. Zurück zu den Wurzeln

Als mein Opa noch lebte, hat er mir viel von der guten alten Zeit erzählt: Die Menschen haben sich auch damals gestritten und geprügelt, aber es war ehrlich. Opa sagte mir, dass es früher in Masuren und Ostpreußen sehr schön war und man Neid, Missgunst und Aggression fast nicht kannte, es war ein schönes, ruhiges Miteinander, wo einer dem anderen half. Er erzählte mir, dass er früher auch immer auf Dorffesten herumgerauft hätte, aber das sei stets ehrlich abgegangen, Mann gegen Mann, und danach hätte man sich wieder die Hand gegeben. Ich fragte ihn viel nach unserer Heimat, über das schöne Ostpreußen und Masuren konnte er mir dann stundenlang Geschichten erzählen, die ich natürlich sehr genoss. Ich liebte meinen Opa sehr, denn für mich war er meine ganze Familie; seine Heimat hatte er nie wieder gesehen, denn noch in den Kriegsjahren kam er in russische Gefangenschaft und wurde nach Sibirien verbannt, wo er Jahre unter unmenschlichen Bedingungen arbeiten musste. Meine Oma und ihre gesamte Familie mussten gegen Ende des Krieges nach Westdeutschland fliehen und die alte, geliebte Heimat verlassen, was ihnen allen sehr, sehr wehtat.

Für mich war es wichtig, mir Masuren mal anzuschauen – in Königsberg war ich ja schon gewesen – und ich überlegte mir, wann ich dort mal hinfahren könnte. Der Vorteil war, dass es in Polen lag und ich dafür kein Visum benötigte, das war von der Planung viel einfacher, denn so war ich nicht gebunden und konnte jederzeit aufbrechen. Mein Freund Karl wohnte dort und ich fragte ihn, ob ich bei ihm wohnen könnte, denn so war ich noch viel unabhängiger, er sagte zu mir: „Du kannst kommen, wann du willst." Mit meiner Freundin V., die mittlerweile bei mir in Deutschland lebte, sprach ich auch darüber, und sie fand es gut, dass ich nach meinen Wurzeln schaute; ich war ihr sehr dankbar, dass sie, wenn ich unterwegs war, auf Haus und Tiere aufpasste. Da ich ein Mensch bin, der nicht umständlich plant, dauerte es nicht lange und ich fuhr los. Die Fahrt war schön, auch wenn auf polnischer Seite die Straßen sehr schlecht waren und ich oft Angst um meine Ölwanne hatte. Als es Abend wurde, suchte ich mir eine gemütliche Pension, die in einem Wald gelegen war, und ruhte mich dort aus; es war wunderbar friedlich dort und ich ging bestens gelaunt ins Bett und schlief sehr gut. Am nächsten Morgen sprang ich in meinen Wagen und fuhr weiter quer durch Polen – dieses Land war wunderschön, am besten gefielen mir die Natur und die großen Wälder.

Gegen Spätnachmittag kam ich bei meinem Kollegen Karl an, er wohnte mitten in Masuren und sein Häuschen war außerhalb der kleinen Stadt gelegen. Ich wurde von ihm und seiner Frau freudig begrüßt und dankte beiden, dass ich bei ihnen bleiben konnte; als erstes gab es erstmal ein kräftiges polnisches Mahl. Mein Hunger war groß, denn unterwegs hatte ich nicht gerade viel gespeist – an die polnische Küche muss man sich erst gewöhnen, sie ist sehr fettig und üppig. Am Abend saßen wir noch im Garten und genossen den schönen Abend. Als es dämmerte, ging die Mückenplage los, das war hier wirklich lästig, aber durch das ganze Wasser und durch den Sumpf war das natürlich ein idealer Lebensraum für die Blutsauger. So saßen wir noch bis spät in die Nacht und redeten über Gott und die Welt, ich fragte Karl auch, was ich mir alles anschauen sollte, denn er kannte Masuren wie seine Westentasche. Als ich müde wurde, ging ich schlafen, es war herrlich, mit vollem Bauch in die Federn zu steigen und es dauerte auch nicht lange und das Sandmännchen war da.

Am nächsten Morgen wurde ich vom Hund geweckt, er war früh draußen und ließ hören, dass er wach war; ich blieb noch etwas liegen, denn ich hatte ja keine Eile. Nach dem Frühstück stieg ich in mein Auto und fuhr quer durch die Gegend, auch in die Geburtsstadt von meinem Opa. Dort blieb ich etwas länger und lief durch die Straßen, vieles hatte der Krieg und danach der Kommunismus zerstört. Es gab im Stadtkern noch eine alte Kirche aus preußischer Zeit, aber viel mehr an sehr alten Gebäuden war nicht zu sehen. Die Plattenbauten dominierten überall, es mussten damals schnell viele Wohnungen her für viele Menschen, und dieser Baustil war dafür wie geschaffen. Ich hatte selber kurz nach der Wende auch so eine Wohnung in Leipzig und konnte darüber nicht klagen, sie war vielleicht nicht schön, aber zweckmäßig, es war immer prima warm und es gab stets warmes Wasser. Nach einigen Stunden fuhr ich weiter und konnte mich gar nicht satt sehen an dieser wunderbaren Natur, überall waren alte Wälder und Seen, sanfte Hügel zogen sich bis in die Ferne und die Farben des Himmels waren mystisch. Immer wenn ich anhielt und spazieren ging, bemerkte ich die Stille um mich herum, es war einfach nur sehr außergewöhnlich und ich merkte, wie meine Seele sich entspannte. Als es dunkelte, machte ich mich wieder auf den Weg zurück zu meinem Kollegen, es war schon spät, als ich dort ankam. Wir redeten und speisten noch miteinander und dann fielen mir im Sitzen bald die Augen zu und ich ging zu Bett.

Ich blieb noch ein paar Tage auf den Spuren meines Großvaters, das Land war ein Traum und ich verstand schon, warum das Herz meiner Großeltern hier dran gehangen hatte. Mein Opa hatte damals Arbeit in Duisburg gefunden, aber er kaufte dann ein Haus am Niederrhein, denn die Landschaft erinnerte ihn wohl ein wenig an Masuren und Ostpreußen. Nach gut einer Woche verabschiedete ich mich von Karl und seiner Frau und bedankte mich noch herzlich für die Gastfreundschaft – ich versprach, bald wiederzukommen, was ich auch tat. Die Fahrt zurück verlief wieder sehr ruhig und ich machte erneut kurz vor der deutschen Grenze eine Nacht Pause, denn ich hatte keinen Druck und wollte die schönen Impressionen noch verarbeiten. Ich freute mich auch auf meine Freundin und meine Tiere, ich hatte viel zu berichten und hatte auch eine Menge Fotos gemacht – das Land meiner Väter war jetzt auch in meinem Herzen.

Als ich zu Hause ankam, wurde ich stürmisch begrüßt, es war gut zu wissen, dass es so einen Platz gab, denn lange Zeit war ich wie ein Nomade und fühlte mich nirgends so richtig heimisch, aber zu dieser Zeit war das okay für mich und mir fehlte außerdem nichts. Dieses Zigeunerleben lag mir schon immer im Blut und es bereitete mir eine große Freude – mich irgendwo fest zu binden und zu leben, das war schon wichtig für mich, aber auf der anderen Seite musste ich ständig unterwegs sein. Wer weiß, woher diese Leidenschaft kommt, für mich war es immer wichtig, fremde Menschen und Gegenden zu sehen, ich glaube, es hat mein Bewusstsein extrem verändert. Sich die Zeit zu nehmen und sich unter einen alten Baum zu setzen und die Seele baumeln zu lassen, das ist für mich eine sehr schöne Geschichte, die Ruhe in solchen Momenten ist ein sehr hohes Gut. Wenn man wie ich durch viele Höllen gegangen ist und gemerkt hat, dass sehr viele Menschen einen schlechten Charakter haben, dann ist man sehr enttäuscht von ihnen, Ehrlichkeit, Vertrauen, Respekt und noch eine Menge anderer Tugenden sind heute nicht mehr vorhanden. Es ist traurig, dass ein Land wie Deutschland soweit heruntergekommen ist und die Menschen nicht merken, wohin diese Reise geht: Jeder ist nur noch mit sich selber beschäftigt und keiner macht sich mehr für den anderen gerade, das Gemeinschaftsbewusstsein ist gestorben.

Ich habe so oft versucht, an gewisse Dinge zu glauben, aber wurde nur enttäuscht; man muss sich mal vorstellen: Ich bin in der Stadt und sehe eine Schlägerei, keiner macht was, ich habe Courage und spring dazwischen und beende diese Boxerei. Die Polizei wird zwischenzeitlich gerufen und erscheint auch schnell, plötzlich heißt es: Wie konnte ich so hart dazwischen gehen? Im ersten Moment dachte ich, dass ich mich verhört hatte. Diese Behauptung kam nicht von der Polizei, sondern von einem, der mit in diese Boxerei verwickelt war – so wird der Bock zum Gärtner gemacht. Es ging soweit, dass man mich anzeigen wollte, der Polizist sagte mir später, ich solle mir keine Sorgen machen, denn es würde keine Anzeige geschrieben, aber im ersten Moment dachte ich: Was geht jetzt ab, wo leben wir eigentlich? Durch sehr viele Enttäuschungen geprägt wurde ich immer verschlossener und hatte immer weniger Bock auf menschliche Nähe; irgendwann entdeckte ich meine große Leidenschaft für Tiere. Sicherlich hatte ich von klein auf schon Hunde oder andere Tiere, aber zu der Zeit nicht den Bezug dazu, wie ich ihn heute habe, es hat sich gefühlsmäßig so viel in mir verändert, was ich als sehr positiv empfinde. Über viele Jahre hinweg entwickelte ich ein ganz eigenes und tiefes Gefühl für Hunde, man könnte sagen: Ich bin auf den Hund gekommen! – diese Behauptung ist sicherlich richtig. Diese Geschöpfe mag ich sehr gerne, denn sie sind immer ehrlich und destruktive menschliche Attribute sind ihnen völlig fremd, es gibt nichts Falsches oder Hinterhältiges an ihnen. Im Laufe von vielen, vielen Jahren sind meine Gefühle gewachsen und ich habe mir konkret überlegt, was ich wirklich machen kann, um zu helfen. Oftmals ereilten mich furchtbare Nachrichten, was man Hunden alles angetan hatte, unvorstellbare Qualen und Schmerzen mussten diese armen Tiere erleiden. Im Ausland sind diese katastrophalen Zustände am schlimmsten, ich besuchte sehr viele Länder, ob Italien, Rumänien, Polen, Ungarn usw., die Zustände waren so traurig, dass mir oft die Tränen in den Augen standen. Die meisten Menschen in diesen Ländern interessierten sich nicht für diese armen Geschöpfe, die Hauptsache war, dass sie selber im Warmen saßen und ihre fetten Bäuche immer dicker wurden. Dann habe ich Menschen getroffen, die ihr bisschen Essen mit den armen Tieren geteilt haben, solchen Menschen zolle ich Respekt und unterstütze sie, so gut ich kann. Ich glaube, Gott hat mich auf meinen Weg lange vorbereitet und auch zu dem werden lassen, was ich heute bin; es war schwer für mich, diese ganzen Prüfungen auszuhalten, denn sie ließen mich oft in die Knie gehen und es waren Momente darunter, wo ich dachte, ich verrecke.

Mein weiteres Leben werde ich noch mehr den Tieren widmen und alles, was in meiner Macht steht, tun, um diesen armen Wesen zu helfen. Für mich wäre es toll, wenn ich mal irgendwann einen Sponsor finden würde, der sagt: „Ich habe so viel Geld und weiß nicht, wohin damit, und deshalb gebe ich Ihnen etwas davon ab, um dann Ihr Tierheim zu bauen."

Dieser Gedanke hat sich in meinem Kopf festgesetzt und ich glaube fest daran, dass er in Erfüllung geht – wie sagt man so schön: Die Hoffnung stirbt zuletzt. Mich erfüllt es mit Liebe, wenn ich meine Hunde streichle und sie sich freuen, jede Mimik und jedes Bellen ist einfach ehrlich und nicht berechnend oder aufgesetzt. Ich glaube, ich musste so oft durch die Hölle, um der zu werden, der ich heute bin, was war ich früher für ein dummer Kerl, was habe ich alles gemacht, was nicht gut war. Mein Karma habe ich verseucht, ich war arrogant und wusste alles besser, dachte mir: Wer will mir was? Was kostet die Welt? Diese Dinge haben mich so lange verfolgt und mich geprägt, es ist schwer zu beschreiben, was in mir ablief, niemand hatte eigentlich die Möglichkeit, an mich heranzukommen. Alles habe ich selber gestemmt, wie oft gab es sehr gefährliche Situationen, die ich alleine gepackt habe, es gab nicht einen großartigen Gedanken an die Lebensgefahr, in die ich mich häufig begab. Vor heftigen Aktionen schreckte ich nie zurück, man könnte es so erklären: Ich musste kämpfen und stark sein, um zu überleben.

Es kam vor, dass ich mit Leuten Ärger hatte und die bereit gewesen wären, mich umzulegen – es geschah nicht, weil Gott es nicht wollte und ich immer gute Männer im Rücken hatte, die meine Lebensversicherung waren. Ich habe niemals mit den Leuten Business gemacht oder hatte mit ihnen sonstige Verbindungen, diese Eskalationen schaukelten sich im Club hoch, als ich als Wirtschafter dort arbeitete oder in den dreißig Jahren, in denen ich als Doorman tätig war. Ich erinnere mich an Zeiten, da war ich echt gut drauf, es kam nicht selten vor, dass ich mit mehreren Typen gleichzeitig prügelte. Mein Fell verkaufte ich teuer und gab immer vollen Einsatz, nach unzähligen Einsätzen war es auch bekannt, dass man sich mit mir besser nicht anlegen sollte, meine Hormone haben mich oft in sehr unschöne Situationen gebracht. Wäre nicht Reden oder Weggehen ebenso eine Option gewesen? Das ist noch heute für mich relativ schwer zu beantworten. Ich habe nie gelernt, zu gehen oder zu reden, für mich gab es nur den Weg nach vorne – es ist auch heute noch schwer, mich zu kontrollieren, aber ich kann Probleme oft nur mit ein paar Worten regeln. Dies zu lernen ist auch ein schwieriger Prozess: Ist es wirklich eine Schande, zu gehen, wenn man provoziert wird und dann nicht seine Fäuste sprechen lässt? Was steckt wirklich dahinter? Ich glaube, das hat sehr viel mit mangelndem Selbstbewusstsein zu tun und mit der Fähigkeit, dies zu erkennen und an diesem Manko einfach zu arbeiten.

Für mich ist es keine Schande, über so etwas zu schreiben, denn es ist offen und ehrlich und ich lasse die Hosen ganz herunter. Ich erinnere mich an die Zeit als kleiner

Junge, in dieser Lebensphase hatte ich schon für mich erkannt: Schlage schnell und hart und du gehst als Sieger heraus! Mit Problemen anders umzugehen, das hatte ich schon damals nicht gelernt. Woher hätte ich auch was anderes lernen sollen, kaum jemand redete mit mir und erklärte mir mal etwas oder fragte mich: Wie geht es dir wirklich? Dass mein Herz damals schon fast zerriss aus Einsamkeit und Schmerz, wer wollte das denn wirklich wissen, was in dem kleinen Kerl ablief? Meine Tränen trockneten, aber meine Seele vernarbte. Es war auch niemand da, der mir mal Grenzen aufzeigte und sagte: Das ist nicht in Ordnung, was du machst. Sicherlich, Repressalien gab es reichlich, die Strafe folgte auf dem Fuß. Was ich alles in mich hinein fraß, das passte auf keine Kuhhaut, ich habe schon damals nie gelernt, zu reden und zu erkennen, dass es eigentlich viele Möglichkeiten gibt, entstehende Schlägereien anders zu klären. Wie gern hätte ich es gehabt, wenn sich mal wirklich jemand für mich interessiert hätte, doch überall erntete ich nur Kritik und Beschimpfungen. Diese Aggressionen waren ein Hilfeschrei, ein Schrei nach Hilfe und Liebe, das innerliche Verbrennen tat mir sehr, sehr weh und ich versuchte nach außen immer den starken und harten Macker zu spielen. Wie lange hält ein Mensch, ein kleiner Mensch, das aus, bis er zerbricht? Ich habe es ertragen, habe gehofft und geschrien und gewartet, dass sich etwas tut, dass endlich was passiert und mich mal jemand in den Arm nimmt, aber das geschah nie.

Es kann sicherlich sein, dass ich nach außen immer Stärke und Souveränität ausgestrahlt habe und alle Freunde und Bekannten dachten: Dieser Mann hat Power genug und geht nicht in die Knie. So ist es aber nicht und ich sehe mich heute nicht mehr in der Macho-Rolle, um dieses Spielchen weiter zu spielen, zu viel Federn habe ich gelassen und viel zu viel Substanz verloren. Der Weg ist sehr lang zu einem selber, wenn ich ehrlich bin, weiß ich auch heute noch nicht, ob ich wirklich angekommen bin, vom Gefühl her denke ich, werde ich bis an mein Lebensende suchen. Es wäre möglich, dass dies auch meine Aufgabe ist, immer suchend zu bleiben; sollte es so sein, dann könnte ich auch damit leben und versuchen, trotzdem aus allem das Beste zu machen.

Viele Dinge finden gerade statt, als ich dieses Buch schreibe, vieles belastet mich und ich suche nach einer Möglichkeit, das alles zu verarbeiten. In mir spüre ich ein sehr starkes Anderswerden, ich denke viel mehr über Situationen nach als früher und das gefällt mir sehr gut. Früher hätte ich bei einer Stresssituation direkt mit Gewalt reagiert und mir natürlich für dieses Handeln wieder eine Lampe geholt. Ich glaube, es gibt viele Wege, unschöne Momente auf eine vernünftige Art und Weise zu klären, dieser Umdenkungsprozess läuft schon sehr lange bei mir. Die Wut und der Zorn steigen noch immer in mir auf, aber ich versuche, damit vernünftig umzugehen, es gelingt mir immer öfter, auch wenn mein erster Impuls ist, mir den Typen zu schnappen. Ich denke, dass ich gewisse Dinge erst lernen muss, das kann aber nur dann geschehen, wenn ich vernünftige Menschen um mich herum habe. Der Zorn ist in manchen Momenten so stark, dass ich denke, ich drehe bald durch – wenn man wie ich ein Mann der alten Schule ist, dann kann man sich nicht einfach über Aggressionen so schnell hinwegsetzen. Im Laufe meines Lebens hat mein Körper auch eine Unmenge an Adrenalin produziert, was mich in Stresssituationen zittern lässt, das ist schon alles sehr komisch. Was passiert denn nun wirklich in mir: Ist es das Alter, was mich verändert, ist es die Erfahrung oder hat sich mein gesamtes Bewusstsein so massiv verändert? Bei meinen Kollegen sehe ich auch eine Veränderung, im Großen und Ganzen denke ich, ist das eine positive Entwicklung; aus Gesprächen höre ich heraus, dass man viel ruhiger geworden ist. Was tut man aber, wenn man mal richtig in die Probleme kommt, die man schon als lebensbedrohlich ansehen kann, wie bekommt man so extreme Zustände wieder in den Griff? Jeden Tag mit dem Gefühl zu leben, da springt gleich einer aus dem Busch und will einem ans Leder, das ist sehr belastend. Damit zu leben, das ist sehr schwer und zerrt an den Nerven. Wie stellt man so eine Situation wieder ab? Mit der Angst zu leben und sie zu kontrollieren, das ist sehr schwer, solche Prozesse des Lernens dauern sehr, sehr lange und jeder geht auf seine Art und Weise damit um. Es gibt Menschen, denen gelingt es besser, die Angst zu kontrollieren als anderen, die Mentalität spielt dabei eine ganz große Rolle und ich denke, sehr wichtig ist es auch, wie voll der Akku noch ist.

Ich merke bei mir, dass ich ein Mann der alten Schule bin, sicherlich bin ich stolz darauf, denn es sind ganz besondere Werte und Tugenden, die ich noch in mir trage. Auf der anderen Seite merke ich aber auch, dass diese Werte heute keinen Bestand mehr haben, wir haben früher gekämpft, wenn es nicht anders ging, Mann gegen Mann, heute wird man dafür ausgelacht und belächelt. Es ist heute „toll“, wenn man zumindest ein Messer in der Tasche hat, noch besser ist eine Pistole – was sind das nur für Einstellungen, haben diese Menschen überhaupt kein Gehirn, um sich vorzustellen, was passieren kann, wenn sie mit dem Messer auf jemanden losgehen oder die Pistole einsetzen? Was heißt heute „Ehre“? Das ist wahrscheinlich die Fähigkeit, jemanden umzuschießen – was muss denn in einem Menschen passieren, dass er die Waffe ergreift und benutzt? Ich glaube, dass diese hemmungslosen Einsätze von Schusswaffen in der Zukunft immer schlimmer werden, das aufzuhalten kann man fast nicht mehr.

Wenn der normale Bürger wüsste, was die Uhr geschlagen hat, dann hätten wir einen Bürgerkrieg – die Politik und die Medien arbeiten gut zusammen und lassen fast nur unwichtige Informationen durchsickern: Dies nennt man Zensur, aber die darf es ja offiziell gar nicht geben. Ich habe schon seit sehr langer Zeit hinter die Fassaden geschaut und weiß, wie das System funktioniert. In dem Moment, wo ich erkannte, was abläuft, erschien mir vieles ganz klar, man kann sagen vollkommen transparent. Man könnte jetzt meinen, das würde mich weiterbringen, aber leider tut es das nicht, denn wie will ich kleiner unbedeutender Mensch überhaupt etwas verändern? Für mich war es sicherlich nicht einfach, zu akzeptieren, dass ich nichts machen und verändern konnte, heute kämpfe ich für mich und meine Familie den guten Kampf und versuche in meiner kleinen Welt die persönliche Ordnung zu erhalten. Selbst dieses ist oftmals nicht einfach, denn die schädlichen, negativen Einflüsse prasseln auf mich herab, das ist schon sehr bedrückend, aber ich werde immer weiter mit all meiner Kraft dagegen kämpfen, denn das ist auch unter anderem meine Lebensaufgabe.

Früher stand ich über Jahrzehnte im Ring und kämpfte, weil ich gewinnen wollte, es war hart, aber fair und der Respekt voreinander war immer vorhanden. Wo geht die Reise heute hin? – das frage ich mich oft. Wie schön wäre es, wenn die Attribute Respekt und Freundschaft noch wirklich was bedeuten würden, das Leben und das Umgehen miteinander wären viel einfacher und ehrlicher. Mir fehlen diese Dinge ungemein, denn es macht alles nur viel, viel schwerer, diese Entwicklung gefällt mir nicht, denn ich finde, sie hat nichts mit Eiern oder Ehre zu tun. Den Abzug einer Waffe betätigen, das kann jeder, das ist nicht schwer, und wenn man kein Bewusstsein hat für die Tat, dann ist man noch gefährlicher. Wie kann man auf diese gesellschaftliche Entwicklung Einfluss nehmen? Die Brutalität wird immer heftiger und der Respekt geht total verloren, was ist geschehen, dass alles solche Formen angenommen hat?

Was war es früher für eine gute Zeit: Ich erinnere mich noch an viele Schlachten im und vor dem Stadion, es war schon gewaltig, wenn wir mit hunderten Hools losstürmten und in den anderen Block rannten. Diese gewaltige Manpower in Bewegung konnte man fast nicht stoppen, genauso oft sind wir gerannt, wenn gegnerische Hools uns auf den Fersen waren, doch selbst im schlimmsten Kampfgetümmel muss ich sagen, man war immer fair zueinander, ja okay, aber meistens. Ich stürmte in meiner Hool-Zeit oft für die Borussen-Front, aber später in Leipzig – es war eine schöne Zeit – wie oft bekamen wir eine Breitseite von einem Wasserwerfer ab und das Wasser war immer angereichert mit Tränengas. Oder wir kippten mit hundert Mann eine Straßenbahn um, es kam niemand dabei richtig zu Schaden, Nasen- oder Jochbeinbrüche waren oft dabei oder zerschlagene Fäuste und geprellte Rippen, aber das gehörte dazu. Nie gab es eine Waffe, gut, früher wurde auch hier und da mit Plastersteinen geworfen, das war auch nicht so prickelnd, aber es passierte wenig, weil man die Steine kommen sah und sie auspendeln konnte.

Die Behörde war damals ebenfalls anders, wir wurden alle gefilzt bis auf die Unterhose und es waren gute Beamte darunter, von denen wir wussten: Sie waren gerade und hatten Eier. Es gab außerdem keine Anzeigen, denn unter uns herrschten eigene Gesetze, die es ganz klar verboten, zur Polizei zu laufen – das war auch undenkbar, wir regelten unsere Probleme auf unsere Art und Weise und es passte immer. Ich erinnere mich noch an ein Spiel gegen 1860 München, einem der gegnerischen Hools hatte man den Kehlkopf eingetreten und er drohte zu ersticken, sofort wurde der Kampf unterbrochen, und ich schlug ihm von oben feste auf den Kopf und der Kehlkopf sprang wieder heraus, das hatte ich im Kampfsport gelernt. Die Schlacht wurde beendet und wir gingen unserer Wege; ich erlebte oft Fairness unter diesen harten Männern und eine besondere Art von Kameradschaft, das habe ich später fast nirgendwo gefunden und muss auch ehrlich sagen: Ich habe es vermisst und tue es heute immer noch.

Ja, die guten alten Zeiten waren schon besonders, und oft denke ich mit Tränen in den Augen daran zurück. Diese Zeit heute ist nicht meine Zeit, aber ich muss versuchen, mich mit ihr zu arrangieren. Es fällt mir schwer, denn wo sind die Freunde, mit denen man reden konnte? – alles ist im Nebel der Vergangenheit gefangen, aber die Flamme in meinem Herzen brennt weiter. Ich bin ein Mann mit Träumen in seinem Kopf und seinem Herzen – ist es denn schlecht, dass ich mich oft zurücksehne in die gute alte Zeit? Viele meiner Weggefährten sind nicht mehr da, sind gestorben oder ich weiß nicht mehr, was aus ihnen geworden ist. Es hat sich so vieles verändert und ich frage mich manchmal: Schaffe ich es überhaupt, mit dieser schnellen Entwicklung Schritt zu halten? Ich werde traurig, wenn ich sehe, wie die Menschen heute miteinander umgehen, alles ist durch Neid und Gier geprägt, es gibt fast kein Vertrauen mehr. In so einem Umfeld zu leben ist sehr schwer, denn eigentlich jeder könnte dein potenzieller Feind sein, selbst gute Freunde können sich gegen dich stellen – wenn ich nach Ursachen frage, finde ich fast keine, denn eine vernünftige Erklärung gibt es nicht.

Durch diese schnellen und starken Veränderungen muss ich selber aufpassen, dass ich mich nicht komplett isoliere und irgendwann ganz alleine dastehe, aber ist denn nicht alles eine gewisse Gratwanderung? Sich anzupassen wäre vielleicht noch eine andere Option, aber das ist für mich ein Ding der Unmöglichkeit, meinen ganzen Tugenden würde ich untreu werden. Ich glaube, als Mensch mit Charakter ist das eine Geschichte, über die ich nicht mal eine Sekunde nachdenken müsste, das geht gar nicht, als 08/15-Typ zu leben. Es mag vielleicht Menschen geben, die vor sich selber ausspucken und sagen: Diesen Weg gehe ich, und haben keine Skrupel, ihren Arsch so zu verkaufen. Das ist doch mehr als arm, diese People sind einfach schon tot und haben es selber noch nicht einmal gemerkt. Ich habe mir vorgenommen, meinen Weg weiter zu verfolgen und den guten Kampf zu kämpfen, egal, wo ich auch bin und egal, was ich auch tue. Sich selber kennenzulernen und zu verstehen, das ist ein sehr wichtiges Anliegen für mich – früher war ich der schlimmste Verbrecher, heute bin ich davon das absolute krasse Gegenteil. Wobei ich hier eines noch richtigstellen muss: Ich habe „Verbrecher“ geschrieben, so ist das aber nie gewesen.

Dadurch, dass ich dumm und naiv war, habe ich mich vor den Karren spannen lassen und habe nie an die Konsequenzen gedacht. Die Menschen, die mich so perfekt manipuliert hatten, schauten immer, dass sie aus der Line of Fire blieben, ich musste vor Gericht meinen Schädel herhalten und war dem Richter noch böse. Wenn ich ehrlich zu mir bin, war ich ein verrückter, blöder Kerl, der sich so für dumm verkaufen ließ. Ich habe nicht einmal gemerkt, was die Subjekte da mit mir taten, dazu wurde eine gewisse Reife verlangt, die ich aber nicht hatte. Ein Kerl wie eine deutsche Eiche, so sah ich aus, hunderttausend Volt im Arm, aber fast nichts im Schädel. Ich für meinen Teil habe gemerkt, was dazu führte, dass ich so offen für diese Destruktivität war; der Weg war lang und steinig, aber ich zog mich selber an den Haaren aus dieser Scheiße raus. Vor allen Dingen stand immer das Erkennen, dass etwas total daneben lief, im Vordergrund, dieses Bewusstsein entwickelt sich ganz langsam, bei mir währte diese Geschichte einige Jahre. Heute lasse ich kaum mehr Menschen an mich heran, denn ich bin so misstrauisch geworden und sehe erst immer das Schlechte in jedem. Ich glaube, diese Eigenschaft ist nicht verkehrt, denn wenn man vorsichtig bei allem ist, dann kann das auch ein gutes Schutzschild sein – durch jede Sache die einem widerfährt, lernt man und sollte erfahrener und schlauer werden.

Manche Lektionen, so nenne ich sie mal, sind am Anfang sehr schwer zu verstehen und ich konnte sie fast nie richtig einordnen, mir ist aber klar oder man kann sagen, ich bin mir zu hundert Prozent sicher, dass ein viel tieferer Sinn hinter allem steht. Unser Bewusstsein ist oft nicht reif für eine neue Erfahrung, das muss dann aber nicht gleich heißen, dass dieses Erlebte negativ ist. Auch heute habe ich manchmal besondere Erlebnisse, die mich nicht echt erstaunen, aber schon sehr nachdenklich werden lassen. Meine Spiritualität ist riesig gewachsen in den letzten Jahren und ich spüre jetzt Dinge in mir, die schon immer da waren, die ich aber immer unterdrückt habe, oder vielleicht besser: Ich war nicht reif genug, mich damit auseinanderzusetzen Was musste oder was wird noch alles passieren, bis ich ein bedingungsloses Verstehen in mir habe? Ich spüre oftmals ein Gefühl in mir, das ich früher so nie kannte und merke aber, dass ich jetzt reif für diese Ära bin. Die Menschen, mit denen ich heute zu tun habe, sind auch völlig anders als die Menschen, mit denen ich früher mal etwas zu schaffen hatte. Ich glaube, dass ich mittlerweile sehr gute Antennen habe, welche Menschen gut oder schlecht sind, und die negativ geladenen lasse ich gar nicht erst an mich heran.

Es sind Dinge im Wandel und ich bete oft, dass ich immer Kraft haben werde, den guten Kampf zu führen. Ich fühle mich oft sehr ausgebrannt und schlapp, in solchen Momenten erwacht aber immer mein Kämpferherz und ich denke mir dann immer: In die Knie gehst du nicht, egal was auch geschieht. Ich bin mir sehr sicher, dass ich noch sehr viele Aufgaben auf dieser Welt zu erledigen habe, mein Weg begann bei meiner Geburt, aber ich wurde geschmiedet und gebrochen, um dann aufzustehen als ein Mensch, der bereit ist, den guten Kampf zu führen.

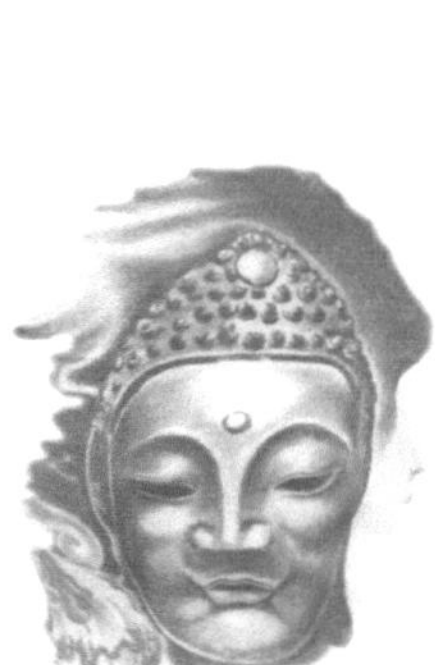

7.2. Ohnmächtige Wut

Oft erinnere ich mich zurück an die Zeit im Gefängnis und versuche, mit diesem Trauma fertig zu werden. Was war es eigentlich, das mich so fertig gemacht hat? Eine tiefe Analyse ist für mich absolut notwendig, denn mit Oberflächlichkeit kann ich diese Geschehnisse nicht ergründen und mit einem „bisschen" gebe ich mich nicht zufrieden, denn das entspricht nicht meiner Mentalität.

Dass mein Körper eingesperrt war, ist die eine Sache, die aber schon schlimm genug war. Meine Psyche und mein Herz gingen dabei natürlich genauso vor die Hunde, das Schlimmste war aber, dass die Justiz Macht über mich und mein Leben hatte. Ich habe durch mein Zuwiderhandeln gegen Gesetze dem Staat, der Justiz die Möglichkeit gegeben, über mich zu richten und mich einzusperren. Dass jemand Macht über mich hat und mir sagt, wann ich zu essen, zu schlafen, zu scheißen habe, das hat mich ziemlich kaputt gemacht. Da ich ein Alpha-Tier bin, war es für mich kaum zu ertragen, dort in einer kleinen Zelle zu sitzen und das Leben vorbeiziehen zu sehen. Die unendlichen Minuten, Stunden, Tage, Monate und Jahre haben auf meiner Seele so große Narben hinterlassen, dass sie niemals richtig heilen werden. Ich bin heute der festen Überzeugung, dass gewisse Menschen niemals in den Knast eingesperrt werden dürfen, denn diese Menschen, dazu gehöre auch ich, bezahlen einfach zu viel und es geht unendlich viel kaputt, was niemals wieder heilt.

Wie oft habe ich mich gefragt, wie ich so eine lange Haftstrafe ertragen soll: Zu wissen, man kann auch absolut gar nichts dagegen machen und sich nur damit abfinden, ist einfach schrecklich. Das Prinzip der Bestrafung leuchtet mir auch nicht so richtig ein: Wo bezahle ich denn meine Schuld, wenn ich nur eingesperrt werde? – Ich bezahle mit der Zeit meines Lebens. Kann das der Sinn der Sache sein? Wenn ich den Begriff „Resozialisierung" höre, dann versuche ich mich zu erinnern, wo ich dieser Sache mal im Knast begegnet bin: Es ist ein Wunschdenken der Justiz und der Politik, um der Inhaftierung einen Sinn zu geben. Wenn Bestrafungsmaßnahmen über den Wert des menschlichen Lebens gestellt werden, dann ist es nicht richtig, es kann nicht sein, dass Menschen sich im Vollzug umbringen, deren Schuld vielleicht darin bestand, einen kleinen Diebstahl oder einen Einbruch begangen zu haben.

Das menschliche Leben bedeutet im Gefängnis nicht besonders viel, denn die Gesellschaft hat uns angespuckt und lässt uns lieber kaputt gehen, anstatt Reformen auf den Weg zu bringen; das kostet ja alles Geld und wer will das schon bezahlen? Meine Seele und mein Kopf sind auf der Strecke geblieben. Und was hat mir der Knast gebracht? Wenn ich ehrlich bin, dann hat er mich zerstört. Diese permanente Angst und die Ohnmacht haben mich fertig gemacht, es gab keine Konstante, nach der ich hätte leben können, jederzeit konnte man dir alle kleinen Privilegien nehmen, ohne große Angabe von Gründen, das passierte alles aus Schikane heraus. Wenn man einfährt, wird man verurteilt, alles Leben draußen erstmal zu vergessen, man hat überhaupt keine Möglichkeit, sich um irgendwas zu kümmern, ob das Wohnung, Arbeit, Auto oder sonst was ist, alles geht kaputt und man kann nichts daran ändern. Diese ohnmächtige Wut hat mich immer am meisten kaputt gemacht, der Kopf und die Gedanken waren dabei immer mein schlimmster Feind, es war fast unmöglich diese Maschine in meinem Kopf abzustellen. Das Klammern an destruktive Gedanken war extrem, zu irgendwelchen rationalen Gedanken war ich kaum fähig, denn es fühlte sich alles Scheiße und erdrückend an – wo war der Weg heraus aus diesem Sumpf?

Ich für meinen Teil habe mich an diesen erdrückenden Zustand während der Haft nie gewöhnen können – sicherlich gab es Tage, da fiel es mir leichter, mit Dingen fertig zu werden. Diese Wut, dass über mein Leben bestimmt wurde und mir meine Lebenszeit genommen worden war, dieser permanente Gedanke machte mich fast wahnsinnig. Es gab etliche Situationen, da dachte ich: Jetzt drehe ich am Rad und es passiert ein Unglück. Was hat mich zurückgehalten? Wahrscheinlich mein Kopf, denn das nennt man Impulskontrolle. Das Gute war: Ich habe mich oft kontrolliert und konditioniert, denn sonst wäre vieles extrem verrissen und ich wäre vielleicht nie mehr aus dem Häfen herausgekommen.

Doch wollen wir uns mal fragen, was mich wirklich zurückgehalten hat – ich denke meine Fähigkeit, die Scheiße zu fressen und eine Faust in der Tasche zu machen. Ich halte diese Art von Konfliktbewältigung aber für total daneben, denn alles habe ich in mich hineingefressen und mein Hass wurde immer größer und fraß mich fast auf. Ich stand oft nach dem Einschluss in meiner Zelle und zitterte vor Wut am ganzen Körper, es war für mich kaum zu ertragen, das alles zu verdauen, es interessierte aber niemanden, und so ging das Leben weiter. Ich glaube, jede Bindung, die man zu einer Frau hat, wird durch die Haft auf eine ganz extreme Probe gestellt, mich hat es zerrissen, denn ich hatte über drei Jahre eine Beziehung zu einer Frau und kurz vor meiner Entlassung platzte die Relation. Jeder Tag war für mich doppelt schwer, auch durch diesen Umstand.

Im Häfen ist Schwäche zeigen ein Tabu, also wurde alles geschluckt und so getan, als sei alles super, obwohl ich fast innerlich kaputt ging. Es gab nicht viele Leidensgenossen, mit denen man reden konnte, die meisten hatten auch keinen Bezug dazu oder waren selber bedient durch ihre eigene Problematik. Ich möchte niemals wieder so eine Situation erleben, denn die lange Haft hat so tiefe Wunden auf meiner Seele hinterlassen – niemals werde ich diesen Schmerz vergessen können, den der Knast in mir hervorgerufen hat. Das Leben ist ein Kampf an jeder Ecke, für mich war es nie eine Frage, nach Schlägen wieder aufzustehen und zu sagen: „Da bin ich wieder." Die Kunst für mich besteht darin, immer wieder auf die Füße zu kommen und nicht liegen zu bleiben und aufzugeben. Meine vielen Jahre auf der Straße haben mich gelehrt: Es gibt immer einen Besseren, und selbst wenn man einen Kampf verliert, kann man doch mit Ehre gehen, indem man zulässt, dass man verloren hat.

Ich habe diese Geschichte für mich auch noch nicht so zu hundert Prozent verstanden, denn ich kann wohl darüber schreiben und reden, aber faktisch umsetzen und ausleben wird schwer. Wenn eine Situation passiert, in der ich den Zweiten mache, muss ich mich erstmal fragen: Warum ist dies so passiert, war ich zu schwach oder nicht brutal genug? Ist denn Gewalt das Mittel, damit alles gut wird? Es gibt einen Gewinner und einen Verlierer – der Champion wird gefeiert. Aber wer sieht die kaputten Knochen, die Tränen des Verlierers und dessen seelischen Schmerz? Keiner möchte der Verlierer sein, aber es kommt sicherlich für jeden der Tag, an dem er einen Zweikampf oder einen Fight verliert und dann stellt sich die Frage: Wie gehe ich für mich damit um? Zerbreche ich an diesem Umstand, wenn mein Ego zu groß ist oder nehme ich es als Lektion, um daraus vielleicht zu lernen? Ich beschäftige mich viel damit, aber gerade für mich als Alpha-Wolf ist es mehr als schwer, mich mit solchen Gedanken zu befassen. Ich glaube, dass ganz normale Menschen mit solchen Geschehnissen viel besser umgehen können als Männer, die weiter oben auf der Treppe stehen. Sich in vollen Zügen zu reduzieren, das ist für diese Menschen sehr schlecht, denn das Ego ist viel zu stark und auch zu groß. Sich wieder zurück zu entwickeln halte ich für möglich, aber es ist ein harter Kampf, der auch sehr, sehr lange dauert und wo man nicht pauschal sagen kann: Es klappt bei jedem.

Dieses Macho-Getue hat mich schon immer genervt, ich selber habe ebenfalls gemeint, ich sei so ein Überflieger und keiner könnte mir was. Meine Oma sagte mir immer: „Junge, Hochmut kommt vor dem Fall!“ Wie recht sie doch damit hatte. Ich glaube alles, was mir auch in meinem Leben passiert, ist so gewollt, und selbst wenn schlimme Dinge geschehen, heißt es nicht automatisch, dass sie schlecht sind. Es können ja auch Lektionen für mich sein, die mir etwas sagen wollen, ich muss und sollte die Fähigkeit entwickeln, dass ich solche Ereignisse verstehe und mich vielleicht sogar dafür bedanke, denn sie geschehen nicht vergeblich. Sich seinen eigenen Dämonen zu stellen ist eine Fähigkeit, die nicht viele Menschen besitzen, ob ich es mittlerweile wirklich kann, das weiß ich nicht, aber ich bekomme eine Idee, wie das so funktionieren könnte. Für mich ist das ganze Leben ein Mysterium, das zu verstehen sehr schwer ist; ich bin jetzt, als ich das schreibe, beinahe neunundvierzig Jahre alt und denke mir: Was weißt du denn schon?

Ich versuche jeden Tag zu lernen und Dinge zu überdenken, zu denen ich vielleicht eine andere Meinung habe, denn ich glaube, es ist wichtig, nicht festgefahren zu sein, sondern offen durch das Leben zu gehen, um es zu bewältigen. Es verändern sich sehr viele Dinge in mir und ich überlege, wie ich damit umgehen soll, denn Geschehnisse, die bis heute mein Leben geprägt haben, kann ich nicht einfach wegwerfen oder zu mir sagen: Mein Leben war bis dato eine Lüge. Ich denke mir, viel wichtiger ist, diese Dinge zu akzeptieren und zu versuchen, dass man es besser macht – ob ich dadurch zu einem besseren Menschen werde, das weiß ich nicht, aber eines glaube ich: Mein Leben heute wird mehr als früher durch Liebe geprägt sein und das, denke ich, ist für mich und mein Karma sehr wichtig.

Ich hätte nie geahnt, dass ich mal über eine Geschichte aus der Bibel nachgrübeln würde und zwar diese, wo Jesus sagt: Schlägt dir einer auf die rechte Wange, so halte auch die linke hin. Früher in der Schule hörte ich im Religionsunterricht das erste Mal von dieser Geschichte und dachte mir: So was gibt es doch gar nicht! Wie kann man sich schlagen lassen und dann auch noch sagen: Haue ruhig noch mal rein! Mein Leben wurde immer durch Gewalt und Schlägereien geprägt und für mich waren solche Aussagen nie zu akzeptieren, ich konnte es nicht verstehen und dachte: Was muss mit diesem Menschen los sein, dass er so was äußert! In meiner Vergangenheit habe ich so viel Scheiße gefressen und so oft dachte ich: Jetzt wirst du vor Schmerz wahnsinnig. Vielleicht musste das alles so geschehen, damit ich begreife, wo ich im Leben stehe und vor allen Dingen, dass ich klar sehe und verstehe, wofür ich geboren worden bin. Hat es fast fünfzig Jahre gedauert, um das zu verinnerlichen? Wenn ich ehrlich bin, ist es wohl so. Je älter ich werde, umso klarer wird mir vieles und ich kann Dinge besser begreifen, die für mich früher im Dunkeln lagen. Das Älterwerden ist kein einfacher Prozess für mich, denn jederzeit war ich gewaltig stark und den meisten von meiner Power her weitaus überlegen, sicherlich bin ich noch immer gut drauf, aber die Zeit wird mir immer mehr körperlich an Kraft nehmen und ich muss versuchen, damit zu leben.

Einen Kompromiss zu finden, das wäre mir wichtig, ich glaube, dass ich auch noch mit sechzig Jahren eine gute Kelle schlagen werde, aber es wird nicht mehr das sein, was es mal war. Ich habe sicherlich von Natur aus eine gute Veranlagung mitbekommen, aber das ist nur ein relativer Schutz, ich glaube, viel wichtiger ist, zu erkennen, dass man Veränderung zulässt und sich damit auseinandersetzt. Meine Erfahrungen kann ich nutzen, um vielleicht anderen Menschen zu helfen und ihnen zu zeigen, dass es außerdem noch Werte im Leben gibt, für die es sich lohnt, sich einzusetzen. Ich sehe die jungen Menschen und erkenne mich oftmals in ihnen wieder, als Erstes denke ich immer: Shit, wo sind die Jahre geblieben? Und dann möchte ich einfach nur helfen, denn ich spüre, dass ihre Reise in die verkehrte Richtung geht. Mein Leben verlief in groben Zügen oft katastrophal und ich hörte auf niemanden, blind voll Wut und Hass auf jeden, so ging ich durch mein Leben und dachte, ich sei im Recht. Dass alles, was ich tat, völlig falsch war und ich mir nur Riesenärger damit verschaffte, das wollte ich nicht wahrhaben, ich kannte aber auch kein Maß und hatte überhaupt keine Grenzen. Es war ja schließlich niemand da, der mit mir redete oder mir wirklich half. Als Kind war mein Opa immer da gewesen, der mit mir sprach, auch wenn ich vieles als kleiner Bub nicht richtig verstehen konnte, so fühlte ich doch, dieser Mensch wollte mir nichts Böses. Ich liebte diesen alten Mann, der immer genüsslich seine Pfeife rauchte und den kaum was aus der Ruhe bringen konnte. Er war ein guter Mensch, der nichts von seiner liebenswürdigen Art durch die Kriege eingebüßt hatte, ich glaube sowieso, dass die Menschen früher anders unterwegs waren als heute.

Die Gesellschaft ist brutal und rücksichtslos geworden, niemand reicht dir eine Hand, wenn du am Boden liegst, im Gegenteil, man tritt dir noch in die Fresse und versucht dich richtig platt zu machen. Ich finde diese Formen der Verrohung schlimm, denn wo soll das mal enden? Ist es erstrebenswert, sich nur mit Brutalität durch sein Leben zu schlagen? Mir ist es mit destruktiven Gefühlen nie gut ergangen und ich glaube auch nicht, dass es anderen Menschen besser damit geht. Wie oft war ich blockiert und dachte, nur der Weg der Gewalt und Aggression bringt mich weiter, mir fehlte jedes Mittelmaß und ich kannte nur die Extreme. Zu meiner Zeit damals gab es nicht so viele Jugendliche, die aus dem Ruder liefen, das ist heute aber ganz anders geworden: Viele junge Menschen haben aber auch null Perspektive und rutschen komplett ab und hauen sich den Schädel mit Alk oder Drogen zu, denn nüchtern ist diese Form der Realität für sie nicht mehr zu ertragen. Ich habe selber diese armen Menschen gesehen, wie sie sich aufgegeben haben und nur noch als Zombie lebten und keine Seele mehr besaßen – in diesen Momenten fragte ich mich immer: Was ist bei denen verkehrt gelaufen? Jetzt kann man natürlich sagen: Jeder ist seines Glückes Schmied, doch so einfach ist es nicht. Ich glaube, sehr viele äußere Einflüsse spielen da eine außerordentlich große und entscheidende Rolle. Dann ist die persönliche Mentalität unheimlich wichtig, von Natur ist der eine Mensch stärker und widerstandsfähiger als der andere. Wenn ich mich anschaue, dann weiß ich, dass ich psychisch nicht besonders stark bin, okay, das war früher sicher mal etwas anders, aber durch Schmerz und Leid wird man nicht gerade stärker und auch nicht abgestumpfter. Es mag Menschen geben, bei denen ist es so, denen geht irgendwann alles am Arsch vorbei, aber in dem Moment hat man sich selber schon größtenteils aufgegeben.

Ich für meinen Teil suche noch immer meinen Weg, aber ich glaube, ich bin richtig unterwegs: Ich spüre den Drang in mir, Gutes zu tun, und das an allen Fronten. Ich habe schon oft drüber nachgedacht, dass ich wahrscheinlich so viel Scheiße fressen musste, um der zu werden, der ich heute bin: Mich zu akzeptieren, so wie ich bin, mit all den Fehlern und Ängsten, die ich habe – das ist wichtig. Wenn ich ehrlich bin, gelingt mir das aber ganz gut, ich kann mir selber Schwächen eingestehen und finde das nicht weiter schlimm. Denke ich an früher, so merke ich, dass ich nach außen viel weicher geworden bin, in meiner Vergangenheit war es für mich fast unmöglich, Schwäche nach außen zu zeigen. Für mich durfte „Schwäche zeigen" nicht existieren, denn was dachten dann die anderen von mir, ich hatte mir ja selber diese Welt aufgebaut und konnte jetzt nicht einknicken – ich war ein dummer, armer Kerl, der völlig isoliert in dieser Welt lebte. Es fand sich aber auch kein Weg da raus, im Gegenteil, es wurde immer schlimmer und ich dachte mir, das muss so sein. Wie oft gab es Situationen, da musste ich mir die Tränen verbeißen und weinte erst dann, wenn ich völlig allein war; in diesen Verhaltensstrukturen habe ich sehr lange gelebt und auch noch heute habe ich sie nicht komplett abgelegt. Es ist viel besser geworden und ich lasse Gefühle zu und zeige auch meine Tränen, aber wirklich gut fühle ich mich dabei nicht, denn mir erscheint es noch immer ein bisschen unnatürlich, wenn ein Kerl weint. Ich weiß, dass es Blödsinn ist, aber diese dämlichen Strukturen sitzen so tief und haben mich geprägt, deshalb ist es nicht so einfach, sie abzulegen oder zu vergessen.

Mit Dankbarkeit nehme ich aber dieses veränderte Leben gerne an, denn es zeigt mir den Weg zu mir selber und lässt mich offen werden für viele wunderschöne Dinge, die ich früher nicht gesehen und vor allem auch nicht verstanden hätte. Diese Veränderungen gehen relativ schnell vonstatten und ich stehe dabei und beobachte es; sicherlich schmeiße ich nichts weg von mir, aber es verändert sich, es transformiert sich und ich bin dankbar dafür, denn so werde ich meinen Weg finden und noch viel Positives tun können. Ich merke aber gleichzeitig, dass viele Bekannte, die in meinem Alter sind, sich ebenfalls verändert haben und ich heute viel besser mit ihnen zurechtkomme als früher, ich glaube, das Alter verändert Menschen radikal. Was soll es sein: Wird man weiser oder vielleicht nur ein bisschen ruhiger? Die Veränderungen, die ich durchlaufen habe, sind schon gewaltig, hätte mir das früher jemand gesagt, dann hätte ich erwidert: „Verpiss dich, sonst schlage ich dir auf dein Maul." Ich habe diese Entwicklung nicht von vornherein kommen sehen, aber in dem Moment, als ich sie bemerkte, habe ich sie schon neugierig beobachtet, denn ich spürte in kleinen Schritten die Veränderung.

Die Veränderungen, die ich erlebte und erlebe, sind für mich nicht sonderbar oder überraschen mich, sondern zeigen mir den Weg, den ich zu gehen habe – sicherlich ist es sehr schwer, nicht wieder in alte Strukturen zu verfallen. Oft denke ich an meinen Opa zurück und an die Zeit in Asperden, dieses kleine Dorf am Niederrhein prägte einen großen Teil meiner Jugend. Manchmal frage ich mich, wie sich mein Leben entwickelt hätte, wenn mein Elternhaus intakt gewesen und meine Kindheit und Jugend anders verlaufen wäre? Wie hätte sich mein Leben dann gestaltet, wäre ich auch so zu einer besonderen Persönlichkeit geworden? Mit meiner Mutter habe ich oft versucht, darüber zu reden, aber sie wich immer aus und dementierte viele geschehene Dinge und gab meinem Vater und meinen Großeltern die Schuld an allem. Die Monate bei ihr waren schon eine heftige Nummer, die nur durch Alkohol und Gewalt geprägt waren, es verging nicht ein Tag, an dem es keinen Ärger gab. In dieser sehr wichtigen Entwicklungsphase wurden von meiner Mutter oftmals bewusst die Weichen falsch gestellt, sodass ich mich nur in eine gewisse Richtung entwickeln konnte. Ich kann mich noch genau erinnern, dass ich mit niemandem reden konnte, besser gesagt, es gab für mich keinen zum Reden, gerade eine Bezugsperson hat gefehlt, um mir auch Grenzen aufzuzeigen.

Wie stolz war ich am ersten Schultag mit meiner Schultüte, ich kann mich noch genau erinnern: Da stand ein kleiner verängstigter Junge in der Schule und war ganz aufgeregt. Ich war als Bub ein schöner Bengel, wohl mit etwas abstehenden Ohren, die anderen Kinder hänselten mich oft deswegen und ich hatte mächtige Komplexe. Meine Mutter und auch meinen Vater hat das nie interessiert, mich machte es schon richtig fertig und ich bekam deshalb ausgesprochene Minderwertigkeitskomplexe. Dass sich niemand um mich kümmerte, war schon traurig, die einzige Zuwendung die ich bekam, bestand aus heftiger Gewalt, entweder verbal oder physisch. Mir ist heute klar, dass schon damals so viel in mir kaputtging und ich es nicht aufhalten konnte. Mich hätte jemand mal in den Arm nehmen sollen, um mir zu zeigen, was Geborgenheit und Wärme bedeuten, ich glaube, dass ich es heute noch immer nicht richtig weiß, vielleicht habe ich eine Idee davon, aber das ist schon alles. Ich glaube, dass ich auf einem sehr guten Wege bin, um mich und mein Leben langsam zu verstehen, meine Aufgabe zu finden und sie dann sehr konsequent umzusetzen. Die Werte der Gewalt, die sehr lange mein Leben prägten, sind nicht mehr notwendig, wenn ich ehrlich bin, möchte ich diese Exzesse auch gar nicht mehr, denn was bringt schließlich Gewalt? Sie erzeugt eine endlose Spirale der Brutalität, die man weder steuern noch aufhalten kann.

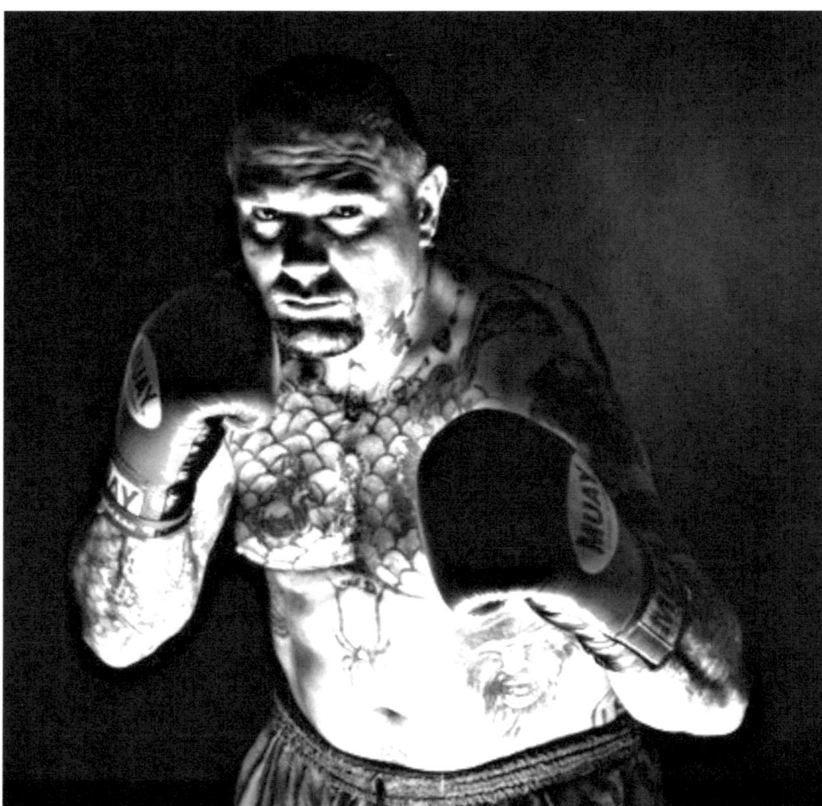

7.3. Ein Staubkorn im Universum

Ich spüre die wirklich massive Veränderung in mir, meine Betrachtungsweise hat sich generell gewandelt, dieses unnatürliche Profilieren hat ein Ende und es kehrt das Verstehen und Ruhe ein. Wenn Leute heute meinen, sie sind stärker und besser, dann sollen sie das denken und wer weiß: Vielleicht ist es auch wirklich so. Die Natur lässt uns altern, ob wir wollen oder nicht, die Zeit macht uns gebrechlich und das heißt, dieses zu begreifen und dann zu akzeptieren und seine Lebensweise dementsprechend anzupassen. Es ist zutreffend, dass ich auch in meinem Sport heute nicht mehr der Beste bin – es wird wahrscheinlich einige Free Fighter geben, die inzwischen mehr Dampf als ich haben und bei denen ich im Kampf verlieren würde. Für mich war dieses Verstehen sehr schwer und ich dachte, ich hätte die Kraft und Kondition für mich gepachtet bis ans Ende meiner Tage. Es war schwer zu begreifen, dass ich mal abbauen würde und ich dachte über einen langen Zeitraum: Hoffentlich passiert das nicht so schnell! – die Panik und das Zulassen solcher Gedanken waren sehr schwer zu ertragen. Mir ist es jedoch gelungen, diese Sache gut zu kontrollieren und zu verändern, zu begreifen, dass ich nicht immer ganz vorne mitschwimmen kann.

Ich glaube, wenn man sein ganzes Leben nur Hochleistungssport getrieben hat, ist es nicht so einfach, fast ganz damit aufzuhören. Mein Lebensinhalt war Trainieren und Kämpfen und dafür tat ich alles, ich denke das war schon eine extreme Situation, die mir immer viel abverlangte. Der Übergang in ein relativ normales Leben fand statt und ich spürte, dass ich auf dem Weg war, das zu begreifen. Ich denke, im Leben ist das manchmal sehr schwer, denn die eigenen Dämonen verändern sich nicht gerne und lassen sich auch nicht einsperren, man sollte sie wohl erkennen und dann überlegen, was man dagegen wohl tun kann. Wenn ich an mich denke, dann öffnen sich absolut neue Perspektiven, die ich früher nie gesehen habe, es geht vielleicht darum, dass ich Menschen auch betreue und weiß, dass andere noch viel größere Probleme haben. Trotzdem habe ich mich gestellt und muss sagen: Es war oft sehr schwer zu ertragen, aber was für eine andere Option habe ich denn gehabt? Der Weg fühlt sich immer sehr ermüdend an und hat mich ausgelutscht; was wollte ich denn anderes tun: Das Leid zu ertragen ist eine ganz besondere Fähigkeit, dabei nicht auf der Strecke zu bleiben, ist noch viel schwieriger.

Als Jugendlicher oder als junger Mann dachte ich immer, ich sei unverwundbar und keiner könnte mir etwas, das dachte ich lange Zeit und lebte auch danach, der liebe Gott hat mir in dieser Zeit wohl alle Schutzengel geschickt, die er offensichtlich hatte. Ich habe sehr wild gelebt und auf niemanden Rücksicht genommen, das war mein Weg, geprägt durch Gewalt und Aggression; viele Situationen hätte ich vielleicht anders regeln können, aber ich tat es nicht, denn ich dachte, es gibt keine andere Option für mich. Ich hatte außerdem große Probleme, mich verbal zu wehren oder eine Diskussion zu führen, für mich waren diese Formen der Auseinandersetzung nur ein

Zeichen für Schwäche und nichts für mich, in Wirklichkeit hatte ich wohl große Angst davor. Ich hatte ja auch nie gelernt, mich anders zu verteidigen als mit meinen Fäusten, eigentlich war ich ein ganz armer Kerl, der seine Gefühle nur durch Gewalt ausdrücken konnte. Es hat mich Jahre gekostet, mich zu öffnen, viele psychologische Gespräche und Gruppentherapien waren dafür nötig. Es war sehr schwer für mich, aber als ich mal anfing, zu reden, ging es mir danach gleich viel besser und langsam taute ich auf und merkte: Es tut mir sehr gut, mit anderen Menschen zu reden. Es ist nicht schön, über lange Strecken des Lebens sehr isoliert zu existieren, das macht einen Menschen sehr krank – ich meine mit isoliert das Seelenleben.

Erst heute begreife ich, dass es ganz andere Werte als Kraft und Stärke gibt, es hat vielleicht teilweise damit zu tun, dass ich körperlich abbaue und mich auch mit dieser Tatsache auseinandersetzen muss. Dieser Fakt bereitet mir jedoch nicht so viele Probleme, wie ich gedacht habe; es ist so ähnlich wie mit dem Sport, da glaubte ich ebenso, ich falle in ein sehr tiefes Loch, aber so war es dann doch nicht, denn ich hatte Vorsorge getroffen und mir eine andere stabile Basis aufgebaut. Heute spüre ich, dass es so viel mehr gibt, gerade meine Spiritualität entwickelt sich in einem rasenden Tempo und ich bin sehr froh darüber, dadurch finde ich zu mir und zu meiner Bestimmung. Das Leben offenbart sich in dieser Zeit, in der ich jetzt gegenwärtig lebe, als so schön und wunderbar, ich erfreue mich an kleinen Dingen und sage mir jeden Tag wieder: Sei froh, dass du gesund bist und alles funktioniert. Ich bin bereit, weiter zu lernen und alles dafür zu tun und auch zu geben, damit ich meinem Lebensziel näher komme; ich denke, ich habe endlich mein Schicksal angenommen und versuche, mich damit zu arrangieren. Bin gleichzeitig sehr neugierig und gespannt, wie sehr ich mich in den nächsten Jahren noch verändern werde, freue mich darauf und werde alles geben, damit ich meinem persönlichen Nirwana näher komme.

Ich beobachte die Menschen sehr genau und muss sagen, es gibt nur noch sehr wenige, die charakterlich in Ordnung sind. Die meisten von ihnen haben sich irgendwann entschieden, ein Leben zu führen, das für mich nichts darstellt. Ich war noch nie ein oberflächlicher Mensch und denke über Dinge und Ereignisse sehr intensiv nach. Man kann vielleicht sagen, ich denke zu viel nach, denn man kann sich auch dadurch verrückt denken. Manche Menschen sind sehr einfach gestrickt und besitzen nicht gewisse Fähigkeiten, die auf der einen Seite sicherlich besonders sind, aber für die man auch einen besonderen Preis bezahlt. Über dieses Anderssein kann man natürlich viel reden, aber ob man es dadurch besser versteht, das bezweifle ich. Ich denke, man muss diese Sache einfach erfühlen, nur das ist der Weg. Um das jedoch zu können, muss man sich entwickeln und das über einen sehr langen Zeitraum hinweg. Ich habe das auch erst sehr spät erkannt und wusste es früher nie richtig zu deuten. Manche Leute denken vielleicht, was meint der Seeger mit Anderssein? Sie haben recht, denn es ist nicht einfach zu erklären, es ist ein Gefühl, das man irgendwann bekommt und man spürt auch im ganz normalen Alltag, dass man sich anders verhält und eine völlig andere Denkweise hat: durch viel Leid und Schmerz zur Erleuchtung. Vielleicht kann man es so umschreiben: Wenn ich nicht so viel Scheiße gefressen hätte, wäre es niemals für mich möglich gewesen, diese Entwicklung durchzumachen, um am Ende vielleicht ein wirklich guter Mensch zu werden. Dieses Leid, das mich fast zerstörte, mich zerriss und wieder zusammenfügte, mich zu Boden drückte, aber mir zugleich die Fähigkeit gab, als ein anderer, gereifter Mensch wieder aufzustehen. Ich habe geschrien wie am Spieß, war verzweifelt und sah keine Sonne mehr, jede Perspektive verlor ihre Bedeutung, wenn sie überhaupt eine hatte. Ich betete zum lieben Gott, er möchte mich erlösen und mein Leben nehmen, denn ich glaubte, daran zu zerbrechen. Noch heute zittere ich, wenn ich an die Zeit zurückdenke: Die langen dunklen Jahre im Knast, zu spüren, dass etwas zerbricht, das man nie mehr wieder zusammenfügen kann. Es stirbt ein Teil von einem selbst und irgendwann weiß man gar nicht mehr, wie sich dieser Teil angefühlt hat. Mich erfasst immer eine sehr tiefe Melancholie, wenn ich daran denke, dass wichtige Dinge in mir getötet wurden.

Der normale Mensch wird jetzt einfach sagen: Du bist doch selbst schuld, du hast gegen das Gesetz verstoßen und dafür musst du bezahlen. Aber ist denn wirklich alles so einfach oder darf man es sich so einfach machen? Ich glaube nicht, denn wer im Glashaus sitzt, sollte nicht mit Steinen werfen. Sicherlich habe ich gegen das Gesetz verstoßen, aber hat sich mal jemand gefragt, warum das alles so gekommen ist? Nein, das hat niemand. Es gibt für jedes Vergehen seine Strafe, die aber in meinen Augen nicht immer angemessen ist. Fragt sich ein Staatsanwalt oder Richter wirklich, was er da an Strafen fordert oder verhängt? Dass Menschen daran zerbrechen oder sich sogar umbringen, weil sie mit der Inhaftierung und der Isolation nicht klarkommen? Ich frage mich: Wer will wirklich wissen, was da abläuft? Die vielen Jahre im Knast haben mich nicht gebrochen, weil ich das nicht zugelassen habe, aber sie haben zu viel zerstört. Diese Dinge sind für immer vernichtet. Für mich stellt sich die Frage: Was habe ich gemacht, um zu überleben? Was ist an die Stelle der Dinge getreten, die zerstört wurden?

Lange Zeit war es blanker Hass, der mein Leben prägte und meine Seele und mich verseuchte. Über viele Jahre prägte der Hass mein Dasein und ich war sein Sklave. Ich hatte fürchterliche Aggressionen und suchte nach Möglichkeiten, diese Wut zu kanalisieren, das war für mich damals aber überhaupt nicht möglich. Das einzige, was mir wirklich half, war mein Sport, den ich sehr exzessiv betrieb. Jedes Mal trainierte ich so hart, dass ich total platt war und erst dann fühlte ich mich gut oder zumindest besser. Ich fühlte nach so einem Training, dass ich relaxt war, die Spannungen und Probleme waren weit weg und nur das zählte für mich. Mit dem Sport habe ich ja schon sehr früh begonnen und er hat mir die Möglichkeit gegeben, meine Wut und Aggression vernünftig zu kanalisieren.

Wäre ich nicht schon in jungen Jahren mit dem Sport in Berührung gekommen und er hätte mir so gut gefallen, dann weiß ich nicht, ob ich überhaupt jemals die Chance gehabt hätte, mit meinem Leben so fertig zu werden. Wahrscheinlich hätte ich es nicht geschafft und ich hätte mir eine Anzeige nach der nächsten eingefangen und das wiederum hätte bedeutet, dass ich aus dem Knast nicht mehr herausgekommen wäre. In mir wird wahrscheinlich immer ein gewisser Krieg toben, das weiß ich selbstredend und habe es akzeptiert, dieses ist aber nicht das Problem, sondern vielmehr die Tatsache, wie ich damit umgehe, ohne dass es mich zerreißt oder mir schadet.

Hiermit möchte ich mich auch bei allen Menschen entschuldigen, denen ich Leid oder Schmerzen zugefügt habe. Das sage ich nicht nur so dahin, sondern es entspricht meiner tiefsten Überzeugung. Ich glaube, ich habe mal irgendwann angefangen, eine Rolle zu spielen und kam da nicht mehr raus, die Leute erwarteten den starken Seeger, der niemals in die Knie ging, aber keiner fragte mich: Wie fühlst du dich dabei und wie schwach bist du wirklich, dass du deiner Rolle immer gerecht wirst? Irgendwann kam der Tag, da fragte ich mich: Für wen lebst du überhaupt, für dich selber oder für die anderen? Der Goliath ohne psychische Stärke, der sich nur über seine Kraft definierte? Bis ich das begriff, dauerte es echt lange, denn ich fühlte mich ja gut in meiner Rolle. Standen die Leute bei mir, sagten sie: Du bist der Knaller, und hinter meinem Rücken dachten sie wahrscheinlich: Was für ein Idiot! Es ist nicht einfach für mich, darüber zu schreiben, aber es ist wichtig, dass man die Hosen herunter lässt und in den Spiegel schaut und dann ganz ehrlich mit sich ist. Auf dieses Versteckspiel habe ich schon lange keinen Bock mehr und knallharte Ehrlichkeit ist der erste Schritt zur Veränderung – Größe hat für mich heute nicht mehr alleine mit Kraft zu tun. Ich glaube, vielen werden meine Worte sehr nahe gehen, denn ich weiß, wovon ich rede. Habt Mut, euer Leben zu leben und wacht auf: Es ist nie zu spät.

Mich kotzt dieses ganze Macho-Getue nur noch an, denn ich weiß, wie oberflächlich es ist, nach außen den starken Kerl zu spielen und innerlich zugrunde zu gehen: So ist es mir immer gegangen. Es wird auch viele Leute geben, die denken: Was ist der Seeger für ein Weichei! Denkt es nur, denn ich habe oftmals die Hölle gesehen und brauche es nicht mehr. Aber was ist mit euch? Geht mal tief in euch und überlegt mal, ob ich nicht doch vielleicht etwas recht habe. Meine Vergangenheit bereue ich nicht, denn sie hat mich zu dem Menschen gemacht, der ich heute bin, viele Dinge erkenne ich heute erst und begreife die Zusammenhänge. Ich bin sehr dankbar, dass es so ist und freue mich auf das Neue, was da noch so kommt. Sicherlich muss ich lernen, viele Dinge aus einer anderen Perspektive zu sehen, denn alte Werte verändern sich und ich brauche auch Platz in meinem Kopf für neue Erfahrungen.

Als ich diese letzten Zeilen schreibe, sitze ich in einem Ferienhaus auf Rügen, es ist November und ich schaue auf das Meer und bin etwas melancholisch. Ich denke mir, alles was auch im Leben passiert, hat seine gewisse Ordnung und außerdem seinen Sinn, ob wir fähig sind das zu verstehen, ist eine ganz andere Geschichte. Das Schicksal fragt nie danach: Wie fühle ich mich gerade? oder: Schaffe ich die Hürde zu übersteigen? oder: Falle ich auf die Fresse und komme nicht mehr hoch? Wie ich schon erwähnte, ist es für mich eine Tatsache, dass die Zeit alle Wunden heilt, das habe ich immer in meinem Leben so erlebt. Dieses Wissen und diese Tatsache helfen im Moment des Problems oder des Schmerzes aber reichlich wenig, selbst wenn ich weiß, dass es mir irgendwann einmal wieder besser gehen wird, ist das keine große Unterstützung, denn das Leid und der Schmerz des Augenblicks bringen mich fast um.

Ich merke auch, das Alter spielt für mich schon eine große Rolle, denn Dinge, die ich früher relativ locker weggesteckt habe, stellen für mich heute ein Riesenproblem dar; diesen Tribut muss man zahlen, ob man will oder nicht. Wo wird mein Weg mich noch hinführen? Das frage ich mich sehr oft, eine ehrliche Antwort kenne ich nicht, das macht mich natürlich nervös und eine gewisse Angst schwingt darüber hinaus in mir mit, wie sollte das auch anders sein. Trotzdem bin ich ein Kämpfer und Krieger und meine Natur besteht nicht darin, mich aufzugeben, sondern vielmehr meinen Weg zu gehen und gleichsam zu akzeptieren, dass es immer wieder Niederlagen geben wird, ich begreife langsam, dass diese Dinge so passieren müssen, damit ich lerne und wachse.

Das Leben ist nicht einfach und flach, gerade ich als extremer Mensch habe immer Ups und Downs – erst wenn ich lerne, diese Dinge zu begreifen und meinen Weg zu gehen, dann werde ich mein Glück finden, wenn es das überhaupt für mich in diesem Leben gibt. Heute bin ich auch soweit, dass ich weiß: Man kann nicht immer der Stärkste sein. Es wird immer einen oder möglicherweise mehrere geben, die besser und kräftiger sind, und je älter man wird, umso mehr baut man ab, das ist ein Gesetz der Natur. Und nur dann, wenn ich begreife: Wer ist denn schon ein Ralf Seeger?, erst dann habe ich verstanden, wie klein und unwichtig ich bin und kann dem Leben und mir selber mit einer gewissen Demut gegenüber treten. Diese Art von Demut ist aber genau das, was ich brauche, denn nur dadurch sehe ich mich so, wie ich bin: ein Staubkorn im Universum.

Ich glaube, dass ich über lange Phasen meines Lebens dachte, ich sei eine besondere Nummer, das mag insofern richtig sein, da ich fühle, ich bin anders als andere Menschen, aber dadurch bin ich weder besser noch schlechter als sie, einfach nur anders, und dieses Anderssein hat einen sehr hohen Preis.

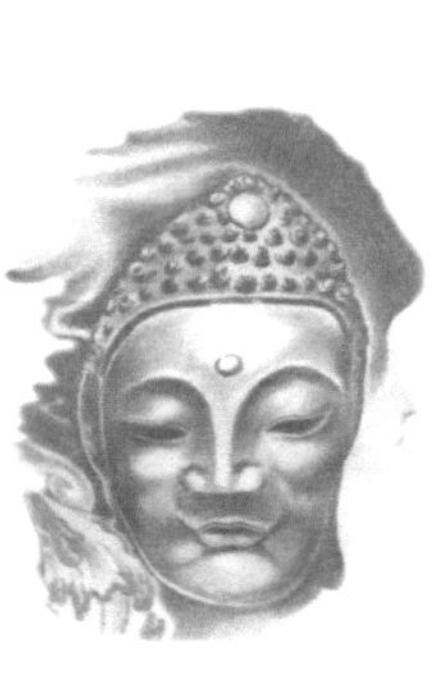

7.4. Und ein Wort zum Schluss

Ich möchte euch allen sagen, die meine Worte, mein Leben lesen, dass es nie zu spät ist, einen neuen Weg zu gehen, egal wie groß der Schmerz und das Leid sind: Es hat alles seinen Sinn. Wie oft stand ich am Abgrund und dachte mir: Mache ein Ende mit allem, denn der Schmerz und das Leid sind zu stark. Doch mal ehrlich: Ist das der Weg, den uns Gott gegeben hat? Das Leben ist das Kostbarste, was wir haben, und nichts auf der Welt darf einen so kaputt machen, dass man sich verliert und aufgibt. Ich vergleiche das immer mit einem harten Fight im Sport: Man gibt alles, die Muskeln sind müde, die Luft ist knapp und man möchte stoppen, aber trotz alledem, es geht weiter und weiter. Manchmal bin ich nach einem Kampf gekrochen, weil ich so kaputt war – das Leben ist so ähnlich, oftmals sogar härter als der schlimmste Fight.

Mögen meine Worte vielleicht dem einen oder anderen helfen, seinen Weg besser zu finden oder Trost sein in dunklen Stunden, wenn man woanders kein Licht mehr sieht. Ich habe oft hart mit mir gerungen und mich gefragt: Darfst du die Hosen so weit herunterlassen? Natürlich war immer die Angst dabei, verspottet und belacht zu werden; ich habe diesen ehrlichen Schritt getan, denn was soll ich den Coolen spielen, der ich gar nicht bin? Über viele Jahre meines Lebens war ich nicht ehrlich zu mir und habe mit einer Lüge im Herzen gelebt, ich habe es immer gefühlt, aber hatte nie den Mut, so zu sein, wie ich wirklich war. Was war ich für ein dummer Kerl: Stark wie ein Stier, aber so labil und naiv wie ein Grashalm! Ich habe hart bezahlt für meine Verfehlungen und weiß heute, dass viele Dinge einfach verkehrt waren.

Ich kann nichts ungeschehen machen, aber bitte hiermit um Vergebung bei all den Menschen, denen ich Schaden oder Leid zugefügt habe: Es tut mir leid. Diese letzten Zeilen meines Buches zu schreiben fällt mir sehr schwer, denn mein Herz schmerzt und ich möchte gar nicht stoppen: Schließlich gibt es noch viel zu erzählen. Ich habe mir vorgenommen, in vielen Jahren den zweiten Teil meiner Biografie zu verfassen und freue mich da heute schon sehr drauf.

In diesem Werk steht mein Leben und ich wünsche euch allen eine gute Zeit damit! Und denkt immer daran: Wenn ich es schaffe, mich zu verändern, dann könnt ihr es auch. Mein Leitspruch aus dem Johannes- Evangelium: „Wer von euch ohne Sünde ist, der werfe den ersten Stein.“ In guten wie in schlechten Zeiten.

Deus iudex meus.

Euer Ralf Seeger

Danksagung und Notiz des Autors

Ich möchte allen an diesem Buch beteiligten Personen von Herzen für ihre Mithilfe danken. Allen voran meiner Lektorin Andrea Gerecke, die sich viel Mühe und Arbeit beim Redigieren meines autobiographischen Textes gemacht hat und mir mit Rat und Tat immer zur Seite stand. Ihre große Erfahrung als Autorin hat mir bei meinem Buch gute Dienste geleistet. Dem Fotografen Johannes Lunenburg sei gedankt für sein außergewöhnliches Porträt, das er mit großer handwerklicher Raffinesse und Liebe zum Detail von mir aufgenommen hat. Seine Visagistin hat mitgeholfen, mich auf dem Porträt ins rechte Licht zu rücken. Danken möchte ich auch Jacques Mesrine („Der Todestrieb"), Brandan Behan („The Borstal Boy") und Heinz Sobota („Der Minus-Mann") für die Inspiration.

Und ganz besonders danken möchte ich meiner Freundin V., die mich in all den Jahren motiviert hat, mir zur Seite gestanden und mich angeleitet hat, dieses Buch zu verfassen – und mir in den Phasen des Redigierens auch immer beratend zur Seite stand.

Beim vorliegenden Text handelt es sich um eine Autobiographie, die nach bestem Wissen und Gewissen aus dem Gedächtnis verfasst worden ist. Alle Begebenheiten haben sich vorwiegend so zugetragen, einzelne Passagen können aus editorischen Gründen angepasst worden sein. Einzelne Namen wurden aufgrund des Persönlichkeitsrechts abgeändert.

Ich habe im vorliegenden Buch von meinem Recht der Meinungsfreiheit Gebrauch gemacht und alles nach bestem Wissen und Gewissen notiert. Es liegt mir vollkommen fern, Persönlichkeitsrechte zu verletzen. Hier ist meine Sicht auf die Dinge meines Lebens wiedergegeben. So habe ich es erlebt und empfunden, so erinnere ich mich daran. Es mag durchaus sein, dass andere das anders sehen.

Aber: Das ist meine Geschichte.

Von nun an bergauf

Lebensstationen des Ralf Seeger: Heimkind, Gefängnisinsasse, Profi-Sportler, Bodyguard, Inkasso-Geschäftsmann, Schauspieler ...

Von Andrea Gerecke

Ich bin nun wahrhaftig nicht der Typ für konspirative Treffen. Aber um uns persönlich kennen zu lernen, vereinbarten wir eine Begegnung auf einer Autobahnraststätte an der A2. Für uns beide günstig gelegen. Vorher gab es eben nur Kontakte per Internet, was ja als Einstieg durchaus hilfreich sein kann. Drei atemberaubende Männer erwarteten mich im Restaurant – unverkennbar meine Gesprächspartner und einer von ihnen Ralf Seeger: Eine knappe Wollmütze über den zu einem Zopf gebundenen Haaren und allerlei prächtige Tätowierungen. Eine Flasche mit Saft vor sich. Ich ließ mich in ein Gefühl der absoluten Sicherheit sinken – bei so viel deutlich erkennbarer männlicher Tatkraft konnte mir hier nichts passieren. Mein Interesse für spannende, außergewöhnliche Lebensläufe war ja die Ursache der Begegnung. So plauderten wir miteinander, als ob wir uns schon eine ziemlich lange Zeit kennen würden. Wir schieden wie gute Bekannte und er bot mir noch von seinen Schweizer Kräuterbonbons an. Nur der nächste Termin, der drängte, ließ uns das Gespräch abbrechen. Ralf Seeger musste unbedingt sein tägliches Trainingspensum absolvieren – vom Nichtstun kommen eben keine beeindruckenden Muskeln –, dafür hatte er seinen Sparringspartner und Freund Jürgen dabei und für das Geschäftliche noch seinen Bruder Dirk, denn im Großraum Berlin wartete ein wichtiger Inkassoauftrag auf die drei. Das klappt nur mit absolut zuverlässigen Partnern.

Wie wird man zweifacher Weltmeister im Free Fight/Vale Tudo, Intercontinental-Champion im Free Fight und Vize-Weltmeister im Thaiboxen? Was macht aus einem einen Security-Einsatzleiter und Personenschützer, einen Antiterrorkampf-Spezialisten und Ausbilder für Spezialtrupps? Wodurch gelangt man in Fernsehreportagen und in Filme oder Serien? Also in die Wiege gelegt hat ihm das bestimmt niemand. Wenn die Sprache auf das Elternhaus kommt, dann wird dem nur ein armseliges Zeugnis ausgestellt. Und man verspürt regelrecht die Trauer darüber. Erstaunlicherweise erhielt der Vater zu Beginn der 60er-Jahre das Sorgerecht für den Jungen. Eher unüblich in dieser Zeit. Die Mutter musste tatsächlich völlig untauglich für die Erziehung gewesen sein. Vater und Opa mühten sich mehr oder weniger redlich, um das Kind großzuziehen und waren mit dieser Aufgabe sicherlich auch irgendwie überfordert. Zwischendurch tauchte dann doch einmal die Mutter auf, nahm Ralf ein paar Wochen zu sich und nutzte die Gelegenheit, um ihn in ein Heim für extrem schwer erziehbare Kinder zu stecken. Auch eine Form der Rache an ihrem Mann. Doch die Auswirkungen bekam der Junge zu spüren, der dann zweieinhalb Jahre dort sein zweifelhaftes Zuhause hatte. So lange brauchten Vater und Großvater, um das Urteil wieder rückgängig zu machen. Von Geborgenheit, Nestwärme, Zuwendung und Liebe konnte da keine Rede sein. In einer Welt von härtesten Regeln, Zucht und Grausamkeiten blieb nur der Einsatz der eigenen Ellbogen.

Sein Kampfsporttraining begann im zarten Alter von acht Jahren, zunächst Ringen und Boxen. Ein stetiger Kampf und keinerlei Atempause. Und das Leben von Ralf Seeger wurde geprägt durch diese einschneidenden Jahre. Ein Teufelskreis schien sich zu entwickeln. Gewalt, Aggressivität, Frustration gehörten für ihn fortan zum täglichen Allerlei und begleiteten auch seine Jugend. Ralf Seeger geriet frühzeitig in Konflikt mit den Gesetzen. Es gab Sozialstunden, Bewährung, Arrest. Und dabei immer wieder den Traum von einer gediegenen schulischen Ausbildung, von einem Studium. Das marode Elternhaus und die mangelnde soziale Plattform gewährten ihm in dieser Richtung keinerlei Möglichkeiten. Dafür waren die Schattenseiten des Lebens sein ganz normaler Alltag.

Im Ringen und Boxen tat er sich indes mit seinen guten Leistungen hervor. Das brachte ihm schon mit 17 Jahren den Job als Türsteher (heute sagt man ja „Door-Man" dazu) in Nacht-Clubs und Discotheken. Den meisten Gleichaltrigen war er um einiges in der Entwicklung voraus, aber immer um den Preis des Verlustes einer unbeschwerten Kindheit und Jugend. Das sind Zeiten, die sich nie im Leben nachholen lassen. Er schaffte jedoch mit viel Energie die Fachoberschulreife und ging dann 18 Monate zur Bundeswehr als Fallschirmspringer. Zwei Jahre tat er seinen Dienst in der Fremdenlegion „Légion étrangére". Neben Deutsch spricht er dadurch noch fließend Englisch und Niederländisch.

Je mehr sich Ralf Seeger dem Sport widmete, umso mehr ließ er seine kriminelle Phase hinter sich. Und auch eine gewisse Zeit im Knast kann dafür sorgen, dass man nie und nimmer wieder die Zellentür hinter sich schließen hören will. Irgendwann kam in seinem Leben der Moment, von dem an es bergauf ging. Mit einem Datum lässt sich das schlecht beziffern, aber es gab den persönlichen Umschwung in seiner Grundhaltung, dass pure Gewalt eben keine Lösung ist.

Ralf Seeger sucht immer nach neuen Herausforderungen. Erfolgreich hat er sich bewiesen im Free Fight, Wrestling, in Strongest-Man-Wettbewerben, im Marathonlauf, Radrennen, Bergsteigen. Free Fight sollte vielleicht noch ein wenig Erklärung finden: Das ist eine Mischung aus Boxen, Thai Boxen, Ringen, Judo und Brasil Jiu Jitsu. Über drei mal fünf Minuten geht ein Amateurkampf mit jeweils einer einminütigen Pause. Es handelt sich um die härteste Kampfsportart, doch jeder respektiert dabei seinen Gegner. Ellenbogenstöße und solche mit dem Kopf sind tabu. 70 Prozent eines Kampfes finden am Boden statt. Auch am verrücktesten und härtesten Hindernisrennen der Welt nahm er in der englischen Stadt Wolverhampton teil. Beim 12 Kilometer langen „Tough Guy Race" bilden die „Killing Fields" das Herzstück. Hierbei geht es unter 50 Zentimeter tief befestigtem Stacheldraht entlang, es muss durch Matsch gerobbt werden, einen schier endlosen Tunnel von einem Meter Umfang gilt es zu bezwingen, hinter einer Holzbrücke warten eiskalte Tümpel, auf zehn Meter Höhe wird geklettert, von drei Metern muss man sich wieder abseilen und sich unter einem Elektrozaun winden. Den Abschluss bilden brennende Heuballen – da rennt man dann

„einfach“ hindurch. Und er hat es zum Schwergewichts-Champion in der Kampfdisziplin „Mixed Martial Arts“ gebracht. Das ist seine sportliche Seite.

Die TV- und Filmbranche ist inzwischen auch auf ihn aufmerksam geworden. Er macht sich gut, weil sehr überzeugend und mit phänomenaler Ausstrahlungskraft, als Kommentator bei Sportsendungen. Talkshows schmücken sich gelegentlich mit dem sprachgewandten Mann und er spielte in verschiedenen TV-Soaps mit. Barbara Salesch, Richter Alexander Holt, Lenßen & Partner, Oliver Geißen, Hans Meiser, Das Jugendgericht, K11 sind nur einige der Filmleute bzw. Sendungen, bei denen Ralf Seeger bislang mitwirkte. Mit Richy Müller und Anica Dobra ist er im Spielfilm „Spätzünder“ zu erleben – dort als Bruno, der Chef einer Rockergang.

Ralf Seeger hat drei Seiten. Zum Sport und zur Schauspielerei kommt noch die Tätigkeit als Personenschützer und Security-Einsatzleiter. Ich nenne das ja lieber Bodyguard, weil das so wunderbar an den Tränen drückenden Film erinnert! Schade, dass ich noch keinen Bodyguard benötige – Ralf Seeger würde ich sofort engagieren! Bislang schützte er unter anderem die Boxer Dariuz Michalczewesky, Graciano „Rocky“ Rocchigiani, Luan Krasniqi und Firat Arslan. Nein, das ist kein Druckfehler – auch Boxer wollen sich gelegentlich beschützen lassen, um sich in aller Ruhe auf ihren Kampf zu konzentrieren. Die Sicherheit von Radrennfahrer Louis Armstrong und Alexander Teokurow (Tour de France) lag ihm schon am Herzen und die der Sängerin Whigfield, der Gruppen Madhouse, Marilyn Manson, Red Hot Chili Peppers, Scorpions, Die Happy, Wishbone Ash sowie der Teilnehmer von „Big Brother“. Und in dieses Terrain gehört auch sein Geschäftsbereich Inkasso. Eine Branche, die in Zeiten unlauteren Geschäftsgebarens großen Zuspruch hat. Da wird Leistung in Anspruch genommen und Bezahlung weit von sich gewiesen. Seit vielen Jahren betreibt Ralf Seeger erfolgreich eine große Inkasso-Firma, die weltweit agiert. Er arbeitet für Privatleute, Großfirmen, Inkassobüros und Rechtsanwaltskanzleien. Wenn er mit seinen Jungs im Falle eines Falles vor mir stehen würde, hätte ich einsfixdrei ohne lange zu diskutieren das ausstehende Geld überwiesen ...

Geboren wurde Ralf Seeger in Wesel. Heute lebt der charismatische Mann einen Steinwurf von der holländischen Grenze entfernt mit seiner Freundin und vier Hunden. Der Zweimetermann bringt 115 kg Körpergewicht auf die Wage und ist damit nicht nur im Ring eine imposante Erscheinung. Dafür trainiert er auch täglich vier bis sechs Stunden – unter anderem Kondition und Schnellkraft. Er teilt nicht nur aus, sondern musste auch schon einstecken: multiple Prellungen, Frakturen an den Händen, am Nasenbein, Hämatome, Platzwunden am Kopf und im Gesicht, Rippenbrüche und Gelenksverletzungen.

Gewalt hat sein Leben begleitet, aber er sieht sie durch seine Tätigkeit als Berufssportler, Profi-Bodyguard und Security-Man natürlich inzwischen aus einem ganz anderen Blickwinkel. Beim Sport handelt es sich um eine kontrollierte Kraft. Man tritt seinem Kontrahenten mit Respekt und Anstand gegenüber – eine saubere, transparente Form der Gewalt, wie es Ralf Seeger bezeichnet. „Die gesellschaftliche Gewalt aber hat sich in den letzten Jahren massiv gewandelt. Aggressivität gab es zu jeder Zeit in gewissen Etablissements, auch Jungs, die sich immer gern prügelten. Dies lief aber alles unter einem gewissen Ehrenkodex ab, es gab Regeln. Heute hingegen erlebe ich, dass Gewalt gezielt genutzt wird, um andere Menschen mit Vorsatz zu schädigen. Es gibt kein Fair Play mehr", meint der aktive Sportler. Alkohol spielt häufig eine unrühmliche Rolle, Prügeleien werden vorsätzlich angezettelt, wenn man sich echte Chancen ausrechnet. Selbst bei Dorffesten sind blau geschlagene Augen und blutige Nasen der Maßstab für Erlebnis pur. „Just for fun" in einer Spaßgesellschaft, wie wir uns heute gern lässig zeigen. Und die Hemmschwellen sind insgesamt gesunken. Schwer bewaffnet geht es in die Diskothek oder den Club und aus dem geringsten Anlass heraus wird die Waffe gezogen. Ralf Seeger dankt Gott, dass er bei dreimaligen Schüssen nur einmal am Arm gesteift wurde. „Wir steuern in eine aggressive Zeit hinein, in der Gewalt zu einem normalen Mittel der Kommunikation wird", bedauert der Mann, der sein Leben erfolgreich in die Hand genommen hat. Wer übrigens das ultimative Fighting für eine schlichte Prügelei hält, den lädt Ralf Seeger einmal zum Training mit ihm ein.

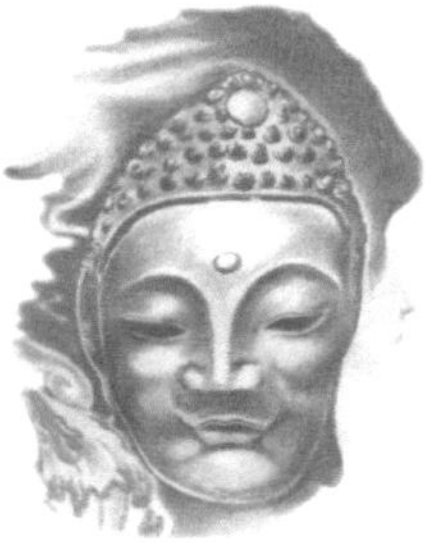

Glossar

AK 47 – Kalaschnikow (russisches Sturmgewehr)
bad habits – schlimme Gewohnheiten
Ballerburg – Psychatrie
Cage – Käfig beim Ultimate Fight
Chapter/Charter – Niederlassungen von Motorradclubs
Chopper – Motorrad
Diszi – Disziplinarverfahren
Dojo – Kampfsportschule
Enduro – Motorrad
Famas – französisches Sturmgewehr
Fitsen – Fahrräder
GI – entweder amerikanischer Soldat oder Karateanzug
Gogo – französische Automobilmarke
grappeln – Ringen am Boden
Gurke – Puff
Häfen – Gefängnis
Incident – Sicherheitsvorfall
Jail – Gefängnis
Kassiber – verbotener Informationsverkehr unter Gefangenen in Zettelform
Luisville-Slugger – Baseballschläger
Matchmaker – der die Kampfpaarungen zusammenstellt
Match-Making – Kampfpaarungen
MC – Motorradclub
NAW – Notarztwagen
Nunchako – zwei Würgehölzer, mit Kette verbunden
OvD – Offizier vom Dienst
PG - Polizeigewahrsam
Pinne – Schmerzen
Pratze – Schlagpolster
Prospect – Probezeit im Motorradclub
PsychKG – richterliche Einweisung, z.B. nach Suizidversuch
Puch – Mofasorte
Referee – Ringrichter
Relatie – Beziehung
rippen – ausrauben
Schore – Rauschgift
Shotokan-Karate – eine Form des Karate

Speiß – Mörtel
Spritzen – Waffen
Stuffz – Stabsunteroffizier
Supportershirts – verkäufliche Accessoires bei Motorradclubs
Subplex – Überwurf beim Ringen
Ufz – Unteroffizier
Zündapp – Mopedsorte

Hinweise zu den Abbildungen

S. 101: Ralf Seeger als passionierter Bergsteiger

S. 125: Rücken-Tattoo von Ralf Seeger, Artist Grzegorz Janusz

S. 177, S. 298: Ralf Seeger beim Training

S. 281: Ralf Seeger und Richy Müller während der Dreharbeiten zu ‚Noch ein Wort und ich heirate dich!', Deutsche Fernseh-Komödie 2007

Das immer wiederkehrende Buddha-Motiv ist ein Ausschnitt aus einem der unzähligen Tattoos auf Ralf Seegers Körper.

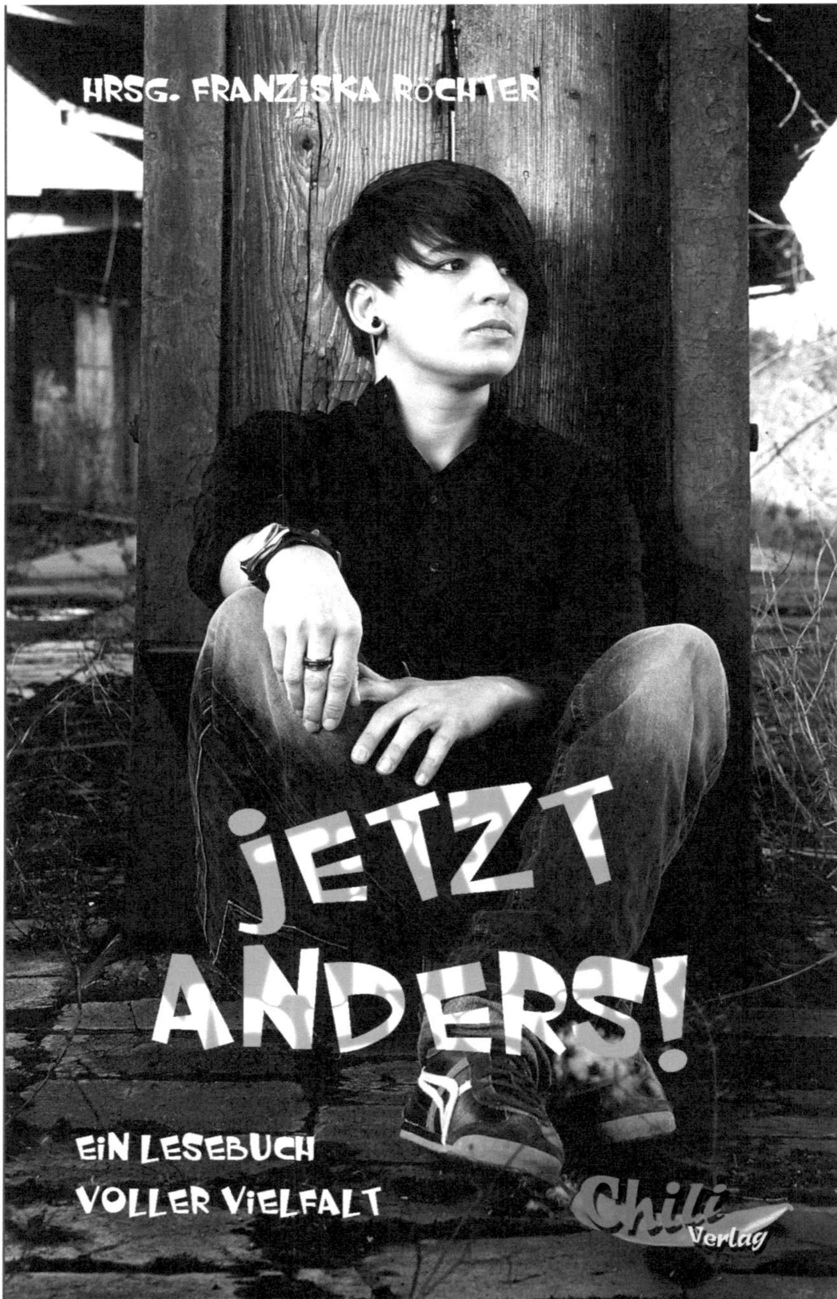
HRSG. FRANZiSKA RÖCHTER
JETZT
ANDERS!
EiN LESEBUCH
VOLLER ViELFALT
Chili
Verlag

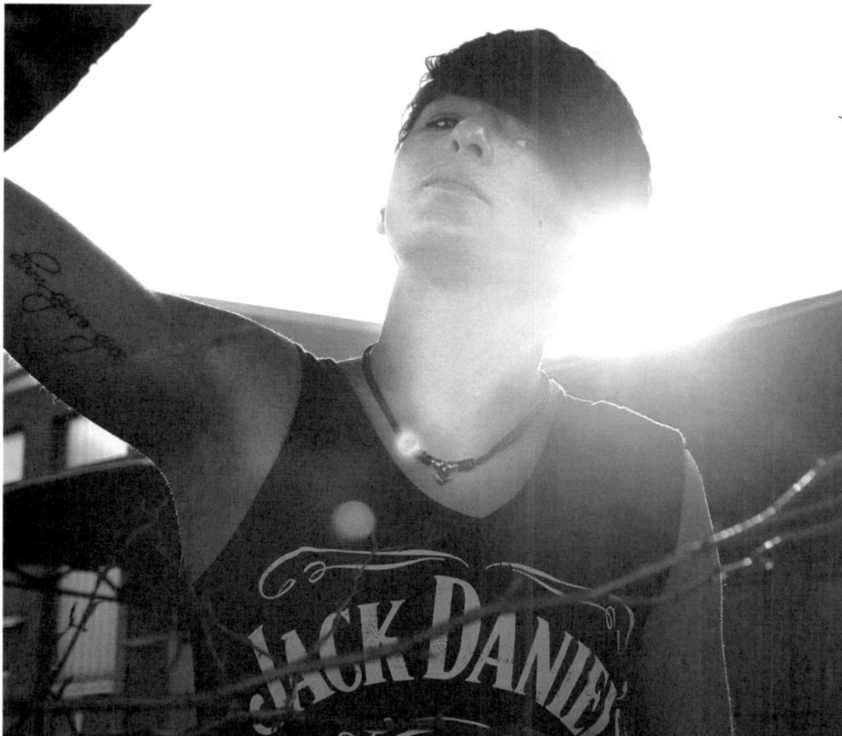

FOTOS: JACQUELINE NOLTING

In dieser Gesellschaft ist jeder, der anders aussieht, anders. Gehört automatisch nicht dazu. Nicht nur die Hautfarbe, Haarfarbe oder Flecken auf schiefen Zähnen grenzen einen aus. Auch die Kleidung, so banal es klingt, ist ein schmaler Grat, um aus der Gesellschaft zu fallen. Um ausgegrenzt zu werden. Wir gehören nicht dazu. Nicht heute, nicht morgen oder irgendwann. Nicht in dieser Kleidung.

aus: Freiglanz, Tobias Tantius

EIN LESEBUCH FÜR TOLERANZ

Chili Verlag

12,90 Euro

ISBN 978-3-943292-15-2

9 783943 292152

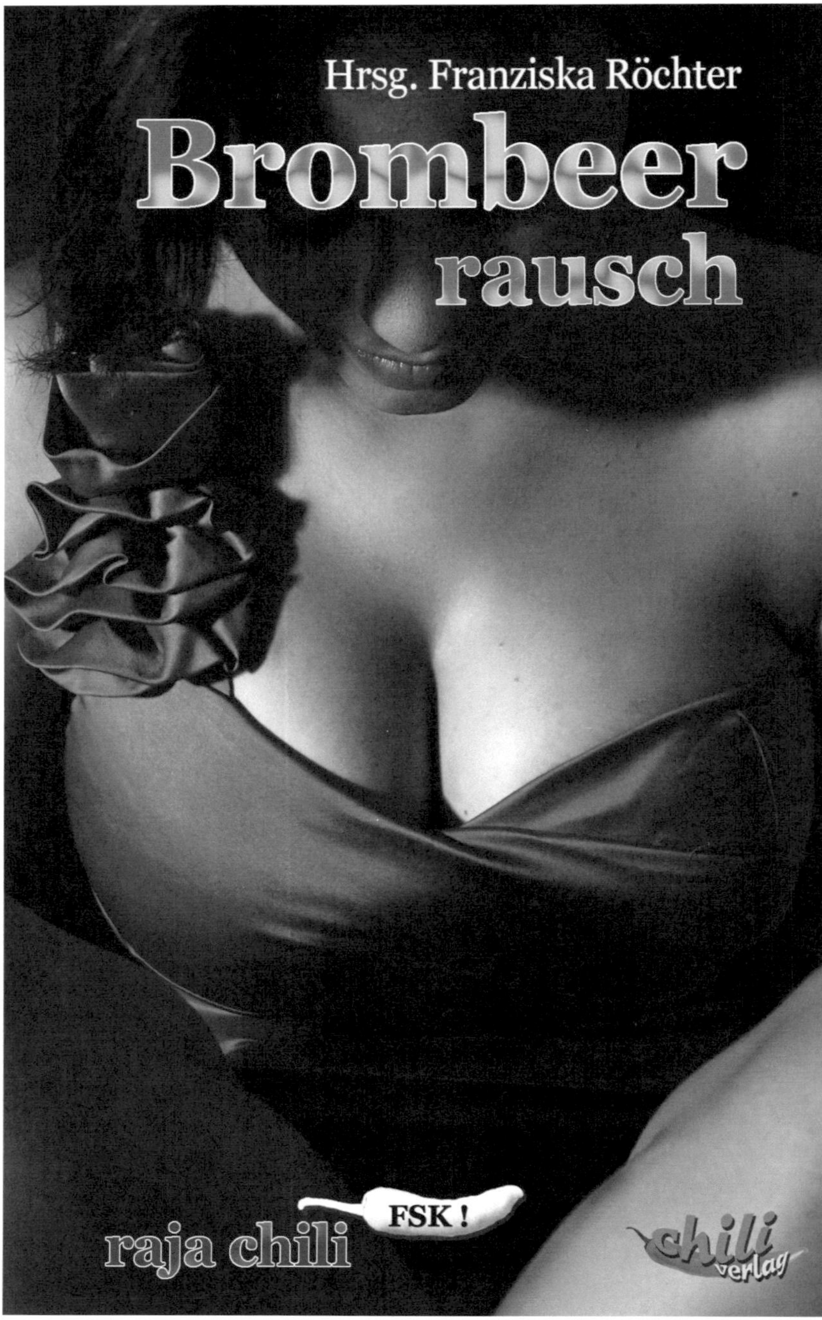
Hrsg. Franziska Röchter
Brombeer
rausch
FSK !
raja chili
chili
verlag

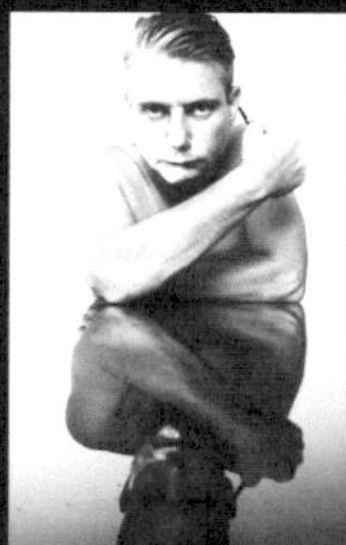

Fotos Yves Drube

28 AutorInnen schwelgen lyrisch und prosaisch in „geilen partituren“ (Martin Ebner)

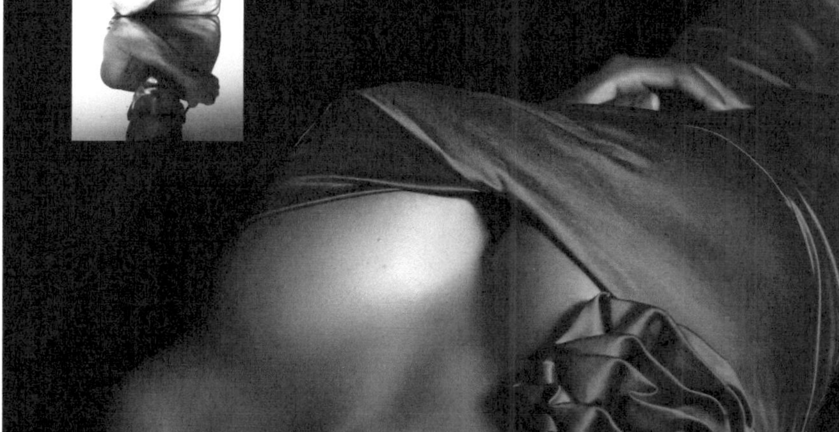

FSK !

chili verlag

ISBN 978-3-943292-18-3 7,90 EUR

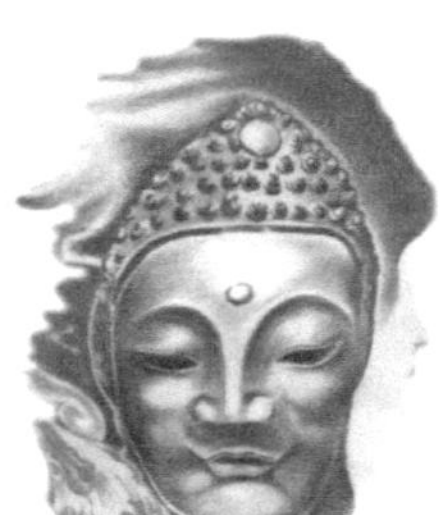